KB070845

격식에 얽매이지 않고 품위를 지키는 27가지 방법

어른이라는 진지한 농담

Die Kunst des lässigen Anstands

어른이라는
진지한
농담

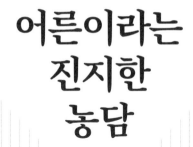

**격식에 얽매이지 않고
품위를 지키는 27가지 방법**

알렉산더 폰 쇤부르크 지음 · 이상희 옮김

추수밭

"아름다움이 승리한다."
/
피렌체 격언

"친절함과 함께 맹렬함을 간직하십시오.
그 어느 때보다도 지금 당신이 필요합니다."
/
윈스턴 처칠

"시들어버린 사상을 되살리는 일이야말로
인문주의자의 책무다."
/
니콜라스 고메즈 다빌라 *Nicolas Gomez Davila*

어른들이 사라진 시대에서
어른으로 산다는 것

물질세계의 발전에 도취된 다음부터 우리는 동화와 신비를 받아들일 수 있는 능력을 잃었다. 그런 의미에서 옛 이야기 하나를 소개하며 이 책을 시작하고자 한다. 오래된 이야기는 늘 유익하다. 여러 세대에 걸쳐 전해 내려온 삶의 진리들에서 우리는 오래전 마음속 깊은 곳에서 예감한 것들을 듣게 된다. 더군다나 옛 이야기는 무의식의 세계에서 펼쳐지는 만큼 스스로를, 또 자신이 무엇을 원하는지를 알고 싶은 사람에게 훌륭한 자기탐구의 원천이 되기도 한다. 지금부터 소개할 이야기는 아서 왕을 둘러싼 전설의 보고에서 가져온 것이다.

"그대가 무엇이 될지는 그대 뜻에 맡기겠어요"

아서 왕은 기사들과 함께 잉글우드 숲속에서 사냥을 하던 중 문득 자신이 기사 무리와 떨어져 혼자 남게 되었음을 깨닫는다. 잉글우드는 켈트 신화에서 별세계Otherworld(신적 존재 또는 망자들이 사는 곳)의 본거지로, 다양한 신화적 존재들이 이곳에서 터를 잡고 살아간다. 물론 모두가 착한 존재인 것은 아니다. 숲에서 아서 왕은 불행하게도 코엔 형제의 영화에 나올 법한, 악의 원형 격인 마법사 그로머 경Sir Gromer과 맞닥뜨린다. 아서 왕은 독 안에 든 쥐의 신세가 되었다.

하지만 여느 전설들이 그렇듯 이상한 일이 벌어지니, 그로머가 자신이 붙잡은 제물에게 살아날 방법을 알려준다. 정확히 일 년 뒤 아서 왕이 다시 찾아와 질문에 대답을 해야 하는데 답을 맞히면 살고, 틀리면 죽는다는 내용이었다. 아서 왕은 무거운 마음으로 칼라일 성으로 돌아온다. 이윽고 가장 친한 사이였던 조카 가웨인 경Sir Gawain이 자초지종을 묻는다. 기사도의 전성시대에는 의기소침한 상태는 금기시되었고, 울적한 기분도 바람직하지 못한 것으로 여겨졌다. 이는 이루어질 수 없는 사랑에 빠진 경우에만, 그것도 잠깐 동안만 허용되었다.

아서 왕은 결국 친구에게 비밀을 털어놓는다. 우리와 마찬가지로 가웨인 경도 그로머 경이 어떤 수수께끼를 던졌는지 몹시 궁금했다. 그 수수께끼는 다름 아닌 '여자가 가장 원하는 것은 무엇인가?'라는 근원적인 물음이었다. 악당의 물음은 지그문트 프로이트Sigmund Freud가 1500년 뒤에 던진 질문("여성은 무엇을 원하는가?")과도 흡사했다. 아서 왕에게는 그 쉽지 않은 질문에 대한 정답을 찾기까지 일 년밖에 시간이 주어지지 않았다.

가웨인은 어떤 반응을 보였을까? "밖으로 나가 해답을 찾아봅시다!" 달리 무슨 수가 있었겠는가. 두 사람이 답을 찾아 돌아다니며 어떤 우여곡절을 겪었을지 쉽게 상상이 갈 것이다. 각기 다른 길로 향한 둘은 중간 중간 만나서 상대방이 알아낸 사실을 확인하곤 했다. 하지만 어떤 대답도 그들을 만족시키지 못했다.

물론 제대로 된 이야기들이 그러하듯, 아서 왕도 모험에서 작은 도움을 받는다. 아서 왕이 다시 잉글우드 숲으로 접어들었을 때 한 마녀와 마주친다. 바로 레이디 라그넬이다. 이 이야기의 모든 판본에서 레이디 라그넬은 유독 흉측한 여인으로 그려져 듣는 사람들의(이런 이야기는 대개 낭독으로 전달되었다) 비위를 몹시 상하게 만들었다. 마녀는 습진으로 얼룩진 얼굴, 썩은 이빨, 곱사등, 고름 투성이인 발, 기름기로 떡 진 머리 따위로 묘사되었다.

그 늙은 마녀가 아서 왕에게 수수께끼의 답을 알려주겠다고 제안하면서 한 가지 조건을 내걸었다. 원탁의 기사 가운데 한 사람, 그것도 가웨인 경을 남편으로 맞이하고 싶다는 것이었다. 당시 가웨인 경은 〈탑건〉 이후 탐 크루즈처럼 궁정의 떠오르는 스타였다. 또 토마스 말로리Thomas Malory가 쓴 것으로 추정되는, 이 이야기에 관해 중세영어로 쓰인 가장 유명한 판본에 나와 있듯이 그는 '추파꾼luf talkying'으로도 소문나 있었다. 말하자면 그는 이름난 호색한이었다.

칼라일로 돌아온 아서 왕은 가웨인에게 아무 말도 꺼내지 않았다. 아서 왕은 큰 충격에 빠진 듯했지만 숲에서 벌어진 일을 결코 가웨인에게 말하고 싶지 않았다. 부연할 점은, 여기서 마술사와 마녀는 단순한 '악당'이 아니라는 것이다. 이런 오래된 이야기에서 숲속 인물들은 전혀 다른 역할을 맡는데, 바로 인간 속의 야성적인 것, 자연적인 것, 궁정인들처럼 잘 길들여진 인간과는 정반대된 모습을 상징한다. 아서 왕 세계의 사람들은 모두 행동거지가 과장되고 부자연스러우며, 감정을 절제하고 예의가 발랐다. 반면 숲에서 아서 왕은 내면에 숨겨진 길들여지지 않은 세계와 대면한다. 숲에서 벌어진 일을 가웨인에게 함구한 데에는 그런 사정도 있었다.

하지만 포도주가 오가며 취기가 오르자 아서 왕은 결국 입을 열게 된다. 취중 약속은 큰 의미가 없기에 가웨인은 다음날 자신이 흉측한 노파와 결혼해 왕의 생명을 구할 수 있다면 더없는 영광이라고 고백한다. "전하의 생명을 구할 수 있다면 악마조차 제단 앞으로 끌고 오겠습니다." 가웨인의 결심은 요지부동이었고, 결국 아서 왕은 노파에게 희소식을 전하러 숲으로 말을 몰았다.

이 나라에서 최고로 인기 있는 남정네를 차지한다는 기대에 어쩔 줄 몰라 하던 마녀는 주저 없이 아서 왕에게 수수께끼의 답을 알려준다. 이 대목에서 눈길을 끄는 점은 혼인이 성사될 때까지 마녀가 답변을 쟁여두지 않았다는 것이다. 기사의 언약은 꼭 지켜진다는 것을 그 깊은 숲속에서도 알고 있었던 것이다. 마녀는 곧바로 다음과 같은 말을 들려준다. "누구는 우리가 아름다워지거나 사랑받거나 존중받기를 원한다고 말하고, 또 누구는 우리가 부자가 되어 편한 삶을 살고 싶어 한다고 말하지요. 다 틀린 말이에요."

그렇다면 진정 여성이 원하는 것, 혹은 중세영어로 쓰인 가장 유명한 판본을 그대로 인용하면 "whate wemen desyren moste specialle" 한 것은 무엇일까? 참고로 14세기에 들어서면서 중세영어는 프랑스어에 가깝게 들리는 앵글로노르만어를 대신해 궁정 및 문학 언어로 자리 잡게 되었다. 아무튼 그는 이렇게 답했다.

"우리가 무엇보다 가장 원하는 것은 (잠시 숨을 고르며 심사 결과를 발표하기 전에 뜸을 들이는 오디션 방송의 사회자를 상상해보자) **자기결정권**이에요."

여기서 자기결정권은 원문의 "sovereynté"를 옮긴 것으로, 삶을 스스로 결정할 권리를 말한다. "나리, 이제 목숨을 건지셨으니 어서 가보시죠."

아서 왕은 사악한 그로머 경을 찾아가 수수께끼의 답을 전했다. 그로머 경은 분노를 삼키고 아서 왕을 풀어줄 수밖에 없었다. 아서 왕은 돌아가는 길에 레이디 라그넬을 찾아 함께 궁정으로 향했다. 기대에 부풀었던 그곳 사람들은 착잡한 심경으로 이들을 맞이했다. 이미 결혼식 준비가 한창이었는데, 트위터리안 또는 온라인 가십사이트의 원조 격인 호사가들 덕분에 가웨인의 약혼을 둘러싼 일을 모르는 이들이 없었다. 무엇보다도 신부가 궁정 출신이 아니라는 점에 이러쿵저러쿵 말들이 많았다.

그럼에도 결혼식은 예법에 따라 성대하게 치러졌다. 분위기가 달아오르자 너나없이 술을 퍼마시며 즐겼고, 불을 뿜는 묘기가 펼쳐지는가 하면, 궁중의 익살광대까지 등장해 흥을 돋우었다. 그리고 드디어 행사의 절정인 궁정 피로연이 펼쳐졌다. 흥미롭게도 15세기에 쓰인 유명한 서사시에는 레이디 라그넬이 결혼식장에서 얼마나 역겹게 구는지를 구구절절 소개하고 있다. 그는 음식을 마구 퍼먹으며 천박한 말들을 쏟아내고, 결혼식 하객에게 침까지 뱉었다. 물론 저자가

에둘러서 당시 일부 귀족들의 막된 행동을 꼬집기 위해 그런 장면을 포함시켰을 수도 있다. 어쩌면 레이디 라그넬이 궁정 출신이 아님을 강조하고자 그런 묘사들을 넣었을지도 모른다.

그렇게 피로연이 끝나고 마침내 피할 수 없는 순간이 왔다. 첫날밤이 찾아온 것이다. 갓 결혼한 부부는 아서 왕이 마련해 놓은 침실에 들어갔다. 벽난로에 불을 지핀 시종들은 포도주와 과일 따위를 식탁에 올려놓고는 두 사람만 남겨둔 채 문을 닫았다. 이윽고 레이디 라그넬이 입을 열었다. "가웨인 경, 이제 둘만 남았으니 키스를 해주세요." 여기서 '키스'가 무슨 의미인지는 굳이 설명할 필요가 없으리라.

가웨인 경은 조금도 주저하지 않았다. 기사 일언은 중천금이 아닌가! 그가 신부가 있는 침대로 올라가 키스를 하자 무슨 일이 벌어졌는지는 여러분도 충분히 예감했을 것이다. 그렇다. 흉측한 신부는 그가 이제껏 본 적이 없던 가장 아름다운 여인으로 탈바꿈했다. 가웨인은 그에게 달려들어 "키스를 퍼부었다". 이는 당시 칼라일 성의 허니문 스위트룸에서 벌어진 일을 우아하게 에두른 표현이다.

이야기는 아직 끝나지 않았다. 해피엔드라 말하기에는 어딘가 찜찜하기도 했다. 한 가지 문제가 남았기 때문이다. 레이디 라그넬은 자신을 옭아맨 마법이 완전히 풀리지 않았다고 가웨인에게 털어놓았다. 가웨인이 보여준 사랑으로 마법에서 벗어난 것은 사실이지만 말끔히 정리된 것까지는 아니라는 말이었다.

> 라그넬 당신이 보고 있는 내 아름다움은 영원히 지속되지 않아요. 내
> 가 낮과 밤 중 언제 아름다운 모습으로 있을지를 당신은 결정

	해야 합니다. 마법은 그중 하나만을 허락한답니다.
가웨인	정 그렇다면 밤에만 내 앞에 아름다운 모습을 보여주세요.
라그넬	그럼 낮에는 사람들이 저를 두고 쑥덕일 텐데요.
가웨인	그건 안 돼요! 그럼 낮에만 아름다운 자태를 보여줘요!
라그넬	우리 둘이 오붓하게 있을 때 진짜 모습을 보이지 못한다면 제 가슴이 찢어질 거예요.

그러자 가웨인이 이렇게 말했다. "**낮과 밤 중 언제 아름다운 모습을 드러낼지는 당신의 판단에 맡기겠어요.** 어떤 결정이든 기꺼이 따르겠습니다."

"고마워요, 더없이 고귀하신 기사님." 레이디 라그넬이 기뻐하며 이렇게 외쳤다. "축복받으소서. 이제 드디어 사악한 마법에서 풀려나 구원받았어요. 이제부터는 낮이고 밤이고 저의 아름다운 모습을 보여드릴 수 있게 되었어요."

최초로 전해지는 아일랜드판 이야기에서는 가웨인이 자신을 희생함으로써 세상에서 가장 아름다운 여인을 차지할 뿐 아니라 땅과 부, 권력까지 거머쥔다. 토머스 맬러리 경이 썼다고 알려진 가장 유명한 판본에서는 레이디 라그넬이 고대하던 아들 깅그레인Gingalain을 낳으며 가웨인과 모범적인 결혼생활을 이어간다. 아마도 가웨인이 일상에서도 배우자의 자기결정권을 끝까지 지켜줬기 때문에 가능했던 일이 아닐까. 현대 결혼생활의 전범이라 할 만하다.

저속함이 매력이 되던 시절은 끝났다

이야기의 교훈은 무엇일까? 우선 계급의 벽을 넘은 메건 마클 Meghan Markle(미국 배우 출신의 영국 왕세손비) 같은 이가 중세에도 있었다는 점, 그리고 당시에도 이를 두고 이러쿵저러쿵 말이 많았다는 점에 대해 알 수 있다. 이밖에도 신의란 무엇인지, 또 일단 내뱉은 말은 계약의 효력을 가진다는 것에 대해서도 배운다. 또 여성이 남성과 동등한 권리를 가질 때 비로소 우리 문명이 훌쩍 도약한다는 점도 빼놓을 수 없는 교훈이다.

이 동화 같은 이야기에서 레이디 라그넬은 고대하던 후계자를 낳아 키우면서 궁정의 중요한 인물이 된다. 실제로 중세에는 아키텐의 엘레오노르 Eleonore d'Aquitaine 같은 여인이 등장해 유럽의 방대한 영토를 지배하기도 했다. 〈롤랑의 노래〉 등의 초창기 기사 문학은 전쟁터를 배경으로 펼쳐진 반면, 중세 전성기 궁정문학에서는 여성들을 중심에 놓았다. 또한 궁정 연애시에서 보이듯이, 여성들이 보다 완전한 피조물로 드높여짐으로써 근대의 싹이 움트기도 했다.

그런데 중세의 기사 이야기가 우리에게 전하는 또 다른 특별한 메시지가 있다. 우리 안에 도사린 저열하고 옹졸하고 거친 본능을 극복하는 길이 존재한다는 것이다. 바로 문명과 기사도 정신이다.

이 책에서는 오늘날 우리가 자기중심적이며 마음대로 행동하는 풍조에 맞서는 일이 가능한지, 만약 가능하다면 그 방법은 무엇인지를 살펴보고자 한다. 우리 모두는 각자의 행동을 통해 세상이 어떤 모습을 띠게 될지를 결정한다. 주변 사람들이 문화적 퇴행 현상을 보인다고 해서, 스마트폰을 눈에서 떼지 못하고 '추리닝' 바람으로 또는 캐리어를 질질 끌며 전 세계를 시끄럽게 휘젓고 다닌다고 해서 우리도 함께 뒷걸음칠 필요는 없다. 오히려 그 반대다. 오랜 시간에 걸쳐 입증된 전통의 지혜들을 창밖으로 내던져버리는 이 시대에서 옛 사고방식을 지키는 것이야말로 훨씬 더 반항적인 태도가 될 것이다.

자기계발서를 비롯해 이른바 '하우투How-to' 서적을 쏟아내는 문화는 나 자신을 최적화시킬 수 있다는 약속을 바탕으로 삼고 있다. 우리 시대가 내세우는 주장의 핵심은 자기 고유의 정체성을 자유롭게 만들어낼 수 있다는 것이다. 현대 엘리트들은 자기 자신에 대해서만 책임감을 느끼며, 이런 이상을 좇아 인간을 억누르는 관습과 도그마를 모두 벗어던지고 자율성을 삶의 유일한 의미이자 목적으로 여긴다. 우리가 살고 있는 후기 구조주의 시대에서는 어떤 제약도, 어떤 확실한 것도 사라졌다.

하지만 어떤 현상이 나타나면 그 반대되는 현상도 따르는 법이다. 현대 엘리트의 사고방식에 대항해 새로운 형태의 **고귀함**Nobilität을 내세우는 것은 어떨까? 예법, 매너를 가리키는 독일어 단어 'Manieren'은 성채 건축에도 사용되었는데, 필요한 상황에 따른 축성 방식을 말한다. 즉 외부 위협의 종류에 따라 축성의 형태도 달라진다. 이제는 모두가, 특히 사회 주변인들이 각자의 자리를 찾을 수 있도록 우리의 건축방식에 대해 다시 고민할 때가 아닐까.

우아한 품격이 그 자체로 의심의 눈초리를 받던 시절은 지나갔다. 각 시대는 그 시대가 요구하는 영웅을 가진다. 완벽하게 재단된 양복 차림에 세련된 모습으로 등장하는 1950년대부터 1990년대까지의 제임스 본드들을 뒤이어 다니엘 크레이그가 분한 거친 모습에 수염도 깎지 않은 새로운 본드가 등장하는가 하면, 말쑥한 차림새의 수사반장 데릭이 물러나고 덥수룩하고 지저분한 차림의 형사 시만스키와 칠러 같은 이들에 열광하는 현상이 나타났다.

하지만 모두 지난 일이다. 크레이그는 앞으로 본드 역할을 맡지 않겠다고 선언했다. 시만스키를 연기한 괴츠 게오르게는 이 세상 사람이 아니고, 칠러 역을 맡았던 틸 슈바이거는 이제 짜증만 불러일으킬 뿐이다. 옌스 예센Jens Jessen이 말한 '저속함에 대한 대중의 열광'은 종언을 고하고 있으며, 무격식에 대해 불편함을 느끼는 이들이 늘어가고 있다. 이런 중요한 순간에는 올바른 편에 서는 일이 중요하다.

기사도, 얼음과 불이 공존하는 멋진 모순

시간과 함께 개념에 담긴 의미도 달라지게 마련이다. 예의바름이 궁정의 행동양식과 직접 관계가 없어진 것처럼 고귀함과 기사정신 역시 말馬과는 아무 상관이 없게 되었다. 말을 언급한 김에 프리드리히 토르베르크Friedrich Torberg의 일화집《욜레쉬 아주머니Tante Jolesch》에 나오는 대화 한 토막을 소개하고자 한다.

한 카페에 친구 둘이 앉아 있었다. 그때 승마용 장화를 신은 사내가 들어오자 한 친구가 다른 친구에게 이렇게 말했다. "나 역시 말이 없기는 매한가지야. 그래도 저런 차림으로 돌아다니지는 않아."

굳이 주제와도 무관한 이야기를 꺼낸 까닭은 말이 없어도 얼마든지 고귀함을 갖출 수 있다는 말을 하고 싶어서였다. 원래 나는 이 책의 제목을 '귀족 칭호 없이도 귀족이 되는 방법'으로 정할 생각이었다. 내게 귀족이란 타고난 출신과는 무관하며, 오히려 훗날 습득한 문화로 만들어지는 존재다.

귀족이 역사에 끼친 영향이 꼭 유익하지만은 않았다. 하지만 귀족 사회에서 높이 평가된 가치, 전통, 사고방식, 덕목 가운데 보존할 만한 문화적 유산 또한 있다는 점은 누구도 부인하기 어려울 것이다. '고귀한' 자질로 꼽혔던 덕목들을 찾아나서는 여정에서 나는 거듭 기사도 문학을 인용할 것이다. 기사 서사문학의 원형들 속에서 오늘날 어떤 미덕들이 모습을 드러내기 때문이다. 다시 말해 기사도는 매력적인 방식으로 윤리적인 것과 심미적인 것을 강인함과 연결한다.

기사 신분의 영웅은 늘 선의 편에 서고, 선을 강인함과 결합한다. 물론 기사라고 해서 모두가 '나이스가이'는 아니지만, 그들의 투쟁에는 우아함 속에 강력한 저항의 몸짓이 깃들어 있다. 이처럼 기사도가 주는 매력은 우아함과 강함, 힘과 온화함 같이 양립하기 어려운 요소들을 어우러지게 하는 데 있다.

결국에 필요한 것은 쿨함coolness과 상냥함kindness을 아우름으로써 기사도 정신의 핵심을 이루는 두 극단의 정신, 세련된 초연함과 따뜻한 인정을 화해시키는 일이다. 고대로부터 전수된 이상적 영웅상은 차가운 쪽에 가깝다. 즉 '쿨하다' 할 수 있다. 여기선 추진력, 탁월함, 힘, 명성과 명예를 칭찬한다. 반면 고대 이후 등장한 기독교적 이상에서는 온후함을 찬양하며 약함과 자기희생을 높이 평가한다. 이 조화가 얼마나 어려운지에 대해 예를 들어 설명하자면 〈심슨 가족〉에 나오는 네드 플랜더스의 상냥함과 장고 같은 총잡이의 냉혹함이 기사도 안에 하나로 공존하는 것이다.

이것으로도 부족해 기사도 정신에서는 대담함, 자신감, 우아함을 한데 섞어 놓고자 했다. 이와 관련해 전문가들은 '데쟁볼튀르 désinvolture(껄렁함, 경쾌함, 초연함)'라는 멋진 프랑스어를 준비해 놓았다. 여기서 잠시 이 말의 의미를 음미해보자. '데쟁볼튀르'는 다른 언어로 옮기기가 쉽지 않은 말인데, 줏대 없이 굴지 않으며, 진실하고 선하고 아름다운 것의 편에 서면서도 최대한 우아함과 쿨함을 잃지 않는 능력을 가리킨다. 또 곤란한 상황을 완벽하게 장악하는 수완을 뜻하기도 한다. 게다가 이 개념에는 말로 담을 수 있는 것 이상의 의미가 들어 있다. 에른스트 윙거Ernst Jünger는 데쟁볼튀르에 대해《모험심Das abenteuerliche Herz》개정판에서 이렇게 말했다.

"이 단어는 흔히 '거침없음'으로 번역된다. 돌려 말하지 못하는 태도를 가리킨다는 점에서 적절하다고 할 수 있다. 하지만 동시에 다른 뜻이 숨어 있는데, 바로 신들에 버금가는 우월함이다. 이런 의미에서 나는 '데쟁볼튀르'를 권력의 순진무구성으로 이해한다."

제임스 본드 류의 영웅 캐릭터가 큰 인기를 끄는 것도 이 때문이 아닐까? 그로 말하자면 쿨함과 예의바름, 기사도 정신과 '데쟁볼튀르'를 발산하는 원형적 인물에 속하면서, 위기 상황에서도 늘 통제력을 잃지 않는데다 멋진 외모까지 타고났다. 이런 유형으로 또 누가 있을까? 〈스타워즈〉에서 타투인 행성의 술집으로 들어가는 제다이의 모습도 떠오른다. 또 손수건이 꽂힌 콤비 신사복 차림으로 함부르크의 어느 건물 뒤뜰에 자리한 안티파Antifa(반파시즘 운동의 줄임말) 술집에서 멋진 연주회가 열릴 때마다 그곳을 어슬렁거려도 누구 하나 시비를 걸어오지 않는 나의 지인 세실 같은 이들도 있다.

쿨한 성격으로 이름난 스웨덴 국왕 카를 12세도 빠질 수 없다. 볼테르는 그를 초연하고 거침없는 태도에 관한 한 타의 추종을 불허하는 인물로 묘사하기도 했다. 작센의 선제후 아우구스트 2세와 한창 전쟁 중인 와중에 카를 12세는 작센에 드레스덴을 깜짝 방문하겠다고 알린다. 호위병 없이 달려온 그가 "깜짝 점심 방문Dejeuner surprise!" 이라고 외치자 당황한 작센 사람들은 그를 무사통과시켰고, 두 왕은 함께 식사를 했다. 이후 카를 12세가 슈트랄준트로 돌아가자 전쟁은 다시 시작되었다. 볼테르가 1732년에 집필한 카를 12세 전기에서는 이 냉혈한이 슈트랄준트에서 편지를 받아쓰게 할 때 옆에서 폭탄이 터진 일화가 소개된다. 놀란 비서가 편지 쓰기를 멈추자 "무슨 일인가?" 하고 카를 12세가 물었다. "폭탄이 터졌습니다. 전하!" 그러자 왕은 이렇게 대꾸했다. "폭탄이 편지와 무슨 상관이 있나?"

나 또한 누군가에게는 타인임을 자각했을 때, 기사가 탄생했다

그렇다면 어떻게 해야 고귀한 품성을 지닐 수 있을까? 그것은 배울 수 있는 것일까?

기사도 정신은 늘 출생 조건과는 아무 관련이 없었던 데다 오늘날에는 더더욱 불가능하다. 옛날 귀족이라 불리던 이들은 이미 오래전에 역사적, 사회적 의미를 잃었기 때문이다. 다시 말해 우리는 고귀함이 새로이 정립되어야 하는 과도기에서 살고 있는 셈이다. 그러니 이 책을 쓰기에 지금보다 적절한 때도 없을 것이다. 더구나 몰락한 상류 계급의 일원으로서 직장인의 삶을 살고 있는 나 같은 사람이야말로 이런 책을 쓸 적임자라 할 수 있을 것이다. 옛 것과 새로운 것의 다리 역할을 할 수 있다는 장점을 가졌기 때문이다.

귀족은 사라졌지만 새로운 귀족은 늘 있어 왔다. 기본적으로 귀족은 새로운 귀족들로 시작되었기 때문이다. 모든 왕은 모반을 일으켜 기존의 체계를 밀어내고 권력을 차지한 조상을 두고 있기 마련이다. 역사적으로 보더라도 귀족이 되는 방법은 다양했다. 게르만인들 사이에서는 전투에서 혁혁한 공을 세워 많은 추종자를 거느리며 높은 명성과 통솔권한을 얻게 된 여러 자유민이 자유귀족이 되었다.

또 우두머리의 신뢰를 얻어 종복으로 채용됨으로써 귀족이 되는 경우도 있었다. 우리 가문의 선조는 바바로사 황제의 궁정에 고용된 하인이었는데, 황제는 이들을 어떤 유력 자유귀족보다도 신임해서 귀족 신분을 하사한 다음, 변두리 식민지로, 우리의 경우 오늘날 남서 작센 지방으로 보내 그곳의 치안 유지를 맡겼다. 카롤링거 왕조와 카페 왕조의 귀족 대부분이 애초에 하인 출신이었다는 점은 여러 칭호와 존칭에도 잘 나타나 있다. 심지어 원수Marschall라는 칭호 속에는 원래 '마부'라는 뜻을 지닌 'marescalsus'가 숨어 있다. 훗날 재무장관으로 불리게 되는 왕실금고관리관Kämmerer이란 직책은 애초에 궁정에서 잠자리를 준비하는 일을 담당했는데, 세월이 흐르면서 하인 지위를 벗어나 한 나라의 가장 막강한 자리로 올라선 것이다.

괜찮다면 귀족에 관해 몇 마디 말을 덧붙이고자 한다. 유럽에서 귀족이 형성된 시기는 아직도 어둠에 묻혀 있는 것이 현실이다. 서력기원 초기에 로마제국의 '리메스'Limes(로마제국 국경선) 너머, 즉 로마제국 바깥에 살던 민족과 부족들은 문자문화란 것을 알지 못했다. 우리가 그들에 관해 아는 것은 기초적인 사실뿐인데, 그나마 전해지는 자료들마저 로마제국의 저자들이 쓴 것인 만큼 크게 신뢰하기가 힘들다. 그들은 이방인과 그 풍습을 올바로 이해하려는, 현대적 의미에서의 인류학적 작업을 수행한 것이 아니다. 오히려 고국의 독자들, 곧 영락해 가는 로마의 상류 계급에게 자부심 넘치고 타락하지 않은 자연인을 소개함으로써 그들 자신의 퇴폐상을 비추고자 했다. 이를테면 타키투스Tacitus가 게르만인들에 관해 쓴 내용들은 주로 풍문에 근거한 것으로, 의도적으로 이상화한 게르만인 상을 그리고 있다.

사실 '게르만인'이라는 개념 자체가 자의적인 것이었다. 로마인들에게 게르만인이란 자신들이 잘 모르는 숱한 부족들을 싸잡아 가리키는 말이었다. 물론 게르만인들의 조야한 세계와 로마의 세련된 세계가 만나는 국경선 부근에서는 문화, 상업, 기술 분야는 물론 사적 영역에서도 다양한 교류들이 이뤄졌다. 북유럽의 게르만인과 라틴계의 지중해 세계를 갈라놓은 국경선처럼 두 집단이 충돌하는 곳에서는 늘 흥미로운 일들이 벌어지기 마련이다.

그 결과 두 세계가 뒤섞이기 시작했다. 토이토부르크Teutoburg 숲의 영웅으로 유명한 게르만 족장 아르미니우스Arminius도 로마 외인부대의 병사 출신으로, 수많은 게르만 지도자들이 국경 너머 로마인들의 생활양식을 흉내 냈다. 부인들의 잔소리 때문이었는지는 몰라도 게르만 진영의 우두머리들은 로마 풍습을 따라 자주 목욕하고, 토가를 몸에 휘감고, 로마의 식기를 사용하고, 로마의 장신구를 지니는 것을 세련된 행동으로 여겼다.

2세기와 5세기 사이에 벌어진 대이동으로 유럽의 민족과 부족들이 뒤섞이고, 이어 로마제국이 몰락함으로써 과거 로마제국의 핵심지역에 게르만인들이 몰려와 정착하게 되었다. 이들의 아버지 세대는 여전히 길게 수염을 길렀고, 식사 중 먹다 남은 뼛조각을 등 뒤로 내던졌고, 쇠락한 온천에서 세련된 로마인처럼 목욕했다.

과거 로마제국령이었던 갈리아 지방에서 점령군은 철저히 토박이 주민들과 뒤섞였고, 로마제국이 몰락하고 땅을 차지한 갈리아−로마 엘리트들은 서쪽 게르만 지역에서 몰려온 신참자들과 대치하면서 이들과 싸우고 화해하기를 되풀이했다. 특히 오늘날 베네룩스 삼국에서 프랑스 남동부에 이르는 지역에서 5세기와 8세기에 걸쳐 격렬한 싸움이 일어났던 것으로 보인다. 당시 이곳에서는 실용적인 이유에서 차츰 공통의 전쟁규칙이 만들어졌을 것이다. 즉 승리를 거둘 때마다 곧장 적을 죽이는 대신 영예로운 패배의 길을 열어주는 규범을 발전시키기 시작했다. 이렇게 패자에게 훗날을 도모하는 길을 열어준 것만으로도 그것은 매우 실용적인 결정이라고 할 수 있다.

그 결과 역설적으로 전쟁이 되풀이되면서 싸움은 일상적인 골칫거리로 변해갔지만, 규범에 의해 통제되면서 그만큼 위험성도 줄게 되었다. 즉 오늘의 패배자가 내일의 승리자가 될 수 있었다. 잔인함의 차이는 있지만 어딘가 영국 프리미어리그 경기와 닮은 면이 있다. 과거와 새로운 세계가 만나는 라인란트 북부에서는 5세기 말에서 6세기 초에 프랑크 족이 이 반복되는 전쟁의 최종 승리자가 되었고, 이들은 옛 로마제국의 적자를 자칭하는 제국을 건설했다.

몰락 귀족의 후예가 오늘날 무엇을 할 수 있을까?

귀족적 이상과 기사도가 탄생할 수 있었던 요인으로는 세 가지를 꼽을 수 있다. 첫째는 전투에서 자제하는 경향이 보이기 시작한 것, 둘째는 기독교 교세의 확장으로 마주하는 적이 낯선 야만인이 아닌 같은 기독교인이 되었다는 점, 그리고 마지막 요인은 여성이었다.

여기서 우리는 앞서 소개된 레이디 라그넬을 비롯해 아키텐의 엘레오노르, 이졸데 같은 여인들을 떠올릴 것이다. 거친 게르만인들을 길들이는 과정에서 교회가 수행한 역할에 대해서는 이미 많은 책들에서 언급된 바 있다. 주교들은 전사들이 기본적인 규칙들을 지키게끔 애를 썼다. 주일에는 무기 사용을 금했고, 여성, 아동, 고아, 성직자, 상인들은 건드리지 못하게 했다. 그 금기 중에서 문명사적으로 가장 큰 영향을 준 대상은 여성이었다.

"남성들이 육체적 폭력을 휘두르지 않도록 강요받을 때 어김없이 여성의 사회적 중요성이 커졌다." 20세기 사회학의 태두인 노르베르트 엘리아스Norbert Elias의 말이다. 중세의 전사 무리 속에서 위신을 중히 여긴 자라면 더는 여성들의 머리채를 잡고 악취 풍기는 자기 방으로 끌고 가지 못했을 것이다. 대신 사모하는 여인이 있다면 옷차림에 신경을 썼을 것이다. 어쩌면 벌써 그 전에 깨끗이 몸을 씻고서 여성과 대화를 나누며 구애를 했을지도 모른다. 짐작컨대 그것은 욕구보다는 위신과 관련된 문제였을 것이다.

예의범절을 갖춘 자는 자신의 사회적 지위를 자랑했고, 부족이나 대가족 안에서 주도권이 자기에게 있다는 신호를 보냈다. 9세기와 10세기에 유행한 기사들의 이야기인 민네장Minnesang(연애가요)에는 새로운 기사 유형이 나온다. 근대적 전사는 돌연 여성을 정중하게 대하기 시작했다. 물론 요새화된 궁정과 이 시기에 지어진 성들이 전형적인 남성 사회를 보여주고 있음은 사실이다. 하지만 성 안의 생활을 세련된 방식으로 바꿔놓은 추동력은 바로 여성에 있었다. 여성들은 시인, 성직자, 지식인을 끌어들였고, 전사들의 보루와도 같았던 곳을 정신 활동이 왕성하게 벌어지는 무대로 탈바꿈시켰으며, 성 안의 사람들에게는 낯설기만 했던 사치에 대한 욕구를 일깨워줬다.

프로이트는 '정서억제', 엘리아스는 '문명'으로 불렸던 이 같은 새로운 현상이 일부 구식 게르만 전사들에게는 쓸데없는 짓으로 비쳐졌을 것이다. 그렇지만 '위신상의 이유로' 새로운 행동규범의 등장을 막을 수는 없었다. 'milte'(인자함, 관대함을 가리키는 중세의 핵심 미덕)를 통해 전장에서 전사들을 통제하고, 음유시인이 노래한 궁정식 사랑의 이상을 통해 기사들을 자제시킴으로써 고상한, 즉 귀족적인 행동을 보이는 사회 계층을 구별하는 경계가 점점 뚜렷해졌다. 신흥 벼락부자들과 차별을 두고자 이들 전사 계층은 덕목과 행동 규범을 갈고 다듬어나갔다. 그 중심에는 특히 약자와 노인, 가난한 이들을 보호하려는 기독교적 동기가 놓여 있었다.

풍속이 세련되게 다듬어지는 흐름의 중심은 당시 형성되기 시작한 크고 작은 중세 영주의 궁정이었다. 이 같은 성들이 경제적으로 막강한 힘을 가짐으로써 넉넉지 못한 자유민의 후손들, 가난한 기사, 행운을 찾는 모험가들을 점점 더 끌어 모았다.

결국 엄밀한 의미에서 세습귀족이란 존재한 적이 없었다. 다만 예나 지금이나 변함없는 것은 공통의 가치, 이상, 행동규범, 의례 등이다. 이것들은 중세 이후 유럽의 문화적 중심지로 부상한 여러 궁정들을 출발점으로 삼아 동시다발적으로 퍼져갔고, 훗날 스스로를 엘리트라고 여겼던 이들은 무엇이 옳고 그른지, 사교계에서 어떻게 행동할지에 대한 기준으로 삼고자 이를 받아들였다.

유럽에서 예의란 결코 귀족과 같은 소수에게만 적용되는 것이 아니었다. 이것들은 언제나 습득이 가능했고, 뒤에 등장한 사회 계층에서 이를 받아들여 행동의 기준으로 삼음으로써 더욱 널리 확산되었다. 이러한 흐름은 늘 그래왔고 앞으로도 그럴 것이다.

오래된 귀족 가문의 후손인 나와 여느 평범한 집안 출신과 다른 점이 있는지 여러분이 묻는다면 나는 '아니오'라고 대답할 수밖에 없다. 내 혈관에는 여러분과 똑같은 피가 흐르고, 신진대사와 소화 작용도 똑같은 방식으로 작동한다. 굳이 다른 점을 꼽자면 내 선조들이 좀 더 일찍 스스로를 억제하기 시작했다는 정도일 것이다. 한때 우리는 모두 똑같이 수염을 길게 늘어뜨리고 돌아다니던 야수 같은 존재였다. 욕구가 일 때마다 음식에 달려들거나 흘레붙지 않으려면, 때로는 포기할 줄도 알면서 이기적 본능을 극복하고, 살기 위해 먹는다는 필연에서 벗어나 음식문화를 가꿔 나가기 위해서는 일정한 훈련이 요구된다. 이것들에 익숙해지려면 수 세대를 거쳐야 하는데, 내 가문의 경우 이런 훈련이 상대적으로 앞서 시작되었을 뿐이다.

그렇다면 오래전에 지위에서 밀려난 귀족의 후예로서 오늘날 내가 할 수 있는 역할이란 무엇일까? 문명이란 것에 가치가 있다면 내 멋대로인 태도가 판치는 지금 여기에서 문명이 축적한 성과들을 지켜내는 일이 아닐까?

나는 왜 빛바래진 기사도의 묵은 먼지를 터는가?

내가 이 책에서 답하고자 하는 질문은 이렇다. 오늘날 기사도 정신을 일상에서 실천할 수 있는 방법으로는 무엇이 있을까? 그 전에 오늘날 고귀함이란, 예의란 도대체 무엇일까? 나는 이 질문들을 귀족 그리고 기독교적인 시각에서 논하고자 한다. 이것이 내게 주어진 유일한 관점이기 때문이다. 이를 위해 나는 고전적 덕목들을 기준으로 삼을 텐데, 필요하다면 그것들을 현실에 맞게 손질할 것이다. 적어도 지금 유럽에서는 '서양'에서 전해지는 고전적 덕에 바탕을 두지 않고서는 덕을 논하기가 어려운 형편이다.

보편적인 좌표가 사라진 이 마당에 덕에 관해, 그중에서도 기사도에 관해 떠드는 이야기가 터무니없게 들릴 수도 있을 것이다. 하지만 역설적으로 그 때문에 꼭 필요한 작업이기도 하다. 지난 수년간 벌어졌던 전통의 가치에 대한 논쟁들이 그 시발점이 되었다. 그 논쟁은 전해 내려오던 가치들이 빠르게 사라지는 현상을 따라 우리의 불안감도 커지고 있음을 보여줬다.

유럽을 찾은 다른 문화권 이주민들이 특별한 문화도 없고 규칙과 관습도 사라진 공간으로 잘못 왔다는 인상을 받는다면 어떨까? 유럽에 매력을 느낀 이들은 사회시스템만이 아니라 문화에도 끌렸던 것이다. 우리가 자신의 문화를 부정한다면 이는 결국 우리한테서 피난처를 찾은 이들마저 배신하는 꼴이 된다.

어느 정도 분별력을 지닌 이들은 우리를 둘러싼 모든 게 옳고 모든 게 허용된다는 식의 세상, 완전한 자의성이 지배하는 문화에 불쾌감을 느끼기 시작했다. 우리는 과거 어떤 시대보다도 자유롭고 개방적이고 관대한 사회에 살고 있다는 사실에 행복해할지도 모른다. 하지만 모든 것을 똑같이 허용하면서도 전해 내려온 것만은 모조리 낡고 잘못된 것으로 치부한다면, 이는 근대라는 프로젝트가 그 자연적 수명을 다했다는 뜻으로 봐도 될 것이다.

그런데 미리 말해 둘 점이 있다. 기사도 정신과 예의범절을 논하고 남들에게 전파하려는 일은 주제넘고 무모한 시도일지도 모른다. 가령 이 책에는 이른바 4대 핵심 덕목 가운데 하나인 절제에 관한 장이 들어 있다. 지금 이 글을 쓰고 있는 나는 어제 저녁에 초콜릿 아이스바를 세 개씩이나, 그것도 저녁을 먹은 뒤가 아니라 식사 중에 함께 먹었다. 그래놓고서 저자랍시고 도덕적으로 우월한 연단 위에서 아래를 향해 설교를 늘어놓는다면, 저자는 물론 독자들도 그 모습을 감당해내기가 힘들 것이다.

이런 시도들은 언제나 있었고 당연히 그중에는 훌륭한 책들도 있었다. 하지만 글과 삶이 일치하는 저자가 쓴 경우는 극히 드물었다. 앞서 소개한 가웨인과 라그넬레의 이야기를 쓴 토마스 말로리 경은 사실《아서 왕의 죽음》을 포함한 자신의 책들 대부분을 감옥에서 썼다. 그의 전과 기록을 살펴보면 밀렵부터 절도를 거쳐 겁탈과 살인에 이를 정도로 화려했다. 교훈적인 기사문학 가운데 유명한 작품으로 《기사단 책Libre del ordre de cavayleria》이 있다. 난폭했던 시절인 1274년에 쓰인 이 작품의 저자 라몬 륄Ramón Llull 또한 도덕군자와는 거리가 먼 인물이었다. 마요르카 섬에서 사라센 인들을 몰아내는 데 일조했던 부친으로부터 팔마 주변의 농장들을 물려받은 그는 그곳에서 난봉꾼으로 군림했다. 라몬 륄은 고압적이며 매정하고 호전적인데다 불륜까지 저질렀지만, 기사도를 이야기하는 그의 책은 난폭한 삶을 청산하려는 야심찬 기사들에게 소중한 지침서가 되었다.

　말하자면 위선자로 전락할 위험은 곳곳에 도사리고 있다. 위선에 빠지지 않는 가장 쉬운 방법은 어떤 도덕 원칙도 갖지 않는 것이다. 그렇지만 원칙, 기준, 좌표체계는 삶을 살아내는 우리에게 매우 중요한 가치다. 거의 모든 사람들이 그 요구에 늘 부응하지는 못할지언정 그 중요성은 훼손되지 않는다. 이런 이상으로 삼을 만한 좌표조차 없어진다면 내가 지금 서 있는 곳을 가늠할 수 없게 되고, 나아가 오늘보다 더 나은 사람이 된다는 가능성조차도 사라지게 되기 때문이다. 《윤리학에 있어서 형식주의와 실질적 가치철학》을 쓴 막스 셸러Max Scheler는 홍등가에서 나오는 모습이 들킨 적이 있다. 그는 그런 행태가 그 자신의 윤리 이론에 어울리는지에 대해 질문을 받고 이렇게 대꾸했다. "길 안내판도 자신이 가리키는 길을 가는 것은 아니지 않소."

　집필이란 자기학대는 일종의 자기치유이기도 하다. 어쩌면 이 책에서 나도 언젠가 그렇게 되기를 바라는 내 모습을 그리고 있는지도 모른다. 이런 의미에서 다음과 같은 글귀는 내게 위안을 준다.

　　"문명은 … 아직 완성되지 않았다La civilisation … n'est pas encore terminee."

　노르베르트 엘리아스가 《문명화 과정》 서두에 적어둔 구절이다. 그 역시 뭔가를 깨달았던 것이다. 문명화가 완결된 과정이 아니라면 나 자신의, 또 우리 모두의 문명화 과정 역시 예외는 아닐 것이다.

차례

0

나는 왜 오래된 덕목을
27가지로 정리했는가?

어떤 상황이 닥치더라도 느긋해 보이고, 갖은 고생도 가볍게 받아들이며, 늘 유쾌함을 잃지 않고 재치 있는 농담을 던질 수 있는 사람. 모든 자리에서 적절하게 갖춰 입고 처신할 줄 알면서도 거만하지 않고, 기꺼이 도움을 주면서도 생색내지 않는 사람. 확고한 원칙을 가지고 제 의견을 똑 부러지게 말하는 사람. 그러나 언제 침묵하고 언제 눈을 감아줘야 하는지도 아는 사람. 그리고 곤란한 일이 벌어지면 중재할 줄 알고, 사람들을 잘 이끌며, 얼굴에서부터 신뢰를 줌으로써 불편한 내용조차 불편하지 않게 전달할 줄 아는 사람.

누구든지 이런 사람이 되고 싶어 할 것이다. 그리고 누구나 이런 사람과 함께하고 싶어 한다.

아리스토텔레스는 놀랍게도 그런 사람이 실제로 존재하며 우리 모두 그렇게 될 수 있도록 힘써야 한다고 믿었다. 그가 아들 니코마코스를 위해 쓴 《니코마코스 윤리학》에는 훗날 이 주제에 관심을 가진 이라면 반드시 참고해야 했던 내용들이 담겨 있다.

그리스적 토대, 소수에게만 허락된 차가운 숭고함

아리스토텔레스는 인간에게도 본질이 있다고 가정했다. 사물의 본질을 알려면 그것을 잘 관찰하면 된다. 칼은 무언가를 자르기 위한 것이고, 의자는 거기에 앉기 위해 만들어졌다. 의자로 빵을 자르고, 칼 위에 앉는 것은 터무니없는 짓이다. 사람과 동물은 공통점이 많다. 모두 양분을 섭취해 성장하고 생식을 통해 번식한다. 하지만 아리스토텔레스가 관찰한 바에 따르면 우리는 이를 넘어 **생각하는 사회적 동물**이다. 다시 말해 '우리가 주어진 본질에 부합하는가'라는 물음은 그 두 가지 능력을 제대로 활용하는지와도 관련이 있다. 이를테면 온종일 추리닝 바람으로 빈둥거리며 누워 있고 먹고 싸기만 하는 것으로는 충분치 못하다. 반면에 해삼과 같이 신진대사만을 하는 생명체라면 그런 일이 아무 문젯거리가 되지 않는다.

아리스토텔레스에게 덕스러움은 태어날 때부터 주어진 것이 아니라 꾸준한 연습으로 배워야 하는 것이다. 이 주장대로라면 인간은 악기를 배울 때처럼 올바른 교사의 가르침을 받아 연습을 거쳐 달인이 될 수 있다. 실제로 우리는 누군가 어려운 곡을 힘들지 않고 연주할 때 '탁월한virtuos'(라틴어 비르투스virtus는 '덕성'을 뜻한다) 연주라고 칭찬한다. 이 말에는 연습을 통해 언젠가는 모든 게 쉽게 보이는 경지에 이르리라는 기대가 들어 있다.

아리스토텔레스에게 덕은 절대적 가치라기보다는 양 극단의 중간에 놓인 것이다. 그는 모든 덕에는 선을 악습으로 만드는 과장된 유형이 있다고 말한다. 또한 모든 덕에는 덕을 악덕으로 탈바꿈시키는 형태도 존재한다고도 봤다.

용기를 예로 들어보자. 용기의 부족은 비겁이라는 악덕으로 나타난다. 하지만 반대편의 극단에서 용기라는 덕은 앞뒤 가리지 않는 무모함으로 변질된다. 용기는 정확히 한가운데 자리할 때 덕스럽다. 여기에는 다른 여지가 없다. 이는 최적의 지점, 라틴어에서 말하는 '황금의 중용aurea mediocirtas'에 해당한다.

물론 황금의 중용보다는 영어의 '스윗스팟sweet spot'이란 표현이 훨씬 근사하게 들린다. 이 '스팟'의 위치를 알려면 여성잡지에서 '스팟'에 대해 시시콜콜 조언해주듯이, 아리스토텔레스 또한 적절한 지도가 필요하다고 봤다. 그럼 그것을 쉽게 발견할 수 있다고 한다. 주의 깊게 눈여겨보고 따라하는 것이야말로 최고로 검증된 방법이다. 여기서 중요한 것은 본받을 만한 사람을 찾는 일이다.

그런데 이렇게 행동하는 경우는 오히려 예외에 속한다. 안타깝게도 '날아오르기보다는 추락하기가 쉽다'는 것이 삶의 일반적인 법칙이다. 용기를 내기보다는 비겁해지는 편이 쉽다. 오늘 처리할 일을 내일로 미루는 쪽이 쉽다. 신뢰를 받는 것보다 상대를 속이는 것이 (이에 필요한 계획을 짜는 문제를 차치한다면) 수월한 편이다. 잘못이나 실패에 대해서는 구구절절 설명이 필요 없지만 영웅적인 것, 자기 극복이 필요한 것에 대해서는 설명이 필요하다. 그것은 특별하기 때문이다. 토마스 아퀴나스는 이런 현상을 게으름과 우울이 뒤섞인 상태, 즉 아케디아acedia(나태)라고 불렀다. 자제와 노력이 요구되기에 사람들은 선을 기피한다. 다시 말하지만 떨어지는 일은 올라가는 일보다 쉽다.

그렇다면 덕은 어떻게 쌓을 수 있을까? 앞서 언급했듯이 우리보다 여러 모로 뛰어나 자극을 줄 수 있는 이들과 어울리며 본받을 만한 현명한 사람을 찾는 것이다. 다행히 아리스토텔레스에 따르면 우리 안에는 덕스러운 사람을 알아보는 능력이 들어 있다. 그러니 눈먼 듯 우왕좌왕 살아가는 대신 제대로 눈여겨보기만 하면 된다고 한다. 물론 그러기 위해서는 나만의 편안한 은신처를 박차고 나와야 한다는 문제가 있다.

그런데 끝없이 누군가를 바라보며 그 덕스러움을 모방하려 한다면 어딘가 억지스럽게 비쳐질 위험은 없을까? 그 우려에 아리스토텔레스는 이렇게 답한다. 일리 있는 지적이다. 특히 처음에는 더더욱 그렇다. 하지만 시간이 갈수록 그런 일은 줄어드는데, 바람직한 행동이 습관화되고 본성의 일부가 되면서 굳이 애쓸 필요가 없는 순간이 찾아오기 때문이다. 이를 두고 우리는 개인심리학의 아버지인 알프레트 아들러Alfred Adler의 방식을 빌려 '해낼 때까지 그런 척하기Fake it 'til you make it'라고 이름 붙일 수도 있고, 호라티우스Horatius의 지적대로 "열 번을 거듭해서 보면 마음에 들게 된다"라고 말할 수도 있을 것이다. 가령 장시간에 걸쳐 진실된 사람인양 행동하고 거짓말을 피하고 무임승차를 삼간다면 이것이 습관이 되면서 진짜로 그런 사람으로 변하게 될 것이다. 우리의 행동 하나하나가, 소소한 결정들이 우리의 성격을 만들어간다. 어느 현인은 "행동의 결과물이 곧 우리 자신이다"라는 말을 남기기도 했다.

그런데 굳이 모두에게 사랑받고 싶지 않다고 한다면 어떨까? 아내와 이탈리아 파도바를 방문했을 때 나는 지오토가 어떻게 덕을, 또 악덕을 화폭에 옮겼는지 살필 기회가 있었다. 솔직히 말해 훨씬 흥미롭고 극적이며 풍부한 액션과 함께 정열적으로 묘사한 부분은 악덕이었다. 요슈카 피셔Joschka Fischer(독일 녹색당 출신의 유명 정치인)조차도 지옥이 훨씬 더 흥미로워 보이고, 하얀 가운을 입고 할렐루야를 노래하는 미래의 모습을 생각하면 하품밖에 나오지 않는다고 고백한 바 있다. '착하기만 하면 손해를 본다nice guys finish last', 또는 '착한 여자는 천국에, 나쁜 여자는 어디에나 간다good girls go to heaven, bad girls go everywhere'라는 말도 있지 않은가? 이 문구는 어느새 수백만 개의 방석과 티셔츠를 수놓고 있다.

이에 대해 이렇게 되묻는다면 어떨까. '당신은 정말 세상 어디든 가고자 하는가Do you really want to go everywhere?' 이 경우 아주 힘들고 불편한 상황이 찾아올지도 모른다. 나는 그곳에 가봤던 사람들을 알고 있다. 어느 시에서 베르톨트 브레히트Bertolt Brecht는 이렇게 읊고 있다.

내 벽에는 일본 목판화(우키요에)가 한 점 걸려 있다
금빛 니스로 칠한 악마의 가면
나는 동정하는 마음으로
이마의 부풀어 오른 핏줄을 바라본다
악하게 구는 것이 얼마나 고된 일임을 말해주는 그 핏줄

아리스토텔레스, 토마스 아퀴나스, 브레히트, 그 누구도 우리가 늘 얌전하리라고는 기대하지 않는다. 하지만 그들은 이렇게도 말한다. 게으름에서든 무지해서든 덕에서 등을 돌릴 때 도달하는 곳은 썩 유쾌하지만은 않은 곳, 저 아래 깊숙한 지옥이다. 그곳은 히에로니무스 보스Hieronymus Bosch의 그림에 묘사된 것처럼 생기지는 않았는데, 겉보기에 성공한 삶을 사는 이들도 있을 수 있다. 지오토가 스크로베니 예배당에 남긴 프레스코화를 보면 알 수 있듯이, 자기중심적이고 무

한한 쾌락만을 추구하는 삶은 사뭇 처절한 모습을 보여준다. 분노를 상징하는 인물은 극적인 관점에서 볼 때 훨씬 더 즐거움을 줄지도 모른다. 그는 흥분된 몸짓으로 자신의 옷을 잡아 찢고 있다. 하지만 그것은 자기파괴의 이미지를 보여주기도 한다.

우리는 어째서 덕스러움을 추구해야 하는가. 신과 피안의 세계에는 무관심했던 아리스토텔레스에게 그것은 거대한 황금빛 선행 기록장에 최고 점수를 받거나 별과 하트 스티커를 모으는 것 따위가 아니었다. 그보다는 충만함, 성공적이고 인간다운 삶, '유익한 삶의 영위' 또는 '행복' 등으로 옮기는 이른바 '에우다이모니아eudaimonia'와 긴밀히 연결된다. 자기 잠재력을 제대로 활용할수록 삶이 행복하게, '에우다이모니아적'으로 변한다는 것이 아리스토텔레스를 비롯한 고대 사상가들의 주장이다. 즉 보람된 삶, 행복한 삶이 중요하다. 말이 나온 김에 우리는 대화 중에 '에우다이모니아적'이라는 말을 좀더 자주 섞어 쓸 필요가 있어 보인다.

그런데 에우다이모니아적 삶이란 알록달록한 미니 양산이 꽂힌 칵테일을 마시며 기온이 25도인 쾌적한 풀장의 그늘 속에서 빈둥거리는 것이 아니라 부단히 자신의 한계에 도전하는 삶을 가리킨다. 자신을 넘어 성장하고, 자기 자신으로부터 가능한 한 최선의 상태를 끄집어내는 것이 중요하다. 에우다이모니아는 고된 산행에서 흘리는 땀 냄새 같기도 하고, 많은 것을 해낸 하루를 마쳤을 때 찾아오는 피곤함처럼 느껴지기도 한다. 에우다이모니아는 결코 완결될 수 없는 평생의 숙제다. 끝없이 새로운 목표를 세워야 하기 때문이다.

나는 존경해 마지않는 아리스토텔레스를 난처하게 만들지 않으려고 일부러 설명을 짧게 했다. 그럴 작정이었다면 여러분은 속물근성이 있던 아리스토텔레스가 자신의 주장이 극소수층에게만 중요하다고 믿었음을 알게 될 것이다. 미천한 신분이나 추한 외모 같은 방해요인들이 개입하는 순간 아리스토텔레스는 가차 없이 일이 잘 풀릴 가능성이 사라진다고 봤다. 그럼 굳이 애쓸 필요도 없어진다.

아리스토텔레스가 볼 때 노예와 외국인에게 에우다이모니아 따위는 별 필요가 없었다. 이들은 아무런 가치도 인정받지 못했다. 물론 그가 살았던 시기와 문화를 고려할 필요는 있다. 아테네는 부유한 시민들만 발언권을 가지고 나머지 노동자, 외국인, 노예 등 전 주민의 80퍼센트 가량이 차별을 받는 귀족문화가 지배하고 있었다. 굳이 이 사실을 언급하는 이유는 그래야만 이후에 등장한 덕 이론이 가진 새로운 면을 이해할 수 있기 때문이다. 늦어도 4세기부터는 밀라노 주교 암브로시우스Ambrosius 같은 교회 사상가, 그리고 몇 백 년 뒤인 13세기에 토마스 아퀴나스가 등장한 다음에야 적지 않은 면에서 새로운 시각들이 나타나기 시작했다.

기독교적 변형, 약자부터 끌어안는 따뜻한 감성

기독교 윤리에서도 덕스러움을 훌륭한 스승으로부터 배우고 훈련을 통해 습득할 수 있다고 가르친다. 아울러 그것이 성가신 의무가 아니라 행복의 실현이며, 성공적이고 좋은 삶, 다시 말해 지극히 보람있는 일임을 강조한다. 덕은 우리가 목적으로 삼은 것을 훌륭하고 성공적으로 실현하는 것을 뜻한다. 여기까지는 아리스토텔레스의 사상과 일치한다. 하지만 사람은 그 일을 **혼자서** 해내지 못한다.

기독교에서 이해하는 원죄는 자만심에 사로잡힌 인간이 무엇이 유익한지를 스스로 더 잘 알고 있다고 우기는 것이다. 선악과를 따먹는 행위야말로 배의 키를 직접 움켜쥐고 신의 위치에 오르려 하고, 피조물의 자리에 만족하지 않고 스스로 창조주가 되려는 탐욕을 비유적으로 보여준다. 우리는 더 높은 권능에 의존하는 대신 자기가 누구인지 스스로 결정하고자 한다. 성경 전체는 하느님과 인간 사이에서 벌어지는 일종의 사랑 이야기로 해석될 수도 있다. 인간은 하느님을 뿌리치고 달아나지만 하느님은 결코 인간을 포기하지 않는다, 그리고 결국 인간은 처음 상태로 되돌아갈 기회를 얻게 된다. 이번에는 자유의지에 따라, 강해진 모습으로, 벌거벗지 않고 옷을 잘 갖춰 입은 상태로, 공짜로 생필품을 얻는 무지한 천국의 주민이 아닌 자부심 넘치는 활동가로서 말이다.

천국에서 인간은 남부러울 것 없는 삶을 영위했다. 심지어 창세기에는 하느님이 선선해진 시간을 틈타 자신이 인간을 위해 만든 동산을 거닐기도 했다는 구절도 들어 있다. 이는 하느님과 사람 사이에 맺어진 끈끈한 관계를 전하는 감동적인 풍경으로서, 놀라운 상상이 아닐 수 없다. 이런 유대관계를 깨기로 마음먹은 인간이 자기 자신에게만 의지하고자 했을 때, 비록 좋은 뜻에서 비롯된 것일지는 모르지만 기독교에서는 그 결과가 좋을 리 없다고 가르친다.

이제 훨씬 더 중요한 새로운 요소가 추가되었다. 아리스토텔레스 같은 사상가들에게 선, 정의, 덕, 용기, 좋은 삶 등이 상류층에만 해당하는 이야기였다면, 성경적 관점에서는 **누구나** 이 자리에 초대받을 수 있다. 일찌감치 유대교 안에 자리하고 있었던 이런 생각은 예수의 등장으로 활짝 꽃을 피운다. 비유대인 사도였던 바울은 이를 어떻게 설명하고 있을까. 참고로 기독교가 소수의 종파로 남게 될 위험에서 벗어난 것은 순전히 바울 덕분인데, 이 때문에 일각에서는 바울이야말로 기독교의 실질적 창시자라고 비꼬기도 한다.

바울에 따르면, 예수의 죽음으로 함께 사망한 인간은 부활의 의미를 가진 세례를 통해 다시 태어나며 이 순간부터는 출신과 무관하게 하느님의 아들딸이자 왕의 자손이 된다. 세례에 사용되는 물은 '작은 죽음'을 뜻하고, 세례 후의 '기름부음'은 왕을 세울 때 거행하는 오래된 유대교 의식이다. 따라서 세례를 받은 자는 누구나 왕의 아들딸이 되고, 또 그에 걸맞게 행동해야 한다.

그리스인들에게 좋은 삶이란 일부 상류층에게만 해당하는 일이었다. 반면 기독교의 중심 메시지이자 원칙과도 같은 산상수훈은 모든 이를 대상으로 하고 있는데, 특히 가난하고 못나고 소외받는 이들로부터 출발한다. 오늘날 현대인들이 가지고 있는 소수에 속하거나 박해받는 이들의 도덕적, 정신적 권위를 인정해야 할 것 같은 강박도 고귀함의 이념을 뒤집어 약자를 전면에 세운 기독교 사상에 그 뿌리를 두고 있다. 아이러니하게도 기독교를 통해 비로소 세상에 나타난 많은 것들, 개인주의나 원수까지 품는 자세, 다양성, 포용, 평등 같은 것들이 이제는 자신의 탄생을 도운 산파를 공격하고 있다. 우리 문화는 스스로를 배신하고 있는 셈이다.

기독교에서 배척한 고대의 정신 유산 가운데 적지 않은 것들이 오늘날 다시 유행하고 있다. 완전무결함과 완벽한 미에 대한 관심, 최적화된 유전자와 '자가 설계'된 인간에 대한 매료 등이 그렇다. 성경에서는 구부러진 것도 곧게 펴질 수 있다고 누누이 강조한다. 성경적 사고방식에 따르면 하느님은 약자 및 불완전한 자와 함께 역사하신다. 자유를 허한 이상 하느님도 별 도리가 없다. 확실한 점은 성경은 구부러진 인생들로 넘쳐난다는 것이다. 구약 속 아름다운 구절의 다수가 살인과 간통을 범한 다윗 왕이 부른 탄원의 노래 속에 들어 있다. 좌절을 겪고도 수렁에서 벗어난 이들 역시 수두룩하다. 노아는 술꾼이었고, 야곱은 사기꾼, 모세는 살인자였다. 또한 예수는 몇몇 유능한 제자들과 공동체를 만들었지만, 결정적 순간에서는 이들도 별 쓸모가 없었다. 말하기 난처하지만 예수의 애제자들이 중요한 때마다 잠이 든 적이 한두 번이 아니었다.

만일 아리스토텔레스가 예수와 나란히 십자가에 매달린 도적이 죄 많은 인생의 마지막 순간에 구원을 받았다는 이야기를 전해 들었다면 절레절레 고개를 저었을 것이다. 물론 에우다이모니아란 일종의 부단한 과정을 통해 성취되는 것이기는 하지만 정말로 중요한 것은 전체적인 그림이다. 죄로 가득한 엉망진창의 삶이 마지막에 면죄를 받는다는 것은 아리스토텔레스의 기준에서 볼 때 허무맹랑한 일이다. 그런 너그러움은 그가 제시한 덕의 범위에서는 부적절한, 심하게 말하면 바보스러운 금단의 영역에 속했다.

앞에서도 말했듯이 기사의 덕은 완벽함, 아름다움, 힘을 숭배하는 고대의 이상과 비뚤어지고 구부러진 것에 대한 기독교적 감수성, 자비, 이타주의를 지향하는 윤리를 하나로 아울렀다는 특징을 가진다. 그러므로 앞으로 개개의 덕을 다룰 때마다 나는 거듭해서 기사들이 추구한 이상을 소개하고자 한다. 시대정신을 두고 한창 논쟁이 벌어지는 지금, 내게는 이것이야말로 이상적인 방법으로 비쳐진다.

나는 왜 기사도를 27가지로 정리했는가?

　사람의 일생이 보다 높은 단계로 나아가는 여정이라는 아리스토텔레스의 가르침은 중세에 이르러 결실을 맺는다. 특히 토마스 아퀴나스 같은 기독교 사상가들을 통해 그것은 전혀 새로운 의미를 띠게 된다. 사람이 도상에in via 있다는 생각, 즉 평생 길을 가고 있다는 의식은 기독교 사상 속으로 철저히 흡수되었다.

　여기서 새로운 특징이 생겨났다. 걸려 넘어지고 잘못을 되풀이하고 실수를 범하는 일이 그 노정의 필수 요소가 된 것이다. 또 좌절을 딛고 더 강해진 모습으로 원래 사명으로 돌아갈 수 있고, 부족한 점을 자각하며 스스로 도움이 필요한 존재임을 깨닫기에 단점조차도 여정의 일부라는 인식이 생겨났다.

　고대 그리스 문화와 현재 문화의 공통점이면서 동시에 기독교-유대교적 사상과 차별되는 점이 있다. 오늘날 '자율성'을 설교하고 다니는 이들이 그렇듯 아리스토텔레스와 플라톤을 비롯한 그리스인들은 인간이 스스로 완벽해질 수 있다고 믿었다. 이와 달리 유대인과 기독교인은 예부터 그것이 사회든 개인이든 완벽함에 이르려는 노력에 대해 회의했다. 인류사를 돌이켜 보면 그런 회의론자가 옳았다.

　독자들께서는 이 책에서 자신을 완벽한 인간으로 만들어주는 법 따위를 찾지는 못할 것이다. 이 같은 완벽함을 규정하려는 시도만으로도 주제넘어 보인다고도 생각한다. 다만 완벽함에 이르려면 어떤 방향으로 눈길을 돌려야 할지를 생각해보는 일이 가치 있는 일이라는 데 여러분도 동의하기를 바랄 뿐이다.

많은 현대인들이 만사가 어떻게 흘러가든 좋다는 식으로 행동하고 있다. 기준은 사라지고, 모든 게 자기 마음대로라는 것이다. 이런 목소리에 귀가 솔깃해지는 것도 당연하다. 그럼 누구나 세상사에 대해 마음 내키는 대로 좋은 게 좋은 것이라는 식으로 말하고 '여하튼 만사 오케이' 식이 되는 것이다.

물론 그럴 수는 없다. 진지한 자세로 올바른 것을 찾아나서는 노력을 포기해서는 안 된다. 더 훌륭하게, 더 아름답게, 더 품위 있게 인생을 살아간다면 우리 삶은 어떻게 달라질까? 좀 더 부지런히 몸을 움직인다면? 편안함만을 좇는 대신 때로는 스스로를 재촉해본다면? 소소한 일상에서부터 시작해보자! 실패가 뻔한 거창한 일에 바로 뛰어들기 전에 사소한 습관, 매일 반복하는 부정적인 습관에 맞서 싸운다면 어떤 일이 벌어질까?

그러려면 먼저 깨달아야 할 몇 가지가 있다. 첫째, 우리가 아직은 완벽함과 거리가 멀고, 우리의 성격, 태도, 존재가 더 높은 단계로 나아갈 여지가 있다는 점이다. 둘째, 우리는 흠 없는 완전무결한 상태에 결코 도달할 수 없다는 점이다. 이는 어딘가 우리 마음을 놓이게 한다. 어느 누가 완벽해질 수 있고 또 그러기를 바라겠는가. 오늘날 누군가 잘못을 저지를 때마다 로베스피에르 식의 엄격주의가 흉측한 머리를 쳐들 수 있는 것도 바로 완전무결을 외치는 바보 같은 요구 때문이다. 우리 중 누구도 도덕적으로 우월함을 느낄 이유가 없으며, 누구나 어느 정도는 '또라이 기질'을 지니고 있음을 깨닫는 것이야말로 보다 건전하고 현실적인 사고방식일 것이다.

프로이트는 죄가 아닌 죄책감만을 인정했는데, 이 점에서 그는 심각한 오류에 빠졌다. 우리는 살아가며 누군가에게는 가해자가 되고 누군가로부터는 피해자가 될 수밖에 없다. 그렇더라도 빈의 정신과 의사이자 신경과학자인 라파엘 보넬리Raphael Bonelli의 말처럼, 자신의 죄를 의식하는 경우는 예외에 속한다. "죄책감을 안고 오는 환자는 극소수인 반면, 대다수는 남에게 잘못을 돌린다." 보넬리에 따르면, 그럼에도 '몸소 부당한 일을 겪는 순간부터는' 우리 자신도 얼마든지 부당한 일을 저지를 수 있음을 모두가 느끼게 된다.

우리는 살아 있다는 것만으로 이미 죄를 짓고 있는 셈이다. 어쩔 수 없는 일이다. 삶이란 곧 먹고 소비하는 행위다. 철학자 한나-바바라 게를-팔코비츠Hanna-Barbara Gerl-Falkovitz는 이렇게 말한다.

"의도적으로 죄를 짓기 전에 이미 인간은 잘못된 토대에 서 있다. 삶은 다른 삶을 소비하기 때문이다. 대개는 고마움도 모르고서 말이다."

환경보호 운동가들의 언어를 빌리자면, 우리 모두는 원하든 원하지 않든 이 세상에 생태학적 발자국을 남긴다. 대중의 기준치를 낮추는 일을 밥벌이로 삼는 엔터테인먼트 산업은 "당신은 지금 있는 그대로 아무 문제가 없다"는 메시지를 밤낮으로 주입시키지만 모두 거짓말이다.

당신이 최근 배우자와 말다툼을 벌이며 짜증 섞인 무뚝뚝한 말투를 사용했다고 해보자. 우리는 그러한 자신의 어리석음을 인정해야 한다. 기준에 비춰 늘 부족함을 인정해야 한다. 더 나은 사람이 되겠다는 각오를 다지기 위해서라도 말이다. 무엇보다 이중 잣대를 들이대지 않고, 타인의 불행을 즐기지 않기 위해서 그래야 한다. 누구도 완전무결한 사람은 없다는 생각이 널리 공감을 사게 될 때, 그 자체로 인류는 한 걸음 더 나아가게 된다.

이 책에서 스물여덟 가지가 아닌 스물일곱 가지 덕을 다루는 까닭도 여기에 있다. '1+2+4+7+14'처럼 약수들의 합으로 이뤄진 28은 이른바 완벽한 숫자인데, 완벽함은 비현실적이기 때문이다. 그리고 차갑다. 문법에서 현재완료Perfekt로 종결된 것, 지나간 것이다. 라틴어 페르피케레perficere는 '완료하다, 마치다'라는 뜻이다. 완전무결한 것은 죽은 것, 경직된 것이다.

숫자 27은 완벽에 조금 못 미쳤다는 바로 그 이유에서, 그리고 나아갈 방향은 직시하되 목표에 도달했다고 우기지는 않는다는 점에서 완벽하다고 할 수 있다.

1

용기는 한 번 더
깊게 생각하는 것이다

현명함

독자들께 좋은 소식을 하나 전한다. 현명함은 지능과는 아무런 상관이 없다는 것이다.

에바리스트 갈루아Évariste Galois는 19세기 파리에서 활동한 수학자다. 어느 날 그는 어떤 의사의 딸내미 때문에 결투에 나서기로 했다. 살아 돌아오지 못하리라고 예감한 갈루아는 결투 전날 밤 수학 이론으로 가득한 60쪽이 넘는 글을 작성했다.

1832년 5월 30일 아침, 도로 옆 배수로에서 발견된 그는 하루 뒤 숨을 거뒀다. 급하게 휘갈긴 글이 그의 사후에 발견되었는데, 그 안에는 수학의 고전적 3대 난제 가운데 두 개에 속했던 각의 3등분 문제와 입방체의 배가倍加 문제가 해결 불가능함을 입증할 기초가 들어 있었다.

갈루아의 영특함을 부인할 사람은 아무도 없을 것이다. 아마도 그는 당시 전 유럽의 모든 청년들 가운데 가장 천재적인 두뇌를 가지고 있었을 것이다. 그러나 그는 현명하지 못했다. 전하는 내용에 따르면 당시 그 의사 딸은 갈루아에게 전혀 관심이 없었고, 그는 결투에 통해 자신의 존재를 알리고 싶어 했다. 19세기 유럽 상류계층에서 그런 바보들을 찾기란 그다지 어려운 일이 아니었다. 그것이 아니라면 그는 열정적인 공화주의자로서 자주 충돌해왔던 정부당국에 자신의 목숨을 건 결투가 강한 인상을 심어줄 수 있으리라고 생각했을지도 모른다. 결국 쓸데없이 삶을 허비한 것이다.

그는 고작 스무 살의 나이로 세상을 떠났다. 만약 에바리스트 갈루아가 똑똑함을 넘어 현명했더라면, 어쩌면 그는 19세기 최고의 수학자로 역사에 이름을 남겼을지도 모른다. 나아가 아인슈타인보다도 위대한 과학자가 되어 덕분에 오늘날 우리가 시간여행을 떠날 수 있었을지도 누가 알겠는가.

현명함은 여러 이득을 주기 때문에 칸트는 그것을 차마 덕으로 인정할 수 없었다. 금연은 현명한 행동이지만, 그렇다고 칭찬받을 만한 일일까? 여기서 칸트는 저 유명한 함정에 빠진다. 즉 이익을 가져다주거나 욕구를 채워주는 것이라면 죄다 덕스러움과는 거리가 멀다고 가정한 것이다. 도덕적인 것은 어딘가 씁쓸한 맛을 풍겨야 한다. 칸트만이 아니라 그 전후에 등장한 수많은 사상가들이 빠졌던 이 오해는 끔찍한 결과를 불러일으켰다. 덕론이 성공적이고 즐거운 삶을 위한 지침이 아니라 포기와 단념, 거절과 부자유가 넘치는 삶으로 초대하는 따분한 행동 목록이라는 이미지가 굳어진 것이다. 그러면서 자기극복이 삶의 만족을 높이고 즐거움을 배가하고, 반대로 쉬운 길만 찾아서는 행복해질 수 없다는 역설은 간과되었다.

토마스 아퀴나스에 관한 권위자인 요제프 피퍼Josef Pieper에 따르면 도덕은 일차적으로 윤리적 성숙과 관련이 있다. "현실에 적합한 결정을 내리는 완전한 능력"으로서 현명함이 어떠한 가치를 지니려면 자유가 필요하다. 올바른 일을 자발적으로 행하는 자만이 명예롭게 행동한다. 토미즘Thomism(토마스 아퀴나스의 사상에 기초한 철학 및 신학 체계)의 덕론에 따르면 현명함은 그리스어 '프로네시스phronesis'의 의미로 모든 덕 가운데 으뜸으로 꼽힌다. 즉 다른 덕을 가능하게 하는 조건이 된다.

아리스토텔레스처럼 토마스 아퀴나스도 다른 덕과 마찬가지로 현명함을 갖추도록 하는 교육이 우리에게 필요하다고 확신했다. 현명함은 태어날 때부터 주어진 것이 아니기 때문이다. 아이들은 처음에는 도덕적 금지와 실질적 차원의 금지를 구분하지 못한다. 제때 양치질을 하거나 전기레인지의 뜨거운 열판에 손대지 않는 것이 자의적인 규칙이 아니라 고통을 막는 행위, 즉 현명한 일임을 나중에서야 배운다. 또 우리는 훨씬 더 불쾌한 일을 피하려면 작은 불편을 받아들여야 함을 알게 되고, 나이를 먹으며 내일의 좋은 일을 위해 오늘의 수고로움을 감수할 필요도 깨치게 된다. 이밖에도 절대 상처를 입지 않겠다는 것이 불가능한 요구임을 배우게 된다. 병원에서 주사를 맞을 때처럼 지금 고통을 참음으로써 나중에 닥칠지도 모를 더 큰 고통을 예방할 수 있기 때문이다.

가만하게 경청하고 빠르게 결단하라

현명함이 다른 모든 덕의 조건이라는 토미즘의 사상을 따른다면, 토마스 아퀴나스에게 있어 그 조건에 대한 조건은 무엇인지 궁금해지지 않을 수 없다. 그것은 우리에게 그냥 주어지지 않고 어느 정도 노력을 요하는 능력이다. 바로 남의 말을 **경청하는 능력**이다! 라틴어로는 이를 '도킬리타스docilitas'(가르침을 받아들이는 능력)라 부른다. 요제프 피퍼는 이렇게 말한다. "도킬리타스는 '모범생'의 빠른 이해력이나 맹목적인 열의가 아니다. 그것은 경험할 여러 가지 일과 상황 앞에서 편협하게 자신이 가진 지식에 만족하지 않고 가르침을 받아들일 줄 아는 능력을 말한다." 피퍼에 따르면 이런 능력은 막연한 겸손이 아니라 진정한 인식에 도달하려는 의지에서 비롯된다. "가르침을 거부하거나 아는 체하는 태도는 따지고 보면 실재의 진실에 저항하는 방식이다."

경청하는 능력은 사회적 또는 직업적 위상에 비례하지 않는다. 그런데 배움을 거부하는 것은 비단 사장실에서만 일어나는 문제가 아니다. 현명함이 현실 인식, 즉 **진정한 경험**을 하려는 노력과 관련된다면, 우둔함은 현실을 인식하려는 의지 없이 행동하는 것으로 아주 볼썽사나운 자세라 할 수 있다. 즉 중요한 정보를 무시하고 좌우도 살피지 않고 살아가는 자들은 우둔하다.

이와 관련해 일차적인 정보원으로 소셜미디어를 활용하는 이들이 떠오른다. 책임 있는 자리에 있고 지성을 갖췄지만 지나치게 친절한 인공지능 알고리즘과 끼리끼리 모인 SNS 친구들이 찾아낸 것만을 보면서 자기 세계관을 굳건하게 다져주는 정보와 의견만을 접하는 것을 전혀 문제로 느끼지 않는 이들을 나는 알고 있다.

보고 싶은 것만 보는 것은 바보 같은 짓일 뿐 아니라 덕을 지키지 않을 때 나타나는 모든 결과들처럼 결국에는 만족감을 떨어뜨리는 효과만 불러일으킨다. 인터넷 사이트 뉴스 란에서는 절대 찾아 읽지 않았을 기사를 종이 신문에서 발견하는 기쁨을 기억하는 사람이 오늘날 얼마나 남아 있을까? 현명함은 기존의 관점에 의문을 품을 줄 아는 자세를 전제하기도 한다. 깨달음을 얻고자 한다면 충돌을 두려워해서는 안 된다.

토마스 아퀴나스에 따르면 현명함을 이루는 요소 가운데 가장 바람직한 것은 이른바 솔레르티아solertia, 복잡한 상황을 빠르게 파악해 올바른 결정을 내리는 능력이다. 그는 《신학대전》에서 솔레르티아가 대단히 아름다운 자질이라고 강조한다. 물론 어떤 결정을 내리기 위해서는 오랜 숙고가 필요할 때도 있지만, 가장 좋은 것은 신속하면서도 숙고한 듯이 보이는 행동이다. 즉 사려 깊은 빠른 실행이다. 서양의 보편적 견해로는, 현명함은 현실을 파악하고 이에 맞게 행동하려는 의지에 그 뿌리를 두고 있다.

현명함은 정확한 GPS 정보를 입력하기만 하면 오차 없이 작동하는 내비게이션 시스템과 같은 효과를 발휘한다. 말하자면 현명함은 각 상황별로 끊임없이 여러 가지 덕들의 경중을 가려내야 한다. 현명함은 신중히 고려하는 능력이고, 솔레르티아는 이를 신속히 실행하는 능력이다. 어떤 때는 가감 없이 솔직할 필요도 있지만 그렇지 않을 때도 있다. 동료 직원의 코에 커다란 부스럼이 났다고 반드시 말해줄 필요는 없는 것이다. 반면 딸아이가 자기 옷이 잘 어울리는지 물어온다면, 옷을 갈아입을 시간이 충분한지, 아니면 벌써 무도회장으로 출발했는지에 따라 적절한 대답이 달라진다. 로테르담의 에라스무스는 가까운 친구가 잘못을 저지르면 몰래 말해주라고 권한다. "그가 혼자 있을 때 언급하되 상냥한 어조로 말하라."

물론 과한 친절이 부적절할 때도 있다. 비행기 부기장이 기장의 실수를 지적할 때에는 되도록 단도직입적으로 정확하게 말해야지 예의를 갖춰 상관의 체면이 구겨지지 않도록 배려할 필요가 없다.

직접적이면서도 공손하게 의견을 전한 훌륭한 사례로 갈라테오 Galateo를 들 수 있다. 그는 16세기 중엽의 전설적 인물로, 전해지는 바에 따르면 완벽한 매너를 강력한 지도력과, 친절을 예리함과 결합시킬 줄 아는 이였다. 1558년 출간된《갈리테오》에서 저자인 조반니 델라 카사Giovanni Della Casa가 주인공을 구상할 때 참고한 실제 인물은 갈레아초 플로리몬테Galeazzo Florimonte로 알려졌다.

베로나 주교의 개인비서였던 그는 훗날 이탈리아 남부 세사 아우룬카Sessa Aurunca의 주교가 되었다. 노르베르트 엘리아스는《문명화과정》에서《갈라테오》에 수록된 다음과 같은 일화를 소개한다.

리처드 백작이 베로나 주교를 방문했다. 그는 '친절한 기사이자 훌륭한 매너를 갖춘' 흠 잡을 데 없는 인물이었지만, 그만 한 가지 결함이 주교의 눈에 띄었다. 음식을 먹을 때 쩝쩝거리는 버릇이다. 물론 주교와 개인비서 갈라테오는 일절 내색을 하지 않았다. 식사를 마치자 갈라테오는 백작을 밖으로 배웅했다. 그리고 헤어질 때 최대한 공손하게, 아무도 눈치 못 채게 백작에게 말했다.

"방문해 주셔서 감사하다는 인사를 주교님께서 전해 달라 하셨습니다. 주교님께서는 평생 나리보다 훌륭한 매너를 갖춘 분을 만나보지 못하셨답니다. 다만 아주 작은 흠 하나가 눈에 띄었다고 하셨는데, 식사 중 소리를 내신다는 것이었습니다. 주교님께서는 작별 선물로 그 점을 전하라 하셨습니다."

Q.

현대 사회에서 어떻게 하면
사생활이 보호될 수 있을까요?

A.

절대로 불가능한 일이다. 오늘날 우리는 사생활에서도
수천 개의 눈이 자신을 향하고 있다고 여겨야 한다. 구
글 또는 아마존 에코의 등장 이후 실제 그렇기도 하다.
바야흐로 구분 없는 '하나된 삶'이 실현된 것이다.

진짜 용기는 한 번 더 생각하는 힘이다

말이 나온 김에 현명함에서 갈려 나온 또 다른 개념으로 현명함의 이기적인 후손 격인 영리함, '클레버니스cleverness'에 대해 한마디 하고자 한다. 영국에서 누군가를 가리켜 '클레버clever'하다고 말한다면, 그것만큼 불쾌한 언사도 없을 것이다. 그도 그럴 것이 '클레버'하다는 것은 속 좁은 자아에 갇혀 지내는 사람이라는 뜻이기 때문이다. 원래는 앞서 말한 의미에서 '현명함'을 뜻했던 멋진 라틴어 프루덴티아prudentia는 안타깝게도 프랑스어에서는 '클레버니스'에 가까운 쪽으로 변질되었다. 프랑스어의 프뤼당스prudence도 계산과 계략의 뜻을 함축하며 이기적인 뉘앙스를 풍긴다. 그보다 좀 더 매력적인 단어는 지혜나 사려깊음을 뜻하는 프랑스어 '사제스sagesse'다. 이 말은 기사들의 세계를 배경으로 특별한 울림을 지니는데, 특히 유럽 최초의 장대한 기사 서사시《롤랑의 노래La Chanson de Roland》에서 중요한 역할을 한다.

잠시 기억을 되살리자면, 11세기에 처음 기록된《롤랑의 노래》는 사라센 인들에게 노정이 누설되면서 불의의 습격을 당하는 용맹한 기사 롤랑에 관한 이야기다. 롤랑은 사려 깊은 동료 올리비에의 조언을 무시하고 상아제 뿔나팔로 샤를마뉴 대제의 군대에 도움을 요청하는 대신 자만심에 넘쳐 몸소 군대를 거느리고 가망 없는 전투에 나선다. 아마도 그것은 명예심에서 비롯된 결단이었으리라.

올리비에 이교도들이 대병력을 거느리고 몰려오고 있어. 우리 프랑크 인의 숫자는 매우 직어 보이네. 그러니 롤랑, 나의 동지여, 뿔

	나팔을 불게나. 샤를마뉴 대제께서 그 소리를 들으실 테고,
	그럼 군대가 되돌아올 것이네.
롤랑	그건 바보 같은 짓이야! 사랑스러운 프랑크 왕국에서 내 명
	예는 사라질 것이네.

이런 실랑이가 한동안 계속되었다. 이성과 명예 사이에 벌어진 유례없는 대논쟁이었다.

올리비에	롤랑, 동지여, 뿔나팔을 불게나! 고갯길을 넘고 있는 샤를마
	뉴께서 나팔 소리를 듣는 즉시 프랑크군이 되돌아올 것이네.
롤랑	내가 이교도들 때문에 뿔나팔을 불었노라고 살아 있는 이가
	말하는 것을 하느님은 원치 않을 것이야. 누구도 이런 이유
	로 우리 집안을 비난할 일은 없을 걸세.
올리비에	그것이 왜 비난받을 일인지 모르겠네. 스페인의 사라센 인
	들을 본 적이 있네. 골짜기와 산, 언덕과 벌판이 온통 그들로
	덮여 있었지. 이 낯선 족속들의 군대는 엄청난 규모지만 우
	리 부대는 보잘것없다네.
롤랑	그럴수록 전투에 대한 열의는 커지기만 하는군. 나로 인해
	프랑크 왕국이 위신을 잃는 것을 하느님도, 그분의 가장 신
	성한 천사들도 원치 않을 것이네.

시의 원문은 이렇게 말한다. "롤랑은 용맹하고 올리비에는 지혜롭다Rollandz est pruz et Olliviers est sage." 결국 영웅적인 전투가 벌어지고

롤랑의 군대는 전멸하다시피 한다. 롤랑의 노래가 전하는 교훈은 명백하다. 훌륭한 기사는 무모해서는 안 되고 사려 깊어야 한다는 것이다. 최후에 부하들이 모조리 죽임을 당한다면 숭고한 명예 따위가 무슨 소용일까.

게르만 신화 속의 지그프리트부터 타잔을 거쳐 오늘날 스파이더맨에 이르는 영웅담의 원형적 인물들처럼 시련에 맞서 고군분투하는 이들의 용기를 가리키는 중세 독일어로 '프루에세prouesse'가 있다. 그런데 무용武勇이나 기개와 같은 기사의 덕은 예로부터 특별한 명성을 누려 왔지만 문명의 여러 단계를 거치며 점점 그 가치를 상실하게 되었다.

우리는 왜 원형적인 영웅담의 외톨이 기인이나 무모하고 저돌적인 주인공을 추앙할까. 바로 그들이 문명화와 함께 충동이 억제된 현대 사회에서 금기시하는 것들을 마음껏 저지르기 때문이다. 어느덧 사려 깊은 자세는 우리가 함께 살아가는 데 필요한 핵심 가치가 되었다. 이제 인간관계에서 갈등이 생겨도 서로 치고 박고 싸우는 일은 거의 사라졌다. 문명화가 한 단계씩 진행될수록 '사려 깊음'의 중요성도 커져만 갔는데, 오늘날 우리에게 '사제스sagesse'는 무언가를 포기하고 양보하는 것이 아니라 올바른 선택을 내리는 데 필요한 덕목이 되었다.

물론 사려깊음이 지나치면 그 사회는 혼수상태에 빠질 수 있다. 문제가 생기면 행동에 나서는 게 당연하겠지만, 언제나 필요한 만큼만, 되도록이면 최소한으로 대처해야 한다. 그것이 바로 우리에게 필요한 중용의 미덕이다.

"묻지 않으면 영원히 멍청이가 된다."

_ 아이들이 현명해지기를 바라며, 〈세서미 스트리트Sesame Street〉에서.

독일 역사상 가장 현명한 총리였던 콘라트 아데나워Konrad Adenauer는 이런 말을 했다. "내가 매일매일 좀 더 현명해지는 것을 막을 수 있는 것은 아무것도 없다." 현명한 사람이 고상한 척하며 도움을 마다하는 경우란 없다. 반대로 우둔함에는 십중팔구 조언을 마다하는 태도가 따르는데, 이는 문제를 더 어렵게 만들 뿐이다. 낯선 생각과 마주할 생각이 없다면, 애초부터 글렀다.

2

삶 앞에 겸손한 사람만이 웃을줄 안다

유머

유머는 꾸밈없는 무격식을 실천한 결과물이다. 유머의 중요한 기능 가운데 하나는 친밀감을 형성하는 것이다. 동료와 딱딱한 업무 이야기만 나눈다면 서로 거리를 두고 있다는 뜻이다. 그에게 우스갯소리를 던짐으로써 둘 사이에 공통점이 있고, 추구하는 가치와 배경지식을 공유한다는 신호를 보낸다. 이런 공통점이 없다면 우스갯소리도 제 기능을 발휘하기 힘들다. 전문가들은 이를 '조크 의사소통'이라고 부르기도 한다.

이와 같은 소통방식은 친밀감을 한 단계 끌어올리는 사다리 역할을 한다. 그러므로 유머는 일종의 권력 수단이기도 하다. 파티나 사교모임의 일 대 일 소통에서 그 특성이 분명하게 드러난다. 탁월한 재담꾼은 대화의 실마리를 손에 쥐고 이야기로 다수를 매료시킨다. 게다가 청자의 표정을 읽는 데에도 능숙해 언제 입을 다물고 말을 꺼낼지, 또 어느 정도로 대화의 고삐를 늦췄다 다시 잡아당겨야 할지를 잘 알고 있다.

이 모든 것은 자기애에 빠지지 않고, 설교조로 얘기하지 않고, 듣는 사람을 지루하지 않게 하는 사람, 자기 말이 모두 흥미롭다고 내세우지 않기에 적절히 포인트를 강조할 수 있는 사람만이 할 수 있다. 자신을 과대평가하는 사람은 유머를 구사할 때 매우 불리할 수밖에 없다. 권력과 재력을 가진 사람들이 농담을 던질 때 종종 어려움을 겪는 것도 그 때문이다. 이들은 남들이 고개를 끄덕이며 경청해주는 데에 익숙한 나머지 적재적소에 웃음을 터뜨릴 문장을 배치하는 감각을 키우지 못했다.

유머는 정의 같은 숭고한 덕목보다도 훨씬 효과적으로 다툼이 있을 때 분위기를 누그러뜨리는 역할을 한다. 당신이 누군가와 말다툼을 벌인다고 해보자. 심지어 고함까지 지를지도 모른다. 그때 갑자기 상대방이 뭔가를 떨어뜨리거나 방귀를 뀌는 등 당신을 웃게 만드는 행동을 한다고 해보자. 그렇게 웃고 나면 싸움을 이어가기가 어려워질 것이다. 유머는 일종의 평화의 도구이기도 하다.

웃음은 제대로 이해해야 지을 수 있는 표현이다

무엇보다도 유머는 지성의 표현이다. 구석구석 꿰뚫고 있는 주제에 관해서만 우리는 진정 위트 있게 말할 수 있다. 우리가 웃는 99퍼센트의 상황은 상대의 기분을 맞춰주거나 당황한 경우다. 하지만 나머지 마법 같은 1퍼센트의 순간, 자기도 모르게 웃을 수밖에 없을 때가 있다. 바로 우리가 무언가를 깊게 이해한 순간이다. 유머는 높은 수준의 깨달음을 전제로 한다.

달리 말하면 똑똑한 사람만이 유머러스한 사람이 될 수 있다. 똑똑할수록 유머 감각도 풍부해진다. 극단적인 사례를 살펴보자. 철학자 루트비히 비트겐슈타인Ludwig Wittgenstein은 창밖으로 푸른 하늘을 바라만 봐도 웃을 줄 아는 사람이었다. 극히 일상적인 것에서 경이로움을 발견하는 능력을 가졌던 그는 《윤리에 관한 강연》에서 사자 머리를 예로 들어 이렇게 말한다. "아침에 눈을 떴을 때 자신의 머리가 사자 머리로 바뀐 것을 확인한다면 누구나 경악을 금치 못할 것이다." 그런 일이 닥칠 때 이상하게 여기는 반응은 당연하다는 것이다.

하지만 사실은 평범한 것들이야말로 놀라운 일이 아닐까? 우리가 아침에 일어나고, 살아가고, 사랑하고, 애도하고, 아름다움을 목도하는 일 등 모든 일상적인 것들이 그렇다. 비트겐슈타인은 자신이 잠에서 깨어나는 것 자체에 놀랐다. 세계가 존재한다는 사실, 그의 의식, 무엇보다도 그에 관해 사고하는 능력이 그를 놀라게 했다. 비트겐슈타인은 마음속에서 놀라움의 감정을 불러일으키기 위해 굳이 사자 머리까지 필요하지 않았다. 다시 그의 말을 들어보자.

"이런 경우에 대하여 '나는 놀란다'는 진술은, 그 놀라게 한 경우가 아닌 것을 상상할 수 있을 때에만 의미를 지닌다. 가령 하늘이 구름에 뒤덮인 경우와 반대되는 것으로서 하늘이 파란 데 대해 나는 놀랄 수 있을 것이다."

하지만 비트겐슈타인은 하늘이 거기 있다는 사실 **자체**에 놀랐다. "하늘이 어떤 모습을 하든 상관없이 말이다."

유머 있는 사람이 되려면 놀랄 줄 알아야 한다. 그렇다면 놀라는 능력은 배울 수 있을까? 유머는 배울 수 있는 것인가?

현실이 버거운 사람들의 진통제, 농담

독일인은 이 점에서 불리함을 감수해야 한다. 독일 작가의 작품을 많이 읽는 것은 유머 감각을 키우는 데 별 도움이 되지 않는다. 헝가리 출신인 우리 어머니는 니체를 읽는 나를 보시더니 조심스럽게 한쪽으로 불러 헝가리-오스트리아-보헤미아 출신이 쓴 책들을 권해주셨다. 토르베르크, 헤르츠마노프스키, 베르펠, 요제프 로트Joseph Roth 같은 작가들의 작품이었다. 실제로 그 책들은 어느 정도 도움이 되었다. 하지만 유머와 관련해 내게 큰 영향을 끼쳤던 이는 1990년 작고한 나의 자형 요하네스 투른 운트 탁시스Johannes Thurn und Taxis였다. 물론 그의 유머는 매우 직선적이고 섬뜩할 정도로 날카로웠다.

20세기 영국 소설가 중 가장 온유한 성품을 지녔던 로즈 매콜리Rose Macaulay는 "약간의 음흉함 없이는 위트를 가질 수 없다"는 말을 남긴 바 있다. 요하네스는 그 점을 확인시켜줬다. 정확히 말해 그는 '짓궂은 장난practical joke'의 대가였다. 이는 누구보다도 나 자신을 웃게 만드는 현실 속에서 연출된 즉흥곡-해프닝 같은 것으로, 그 순간에 웃어서는 안 되고 되돌아보며 비로소 웃을 수 있다는 점이 추가적인 매력이라 할 수 있다. 나는 요하네스가 참석한 자리에서 와인 항아리가 올려진 쟁반 하나가 헨리 키신저를 비롯해 볼리비아 백만장자들의 품으로 날아가는 장면을 목격한 적이 있다. 우리 자형이 남들 눈에 띄지 않게 발휘한 솜씨 덕분에 가능한 일이었다.

또 다른 전해지는 이야기로 이란 국왕이 주최한 생모리츠의 어느 파티 석상에서 벌어진 사건이 있다. 당시 자형은 국왕 면전에서 그의 바보 같은 정책과 지나친 사치를 비난한 뒤 남자 옷 보관소에 있던 옷들에 제모제를 뿌렸다. 그는 모피 옷을 입는 남자들을 한심하게 여겼다. 이밖에도 자신이 소유한 수족관에 자부심이 강했던 뮌헨의 어느 은행가 집에 '브라질에서 가져온 작은 선물'로 날카로운 이빨을 가진 피라냐를 전달한 적도 있었다.

이런 문제에 대해 곧잘 정확한 진단을 내리곤 하는 대중심리학에 따르면, 부조리한 것에 대한 요하네스의 심원한 감각은 아마도 그의 유년 시절에서 비롯되었을 것이다. 1939년 2차 세계대전이 터졌을 때 그는 10살이었다. 아버지인 카를 아우구스트 후작은 엄격한 가톨릭 신자이자 격렬한 나치 반대자였다. 레겐스부르크에서 막강한 부와 권력을 가졌던 후작을 나치는 차마 체포할 수 없었다. 히틀러는 자신을 혐오했던 그 도시를 1934년 권력을 장악한 후 단 한 차례만 방문했다. 바이에른의 도시 가운데 나치당이 이곳보다 나쁜 선거 결과를 얻은 곳도 없었다.

후작의 주위에는 보이지 않는 경계선이 쳐져 있었다. 그는 제복을 입고 가발을 쓴 하인들에 의해 저속한 외부세계와 고립된 채 성 안에서만 지냈다. 하지만 아들 요하네스는 달랐다. 후작은 아들에게 개인교습을 시키는 대신 강하게 키우고자 공립 초등학교에 보냈다. 거기서 요하네스는 히틀러유겐트(독일 나치당의 청소년 조직)에 가입하지 않았다는 이유로 매일같이 모욕을 당했다. 한번은 아들이 피를 흘리며 성으로 돌아오자 후작은 이렇게 말했다. "성 세바스티안은 주님의 높은 영광을 위해 순교하셨다. 그러니 너도 몇 군데 상처쯤은 감수하도록 해라." 어쩌면 후작은 이 말을 라틴어나 프랑스어로 했을지도 모르겠다.

유머는 젊은 시절 고생을 많이 한 사람들에게서 두드러지게 나타난다. 코미디언들은 대부분 슬픈 개인사를 갖고 있다. 세계에서 가장 유명한 어릿광대인 올레그 포포프는 시계 수리공이었던 아버지가 소련 국가보안위원회KGB에 체포되어 감옥에서 세상을 떠나는 것을 지켜봐야만 했다. 1930년대 어머니와 단 둘이서 모스크바의 가장 빈곤한 교외 지역에서 자란 그는 어릴 때부터 굶주림과 공포, 절망을 체험했다. 채플린도 부모의 이혼 후 때로는 정신병을 앓던 어머니와, 때로는 런던의 빈민구호소에서 성장기를 보냈다. 이런 사례는 일일이 다 열거할 수 없을 정도다.

흔히들 주장하듯 유머는 뇌의 자기치료 현상일지도 모른다. 로고테라피의 창시자인 정신과의사 빅토르 프랑클Viktor Frankl은 자신이 집단수용소에서 살아남은 것은 오로지 다른 수용자들과 규칙적으로 만나 서로 재미있는 이야기를 들려줬기에 가능했다고 전한다.

1930년대 유명한 카바레티스트였던 베르너 핑크Werner Finck (1939년 나치에 의해 활동을 금지당했다)는 "농담이 멈추는 곳에서 유머가 시작된다"는 말을 남겼다. 너무 심각한 일이라 우스갯소리로만 말할 수 있는 것이 있다. 그러니 천국은 만사가 완벽하기에 재미라고는 하나도 없을 것이라고 한 마크 트웨인Mark Twain의 주장도 일리가 있다. 문제가 없다면 우스갯소리도 있을 수 없다.

유머는 우리의 불완전함, 나약함, 속수무책의 처지를 꿰뚫는 통찰이기도 하다. 동시에 뜻대로 일이 풀리지 않더라도 인간으로서의 내 가치는 훼손되지 않는다는 확신을 뜻하기도 한다. 유머 속에는 다른 덕목들이 부러워할 만한 숭고함이 들어 있다. 월요일에 교수대로 끌

Q.

반어적으로 꼬아서 하는 얘기가
웃음을 주는 데 도움이 될까요?

A.

아니다. 하지만 필요한 경우 그것을 방어벽으로 삼아
스스로를 훌륭하게 보호할 수는 있을 것이다. 조지프
콘래드는 이렇게 말했다.
"여성, 아이, 혁명가는 반어적 표현을 싫어한다. 그것은
신뢰와 활동욕구와 모든 깊은 감정을 좀먹기 때문이다."

려가는 사형수가 "한 주일이 멋지게 시작되는구나!"라고 탄식할 때 태연함에 있어서 어느 누가 그를 능가할 수 있을까.

무의미한 것들을 참아낼 수 있도록 힘을 빼고 웃어라

그런데 엄밀한 의미에서 유머를 덕목에 포함시킬 수 있을까? 덕은 배우고 익힐 수 있어야 하는 것이 아닌가? '유머가 덕인가?'라는 질문에 답하려면 신학적인 접근이 필요할지도 모른다. 적어도 움베르토 에코의 세계적인 베스트셀러《장미의 이름》이 출간된 이후로는 신앙이 유머에 적대적이라는 점이 기정사실화되었다. 물론 키르케고어도 비슷한 생각이었지만, 문제를 명료하게 바라보기에 그는 너무 깊은 우울감에 빠져 있었다.

에코의 소설에 등장하는 앞 못 보는 사악한 수사는 세상에 단 한 권뿐인 책이 세상에 빛을 보는 것을 한사코 막으려고 한다. 아리스토텔레스가 쓴 그 책은 무례하게도 유머를 옹호하고 있었다. 소설을 바탕으로 만든 영화의 하이라이트는 유머에 관한 논쟁 장면이다. 한쪽에는 숀 코너리가 분한 프란치스코 교단의 수도사인 바스커빌의 윌리엄이, 다른 한쪽에는 베네딕트 교단 소속의 추악한 수도사 부르고스의 호르헤가 있다. 수도원 수사들이 일제히 놀란 기색으로 주위를 둘러싼 가운데 두 사람은 치열한 언쟁을 시작한다.

사악한 부르고스 웃음은 악마의 바람으로 얼굴의 근육을 일그러뜨려 원숭이처럼 보이게 하지요.

선한 바스커빌 원숭이는 안 웃습니다. 웃음은 인간의 전유물입니다.

부르고스 죄악도 그렇지요. 그리스도께서는 안 웃으셨습니다.

바스커빌 확실한가요?

부르고스 성서에 웃으셨다는 기록은 없습니다.

바스커빌 웃지 않으셨다는 기록도 없지요. 성인들께서도 희극을 통해 신앙의 적들을 비웃었지요. 한 예로, 이교도들이 성 마우루스를 끓는 물에 집어던졌을 때 목욕물이 너무 차다고 하셔서 술탄이 손을 넣었다가 데였지요.

부르고스 끓는 물에 잠긴 성인께서 치기어린 장난은 하시지 않습니다. 비명을 참고 진리를 위해 고통을 받으실 뿐이죠.

바스커빌 하지만 아리스토텔레스는 그의 《시학》 제2권을 희극을 진리의 도구로 설명하는 데 바쳤습니다.

부르고스 그 책을 읽으셨습니까?

바스커빌 물론 아닙니다. 오래전에 사라진 책이니까요.

부르고스 아니. 애초에 쓰인 적이 없는 겁니다. 신의 섭리는 그런 쓸데없는 일을 용납하지 않으시니까.

늘 그렇듯 옳은 것은 숀 코너리 쪽이다. 당연히 하느님에게도 유머가 있다. 그렇지 않다면 어떻게 자유의지를 허락했겠는가. 예수 역시 유머가 없지 않았을 것이다. 적어도 흥을 깨는 분은 아니었다. 예수가 첫 번째 기적을 행한 것은 어느 파티에서였다. 그것도 술이 동난 결혼 파티였다. 그 자리에서 예수는 필요 이상으로 넉넉하게 술을 준비토록 했다. 나아가 특별히 좋은 포도주라는 점도 강조된다. "먹보와 술꾼"(마태복음 11:19)이라고 놀림받은 예수를 흥을 깨는 이로 깎아내리는 것은 어불성설이다.

구약은 때로 한 편의 코미디 대본을 연상시킨다. 시작부터가 그렇다. 첫 장면은 흡사 시트콤 〈열정을 억제하세요Curb Your Enthusiasm〉에 등장하는 래리 데이비드Larry David를 떠올리게 한다. 에덴동산에 살던 아담이 전지전능한 하느님 앞에 몸을 숨긴다. 이것부터가 황당한데, 이어 다음과 같은 대화가 오고간다.

하느님 어디 있느냐?
아담   앗, 지금 숨어 있습니다.

당황한 나머지 튀어나온 말이다. 그러고는 "제가 옷을 벗고 있어서요"라고 둘러댄다.

하느님 그걸 어찌 알았느냐?"
아담   아차!

아담은 결국 모든 것을 배우자 탓으로 돌린다.

유머 감각을 기르려면 부조리한 것을 포착하는 훈련이 필요하다. 원래 있을 자리가 아닌 곳에 무언가가 있을 때, 바로 거기에 위트가 숨어 있다. 가령 술집에 기린이 들어온다면 그것은 '난센스', 이치에 맞지 않는 일이다. 인지 연구에 따르면 사람은 끝없이 인과관계를 얽어내야 한다는 강박에 시달린다. 뇌는 모든 것을 쉴 새 없이 논리의 서랍으로 실어 나른다.

유머 치료사 에카르트 폰 히르시하우젠Eckart von Hirschhausen은 이런 설명 강박증에 맞설 교정 수단으로서 우리 몸이 유머를 필요로 한다고 말한다. 유머를 통해 인간은 세상만사가 늘 명확하게 설명되고 계획 가능한 것이 아님을 받아들일 수 있기 때문이다. 다시 말해 인간은 유머를 통해 모든 게 논리적이지만은 않다는 점을 끝없이 배운다. 비논리적인 것이 가진 힘과 그 희극성을 드러내기 위해 파울 바츨라비크Paul Watzlawick가 언급한 유명한 예가 있다. 한 남자가 길을 건너며 연거푸 손뼉을 치자 지나가는 행인이 그 이유를 물었다.

남자 코끼리를 쫓아내고 있는 참입니다.
행인 여긴 코끼리가 없는데요?
남자 거 보라니까요!

의미가 흔들리고 현실에 균열이 생길 때 유머가 발생한다. 비극적 이야기가 가진 매력은 그로부터 어떤 의미가 전달된다는 데 있다. 우리는 혼돈스러운 실제 삶과는 다르게 무대 위나 화면 속의 이야기가 시작, 전개, 결말 같은 구조를 갖춤으로써 분명한 의미를 전한다는 점에 마음을 놓는다. 그런데 희극은 훨씬 더 섬세한 기능을 수행한다. 유머는 무의미한 것을 견디는 능력을 훈련시킨다. 더 정확히 말하자면 겸허한 자세를 갖도록 하는데, 유머를 통해 일일이 파악하기 힘든 것들에도 의미가 있을 수 있음을 깨닫기 때문이다. 체스터턴G. K. Chesterton에 따르면, 유머에는 언제나 신비에 대한 감각이 담겨 있다.

겸손한 사람만이 누군가를 웃길 수 있다

유머가 여러 덕목 가운데 윗자리를 차지할 이유는 또 있다. 유머는 신학적 관점에서 인간의 가장 큰 죄인 오만과 대척점에 놓여 있기 때문이다. 유머 감각이 탁월하면서 자신을 특별하고 중요하게 여기는 사람이 있다면 그 자체로 모순이다. 유머를 갖춘 이는 본인을 그다지 진지하게 여기지 않으며, 누구보다도 자신에게서 부조리한 면을 찾으려는 경향이 있다. 그러므로 모든 걸 설명할 수 있다고 자신하는 기술만능주의자와 늘 만사를 통제하려 들고 미리 계획할 수 있다고 확신하는 자 역시 유머와는 동떨어진 세상에 살고 있는 셈이다.

성경 이야기를 비롯해 서양 문화가 전하는 교훈은 사람은 언제든 뜻밖의 일에 놀랄 준비가 돼 있어야 한다는 것이다. 노아, 아브라함, 야곱, 다윗, 요셉(이집트 재상과 뜻밖의 일을 순순히 받아들인 마리아의 남편 모두) 그리고 다윗처럼 예기치 않게 왕이 된 아서 왕을 비롯해 중요한 대목마다 의외의 사건이 기다리는 여러 기사담들이 여기에 해당한다.

뜻밖의 놀라운 사건은 원형적인 성경 및 기사 이야기에서 빠질 수 없는 요소다. 마찬가지로 위트 역시 제 효과를 발휘하려면 의외성을 갖춰야 한다. 바나나 껍질을 밟아 넘어지는 상황을 떠올려보자. 이것이 웃음을 주는 이유는 무엇일까? 인간은 스스로를 꽤나 중히 여기기 때문이다. 콧대를 쳐들고 일에 몰두하던 순간 "어? 어… 어이쿠!" 하는 것이다. 바나나 껍질에 미끄러지는 것도 일종의 원형 설화다. 어쩌면 그중에서도 가장 짧은 축에 속할 것이다. 그것이 전하는 교훈은, 미래를 내다보는 것 이상으로 최고로 지혜로운 일은 의외의 사건이 일어날 가능성을 받아들이는 자세라는 것이다. 어째서 어릿광대가 희극적 인물의 원형에 해당할까? 그것은 스스로를 대단하게 여기고 최고가 되기를 원하지만 모든 것이 자신의 통제에 있다고 믿는 그 순간 낭패에 빠지고 마는 우리 자신을 떠올리게 하며 웃음을 선사하기 때문이다.

웃음에도 내공이 필요하다.

부조리한 것 그리고 자기 자신을 웃어넘길 수 있는 연습을 하자! 지나치게 미래를 계획하지 않으려고 노력하자! 의외의 일에 놀라도록 하자! 그래서 평소 같으면 거절할 초대를 수락하자. 비행기를 놓쳤다면 그 상황을 수긍하고 전화위복의 기회로 삼아보자. 래리 데이비드의 시트콤처럼 성경 관련 유머가 담긴 코미디물을 시청하거나 모세오경을 자주 읽어보자! 분명 큰 도움이 될 것이다.

3

우리는 모두 고향 밖에서는 이방인이다

열린 마음

언젠가 한 패션잡지에 "당신은 진정한 세계여행자인가?", "당신은 세계시민의 자격이 있는가?"와 같은 제목으로 심리검사가 실린 적이 있다. 질문지의 내용은 대략 다음과 같다. 독자 여러분께서도 펜을 들어 질문에 답해 보도록 하자. 복수의 대답도 가능하다.

질문 (1) 당신은 뉴욕에서 사업파트너와 상담 중이다. 대화 도중 상대가 집게손가락으로 이마를 툭툭 친다. 무슨 뜻일까?
A) 당신은 멍청하다. B) 당신은 제법 똑똑하다. C) 당신이 방금 말한 내용을 기억해두고 싶다.

질문 (2) 당신은 타이완에 있다. 현지 사업파트너에게 시계를 선물하자 깜짝 놀라는 반응이 돌아온다. 당신은 어떤 실수를 저질렀을까?
A) '롤렉스 데이토나'가 아닌 보다 저렴한 'GMT 마스터' 시계를 선물했다. B) 상대 부인에게 선물을 했어야 했다. C) 타이완에서 시계와 신발은 '죽음'을 뜻하는 중국어와 발음이 동일해 선물로 금기시된다.

질문 (3) 당신은 왜 나이로비에서 절대로 흰색 양복이나 원피스를 입어서는 안 될까?
A) 대기 오염이 심해 오후가 되면 거무스름해지기 때문이다. B) 케냐에

서 흰색은 추도의 색이다. C) 질문이 잘못됐다. 당신은 여름이면 늘 흰 양복 차림으로 그곳의 클럽에 입장한다. 게다가 그 양복은 홍콩의 유명 양복점 W. W. 챈앤선즈에서 맞춘 것이다.

정답은 (1) B, (2) C, (3) A, C이다. 세 가지 질문에 전부 틀린 답을 썼는가? 걱정할 필요는 없다. 아마 대부분이 그랬을 것이다. 모두 정답을 맞혔다면 진심으로 축하한다. 진정한 세계시민인 당신은 전 세계를 제 집처럼 드나드는 사람일 것이다. 이제는 읽던 책을 옆으로 치울 시간이 되었다. 두 시간 뒤면 비행기에 탑승할 텐데, 내비게이션앱의 정보가 정확하다면 공항 가는 도로가 꽤 막히고 있기 때문이다.

왜 사람들은 코즈모폴리턴으로 불리고 싶어 할까? 그런데 정작 코스모폴리턴들을 자처하는 사람들 가운데에서는 이런 경우도 있다. 자신을 '세계시민'이라고 부르며 '짐가방 인생'을 살지만 어디서든 모든 것이 자신에게 익숙한 기준에 맞아야 하기 때문에 늘 똑같은 호텔 체인만 이용하는 사람. 고급 이탈리아 레스토랑에서 거들먹거리며 와인 리스트를 살핀 뒤 '기막힌 몬테팔코 와인'은 움브리아 지방에만 있다고 투덜거리는 사람. 스시를 권유받으면 먹을 만한 스시는 런던에만 있다며("물론 도쿄를 빼고 말이야. 거기 가면 스키야바시 지로 초밥 집에 꼭 들러 봐. 눈이 휘둥그레질 걸! 다음부터 유럽에서는 스시를 못 먹을 거야!") 눈알을 이리저리 굴리는 사람. 이런 부류와 마주하면 마음속 어딘가 불편해지지는 않았는가? 나 같으면 도저히 못 견딜 것 같다.

흥미롭게도 세상 어디든 제 집처럼 돌아다닐 수 있어야 한다는 것은 귀족들에게 요구되던 미덕이었다. 매너란 원래 다양한 풍습의 문화 속에서 올바르게 처신할 필요가 있는 이들이 관심을 가질 법한 것이었다. 일찍이 16세기 "모든 풍습이 모든 나라에 맞지는" 않다고 주장한 조반니 델라 카사는 《갈라테오》에서 이렇게 말했다. "부유하고 지체 높은 남성과 남작이 다수 거주하는 도시인 나폴리 사람들의 풍습은 영주나 백작, 남작은 거의 찾아볼 수 없고 상인과 평범한 귀족만이 살고 있는 루카와 피렌체의 주민들에게는 맞지 않는다."

문화학자 토마스 마호Thomas Macho도 지적하듯이, 공손함이란 개념은 국경을 넘나들 수밖에 없었던 상인, 학자, 예술가, 외교관 같은 여행자에게 사용되는 토포스다. 이들은 소속을 바꿀 수는 있지만 일방적으로 동화되거나 또는 그렇다고 낯선 타인으로 지낼 것이라고도 생각되지는 않는 존재다. 항상 폭넓은 제휴 관계를 맺고자 했던 귀족들은 개방적 태도와 코즈모폴리턴적 사고방식을 교육의 핵심 목표로 내세울 수밖에 없었다.

기사도 문학에서도 낯선 문화에 대한 선입견과 편협성은 중대한 흠결로 여겨진다. 가령 볼프람 폰 에셴바흐Wolfram von Eschenbach의 서사시 《파르치팔》은 파르치팔의 아버지 가흐무레트Gahmuret가 먼 오리엔트 땅으로 떠나는 것으로 시작된다. 그곳에서 그는 바그다드의 칼리프 궁정에 고용되어 차차망크(오늘날 리비아 지역으로 추정)의 '무어 여왕' 벨라카네를 위해 싸웠다. 그리고 여왕과 결혼해 아들을 가지는데, 바로 파르치팔의 이복형제 파이레피츠다(벨라카네와 가흐무레트의 관계는 오래가지 못했다. 몇 달 뒤 가흐무레트는 여왕이 비기독교인이라 함께 지낼 수 없다는 사뭇 위선적인 편지를 남긴 다음 도망치듯 차차망크를 떠났다. 이전까지는 전혀 개의치 않았는데도 말이다).

만약에 세계가 하나로 통합된다면

우리 집에서는 타문화와 풍습에 거부반응을 보이는 것을 속물적이라 여겨 반기지 않았다. 내 손위 누이들은 소말리아 학교에서 배웠던 《꾸란》의 몇몇 장을 지금도 술술 외울 정도다. 나는 모가디슈에서, 형은 아프리카 대륙 반대쪽의 로메Lome에서 태어났다. 우리 아버지는 평생 차차망크 같은 곳을 향한 동경에 이끌려 살았던 것 같다. 어린 시절 꽤 자주 이사를 다닌 탓에 나는 굳이 이삿짐 상자를 풀 필요가 있는지 의문을 품곤 했다. 어쩌면 아버지는 소련 점령지역에서 재산을 빼앗긴 이후 마음껏 방랑생활을 즐김으로써 우리 선조들이 오랫동안 한 곳에 살았던 데 대한 보상을 받으려 했던 것인지도 모른다.

우리 쇤부르크 가문은 900여 년 가까이 같은 곳에서 살았다. 가족연감에 따르면 바바로사 황제는 우리 선조를 당시 기준으로는 꽤 멀리 떨어진 동쪽 원시림 지역으로 보내 그 무렵 플라이스란트(오늘날 작센 지방)에 정주한 슬라브 인들을 굴복시켜 식민지로 삼도록 했다.

우리 가문의 뿌리가 내려진 남부 작센 지역은 오늘날 정부의 관대한 이민정책에 깊은 회의를 품고 있기로 유명하다. 우리 가문의 고향에 살고 있는 이들을 위해 변호하자면, 그곳의 외국인 혐오는 일종의 역사적 부채라고 할 수 있다. 말했듯이 독일 서부에서 이주하기 전만 해도 그곳은 슬라브 땅에 속했다. 몇 세대에 걸쳐 사람들은 토착민과 이웃들이 자신들에게 비우호적이라는 현실을 감수하며 살아갔다. 일종의 '요새 심리fortress mentality'가 형성된 것도 어느 정도 수긍이 간다. 쾌적한 보덴제 또는 라인 지방에서는 이방인을 친절하게 대하기가 쉬웠겠지만, 동유럽 접경지역에서 이들은 예로부터 위험한 존재, 즉 생존을 위해 싸워야 할 적이었다.

천 년 가까운 시간이 흐른 이 시점에 우리는 이렇게 솔직하게 물어볼 수 있을 것이다. 돌이켜볼 때 카를 대제와 그 후계자들이 엘베강에서 정복 활동을 멈추지 않은 것은 현명한 결정이었을까? 신성로마제국이 지금의 유럽연합과 똑같은 실수를 저질렀던 것은 아닐까? 바로 자연적인 경계를 넘어 영토를 확장한 점이다.

이야기가 샛길로 빠졌던 점을 용서해주기 바란다. 세계시민주의라는 이상을 말하기 전에 세계 속 우리 가문의 처지에 대해 짚어봤다.

이념사적으로 코즈모폴리터니즘은 대단히 흥미로운 계보를 갖고 있다. 자신을 세계시민으로 주장한 최초의 인물은 디오게네스Diogenes로 전해진다. 여기서는 그를 건너뛰기로 한다. 그로 말하자면 알렉산더 대왕이 통 속에 살던 자신을 몸소 찾아와 경의를 표하자 햇볕을 가리지 말라며 호통을 친 인물로, 우아함과 관련한 문제에서는 별 도움이 되지 못한다.

그로부터 다시 500년이 흐르면 세네카Seneca와 마주치게 된다. 그는 세상 전체를 제 집처럼 여겨야 한다고 주장했지만, 마찬가지로 자세히 다루지 않기로 한다. 네로 황제의 교육을 도맡았지만 결국 실패한 이를 권위자로 인정할 수는 없기 때문이다. 초기 귀족시대에 코즈모폴리턴적 자세가 얼마나 중요했는지는 이미 언급한 바 있다.

이후 다시 우리의 주목을 끌 만한 인물이 등장했으니, 바로 1724년 쾨니히스베르크(오늘날 칼리닌그라드)에서 태어나 80년 후 같은 곳에서 세상을 떠난 임마누엘 칸트Immanuel Kant다.

프랑스혁명이 일어나고 2년 뒤 출간된 《순수이성비판》을 제외한다면 이상적 성격이 짙은 논문《영원한 평화》가 그의 가장 유명한 저작으로 꼽힐 것이다. 대부분의 사람들이 젊을 때에는 낙관주의에 기울다가도 나이가 들면서 비관주의자로 돌아서지만 칸트는 거꾸로였다. 《영원한 평화》가 발표되었을 때 칸트는 이미 70대로 접어든 뒤였다.

여기서 제시된 정치철학은 17세기 영국의 가장 중요한 사상가라 할 만한 토마스 홉스Thomas Hobbes의 주장을 출발점으로 삼고 있다. 홉스의 주장은 다음과 같다. '자연상태', 즉 구속력 있는 법률규범 등에 따라 조직된 사회가 출현하기 전만 해도 인간의 삶은 "고독하고 빈궁하고 더럽고 잔인하면서도 짧았다solitary, poore, nasty, brutish, and short". 각자는 '모든 것에 대한 자연적 권리'를 지녔고, 자신의 권리에 도달하도록 스스로 노력해야만 했다. 또 각자가 고유한 입법자이자 정부나 다름없었던 개개인은 생존에 필요한 자원을 놓고 끝없이 싸움을 벌였다. 인간의 '자연상태'는 '만인에 대한 만인의 투쟁'이었는데, 여기서 중요한 덕목은 오로지 간계, 폭력 및 힘 따위였다.

여전히 유효한 홉스의 가설에 따르면, 어느 순간 사람들이 견디기 힘든 상태가 찾아왔다. 길게 볼 때 그런 상황은 모두에게 불리했다. '자연상태'에서는 "근면이 들어설 여지가 없었는데, 자신이 가져갈 결실을 확신할 수 없었기 때문이다. 그 결과 농업, 항해, 상품, 쾌적한 건축물, 사회적 관계 등이 불가능해졌고, 가장 끔찍하게는 비명횡사에 대한 공포와 그 위험이 항시 만연하게 되었다". 하지만 사람들이 느슨한 약속에만 의존하기를 원치 않았던 만큼 법과 질서 유지를 책임지고 이를 위반했을 시 '정의의 칼'을 휘두를 수 있는 공동의 심급기관이 필요해졌다. 이렇게 해서 초기 형태의 국가가 등장한다.

칸트는 정치를 전공하는 신입생이라면 첫 학기에 배우게 될 홉스의 이 위대한 사상을 출발점으로 삼아 자신의 생각을 이어갔다. 칸트는 근대 국가를 인간이 비로소 "함께 살아갈 수 있도록" 만드는 "울타리"라고 칭찬했다. 하지만 거기서 한 걸음 더 나아가고자 했다.

공동의 규칙 및 규범을 합의함으로써 집을 짓고 도시를 세우는 등 국가 **내에서는** 문명이 발전했지만, 국가들 **사이에서는** 인간의 이런 '폭력의 익살극'이 지속되고 있다고 칸트는 탄식한다. 칸트는 홉스가 인간관계에서 찾아낸 논리가 장기적으로는 국가 관계에도 적용되어야 한다고 봤다. 이는 도덕규범과는 무관하며 오히려 다음과 같은 판단에 따른 것이다.

"국가 관계에서 전쟁 같은 무법 상태에서 벗어나는 이성적인 길은 오직 하나다. 즉 국가들도 개인처럼 걷잡을 수 없는 자유를 포기해 스스로 공적인 강제법을 따라서 지상의 모든 국가를 포함할 (지속적으로 확대되는) 국제 국가civitas gentium를 형성하는 것이다."

세계평화를 이루려면 '세계공화국'을 수립하는 방법밖에 없다고 칸트는 주장한다. 이로써 국경 없는 세계와 세계시민이라는 이상이 야심차게 무대 전면에 등장한다.

칸트는 자신의 비전을 실현시키는 가장 중요한 요인으로 특히 '교역정신'을 꼽았다. 또 "지구의 한 장소에서 위법이 발생하면 이를 **모두가** 느끼게" 되는 세상을 예견했다. 그는 '세계시민권'도 언급했는데, 이로써 훗날 미디어의 발전 덕분으로, 또 유엔인권헌장 등을 통해 적어도 문서상으로 실현된 것을 일찌감치 예언하기도 했다.

그러면서 노년의 낙관주의의 다른 한편으로는 현실주의자로서의 면모를 유지했다. '세계공화국'이라는 자신의 비전이 완전한 현실이 될 가능성은 없다고 본 것이다. 칸트 자신의 표현을 빌리자면, 그 같은 이상을 실현하기에 인간은 너무 '구부러진 나무로 만들어진' 존재다. 그럼에도 이런 이상에 다가가려는 노력은 우리에게 '본성상 주어진' 것이라고 주장했다.

세계는 하나가 되는 순간 소멸된다

'국경 없는 세계'라는 칸트의 이상이 현실에서 얼마나 이루어졌는지에 대해서는 여러 의견이 있을 수 있다. 과연 '세계공화국'이 바람직한지에 대해서도 마찬가지다. 이에 대한 반대 주장들도 나왔다.

우선 세계시민Weltbürger이라는 개념 자체가 의미상 모순이다. 시민Bürger은 성Burg에서 나온 말이다. 즉 시민은 성벽 뒤에서 보호를 받는 이들이다. 장벽과 국경이 사라진다면 '시민'이라는 개념을 사용하기가 곤란해진다. 단어의 사전적 의미에만 집착해 말꼬리를 잡는 것이 아니라, 전문가들 또한 지적하는 문제다. 가령 튀빙겐 대학에서 사회윤리학을 가르치는 마티아스 뫼링 헤세Matthias Möhring-Hesse 교수에 따르면, '시민'의 개념은 쉽게 국가 간 관계에 적용되기가 힘들다. 그는 오히려 국민국가에 속한 시민을 상대로 국가 관계에서의 높아지는 책임감을 자각하도록 꾸준히 교육하는 쪽을 지지한다. 범위가 한정된 국가는 공동의 경제활동을 통해 일정한 부를 획득하고, 이는

다 같이 정한 기준에 따라 재분배된다. 뫼링 헤세는 이렇게 말한다. "그리하여 시민들은 동등한 권리만이 아니라 서로 비슷한 기회를 보장하기 위해 자신들의 사회적 불평등을 조정할 의무를 진다."

그러면서 그는 전 지구적 슈퍼국가는 재분배할 만한 공동의 사회적 생산물을 보유하지 못할 것이고, 설사 그렇더라도 분배 자체가 아주 불투명해지고 통제도 힘들어지면서 실패로 끝날 것이라고 주장한다. 자유선거로 뽑는 세계의회가 없는 만큼 어떤 민주적 정당성도 확보되지 않기 때문이다.

지금도 세계사적으로 가장 중요한 정치적 현안은 G7 정상회담을 통해 주요 국가의 정상 및 그 참모들 간에 결정되고 있다. 심지어 2015년 타계한 독일의 사회학자 울리히 벡Ulrich Beck은 〈만국의 세계시민이여, 단결하라!〉라는 유명한 호소문에서 유럽연합 같은 기구의 민주적 정당성이 약화되는 문제를 인정한 바 있다.

유럽에서도 갈수록 많은 결정들이 유럽연합에서 독자적으로 내려지게 되었으며, 회원국들은 집행자 역할로 만족할 뿐이다. 울리히 벡은 이렇게 말한다. "여기서 세계화 시대에 민주주의가 처한 딜레마가 드러난다. 즉 민주적으로 형성된 국가 정책의 범위에서 비결정 상태로 머무는 것이 정치적으로 정당화되는 가운데, 초국가적 차원에서는 … 민주적 정당성이 결여된, 지대한 영향력을 미치는 결정들이 내려지고 있다."

여러 국제기구에서 시행 중인 '정부 없는 통치'(미국의 정치학자 제임스 로즈노James N. Rosenau가 창안한 개념)는 꼭 필요한 것이지만 문제는 역시 민주적 정당성이 없다는 것이다. 이로써 점점 시야에서 사라지

Q.

초대받은 식사 자리에서 맛이 없거나 입에 맞지 않는 음식이 나온다면 어떻게 해야 할까요?

A.

영국 여왕을 본보기로 삼아보자. 여왕은 수천 번에 이르는 공식 방문에서 별별 기상천외한 음식을 대접받았지만 단 한 번도 불평한 적이 없다. 카리브 해와 접한 벨리즈Belize를 공식 방문했을 때는 쥐고기가 나오기도 했다. 나중에 여왕은 "토끼고기 맛이 났다rather like rabbit"고 전했다.

는 국가에 대한 불만이 커져간다.

그런데 문제는 또 있다. 국경 없는 세계는 엘리트들이 꿈꾸는 이상이다. 독일 관념주의의 대표적 철학자이자 칸트와 동시대인으로서 칸트보다 불과 스무 살 어렸던 요한 고트리프 피히테Johann Gottlieb Fichte도 '세계시민주의'에 열광했다. 그가 전 인류를 염두에 뒀다는 점은 분명하지만, 그의 관점에서 '인류'는 독일 각처의 상류층처럼 교양 있고 박식하고 개화되어 있어야 했다. 그로부터 100여 년이 지나 그런 생각은 '독일적 본성에 의해 세계는 치유되리라!'처럼 선의로 받아들이기에는 너무도 끔찍한 정치적 구호로 이어졌다.

오늘날 글로벌 엘리트들의 사고방식도 크게 다르지 않다. 말하자면 어떤 근대화 정책을 펼쳐 세상을 행복하게 만들지를 라인 지역이나 스칸디나비아 국가, 북아메리카의 시각으로 판단한다. 그 과정에서 정작 당사자에게는 발언권을 주는 것도 잊은 채 그들을 아랫사람 취급한다. 그러면서 행복을 전해주고자 했던 아프리카, 아시아, 아랍 등지에서 이런저런 저항이 일어나는 것을 보고는 깜짝 놀란다.

올바른 코즈모폴리터니즘은 타인의 다름을 받아들이고, 존중하고 나아가 장려한다. 관광객 입장에서도 문화적 차이가 사라지는 현상은 큰 손실이다. 나는 언젠가 프라하에서 '포비들타셸Powidltascherl'을 찾아 헤맨 적이 있었다. 이 세상에서 가장 맛있는 디저트인 포비들타셸은 묽은 버터와 설탕 가루를 듬뿍 올려 제공되는 달콤한 라비올리(만두처럼 속을 채운 파스타의 일종)다. 그렇게 한참을 찾다가 결국 전문가의 도움을 구하니, 호텔 직원이 이렇게 말했다. "보헤미아 음식은 여기서 사라진 지 오래입니다. 대신 고객님께 특별히 오리지널 미국식 치즈케이크를 제공해드리고 있습니다."

다른 시급한 문제들에 비한다면야 포비들타셸이 사라지는 것쯤은 대수롭지 않다고 생각할지 모른다. 하지만 내게는 이 문제가 국경의 소멸과 궤를 같이 하는, 모든 지역적 특성을 무참히 깔아뭉개는 현상을 대표적으로 보여주는 사례로 받아들여졌다.

모두가 다양성을 떠들어대고 있지만, 정작 우리는 모든 것이 똑같은 맛을 내고 똑같은 모습을 하고 똑같은 생각을 해야 하는 세상을 만들고 있다. 이는 신성불가침한 통합에 강박적으로 집착하는 현상에도 잘 나타나 있다. 우리가 이주민들에게 칭찬의 말을 건네는 것은 그들이 '통합의 노력을 하고 서구적 생활양식에 부응하는' 모습을 보일 때다. 끝없이 통합을 얘기하는 모습에서 나는 문화식민주의적 오만함을 발견한다. 그것은 '훌륭한 이주민은 동화된 이주민'이라는 모토를 따른다. 오래지 않아 감자샐러드와 미트볼을 먹는 규격화된 독일인으로 변신한 이들 이방인들을 볼 때마다 나는 수상쩍은 느낌을 지울 수 없다. 자신의 고유한 문화를 젖은 옷처럼 벗어던지는 자는 줏대가 없어 보이기 때문이다.

이와 관련해 에피소드 하나를 소개하고자 한다. 아내의 친구는 뒤셀도르프의 어느 멋진 빌라촌에 살고 있다. 그의 딸이 학교에서 무슬림 여학생과 친해졌다. 어느 날 아내의 친구는 그 학생의 엄마로부터 상냥한 문자 한 통을 받았다. 그 엄마의 부탁인즉슨, 따님에게 햄 샌드위치를 도시락으로 싸주지 말라는 것이었다. 자신의 딸이 그 냄새를 못 견뎌 한다는 것이 이유였다. 아내 친구는 앞으로 치즈나 칠면조를 빵에 넣을 것을 약속했다. 집에도 자주 찾아와 가족을 즐겁게 해줬던 귀여운 친구와 딸의 우정에 금이 가는 것을 원치 않았기 때문이다.

하지만 어느 순간부터 그 소녀는 친구 집에 놀러가는 것을 허락받지 못했다. 여러 차례 물어본 끝에 결국 아내의 친구는 그 이유를 들을 수 있었다. 그의 집은 '슈바인하임(돼지 우리)' 길이라는 그럴 듯한 명칭을 가진 거리에 자리한데다, 집에서는 '뷔르스트헨'(작은 소시지) 이란 이름의 애완견을 키우고 있었다. 그 가련한 무슬림 여성은 이 모든 사정을 감당하기가 벅찼던 모양이었다.

지인들은 이 이야기를 들을 때마다 웃음을 참지 못했는데, 나는 중동에서 건너온 그에게 연민의 정을 느꼈다. 낯선 곳에서 자신의 문화를 지켜나가기란 쉽지 않은 일이다. 나 역시 카사블랑카나 이스탄불로 이사 갈 일이 생긴다고 해도 기존의 생활 방식을 포기하지는 않을 것이다. 사회에 통합되기 위해 되도록 빨리 이질성을 벗어던져야 하는 측은한 대상으로 이주민들을 바라보는 독일 이주정책의 동화 개념은 당혹스럽다. 우리 모두가 표준화된 거대한 통합의 수프 속에서 형체 없이 녹아 사라지는 풍경을 추구하는 것 같기 때문이다.

다름을 존중하기 위해서는 스스로의 다름부터 존중하라

그런 의미에서 캐나다식 모델이 훨씬 호감이 간다. 캐나다는 스스로를 이민국가라고 부르는 나라다. 그곳에도 다문화주의가 있지만 독일과 다를 뿐더러 보다 합리적이다. 이주를 경제적 관점에서 바라보는 캐나다에서는 동화 여부를 교육, 직업, 언어능력 같은 기준과 연결시킨다.

1982년 캐나다에서는 '다문화주의 법Multiculturalism Act'이 통과되었다. 다양성 연구의 전문가인 아스트리드 메서슈미트Astrid Messerschmidt 교수는 다문화주의를 바라보는 캐나다의 시각을 이렇게 설명한다. 그 바탕에는 "모든 특정한 문화적 집단에게 고유의 문화적 유산을 지킬 권리를 제공하고, 차별 없이 공공 생활에 참여할 수 있도록 한다"는 정신이 깔려 있다. 캐나다에서는 종교나 가치관, 피부색과 무관하게 모두가 사회에 참여하는 것을 장려한다. 이에 반해 독일 모델은 동화를 목표로 하고 있으며, 독일인이란 '인종적으로 동질적인 집단'이라는 분위기 아래에서 국가 구성원들이 늘 스스로가 이방 출신이 아닌가 하는 의심을 받고 있다는 것이다.

메서슈미트 교수는 캐나다의 통합 방향은 조화를 지향하고, 서로 소통하고 서로 배우는 법을 중시한다고 말한다. 좋은 예로 신민주당 당수로서 캐나다에서 최고 인기를 누리는 정치인 가운데 하나인 자그미트 싱Jagmeet Singh을 들 수 있다. 그는 자신의 출신과 종교를 솔직히 인정했음에도 불구하고 대중의 사랑을 받고 있다. 그의 부모는 인도 펀자브에서 온 이민자로, 자신은 토론토에서 태어났지만 부모와 마찬가지로 시크교도다. 여느 독실한 시크교도처럼 항상 팝아트풍의 터번을 쓰고 있는 그는 쿨함의 기준에서 보자면 저스틴 트뤼도Justin Trudeau 총리마저 능가한다(트뤼도 총리가 여가 시간에 복싱을 한다면 싱은 브라질리언 주짓수를 즐긴다는 점도 그 이유 가운데 하나일지도 모르겠다).

2018년 2월 그는 자신처럼 펀자브에 뿌리를 둔 캐나다 디자이너 구르키란 카우르 시드후Gurkiran Kaur Sidhu와 전통 인도식으로 혼례식을 열었다. 아마 독일인들은 아이단 외조구츠Aydan Özoğuz 같은 터키

혈통의 정치인이 아나톨리아식 전통 복장을 입고 있는 모습을 상상하기가 쉽지 않을 것이다.

그런 의미에서 우리는 다름을 존중하기 위해 우리 고유의 것을 보다 소중히 여기는 법부터 배울 필요가 있다. 우리가 우리 문화에 시큰둥해하면서 어떻게 이방인들한테서 다른 태도를 기대할 수 있을까? 자기 것을 잘 알고 존중할 줄 알아야 낯선 것도 존중할 수 있다. 콰메 앤소니 아피아Kwame Anthony Appiah 뉴욕대 철학과 교수도 요구한 것처럼, 중요한 것은 혼종성hybridity이 아니라 **진정한** 다양성이다.

그렇다면 어떻게 거기에 도달할 수 있을까? 진부하게 느껴질 수도 있겠지만, 교육과 인격 도야를 통해서다. 다시 칸트를 인용한다.

"사람이라면 자기 자신을 개선하고, 도야하고, 만약 악한 성향을 가졌다면 도덕성을 길러야 한다. 하지만 이에 관해 충분히 숙고한다면 그것이 얼마나 어려운 일인지 알게 될 것이다. 따라서 교육이야말로 인간에게 주어진 가장 크고도 가장 어려운 문제라 할 수 있다."

나는 당신과 다르기에 당신을 존중한다.

진정한 코즈모폴리터니즘이란 서구 모델을 기준으로 삼은 획일적인 세상을 만드는 것이 아니라 다른 것은 다르게 놔둘 줄 아는 것을 말한다. 다만 다른 것을 존중하려면 먼저 제 것을 소중히 여기는 법부터 배워야 한다.

4

사치는 휘두르는 것이지
휘둘리는 것이 아니다

자족

이 주제에 대해 맥주잔 받침에 다 적을 수 있을 만큼 짧게 답할 수 있다면 얼마나 좋을까. 예를 들어 욕심을 버린 기인들에 관한 몇몇 근사한 일화, 거기에 절제의 기술에 관한 인상 깊은 경구들을 곁들임으로써 글을 마무리하는 것이다. 이는 그다지 어렵지 않아 보인다. 사실 나는 몇 년 전 절제의 우아함에 대해 이야기한 책을 쓴 적도 있는 만큼 거기에 몇 소절만 덧붙이면 될 터였다. 하지만 그것은 솔직한 태도가 아닐 것이다.

언젠가부터 내가 《우아하게 가난해지는 법》에서 거리낌 없이 세상에 던졌던 말들이 수상쩍게 보이기 시작했다. 솔직히 말해 이제는 절제가 속물적 태도를 나타내는 것은 아닌지 의심이 들 정도다. 특히 귀족들 사이에서 절제를 뽐내는 경향이 나타나는데, 마치 누가 더 절제를 잘하는지 시합이라도 벌이는 것 같다.

그렇다면 언제 절제가 허영의 수단이 되고 언제 진정성을 가질까?

절제를 뜻하는 독일어 'Bescheidenheit'는 원래 법률 용어다. 관청의 결정통지문Bescheid을 받아본 사람이라면 쉽게 고개를 끄덕일 것이다. 고대 고지독일어 'bisceidan'은 '분배하다'와 같은 뜻이다. 정복 여행을 마치고 어딘가에 정착한, 수염이 덥수룩한 우리 선조들은 한바탕 전투를 치른 뒤 누가 어떤 땅을 차지했는지 불분명해지자 심판관을 겸한 우두머리에게 분배의 권한을 줬을 것이다.

그런데 시간이 흐르면서 그 말은 다른 뜻을 갖게 되었다. 언제부터인가 주어진 것에 만족하는 사람을 절제할 줄 안다고 평가하기 시작한 것이다. 오늘날 연구에 따르면 옛 게르만인들은 꽤나 평등한 무리였다. 물론 포로와 노예에게는 아무런 권한이 없었지만, 자유민이라면 누구나 똑같은 권리를 누렸다. 다시 말해 요구할 권리보다 적은 몫으로 만족한 이는 뜻을 관철시킬 수 없어서가 아니라 **자발적으로** 단념한 것이다.

절제한다는 것은 본래 '원한다면 얼마든지 달리 행동할 수 있지만 그렇게 하지 않겠다'는 의미다. 그러므로 오늘날 우리가 '요구하지 않는 것'의 동의어로 '절제'라는 말을 사용한다면 원래의 뜻을 왜곡하는 셈이다. 요구가 **없는** 사람은 요구할 권리도 **없는** 것이고, 요구할 권리가 없으면 그 같은 권리를 내세울 수도 없다.

자발적인 단념에 속하는 절제는 원대하고 강하고 영웅적인 것으로, 주인된 위치에서 결정권을 행사한다는 의미가 있다. 즉 오만, 이기심, 탐욕 등으로부터 벗어난 상태를 말하며 굴종이나 굴복과는 무관하다. 절제는 우월하고 유리한 입장에서 실천할 때 흥미롭고 매력적이다. 좀스럽고 자기만족적으로 행동하는 이가 스스로 절제한다고 우긴다면 얼마나 우스운 일인가. 그는 다른 선택의 여지가 없었던 것뿐이다. 그는 내가 《우아하게 가난해지는 법》에서 그랬던 것처럼, 《이솝우화》 속 여우처럼 물질적 풍요와 사치의 의미를 애써 깎아내리려 할 것이다. 하지만 요구할 권리가 없는 절제는 진정한 의미의 절제가 아니다. 지금은 거의 잊힌 프레드 엔드리카트Fred Endrikat의 우화에는 천식을 앓는 한 지렁이가 등장한다. 적어도 녀석은 이솝의 여우보다는 훨씬 솔직했다. 지렁이는 이렇게 탄식한다.

비가 오나 바람이 몰아치나 나는 더러운 곳에 박혀 있네.
아, 나 같은 불쌍한 벌레에게 그건 정말 화나는 일이야.
다른 짐승들은 뛰고 헤엄치고 날아다닐 수 있지만
나는 발가벗은 배를 깔고 흙바닥에 누워
위만 쳐다보고 흐린 눈빛으로 한숨만 쉬네.
나는 기침밖에 할 줄 아는 게 아무 것도 없다네.

지렁이는 욕심이 적을 뿐 절제하는 것이 아니다. 그래도 이솝의 여우처럼 허풍선이는 아니다.

절제는 역설적 성격이 감춰질 때에 매력을 준다. 그 역설이란 곧 '능력'으로, 물질적인 것만이 아니라 '할 수 있다'는 의미도 포함된다. 한마디로 절제는 자제된 능력이다. 당신이 권위 있는 일간지의 문학평론가로서 자신보다 지식이 짧은 상대와 시사를 논한다고 해보자. 그때 당신이 박식함을 무기로 상대를 제압하려 든다면 이보다 우스꽝스러운 일도 없을 것이다. 오히려 당신은 이 기회에 동료들로부터 듣기 힘든 의견을 들으리라는 기대에 상대의 말을 경청할 가능성이 더 크다.

또한 세 살짜리 아이와 놀면서 싸움하듯 아이를 바닥에 내동댕이치는 일보다 멍청한 짓도 없을 것이다. 테니스 강사가 제 능력을 뽐내고자 시합에서 제자에게 굴욕을 안긴다면 스스로를 웃음거리로 만들 뿐이다. 반면 성문 밖 세상에서 자신을 어떻게 평가하는지 궁금한 나머지 거지 차림으로 백성들 사이에 뛰어든 동화 속 왕은 절제 있는 행동을 한 것이다.

귀족은 절제를 사치로 소비한다

절제가 무엇인지 보다 명확하게 알려면 그 반대의 경우를 살펴보면 된다. 가령 누구에게나 자신이 보스임을 알리려고 애쓰는 사장, 축구 경기도 가능할 만큼 널찍한 호텔방을 두고 작다고 투덜대는 고급 호텔 투숙객, 그리고 벽이 금빛으로 번쩍이고 천장에서 향수가 뿌려지고 꽃잎이 흩날리는 전례 없이 호화로운 궁전을 로마에 지은 다음 "이제야 사람답게 살 수 있겠구나"라고 탄식한 네로의 모습을 떠올려보자.

그나저나 나 스스로 절제 있는 사람이라고 말하고 싶은 생각은 추호도 없다. 물론 되도록이면 남들에게 좋은 모습을 보이고 싶고, 호감을 사려고 한다. 왜 그런지 생각하면 내가 받은 교육을 돌아보지 않을 수 없다. 어릴 때 나는 특히나 절제하라는 훈계 속에서 자랐다. 사실 굳이 그럴 필요가 없었다. 우리 아버지가 러시아제 라다 자동차를 몰고 다닐 때 반 친구들은 BMW를 타고 등교했다. 과일주스와 코카콜라가 친구네 집 냉장고를 가득 채우고 있을 때 우리 집에서는 수돗물을 받아 마셨다. 부모님은 피난민 출신으로 아버지는 소련 점령 지역에서 서독으로 탈출했고, 어머니는 헝가리 출신이었다. 아쉽게도 내가 절제를 옹호한 책을 쓸 때는 그 점을 고려하지 않았지만, 절제라는 관점에서 절약을 말하려면 파자마를 입고 반짝이는 마룻바닥 위로 미끄럼을 타고, 나뭇가지 모양의 촛대와 거장들의 그림들에 둘러싸인 어린 시절을 추억할 수 있을 때에나 설득력을 발휘할 것이다.

하지만 나는 이케아 가구들 사이에서 유년기를 보냈다. 어떻게든 성 같은 분위기를 내려고 주름 잡힌 고운 천으로 집의 가구를 장식하긴 했지만, 우리 집에서 절약은 절제라기보다는 그저 불가피한 선택이었다. 1945년과 1949년에 걸쳐 우리 소유의 성들이 몰수당한 일은 아버지에게 중대한 전환점이 되었다. 1929년생인 아버지는 나와 우리 형제들과 달리 실제로 어릴 때 마룻바닥에서 미끄럼을 타고 놀았던 경험이 있었다. 다만 아버지가 살았던 벡셀부르크Wechselburg 성은 네로 스타일의 '도무스 아우레아Domus Aurea'(황금궁전)와는 거리가 멀었다. 내가 아는 한 네로의 궁전에서처럼 아버지의 집 천장에서 꽃잎이 뿌려지는 일 따위는 없었다.

우리 성은 오래전부터 광채를 잃었고 대신 녹슨 자국들만 점점 또렷해졌다. 글라우카우Glauchau에 있던 본가는 중세시대 세워진 성으로, 16세기에 비로소 르네상스 양식의 성으로 주변 시설들과 함께 개축되었다. 주권이 있는 군주 자격으로 통치하기는 했지만, 18세기에 이르러선 이미 낡은 상태가 되어 대부분의 작센 주 지방귀족들의 성과 비교해 쾌적함이 많이 떨어졌다. 우리의 '미니제국'에서 매력을 찾자면 특유의 궁정 생활을 꼽을 수 있지만, 이마저도 겉만 번지르르할 뿐 실속이 없었다. 안에서는 오래된 깃발을 꿰매고, 낡은 무기를 임시변통으로 수리하고, 해어진 제복을 수선해 입었다. 그러면서도 밖으로는 고유의 도량형과 찬송가, 공휴일을 보유한 독립된 국가로 행세했다.

18세기 말 베틴 가문은 우리가 주권을 보유한 나라를 자신들의 작센 왕국에 편입시켰다. 우리 직계 조상들은 소박하고 격식을 차리지 않는, 그러나 우아한 삶을 살아갔다. 그러는 동안 남서부 작센 지역이 독일 산업화의 중심지로 떠오르면서 우리와 이웃한 섬유 및 원동기 분야의 대기업가들은 훨씬 호화로운 생활을 누렸다. 과연 우리는 우아한 절제 속에서 자랐던 것일까? 그게 아니라 달리 선택의 여지가 없었을 뿐이었다. 그 뒤에 아버지 세대가 1945년 이후 소유지를 빼앗기고 빈손으로 서독의 슐로스아우프파트에 사는 친척 집에 도착했을 때, 우리가 스스로를 손님으로 여기고 어떤 요구도 하지 않은 것 또한 절제와는 상관이 없었다. 그냥 현실이 그랬을 뿐이다.

친척 소유의 성에 손님으로 머무는 동안 우리들에게는 그 집 고용인들에게 어떤 것도 주문해서는 안 된다는 명령이 떨어졌다. 그러면 방에 가두겠다는 경고도 빠지지 않았다. 우리에게는 그럴 권한이 없었기 때문이다. 사치는 우리와 관계없는 일이었고, 우리는 그저 그런 생활을 멀리서 지켜볼 뿐이었다.

솔직히 말하면 나는 이미 어릴 때부터 그런 명령에 반항했는데, 노골적인 저항이 아니라 비밀스러운 방식을 택했다. 슈바르츠발트에 사는 종조할머니를 찾아뵐 때면 어머니는 나를 뮌헨역 승강장까지 데려다주시곤 했다. 그럼 나는 2등 칸에 몸을 싣고 창밖으로 얌전히 손을 흔들었다. 그러다가 기차가 역에서 충분히 멀어지기가 무섭게 나는 1등석으로 자리를 옮긴 뒤 저금해둔 돈으로 추가 요금을 내고 네 시간 남짓 은밀한 사치를 누렸다. 그리고 도착 직전 다시 2등 칸으로 옮겨 탔다. 나를 마중 나오기로 했기에 다시 내 분수에 맞는 열차 칸에서 내릴 수 있도록 말이다. 지금도 나는 가족 파티에 참석할 때는 우아하지만 최대한 닳아빠진 양복을 찾아 입는다. "저 옷 새 거야?"라고 묻는 것은 우리 집안에서 꽤나 못마땅하다는 표현이기 때문이다.

이로써 왜 내가 절제라는 주제와 씨름하게 되었는지 여러분도 짐작할 수 있을 것이다. 앞서도 말했듯이 귀족들 사이에서는 일종의 절약 올림픽 경기가 벌어지고 있다. 우리 친척 대부분은 자신들이 풍족하다는 인상을 주지 않으려고 필사적으로 노력하고 있다.

성 내부는 가급적 퀴퀴한 냄새가 풍겨야 하고, 가구는 적당히 낡아 있어야 한다. 성 안에 들어서면 하인들의 응대를 받는 대신 지저분한 고무장화에 발이 걸려 비틀거리기 일쑤다. 그래서 아침부터 화장을 하고 주렁주렁 장신구를 달고 나타나는 안주인을 보면 우리는 '외부에서' 온 여성임을 쉽게 알아챈다.

남자들에 대해서는 다음과 같은 철칙이 적용된다. 당신 눈에 '공작처럼' 보이는, 완벽하게 빼 입은 신사가 나타난다면 십중팔구 상류층을 사칭하는 사기꾼이다. 반면 수선 자국이 많고 군데군데 얼룩진 오래된 트위드 자켓 차림으로 아무렇게나 옷을 입은 신사를 만난다면, 그는 로브코비츠Lobkowicz, 뢰벤슈타인Löwenstein 또는 슈바르첸베르크Schwarzenberg 같은 유서 깊은 가문의 후예일 가능성이 높다.

영국은 그 정도가 훨씬 심하다. 데본셔 공작Duke of Devonshire의 자제인 윌리엄 캐번디시William Cavendish는 영국에서 가장 유서 깊은 귀족 가문의 상속인이다. 이튼스쿨과 캠브리지 대학 출신으로 8억 유로 상당의 재산을 물려받을 예정이다. 하지만 미리 귀띔을 받지 않은 채 그를 만난다면 그가 입고 있는 옷들이 헌옷 수거함에서 나온 것은 아닌지 살짝 의심이 들 것이다. 직업이 뭔지 묻는다면 그는 일단 당신을 의심스러운 눈초리로 훑어볼 것이다. 그런 저속한 질문은 미처 예상하지 못했기 때문이다. 아무튼 그는 잠시 머뭇거린 뒤 자신을 사진가로 소개할 것이다.

그는 아일랜드에 자리한 리스모어 성에 즐겨 머문다. 더블린에서 멀지 않은 위치에 외풍이 심한 신 고딕 양식의 낡은 건물이다. 전직 모델 출신인 그의 배우자는 한때 《하퍼스 바자》 같은 패션잡지사에서 일하기도 했는데, 예전엔 이른 아침부터 패션쇼 무대에서나 봄직한 옷을 입고 돌아다니기도 했지만 결혼한 뒤로는 집에 고용된 정원사와 똑같은 차림으로 다닌다.

윌리엄은 자주는 아니지만 손님들을 리스모어 성의 디너파티에 초대할 때가 있다. 그럴 때는 턱시도를 입는다. 그의 실크 턱시도는 곳곳이 해져 있는데다 금실로 이름 머리글자 'W'가 새겨져 있는 턱시도 슬리퍼의 오른발에는 엄지손가락만 한 구멍이 나 있다. 이것은 절제의 표시일까 아니면 콧대 높은 태도일까?

캐번디시 가문은 일찍이 15세기부터 영국에서 가장 막강하고 부유한 가문 중 하나로, 이들에게는 영국 왕실조차도 벼락출세자들처럼 보일 것이다. 캐번디시 가문 사람들은 무성의한 스타일을 추구함으로써 누구를 만날 때마다 굳이 멋지게 차려 입을 가치가 없다는 신호를 상대에게 보낸다. 윌리엄의 턱시도 슬리퍼에 뚫린 구멍은 이렇게 선언한다. "나는 고귀하도다. 이를 증명하고자 굳이 애쓸 필요가 없노라."

영국에서 조금이라도 자기 이미지에 신경을 쓰는 사람은 최대한 기초생활수급자 같은 행색을 하고 다니면서 자신의 격조를 표출한다. 중국, 인도, 러시아 등지에서 신흥부호들이 몰려들면서 이 같은 추세는 더욱 강화되고 있다. 여성들은 혹여나 러시아 신흥재벌의 부인으로 비칠까봐 흡사 외양간에서 막 나온 사람처럼 하고 다닌다. 런던에서 친구들과 점심 약속이 있을 때도 일부러 캐주얼한 차림으로 외출한다. 핸드백을 들고 다니는 것도 유행이 지난 지 오래다. 지위를 과시하려는 이들은 소지품을 비닐 백에 넣는다.

최신 트렌드에 민감한 패션업계는 어마어마하게 비싸지만 값싸게 보이는 럭셔리 액세서리를 판매함으로써 이에 발 빠르게 대처했다. 2018년 시즌에 샤넬이 내놓은 가장 성공적인 아이템에는 투명 비닐 모자도 있었다. 역 앞에서 3파운드 정도에 구입할 수 있는 모자를 샤넬은 1500유로로 판매했다. 파리의 명품 패션브랜드 셀린의 시즌 히트 상품은 투명 비닐 백이었다. 그 가격은 재료값보다 거의 599.95유로나 더 비쌌다(정가가 약 600유로다). 그 추가금액은 비닐 백 위에 멋지게 새겨진 로고를 위해 지불된다.

때로는 겸손이 최고의 오만이 될 때도 있다

반反 블링블링Bling-Bling(요란한 장신구나 옷가지, 무절제한 사치와 허세를 가리키는 신조어) 운동마저도 블링블링 산업에 점령된 현실에서 대체 어떻게 블링블링에 저항할 수 있을까? 이 가망 없는 싸움에서 가장 유명한 저항자로 떠오른 이가 있으니, 바로 패션 중심지 로마에 살고 있는 프란치스코 교황이다.

대중들에게 다가가는 교황의 스타일은 자못 인상적이지만, 이 경우에도 어디까지가 진정한 겸손이고 어디까지가 홍보 전략인지 종잡기 힘들다. 물론 대중지 기자들에게 교황은 반가운 선물이 아닐 수 없다. 전 세계에 갓 선출된 교황을 보여준 최초의 사진에는 숙소로 사용한 '도무스 파올로Domus Paolo VI'에서 직접 숙박비를 계산하기 위해 여느 시민처럼 얌전히 기다리고 있는 흰 옷 차림의 교황이 담겨 있다. 나중에 전해지기로 교황은 취임한 뒤에도 시스티나 예배당의 옥좌에 앉기를 거부하고, 추기경들의 전통적 충성 맹세도 사양한 채 서서 축하인사를 받기로 했다고 한다. 사도궁으로 거처를 옮겨야 했던 교황은 그 궁전이 자신에게는 너무 호화로운 탓에 일반에 개방된 바티칸 객사, 즉 산타마르타에서 생활하고 싶다는 뜻을 (대중적 효과를 높이는 전달 방식으로) 알렸다. 이곳은 지금까지도 교황의 거처로 사용되고 있다. 물론 그 메시지는 큰 호응을 얻었다.

이보다 덜 알려진 점은, 이런 시위하는 듯한 절제된 행동이 호감도를 상승시켰음에도 불구하고 보좌관들에게는 두통을 안겨다줬다는 사실이다. 사도궁에 비해 산타마르타에서 교황을 경호하기가 훨씬 힘들기 때문이다. 전임 교황들이 평소 경호원 없이 지낸 것과 달리 프란치스코 교황은 수십 명의 보안요원들로부터 24시간 보호를 받는다. 점심시간에 객사의 구내식당에서 식사를 할 때도 그렇다. 물론 교황이 남들처럼 플라스틱 쟁반을 들고 배식대에 줄을 서는 것만으로도 서민적 교황이라는 명성을 재확인시켜줬다. 경호원들에게는 악몽 같은 일이었을 테지만 말이다.

언제 절제된 태도가, 또 언제 화려한 의식이 필요한지에 대한 탁월한 감각을 교황이 지녔다는 점은 인정해야 한다. 시칠리아에서 열린 G7 정상회담에 참석한 도널드 트럼프 미국 대통령이 프란치스코 교황을 접견하고자 잠시 로마에 들렀을 때, 교황은 '블링블링'이란 측면에서 바티칸이 보여줄 수 있는 모든 것을 제공토록 했다. 물론 트럼프는 산타마리아가 아닌 사도궁에서 영접을 받았다. 거기서 스위스 근위병의 절도 있는 인사를 받은 트럼프는 안내에 따라 유명한 프레스코화가 장식된, 끝없이 이어지는 화려한 홀과 접견실을 지나갔다. 교회의 막강한 권위를 알리는 프레스코 화의 이미지는 그에게 위압감을 주기에 충분했을 것이다. 이는 내가 직접 바티칸 박물관 관장인 바바라 자타Barbara Jatta에게 질문해 확인받은 사실이다. 그는 사도궁의 살라 레지아 및 살라 두칼레, 시스틴 예배당으로 트럼프를 안내하는 임무를 맡았다.

"어떤 그림이 제일 뛰어난가요Which picture is the nicest?" 프레스코화 중에서 어떤 그림이 가장 훌륭한지 트럼프가 관람 중 박물관장에게 물었다. 바바라 자타는 내게 이렇게 답했다. "물론 저는 답할 수 없었어요. 그는 미켈란젤로라는 이름을 한 번도 들어본 적이 없었던 것 같았어요. 다만 이 방에서 풍기는 위엄이 그에게 직감적으로 존경심을 불러일으켰다는 것은 확실했습니다."

사도궁을 거닐며 천장에서부터 단박에 눈길을 끄는 유럽 문화의 진수를 느끼기 위해 군이 르네상스 예술에 해박할 필요는 없을 것이다. 교황이 트럼프를 맞이했던 살라 레지아를 화려하게 장식한 프레스코화는 특히 교회 권력에 무릎 꿇은 왕권, 즉 국가 권력의 굴욕을 주제로 하고 있다. 바바로사 황제가 교황 알렉산더 3세의 발에 입을 맞추고, 교황이 황제 머리에 발을 올리는 장면을 그린 주세페 포르타 Giuseppe Porta의 프레스코 화를 트럼프가 일부러 눈여겨볼 일은 없었을 것이다. 하지만 그 효과가 전혀 없었다고 누가 장담할 수 있겠는가.

만일 교황이 그를 피아트 자동차에 태워 바티칸 정원을 드라이브한 뒤 함께 플라스틱 쟁반을 들고 산타마르타 구내식당 배식대에서 줄을 섰더라면, 트럼프는 깊은 인상을 받았을까? 약간은 허풍을 떨고 화려함을 뽐내는 것이 중요할 때도 있다. 특히 자신의 지위에 자부심이 큰 상대와 함께 있을 때 그렇다. 이 경우 화려한 의식이 적절했던 이유는 무엇일까? 바로 프란치스코 교황이 미국 대통령을 사적으로 맞이하는 것이 아니라 교황이라는 천주교의 수장으로서 영접했기 때문이다.

프란치스코 교황을 유명하게 만든 이른바 겸손의 제스처를 보면서 의구심을 품곤 하는 데에는 그런 사정도 작용한다. 특히 막강한 권위를 가진 공직자에게서 개인으로서의 자신을 자기 직위와 혼동하고 싶은 유혹에 빠지는 경향이 나타난다. 이런 모습은 얼핏 호감을 줄 수도 있지만 그 배후에는 어떤 오만이 숨어 있다.

1957년 출간된 에른스트 칸토로비치Ernst H. Kantorowicz 프린스턴대 교수의 《왕의 두 신체The King's Tow Bodies》 덕분에 우리는 군주제의 오래된 핵심 개념을 다시 기억하게 되었다. 고전적 견해에 따르면 군주는 두 가지 신체, 즉 지상의 지체와 초자연적 지체를 가진다고 한다. 모든 군주제의 근간이 되는 이 원칙이 처음 문서로 기록된 것은 톨레도 공의회에서였다. 《브리태니커 백과사전》에서는 당시 공의회에 관해 이렇게 설명한다. "그는 개인적 인격이 아니라 권한에 의해 왕이 되었다. 범상함 때문이 아니라 직위의 고결함 덕분에 그는 왕이기 때문이다." 우리가 왕이나 교황 앞에서 몸을 굽혀 경의를 표하는 까닭은 개인이 아닌 한 조직을 대표하는 직위에 대해 존중을 표하기 위함이다. 그 권위 앞에서는 머리를 숙여야 할 의무가 있는 것이다.

이를테면 아내가 종조모뻘인 영국 여왕에게 인사를 드릴 때 군주의 두 가지 신체라는 추상적 이념이 생생히 모습을 드러냈다. 먼저 아내는 여왕 앞에 무릎을 구부려 정중히 절을 하고, 이어 몸을 일으켜 여왕의 양쪽 볼에 입을 맞춘다. 전자는 여왕에게 드리는 예이고, 후자는 종조모에 대한 인사다. 다시 말해 아내는 **두 인격**에게 인사를 한 셈이다. 만일 무릎을 꿇고 하는 인사를 여왕이 사양한다면, 이는 겸손이 아니라 오만이 된다. 자신에게 주어진 공직에 개인의 인격을 덮어씌움으로써 공직을 손상시키기 때문이다.

절제는 무심함이 아니라 꾸미지 않은 자신감이다

이 글을 쓰기 전에 진정한 겸손의 사례를 소개하는 데 누가 적합할지를 오래 고민했다. 결론은 영국 여왕이야말로 그 적임자라는 것이다. 여왕은 영국 시골 귀부인의 소박한 생활방식을 몸소 실천하고 있다. 여왕은 외부의 공식 일정을 소화할 때는 절제 있게 행동해야 한다는 생각을 감히 하지 못할 것이다. 이는 직위에 대한 여왕의 생각과 맞지 않기 때문이다.

여왕은 언제 자신이 왕실을 대표하고, 언제 '릴리벳Lilibeth'(여왕의 애칭)으로 외출 중인지를 잘 알고 있다. 샌드링엄의 사저에 머물며 애완견과 공원을 산책할 때 그는 오롯이 자기 자신이 된다. 그럴 때는 오래된 트렌치코트를 걸친 다음 실크스카프를 머리에 두르고 고무 장화를 신는다. 이런 소박한 모습을 통해 누군가에게 뭔가를 드러내고자 하는 것일까? 아닐 것이다. 그것이 여왕의 진짜 모습이다.

여왕이 사우디 왕위계승자 무함마드 빈 살만을 버킹엄 궁전에서 맞이했을 당시를 담은 사진 한 장이 전 세계에 퍼졌다. 여왕의 개인 응접실 벽난로 앞에 서 있는 두 사람을 찍은 사진을 자세히 보면 벽난로에 가지런히 땔나무가 쌓아진 대신 작고 초라한 전기난로가 들어앉아 있다. 여왕은 이 전기난로를 통해 어떤 메시지를 전하려 했던 것일까? 아니면 늘 그렇듯 그저 거기에 있었던 것일까? 나는 후자일 가능성이 높다고 본다.

한편 여왕 자신이 매우 존경한 것으로 잘 알려진 귀부인이 있다. 러시아의 올가^{Olga} 여대공이다. 그는 러시아 마지막 차르의 여동생이자 1917년 혁명 이후 서방 세계로 탈출하는 데 성공한 유일한 러시아 황제가문의 일원이었다. 그는 이루 말로 할 수 없을 정도로 호사스러운 유년 시절을 보냈다. 차르의 자식들은 모두 별도의 부관과 하인을 거느렸다.

말년에 그는 캐나다 토론토 교외의 어느 정육점 위층에서 매우 궁핍하게 살았다. 영국 여왕이 1959년 '브리타니아호'를 타고 캐나다를 공식 방문했을 때, 가난한 여대공에게도 토론토의 총독 관저에서 열리는 리셉션에 참석해달라는 초대장이 전달되었다. 그는 거절의 뜻을 밝혔다. 토론토에 갈 차비도 없을 뿐더러 어울리는 옷도 없다는 이유에서였다. 그 이야기를 들은 여왕은 먼 사촌자매뻘인 그를 직접 찾아가기로 했다. 그러자 여왕 앞에서 입을 옷을 필요했던 올가는 대형 할인마트 '울워스'에서 흰 점이 크게 박힌 수수한 검정 옷을 구해 자신의 단칸방에서 여왕을 맞이했다.

정육점 위층에 자리한 콩알만 한 아파트에서 두 귀부인이 함께 앉아 있는 모습을 상상해보라. 절제의 개념을 설명하려는 어떤 노력보다도 그 같은 사진 한 장이 훨씬 더 많은 것을 말해주지 않을까?

그 영락한 여대공에 관해 토론토에서 떠도는 일화는 여러 권의 책을 채우고도 남을 정도다. 그 이야기들은 하나같이 자신의 운명에 담담하게 순응하는 한 여성을 말해주고 있다. 이러한 그의 태연함은 어디서 비롯되었을까? 어째서 그는 자신의 신세를 한탄하지 않았을까?

내 외조모의 자매인 이모할머니 역시 비록 차원은 다를지언정 올가 여대공과 유사한 가족사를 갖고 있었다. 이모할머니는 러시아의 갈리친 후작의 딸로 태어났다. 또한 차르 궁전에서 자라지는 않았지만 상트페테르부르크 외곽에 있는 산마리노의 근사한 성에서 유년기를 보냈다. 우리가 아가Aga 할머니라고 불렀던 그 역시 크림반도를 거쳐 서방으로 탈출했고, 노부인이 되어서는 잘츠부르크의 단칸방에서 지냈다.

지저분한 구역에 자리한 성화, 액자 그림, 종교서적 등으로 빼곡한 그 작은 방을 나는 아직도 생생하게 기억한다. 비록 가난했지만 그는 성에서 지내는 우리 친척 어느 누구도 따라갈 수 없는 단아함과 위엄을 풍겼다. 아버지는 주머니 사정이 넉넉지 않은데도 우리들이 할머니를 방문할 때마다 시내의 고급 레스토랑으로 모시고 가서 식사 대접을 하려 했다. 하지만 할머니는 한사코 마다하면서 빵을 곁들인 잔

첫상을 차려주겠노라고 고집했다.

그만의 비법은 무엇이었을까? 위에서 정의한 것을 엄격하게 적용하자면 그는 절제한 것이 아니었다. 그가 사치를 포기한 까닭은 자발적인 결정과는 거리가 멀었다. 그런데도 자발적이라는 **인상을** 줬다. 어째서일까? 자신감일까? 아니면 오만 때문일까?

주세페 토마시 디 람페두사Giuseppe Tomasi di Lampedusa의 소설 《표범Gattopardo》은 피로네 신부가 약초꾼에게 귀족의 특징을 설명하려는 장면이 등장한다. 신부는 "지체 높은 사람들의 속세의 재물에 대한 기이한 무관심"을 언급한다. 그러면서 그 무관심은 그들이 거기에 익숙해 있기 때문이라고 말한다. "우리들이 중시하는 것에 무심한 까닭도 그 때문일 거야. 산중에 사는 사람은 평지의 모기에 신경 쓰지 않는 법이니까." 산속 생활에 깊이 물든 자는 오랫동안 눅눅한 골짜기에서 살아야 하더라도 모기에 무관심할 수 있을지도 모르겠다.

자존감과 절제는 비밀스러운 고리로 연결되어 있는 듯하다. 내가 절제를 실천하는 데 어려움을 겪는 것도 그런 이유 때문이 아닐까. 내 경우 산중 생활에 대한 기억을 생생히 간직한 이름을 갖고 태어났음에도 자란 곳은 골짜기였다. 불이익을 입는 처지에서 보면 자신감은 때로 오만함으로 비춰지기도 한다. 어쩌면 자신의 위대함을 깨달을 때 진정 절제할 수 있는 것인지도 모른다.

어쩌면 네로의 호화 궁전을 놓고 그를 비난하는 것은 가당찮은 일일지도 모르겠다. 가장 아름답고 위대한 것만이 인간에게 어울린다는 것은 전혀 틀린 말이 아니다. 이를 모두 누릴 수 없다는 점은 또 다른 문제이지만 말이다.

절제는 욕심을 참는 것이 아니라 욕심에서 벗어나는 일이다.

사치스럽다는 것만으로는 비난할 수 없다. 문제는 재물에 얼마나 집착하는가에 있다. 진정한 절제는 일종의 내적 통제와 같다. 똑같이 가난하더라도 몇 푼의 포로가 된 이가 있는가 하면, 이에 개의치 않는 이도 있다. 마찬가지로 절제하는 태도를 과시하는 부자가 있는 반면, 겉치레에 얽매이지 않는 부자도 있다. 진정한 절제의 비밀은 건강한 자존감 속에 들어 있다. 그런 자존감은 어떻게 얻을 수 있을까? 짐작컨대 남에게 좋은 인상을 남기려고 애쓰지 않는 것에서부터 시작해야 하지 않을까. 지위, 부, 현명함 등과 관련해 나보다 남들이 뛰어남을 인정한다면, 이런 자세야말로 자신감, **그리고** 절제를 나타내는 하나의 징표가 될 것이다.

5

매너가 그의 역사를
증명한다

격식

얼마 전 베를린 동물원역에서 공손함에 관한 선입견을 바꿔놓는 장면을 봤다. 나는 마침 매점으로 가던 중이었다. 무례하게도 주요 열차들이 더는 이 역에 정차하지 않음에도 불구하고 여전히 매점에서는 영웅적 인내심을 발휘해 전 세계 주요 신문들을 판매하고 있었다. 거기서 나는 한 사내를 지나쳐 갔다. 벤치에 앉아 있던 그는 평생 격식 따위는 무시하고 산 사람 같은 인상을 풍겼다. 아무래도 보호시설이나 가톨릭 자선단체에서 제공하는 숙소에서 지내는 이처럼 보였다. 그때였다. 술에 취한 지인이 다가오자 사내는 벤치에서 살짝 몸을 들어 일어설 듯한 자세를 취했다. 그 몸짓을 알아챈 지인이 슬쩍 웃으며 그냥 앉아 있으라는 손짓을 보냈다.

나만 해도 친구나 동료가 다가오더라도 자리에서 일어나는 법이 별로 없다. 그런 시늉조차 하지 않는다. 예전만 해도 그것이 예삿일이었지만 지금은 보기 드문 일이 되었다. 그러니 굳이 스스로 그럴 필요가 어디 있겠는가. 다만 매너의 실종은 전염성을 띠게 마련이다. 일제히 '다들 그러는데'라고 말하는 순간, 사회의 전반적인 수준도 함께 추락한다.

이러한 현상은 사소한 지점에서 눈에 띈다. 지하철 안에서 노부인을 위해 아무도 자리를 양보하지 않고, 영화관 매표소 앞의 길게 늘어선 줄에서 슬쩍 새치기하는 모습 등이 그렇다. 또 착륙 후 제 몸이 빠져나가는 것을 최우선으로 삼은 일부 승객들이 좌우 살피지 않고 앞으로 튀어나가는 여객기 안이, 예전만 해도 감사 표시로 손짓을 보내는 게 일상적이었지만 이제는 그러면 오해받기 쉬운 도로 속 일상 등이 그렇다.

쇼펜하우어Schopenhauer에 따르면 이것이 꼭 안타까워할 상황만은 아니다. 그가 보기에 공손함은 어떤 형태든 위선에 불과하기 때문이다. 모두가 이기주의자인 우리는 끔찍한 제 모습을 감추는 게 유일한 목적인 작은 제스처라는 옷을 이기주의 위에 입혀둔다. 마치 '보기 싫은 물건은 장막으로 감춰두려는' 것처럼 말이다. 이것이 바로 공손함은 겉치레에 불과하다는, 특히 독일에 만연한 오래된 비판이다.

그런데 친애하는 쇼펜하우어 선생, 어디 한 번 진지하게 물어봅시다. 그래서 그 결과가 뭡니까? 극단의 자연주의? 독일 낭만주의? 다들 머리에 이슬을 달고 숲에서 사는 세상? 늘 기분대로 행동하는 아무 속박 없는 자연 상태의 천국? 대체 누가 그런 사회에서 살고 싶어 할까요? 공손함이 위선이 아닐 때도 있고, 설령 당신 말대로 공손함이 상대의 진짜 도덕성을 눈감아주자는 암묵적 합의에 불과하다고 해도 굳이 문제될 건 또 뭐란 말인가요?

칼럼니스트 라이너 에어링거Rainer Erlinger는 공손함과 에티켓을 정확히 구분한다. 공손함이 상대방을 존중하는 태도에 관한 것이라면, 에티켓은 상대보다는 오히려 나 자신과 관련이 있다. 이 규칙은 무엇보다 자신의 사회적 지위를 드러내는 구실을 하기 때문이다.

하지만 내가 역에서 목격한 남루한 행색의 남성은 공손함과 에티켓이 충분히 겹칠 수 있음을 보여주는 사례가 아닐까? 일어날 자세를 취하는 것은 순전히 에티켓일 뿐 그가 정말로 일어나지 않으리라는 것은 누구나 알고 있다. 하지만 비록 의례화된 것일지언정 그런 시늉에서 어떤 존중과 배려가 드러나는 것은 아닐까?

사람에게는 누구나 존중받을 가치가 있다

에어링거에 따르면 공손함의 최고 형태는 분별력Takt이다. 여기서는 겉으로 나타나는 예의범절을 찾아볼 수 없기 때문이다. 예절감각을 갖춘 이는 타인이 알아채지 못하게 상대의 체면을 세워주고자 한다. 고전적 사례로 마르셀 프루스트Marcel Proust의 소설《잃어버린 시간을 찾아서》의 한 장면을 꼽을 수 있다. 그 화자는 게르망트 공작의 저택에서 열린 저녁식사 자리에 한참 늦게 모습을 나타낸다. 그럼에도 공작은 오래 기다렸다거나 서둘러야 한다는 인상을 주지 않고자 지각한 화자를 다른 층으로 데려가 느긋하게 수채화 몇 점을 보여줌으로써 흠잡을 데 없는 집주인의 면모를 보여준다.

공손함이 겉치레에 지나지 않고 자연스러움이나 미덕과 모순된다는 불평이 종종 들리지만 모두가 하나마나한 주장이다. 남이 먼저 가도록 양보하고, 문을 잡아주고, 외투를 입을 때 도와주고, 무거운 가방을 들어주는 행동은 가식이 아니라 존중의 몸짓이다.

공손함이란 사람에게는 존중받을 가치가 있으며, 소소한 제스처를 통해 이런 존중을 표현할 수 있다는 깨달음에서 비롯된다. 쇼펜하우어의 말마따나 공손함이란 그것을 벗어던지는 순간 저밖에 모르는 이기적인 인간이 드러나는 '웃는 가면'에 불과하다고 치자. 내게는 차라리 가면이라도 쓰고 있는 편이 나아 보인다.

게다가 나는 아무리 가식적인 행동이라도 어떤 식으로든 본인에게 영향을 주고, 가면조차 흔적을 남기기 마련이라고 믿는다. 자기만 아는 사람이라도 언젠가 상대를 편하게 대접할 날이 올 수도 있잖은가. 물론 노력이 필요할 것이다. 공손함이란 결국 반복과 훈련의 문제이기 때문이다. 이기적인 인간이 주변 사람을 먼저 배려하는 연습을 꾸준히 한다면 적어도 이전보다는 덜 이기적인 사람이 될 날이 찾아올 것이다.

우리가 올바른 행동뿐 아니라 '공손함'의 개념을 놓고 논쟁을 벌여야 한다는 사실은 지금이 곧 쇠락의 시대라는 반증일 수도 있다. 이 것이 꼭 나쁜 것만은 아니다. 그 뒤에는 새로운 것이 나타나기 때문이다. 한때 당연시되던 많은 것들이 이제는 보편성을 잃게 되었다. 문화학자 토마스 마호는 일종의 '문화기술'인 공손함이 담론의 주제로 떠오른 것은 그것이 어제의 문제이기 때문이라고 주장한다. 그는 헤겔 Hegel의 "미네르바의 부엉이는 황혼녘에야 날아오른다"를 인용하며 이렇게 덧붙인다. "헤겔이 말하고자 하는 바는 분명하다. 역사적 개념은 그것이 지시하는 대상이 삶의 방향을 제시해주는 포괄적 의미를 상실하는 순간 형성된다는 것이다."

예절에 관한 이론을 제시하고 성찰하는 작업도 예절이 더 이상 당연하게 여겨지지 않는 시점에 시작된다는 것이다. 더욱이 공손함이란 궁정사회에서 특별하게 중요한 주제가 아니었다. 누구나 거기에 해박했는데, 16세기로 예를 들자면 카스틸리오네Castiglione의 《궁정인Il Corteganio》 같은 책자를 통해 널리 알려진 문제였다. 마호에 따르면 공손함은 "특정한 사회문화적 질서의 이행, 단절, 해체 등과 관련된 주제"에 해당한다.

다시 말해 지금이야말로 몇 가지 전제를 떠올리기에 적절한 시기다. 첫째, 공손함 즉 상호 존중과 배려의 제스처가 수반된 사교행위는 보수적이고 심지어 반동적인 문제가 아니라 오히려 근대적인 문제다. 그것이 공간적 이행과 관련한 주제라는 점에서도 그렇다. 공손함의 규칙은 특히 여러 곳을 돌아다니고 다양한 사람들과 교류하는 이들이 관심을 가지는 문제다. 홀로 지내며 여행과는 담을 쌓은 채 늘 똑같은 사람들만 상대하는 불평꾼은 매너의 문제와 씨름할 필요가 없다. 반면 여행자나 상인처럼 곳곳을 돌아다니는 사람들, 즉 현대인의 경우에는 사정이 다를 것이다.

둘째, 다른 덕목과 마찬가지로 공손함에서도 중용이란 측면이 중요하다. 그 한쪽 극단에는 남을 밀치고 돌진하거나 무례하고 거친 사람, 모든 격식을 낡은 것으로 치부하는 사람, 추리닝 차림으로 여행하며 호텔 조식에 슬리퍼를 끌고 나타나는 사람, 모든 종류의 매너를 인위적이라고 거부하는 사람들이 있는가 하면 다른 한쪽에는 또 다른 극단주의자들이 자리하고 있다. 가령 함부르크에 사는 한 남성은 나보다 젊고 혼자 사는데도 매일같이 넥타이를 매고("넥타이가 없으면 마음이 편치 않아요"), 그의 말을 믿는다면 저녁 식사 전에 다시 옷을 바꿔 입는다고 한다. 혼자서 먹는데도 말이다. 그것도 부엌 구석에서 대충 먹는 것이 아니라 잘 차려진 식탁에서 식사한다. 조그만 아파트에 살면서도 식탁을 고수하는데, 그 집에 들어서면 초들이 반짝거리고 늘 나무랄 데 없이 깔끔하게 청소된 모습을 볼 수 있다.

무심한 듯 몸에 밴 격식이 그의 역사를 말한다

어째서 지나친 격식은 매력이 없을까? 즉흥적인 것, 사소한 흠, 불완전함의 매력 같은 것이 없기 때문이다. 이런 특성을 가리키는 말로 이탈리아어 '스프레차투라sprezzatura'가 있다. 위키피디아에 따르면 어려운 일을 쉽고 힘들지 않게 한 것처럼 보이게 하는 능력을 가리키는 말이라고 한다. 내가 《FAZ》에 근무하던 시절 선배 기자였던 알폰스 카이저Alfons Kaiser는 그 뜻을 이렇게 설명했다.

"그것은 우리가 생각할 수 있는 가장 태연한 태도를 가리킨다. 이탈리아 남자들은 스프레차투라를 타고난 것 같다. 그들은 아주 쉽게 핸드폰을 조작하고, 운전대에는 한 손만 올려두고, 느긋이 담배를 피우면서도 떨어뜨리는 법이 없고, 머리에 젤을 바르지만 끈적끈적하게 보이지 않게 한다. 그들에게 그 정도는 식은 죽 먹기다! 한번은 이탈리아인들과 함께 서 있었는데, 다들 양복 차림인데도 양말을 신은 사람은 나뿐이었다. 그때 나는 여유 있고 억지스럽지 않게, 편하게 행동하는 것이 결코 연습으로 될 일이 아니라는 것을 깨달았다."

알폰스는 숲이 울창한 독일 자우어란트 지역 출신이다. 말하자면 시작부터가 불리한 셈이다. 그런데 그를 아는 사람들이라면 스프레차투라가 학습 가능하다는 점에 수긍할 것이다. '스프레차투라'를 제대로 번역하기 힘든 까닭은 그 바탕에 숨은 비밀을 드러낼 말을 찾기가 힘들기 때문이다. 그 비밀은 바로 사소한 흠에 있다. 반짝반짝 잘 닦여 있지만 수선한 흔적이 있는 신발, 제법 어울리지만 자세히 보면 낡은 티가 나는 양복, 물려받은 도자기 찻주전자의 가치를 높여주는 긁힌 자국 등을 떠올려보자.

《옥스포드 영어사전》에서는 스프레차투라를 "학습된 무심함studied carelessness"으로 옮기고 있다. 이는 과하다 못해 터무니없는 해석인데, 그런 무심함은 억지스럽게 비치기 때문이다. 무엇보다 쉬워 보이는 것이야말로 양보할 수 없는 스프레차투라의 기본조건이다.《옥스포드 영어사전》의 해당 항목은 기숙사에서 친구들에게 놀림받고 자란, 의심 많은 어느 반反속물주의자가 작성한 것이 아닐까. 그나마 무심함이 중요하다는 것은 이해한 듯하다.

그런데 어째서 독일인은 '스프레차투라'와 관련해 그토록 서툰 것일까? 독일의 경우에는 궁정과 사회가 오랫동안 분리되었고, 시민적인 것은 귀족적인 것에 수상쩍게 비쳐지고, 그 거꾸로인 경우도 비일비재했기 때문이다.

프랑스에서는 사정이 달랐다. 라인 강 동쪽보다는 서쪽 지역에서 우아하게 무심한 태도를 발견하기가 훨씬 쉬웠다. 오스트리아-헝가리제국과 비슷하게 프랑스는 언제나 외부는 물론 내부에 대해서도 문화적 식민화를 진행했다. 말하자면 이런 식이었다. 왕궁의 기본 역할에는 궁정 예절의 확산도 포함되었는데, 신흥 계층들을 동화시키려는 경향이 나타났다. 부상하는 도시 계층이 과거 상류층의 취향과 풍습을 흡수하고 정략결혼과 정치적 연합을 통해 이들과 결합하면서 신분 상의 경계마저 희미해졌다. 상인 가문이었던 메디치 가에서 세 명의 교황을 배출하고 은행도시였던 플로렌스 출신의 은행가 딸 카테리나 데 메디치Caterina de'Medici가 프랑스 왕과 결혼한 1547년 이

Q.

식사에 초대받았을 때 특별한
요구를 해도 괜찮을까요?

A.

내가 존경하는 어느 부인은 채식주의자다. 하지만 저녁
식사를 초대한 주인에게 특별한 요구를 한다는 것은 그
에게 상상도 할 수 없는 일이다. 대신 그는 곁들인 요리
에만 입을 대면서 불필요한 관심을 끌지 않으려고 노력
한다. 요즘에는 주인이 초대장에 따로 쪽지를 첨부해 채
식주의자, 엄격한 채식주의자, 락토 오보(우유, 달걀, 꿀처
럼 동물에서 추출한 음식) 채식주의자인지와 '글루텐 프리'
식품 등을 원하는지 묻는 경우도 곧잘 볼 수 있다. 세심
한 배려이기는 하지만 고지식한 태도로 비쳐지는 것도
사실이다.

후로는 독일을 제외한 전 유럽인들이 새 시대의 도래를 실감했다. 긴 족보를 자랑하던 귀족의 시대가 그 수명을 다한 것이다. 사실 프랑스 혁명도 노동계급의 봉기라기보다는 왕 휘하에 있던 귀족과 특권 부르주아들의 반란이었다.

영국의 경우 시민계급으로부터 새로운 상류층을 모집하는 원칙이 사회시스템 속에 훨씬 깊이 뿌리내려져 있다. 영국은 아직도 계급에 집착하는 사회지만, 일정한 규범과 관습을 따르는 이들에게는 상위 계급으로의 상승을 허용한다. 영국의 계급제도는 다른 유럽 국가들보다도 항상 투명했다. 거기서 필요한 유일한 입장권은 바로 동화同化였다. 축구선수 데이비드 베컴은 이제 여왕보다 더 많은 고용인을 두고 있으며(심지어 예전에 궁정에서 일했던 사람을 채용하기도 했다), 세인즈베리 경Lord Sainsbury의 조부는 과거에 식료잡화점을 운영했다.

프랑스나 영국 어디서도 시민계급과 귀족 사회가 엄격히 분리된 적이 없었다. 상류층을 둘러싼 장벽에는 언제나 널찍한 문이 달려 있었다. 반면 일찍이 도시가 발달하면서 상인 엘리트층을 보유했던 이탈리아에서는 그 같은 구별 자체가 아예 없었다.

꾸며낸 투박함은 경직된 격식과 다르지 않다

독일은 사정이 딴판인데, 전통적으로 귀족과 시민계급 간에 넘기 힘든 장벽이 놓여 있다. 시민계급은 귀족을 조롱하고, 귀족들은 진작부터 문화와 관련해 성문을 걸어 잠갔다. 그 까닭은 노르베르트 엘리아스가 《문명화 과정》에서 밝히듯이, 다른 나라에 비해 독일이 중세

이후 경제적으로 쇠락한 사정에서 찾을 수 있다. 프랑스, 이탈리아, 영국 등이 경제적으로 영향력을 확대하고 도시들이 번성하던 시기에 독일, 특히 귀족들은 점점 뒤떨어져 갔다. 반항심에서, 또 경제적으로 뒤처진다는 분노에서 귀족들은 주위에 한층 더 단단히 벽을 쌓았고, 귀족 간의 혼인, 고유한 의식 및 풍습을 고수함으로써 시민계급과 섞이기를 거부했다. 그 결과 재력을 통해 귀족이 되는 길도 막히고 이를 통한 쇄신도 불가능해졌다.

귀족과 시민계급 간의 사회적 분리는 상호 불신으로 이어졌다. 대학은 궁정과 대척 관계에 있었고, '질풍노도' 운동(18세기 후반 계몽주의에 맞서 독일에서 일어난 문학운동) 역시 궁정적 요소와 격식, 프랑스적인 것을 거부하는 몸짓으로 이해될 수 있다. '자연적' 삶에 열광한 낭만주의는 감정을 억누르는 궁정식 삶의 이상에 작별을 고했다. 나아가 모든 부자연스러운 것은 '지나치게 프랑스적인 것'으로 여겨졌다. 심지어 이사야 벌린Isaiah Berlin 같은 사상가는 이성에 반항하고 근원적인 것에 대한 막연한 동경을 품은 독일 낭만주의 전체를 초문명화한 우월한 프랑스 문화에 대한 일종의 열등감이 표출된 것으로 설명하기도 했다.

괴테의 소설 《젊은 베르테르의 슬픔》에는 지식인층과 궁정사회가 엄격히 분리된 독일적 현실을 훌륭히 묘사한 장면이 나온다. 베르테르의 1772년 3월 15일자 일기를 살펴보자. "이가 부드득 갈리네. 제기랄! … 나는 백작과 함께 식사를 했고, 커다란 홀에서 함께 이리저리 거닐었네. … 이윽고 연회 시간이 다가왔고, 나는 정말이지 아무 생각도 나지 않았다네."

그때 돌연 쑥덕대는 소리와 함께 좌중에서 당황한 시선을 보낸다. 마침내 백작이 나서 베르테르에게 돌아가 달라고 부탁한다. 귀족사회는 일개 시민이 자기들 무리에 섞여 있는 것에 모욕감을 느낀다. 베르테르의 반응은 어땠을까. "나는 지체 높으신 나리들 곁을 살며시 빠져나와 마차를 타고 M.으로 갔다네. 거기 언덕 위에서 해 지는 광경을 바라보며《호메로스》를 펼치고서 오디세우스가 현명한 돼지치기의 대접을 받는 아름다운 구절을 읽었다네."

프랑스와 영국, 이탈리아에서는 재능 있는 이들이 귀족사회, 즉 '소사이어티Society'에 흡수 및 동화된 반면, 독일의 신흥 중산층 자제들은 궁정의 귀족 생활로부터 차단당했다. 노르베르트 엘리아스의 말을 조금 더 들어보자. "증조부가 편자공이었던 괴테와 같은 몇몇 소수만이 이 계층에서 일종의 신분 상승에 성공한다. 하지만 작센-바이마르 궁정이 작고 상대적으로 가난했다는 점을 논외로 치더라도 괴테의 경우는 예외에 속한다. 독일 서쪽에 자리한 나라들에 비하면 중산층 지식인과 귀족 상류층 사이에는 대체로 높은 장벽이 가로놓여 있었다."

이 장벽을 허물고자 애썼던 이들 중에는 아돌프 프라이헤어 폰 크니게Adolph Freiherr von Knigge도 있었다. 프랑스혁명이 일어나기 불과 일 년 전에 발표된 고전《인간교제에 관하여Über den Umgang mit Menschen》에는 꽤 깊은 수준의 민주주의에 대한 단초가 엿보인다.

그럼에도 성 안에서의 매너와 시민들의 매너는 늘 서로에게 상관없는 영역으로 남았다. 한쪽에서는 의식적으로 반도시적 스노비즘이 장려되거나 심지어 성 안에서 사용하는 언어가 따로 있을 정도였다.

한편으로 전형적인 시민계급의 매너는 독일 중세로부터 전해오는 소박함의 틀을 벗어나지 못하고 있었다. 둘 사이에 진정한 융합은 일어나지 않았다.

독일의 인텔리겐치아들은 아직도 예의바른 것에 대해 심한 거부감을 갖고 있다. 공원에서 산책하던 괴테의 베르테르가 매정한 대접을 받은 지 어언 삼백여 년의 시간이 흐른 마당에 이제 그 거만한 태도를 벗어던질 때도 되지 않았을까? 독일인이 정직하고, 속임수와는 거리가 멀고, 꾸밈을 모르는 사람이라고 믿는 사람은 이제 없다. 독일인이 정직한 금융인도 아니고, 더 나은 친환경 자동차를 만들지도 않는다는 것은 이미 세상이 다 알기 때문이다. 우아한 면은 부족하지만 그 대신 누구보다도 견실하다는 핑계도 더 이상 통하지 않는다. 그런 말이 먹히던 시절은 애저녁에 지났다.

일찍이 1886년 니체는《선악을 넘어서》에서 독일인 특유의, 자연스러움을 이상화하는 경향을 조롱한 바 있다. "솔직하고 정직하기란 얼마나 편한 일인가! 독일적 성실함에 담긴 이러한 친밀감, 친절, 진솔함과 같이 독일인들이 능통한 변장이야말로 어쩌면 오늘날 가장 위험하고도 가장 만족스러운 것일지 모른다."

프랑스인들은 상류층을 욕하기보다는 목을 베어버리는 편을 택했지만 기꺼이 그들의 문화를 모방했다. 반면 독일에서 벌어진 궁정문화를 향한 비판은 아무런 효과도 없었을 뿐더러 속물근성과 원한의 감정만 낳았을 뿐이었다.

공손함이란 타인의 수고를 덜어주는 것이다.

이제는 공손함의 문제를 새로이 논할 때가 됐다. 전통적인 인간관계가 시대착오적이라고 주장하는 목소리도 있지만 거기에 맞장구칠 필요는 없다. 우리는 소소하게 시민불복종을 실천함으로써 주변에 공손함이 들어설 자리를 마련할 수 있다. 길을 양보하고, 뒷사람을 위해 문을 잡아주거나 남을 위해 일부러라도 작은 불편함을 감수해보자.

6

최고의 오만함은 고개를 숙이는 것이다

겸손

아무리 지나쳐도 괜찮은 몇 안 되는 미덕의 하나가 겸허다. 지나치게 공정하거나 인자한 것도, 지나치게 중용을 지키는 것도 불가능하지만, 겸손에 대해서는 얼마든지 그럴 수 있다. 내가 어렸을 때 자주 듣던 말이 있다. "어른이 말할 때 아이들은 끼어들면 안 돼." 지금도 잊을 수 없는 그 말의 뜻은 바로 '너는 중요한 존재가 아니야. 아무도 네 생각에 관심이 없으니 입 다물고 있어!'라는 것이었다.

특히 귀족들 사이에 이런 사고방식이 만연해 있다. 그런 아이들은 초상화 속 조상들이 쏘아대는 엄한 감시의 눈초리를 받으며 자란다. 어릴 적 내가 초상화의 시선에서 벗어나고자 하면 그 눈빛이 나를 뒤쫓아 오는 것에 당황하곤 했던 기억이 아직도 생생하다. 내가 태어나기 전 이미 위대한 업적을 이룬 분들이 수두룩했고, 그 눈높이에 맞추기란 거의 불가능함을 조상들의 초상화는 줄곧 상기시켜주었다. 게다가 고모, 삼촌 등 친척 어른들은 또 어떤가. 이분들은 우리가 조금이라도 기가 사는 꼴을 참지 못하는 것 같았다.

다행히 우리 어머니는 달랐다. 어머니는 항상 든든한 후원자였다. 별 일 아닌 것에도 어머니는 내게 관심을 가져주셨다. 말했듯이 어머니는 헝가리 출신이다. 이런 우스갯소리가 있다. "왜 유대인 중에는 천재가 많을까? 유대인 엄마들은 어릴 때부터 자식들에게 '너 정말 천재구나!'라고 말해주기 때문이다."

헝가리 사람들도 마찬가지다. 어머니는 내게 어머니 집안의 가장 유명한 조상인 19세기 국민영웅이자 사회개혁자인 이슈트반 세체니István Széchenyi에 관해 숱한 이야기를 들려주셨다. 물론 나를 주눅 들게 하려는 뜻은 아니었다. 그때마다 늘 격려하는 말투로 내가 어딘가 그분과 닮았다는 말씀을 잊지 않으셨기 때문이다. 그러니 몇몇 깐깐한 친척들이 언짢아한 가운데 내가 버릇없는 아이라는 명성을 얻은 것도 놀랄 일은 아니다. 어머니는 늘 나 자신의 목소리가 중요하다는 기분을 갖게 했다. 그러지 않았더라면 지금 손에 펜을 쥐고 내 생각을 적는 시도는 감히 하지 못했을 것이다.

오만과 겸손 사이에서 중도를 찾기란 쉽지 않다. '어른이 말할 때 아이들은 끼어들면 안 돼' 식의 사고방식에 주눅 든 이는 영영 제 목소리를 찾지 못할 수도 있다. 마찬가지로 어릴 때부터 칭찬만 받고 자란 사람도 오만함에 기울고 언젠가는 실패의 쓴 잔을 맛볼 날이 있을 것이다.

우리는 어떻게 자기 길을 찾아야 할까? 어쩌면 중세시대 성년이 되는 이야기 중 가장 유명한 작품인 《에레크와 에니드Erec et Enide》에서 도움의 실마리를 찾을 수 있을지 모른다.

그 남자가 수모에 대응하는 방법

이 이야기의 저자는 12세기 인물인 크레티앵 드 트루아Chretien de Troyes다. 한편 하르트만 폰 아우에Hartmann von Aue(중세 독일의 궁정 시인) 역시 1180년경 같은 소재로 《에레크》를 쓴 바 있다.

에레크는 아서 왕 궁정의 차세대 스타다. 멋진 외모를 타고난 그는 이웃한 카르난트라는 작은 궁정의 왕위 계승자로, 용감하고 교양 있는데다 훌륭한 매너까지 갖췄다. 모두들 그에게 장차 가웨인 같은 기사와 겨룰 만한 재능이 있음을 의심치 않았다.

아서 왕 전설에서 흔히 그렇듯이, 성대한 파티와 함께 모든 일이 시작된다. 분위기가 무르익고 다들 흥겨움에 취해 있었다. 아서 왕의 머릿속에 하얀 수사슴에 관한 바보 같은 생각이 떠오르기 전까지는 말이다. 그는 옛 풍습을 부활시켜 하얀 수사슴 사냥 대회를 열기로 했다. 그리고 수사슴을 쓰러뜨리는 자는 궁정에서 가장 아름다운 부인에게 입맞춤할 자격을 주기로 했다.

에레크에게는 아서 왕의 부인, 기네비어 여왕을 사냥에 동행하는 영광스런 임무가 주어진다. 말을 타고 길을 떠난 두 사람은 곧 낯선 기사와 마주친다. 기사 옆에는 추한 난쟁이가 있었다. 여왕이 여느 때처럼 스스럼없이 기사의 이름을 묻자, 대답 대신 돌아온 것은 얼굴 쪽으로 날아든 난쟁이의 채찍이었다. 젊은이다운 자만심에 변변한 무기 없이 호위에 나섰던 에레크가 여왕을 제대로 지켜낼 턱이 없었다. 결국 에레크 자신도 난쟁이의 채찍 세례에 무방비로 당할 수밖에 없었다.

이 대목에서 이렇게 묻는 독자도 있을 것이다. 어떻게 난쟁이가 여왕에게 채찍질하도록 놔두는 방약 무도한 무명의 기사가 아서 왕의 왕국 한복판에 나타날 수 있단 말인가? 하지만 궁정을 벗어난 순간 그 법도와 규칙이 무용지물이 되는 전혀 다른 세계가 펼쳐진다는 점이야말로 아서 왕 이야기의 기본 구성 원칙이다. 하르트만 폰 아우에의 작품에 관한 권위자인 요아힘 붐케Joachim Bumke는 "그것은 모험의 낯선 영역으로, 경이로우면서 동시에 위협적인 세계다. 이곳에서는 별다른 설명도 없이 황당무계한 일들이 벌어진다"고 말한다.

이 일화에서 주목할 존재는 못된 난쟁이가 아니다. 그런 존재는 아서 왕 이야기 곳곳에서 흔하게 마주칠 수 있다. 그보다는 이 사건이 에레크에게 큰 수치를 안겨줬다는 점이 중요하다. 여왕은 물론이고 제 몸도 지키지 못한 채 피 묻은 얼굴로 궁정으로 돌아온 일이야말로 더할 나위 없는 수치였다. 시작부터 영웅의 위치에서 곧장 바닥으로 추락하는 일이 벌어진 것이다.

하지만 아서 왕 이야기답게 머지않아 수모를 갚을 기회가 찾아온다. 이마인 공작의 본거지인 툴마인 성에서 마상 무술시합이 열린 것이다. 모든 기사들이 저마다 숭배하는 아름다운 연인을 위해 싸울 수 있는데, 그 승리의 선물로 주어지는 새매를 나중에 그 여성에게 건넨다. 난쟁이가 수행한 기사는 마상시합의 유력한 우승후보다. 지난 세 차례의 싸움을 모두 이긴 그는 누구도 감히 도전할 엄두를 못 내는 공포의 대상이었다. 그러나 자신감에 넘친 에레크는 도중에 자기와 어울리는 여인을 만나 시합의 우승 선물을 줄 수 있으리라고 의심치 않았다.

어느덧 툴마인으로 말을 달린 에레크는 한 허름한 집에서 잘 곳을 발견했다. 집주인은 영락한 귀족이었다. 이런 일은 흔했는데, 앞에서도 말했듯이 사회적 지위의 부침이 심했기 때문이다. 나이는 들었지만 기품을 잃지 않은 그 주인은 아내와 딸과 함께 살고 있었다. 독자 여러분도 짐작하듯 그 딸이 바로 에니드다. 비록 헤지고 낡은 옷을 입었지만 그녀는 빼어난 미모를 타고났다("그녀의 몸이 남루한 옷 위로 백합처럼 내비쳤다").

에레크는 집주인에게 우승하면 그녀와 결혼하겠다는 약속과 함께 마상시합에 딸을 데려가게 해달라고 청했다. 하르트만 폰 아우에의 시 구절에도 드러나듯, 에레크의 행동은 철저하게 계산된 것이다. 에니드의 기품, 매력, 심지어 노골적으로 묘사된 섹시함조차도 에레크에게는 별 상관이 없었다. 그의 관심은 오로지 마상시합에 참가해 자신의 위신에 상처를 준 사악한 기사를 상대로 명예를 되찾는 데 쏠려 있었다. 하르트만 폰 아우에도 여왕의 체면 손상은 에레크에게 대수롭지 않은 일임을 강조한다. 그에게는 굴욕을 갚아 공개적으로 보상받는 일만이 중요했다. 결국 에레크는 마상시합에서 우승했는데, 독자들에게 어떤 서비스를 제공해야 할지 잘 알고 있던 하르트만 폰 아우에는 그 못된 기사가 자비를 베풀어 달라고 애원하고 난쟁이가 채찍질을 당하는 모습을 빠뜨리지 않았다.

이제는 에레크가 에니드를 책임져야 할 차례가 왔다. 그녀가 마음에 들기는 했지만 에레크가 사랑에 빠진 것은 바로 자기 자신이다. 하르트만 폰 아우에는 에레크가 아서 왕 궁정으로 돌아가는 길에 차츰 에니드에게 호감을 가지는 것으로 그리는데, 본격적으로 반한 것은 귀환한 다음 궁정 사람들이 일제히 그녀의 아름다움에 찬사를 보내면서부터다. 궁정에 도착한 에니드는 일단 목욕을 한 뒤 비로소 제대로 옷을 차려 입는다. 그 사이 아서 왕은 사냥에서 잡은 하얀 수사슴과 함께 궁정에 도착하고, 이제 가장 아름다운 여인에게 입맞춤할 자격을 얻게 되었다. 이전 같았으면 열띤 논쟁을 불러일으켰을 문제가 쉽게 해결되었다. 가장 아름다운 여인은 바로 에니드였다. 원탁의 기사들도 그녀의 아름다움에 놀라움을 감출 수 없었다.

달라진 나의 모습을 보여준다는 사람을 의심하라

이제부터 이야기는 흥미진진해진다. 에레크는 다시 청춘스타라는 이름에 걸맞게 행동한다. 그는 결혼약속을 지키고자 했을 뿐 아니라 에니드에게 매력을 느끼기 시작한다. 둘은 결혼식을 채 올리기도 전에 함께 잠자리에 든다. 결혼식은 그야말로 장관이었다. 마술사와 곡예사가 초대되고, 술판이 벌어지고, 각종 공연들이 펼쳐졌다. 크레티안의 작품을 보면 두 사람이 벌이는 섹스가 놀랄 만치 노골적으로 묘사되어 있는데(프랑스 작가들이란!), 온갖 미사여구를 동원해 남녀가 합일하는 과정을 그리고 있다. 반면 독일 작가인 하르트만은 얌전하게 그 순간을 넘긴다.

이제 이야기의 중요한 대목이 시작된다. 두 사람은 카르난트로 돌아오고, 그곳에는 에레크가 해야 하는 일이 기다리고 있었다. 크레티안의 작품에서 에레크는 아버지와 공동 통치자였던 반면 하르트만의 경우에는 모든 책임을 넘겨받은 것으로 그려진다.

에레크와 에니드는 갑자기 상대에게 흠뻑 반한 나머지 몇 주, 몇 달을 침대에서 나올 생각을 하지 않았고, 정사를 돌보는 일에는 도무지 흥미를 보이지 않았다. 궁정생활은 마비되었다. 사냥도 축제도 사라졌고, 에레크와 에니드는 모습을 보이지 않았다. 에레크의 책상에는 뜯지 않은 우편물들이 쌓여갔고, 모두들 분노했다. 두 사람에게 달콤한 시간을 연장시켜주기 싫어서였을까? 문제는 부부의 행동이 도를 넘었다는 것이다. 하르트만 폰 아우에는 이를 묘사하며 독일어로 'verliegen'(뒹굴다가 일을 망치다)이라는 멋진 표현을 사용했다. 그들은 섹스에만 정신이 팔려 있었는데, 특히 에레크는 자신의 임무도 망각한 채 빈둥거리며 섹스 외에는 어떤 관심도 두지 않았다.

에니드는 점점 이런 상황이 당황스러웠지만 단호하게 거부하지는 못했다. 에레크와 달리 그녀는 자신들에 관한 험담을 전해 들었지만 궁정에서의 쑥덕거림에 대해 에레크에게 말할 엄두를 못 냈다.

어느 밤, 에니드는 혼잣말로(그녀는 곤란한 상황을 대놓고 말하지 못한다) "당신 참 안 됐어요"라는 운명적인 한 마디를 내뱉는다. 아니면 "당신이 얼마나 추락했는지 알아요?"라고 말할 수도 있었을 것이다. 어쨌거나 잠결에 아내의 말을 들은 에레크는 이렇게는 살 수 없음을 불현듯 깨닫는다. 아내한테 쓸모없는 사람 취급을 받다니 견디기 힘든 치욕이었다. 에레크는 급히 에니드를 데리고 나갔다. 그리고 그럴 듯한 핑계를 대고 말 두 마리에 안장을 얹게 한 뒤 아무 말 없이 아내와 함께 말을 몰고 나갔다.

이어지는 모험에서 마주친 여러 흥미로운 시험들을 굳이 하나하나 소개할 필요는 없을 것이다. 도적이며 거인들과 맞싸운 에레크는 한번은 아내와 함께 어느 수수한 여인숙에 묵는다. 에니드에게는 굴욕적이었겠지만 서로 다른 식탁에 앉아 식사를 하던 중 한 사내가 에니드에게 치근대기 시작했다. 그런데도 에레크는 개의치 않았다.

한 가지 부연할 점은 에르크가 모험에 동반한 에니드에게 끔찍한 벌을 내렸다는 것이다. 에레크는 그녀가 자신을 두고 한 말에 여전히

Q.

결례를 범할 때마다 일일이
사과를 해야 하는가요?

A.

토마스 만의 단편소설《기만당한 여인》에는 트림할 때
마다 "죄송합니다!"라고 외치는 미국인이 등장한다. 당
연하겠지만 그렇게 외쳐대면 주변의 관심이 결례가 벌
어진 곳으로 쏠릴 수밖에 없다. 이런 사소한 결례는 무
시하고 넘어가는 것이 예의다.

기분이 상해 있었다. 에니드는 하인처럼 말을 돌봐야 했고, 기이하게도 매사에 침묵을 요구받았다. 하지만 급박한 위험을 경고할 상황이 심심치 않게 벌어지면서 그의 생명을 구하기 위해 침묵의 명령을 어길 때가 있었다. 그럴 때면 심한 꾸짖음과 함께 더 엄한 벌을 받았다.

한번은 기사 다섯 명이 몰래 에레크에게 접근해온 일이 있었다. 에니드는 에레크가 뒤에서 기습을 당해 난도질당할 때까지 구경만 했을까? 그녀는 소리를 질렀다. 위험에서 벗어나자 에레크는 에니드를 호되게 야단치며 숲속으로 쫓아내겠다고 으름장을 놓았다.

에레크는 에니드가 자신의 생명을 여러 차례 구해주고 나서야 비로소 침묵을 강요한 것이 얼마나 잘못된 일이었는지 깨닫는다. 서사시가 중반으로 접어들면 독자들은 조금씩 에레크의 심정에 변화가 생기는 것을 눈치 챈다. 에니드는 이야기 초반에 심한 모욕들을 겪지만 모험이 계속될수록 수모를 겪는 빈도도 줄어든다. 주의 깊은 독자들은 모험 중에 맞붙는 상대들의 면면을 보며 에레크의 변화를 읽어낼 수 있을 것이다. 처음에 그는 신분이 낮고 거친 도적들과 대적하지만 나중에는 그 대상이 거인으로, 기품 있는 백작 등으로 변해간다.

이 이야기에서 한 가지 위안이 되는 점이 있다. 의식에 변화가 생긴 **뒤에도**, 그러면서 점차 승승장구하고 성격이 변하면서도 에레크는 여전히 옛 잘못을 되풀이하며 죄를 범하곤 했다는 사실이다. 나는 괴물이 갑자기 '선샤인 보이'로 돌변하는 이야기를 좋아하지 않는다. '과거의 나'를 말하면서 이제는 깨끗한 새 사람이 되었다고 주장하는 사람은 일단 의심해봐야 한다. 모든 변화는 조금씩 이루어지기 마련이다. 무엇보다도 그런 변화는 어느 순간 종결되는 것이 아니다. 자신을 닦는 일은 평생의 과정이다. 아우구스티누스, 디트리히 본회퍼, 막시밀리안 콜베, 또는 테레사 수녀 같은 위대한 영웅과 성자도 마지막 순간까지 자신의 성격적 결함과 맞서 싸웠을 것이다.

나의 정체성을 정하는 것은 누구인가?

이제 이야기는 정점을 향해 가고 있다. 어느 날 에레크는 숲속에서 여인의 울음을 듣는다. 남편이 거인에게 납치를 당한 것이다. 핏자국을 좇아간 에레크는 사슬에 묶인 벌거벗은 남자를 채찍질하는 거인을 발견한다. 에레크는 거인에게 죽도록 얻어맞으면서도 결국 남자를 구출하는 데 성공한다. 잠시 뒤 에레크는 쓰러지고, 죽음을 선고받는다. 절망한 에니드는 지니고 있던 칼 위에 몸을 던지려 하지만 어느 백작에 의해 저지당한다.

그런데 에니드의 미모에 반한 백작은 에레크를 땅에 묻을 때까지 기다리지 못하고 바로 그날 자신과 결혼해달라고 요구한다. 에니드가 그와 잠자리에 들기를 거부하자 백작은 가녀린 그녀의 얼굴을 피가 나도록 때린다. 백작의 시종들조차도 이 광경에 경악을 금치 못한다. 에레크는 싸늘한 몸으로 백작의 성 안에 누워 있고, 에니드는 낯선 남자에게 붙잡혀 고초를 겪고 있었다. 에레크에게는 일생일대 최악의 순간이었다.

그때였다. 백작에게 폭행을 당한 아내가 비명을 지르자 꼼짝 않고 누워 있던 에레크가 벌떡 일어났다. 그는 비틀비틀 성 안의 연회장을 돌아다니며 닥치는 대로 때려 부순 뒤 에니드를 데리고 달아났다. 그게 가능할까 싶겠지만, 죽은 줄 알았던 사람이 피 묻은 천을 두른 채 격분해 달려드는 모습에 모두가 깜짝 놀라 경황이 없었을 것이다. 이 윽고 두 사람은 풀밭에서 밤을 보냈다. 그리고 모처럼 함께 잠자리에 들었다. 에레크는 에니드가 견뎌야 했던 온갖 벌과 고통에 대해 사죄했고, 에니드도 그를 용서했다. 스트링 오케스트라의 장엄한 연주가 배경으로 울려 퍼질 법한 감동적인 장면이다.

어느덧 에레크의 성장 여정도 마무리 단계에 이르렀다. 이제는 아내를 사랑하게 되었고, 첼시 지역 사람의 표현을 빌리자면 '숙녀를 대하는 법how to treat a lady'도 터득했다. 이제 남은 것은 브란디간 궁정에서 벌어지는 초현실적인 모험이다. 그곳에서 잔인무도한 거인 마보나그린을 굴복시킨 에레크는 거인이 납치한 80명의 미녀들(마보나그린과 싸우다 죽은 기사들의 배우자)을 풀어주고, 마침내 에니드와 함께 아서 왕의 궁정으로 돌아온다. 궁정 사람들은 에레크의 귀환과 새로운 미녀들의 합류에 감격하고, 또다시 성대한 축제가 펼쳐진다.

이야기는 에레크의 작은 제후국, 카르난트에서 마무리된다. 그는 마침내 이곳에서 주어진 자신의 의무를 다하고, 에니드의 부모까지 궁정으로 데려온다. 그는 맡은 일에 소홀히 함이 없이 아내에게도 헌신한다. 그야말로 전형적인 해피엔드다. 다시 스트링 오케스트라의 연주가 시작된다. 팝콘 봉지도 말끔히 비워졌고, 눈물도 다 말랐다. 하르트만의 서사시에서는 세 번의 화려한 팡파르가 울리며 이야기가 막을 내린다. 즉 한때 마보나그린이 행패를 부렸던 브란디간에는 기쁨이 넘쳐흐르고, 아서 왕의 궁정에서는 에레크의 귀환에 모두들 환호하고, 카르난트에서는 에레크가 나라를 위해 아낌없이 선행을 베풀며 교회와 수도원을 세운다. 그리고 마침내 막이 내린다.

이 이야기의 교훈은 무엇일까?

외견상 에레크의 이야기는 수치스러운 행동 탓에 궁정 사회에서 내쫓긴 두 젊은 남녀가 **서서히** 명예를 회복하는 과정으로 보인다. 하지만 여기에는 우리 현실에 호소하는 또 다른 면이 숨어 있다. 오늘날에는 '공동 사회'에서 배척당한다는 것이 별 의미가 없어졌다. 적어도 이제는 '뒹굴거리는' 짓이 큰 불쾌감을 주지도 않는다. 설사 누군가 금기를 깨더라도 '분노의 포퓰리즘' 탓에 에레크와 같은 재기는 불가능할 것이다.

그럼에도 이 이야기가 지금 여기에서 시의성을 가지는 까닭은 오늘날 흔하게 볼 수 있는 스타 숭배 및 성공을 거둔 다음 거만해지는 풍경과 겹치기 때문이다. 에레크는 시끌벅적한 궁정 생활과 작별한 채 거친 바깥세상에서 성숙함을 찾기로 하지만 결국 자신의 과오 앞에는 관대하고 함께한 여인의 잘못에는 엄격한 잣대를 들이댄다. 일찍 성공을 맛보면 겸허함이 부족해지기 마련이다. 800년 전이라고 크게 다르진 않았다. 변해야 하는 것은 바로 자기 자신임을 깨닫기까지 에레크는 긴 시간이 필요했다. 그러기까지 그는 숱하게 추락하는 경험을 해야 했다.

하지만 그게 다가 아니다. 또 다른 질문들이 떠오른다. 내 정체성을 정하는 것은 누구인가? 주변 환경, 가족, 나를 둘러싼 문화인가? 아니면 나 자신인가? 일찍부터 갈채 속에 인기를 누렸던 에레크는 자신이 멋진 사내임을 의심치 않았다. 자신을 싫어하거나 인정하지 않는 현실은 상상도 하지 못했다. 그는 주변 환경이 자신의 정체성을 정하도록 했다. '타율적', 즉 외부로부터 규정된 정체성의 고전적인 사례라 할 수 있다.

이것이 항상 문제인 것은 아니지만 대부분은 그렇다. 남들의 시선에 따라 자신을 슈퍼영웅이라 믿는 자는 현실이라는 바닥에 발을 내딛기까지 오랜 시간이 필요할 것이다. 그것이 타율성의 문제다. 인기에 취해 그런 자신의 이미지에 속아 넘어가고 스스로를 완전무결한 인간으로 여기게 되는 것이다.

자율도 타율도 아닌 제3의 길

타율성의 반대는 자율성이다. 하지만 여기에도 문제가 많다. 타율성에 회의를 느낀 우리는 반대로 자율성에 집착한 나머지 또 다른 극단을 택한다. 여기서 들리는 말은 이렇다. "너 자신이 되어라!", "네가 누구인지 스스로 결정하라!" 에레크처럼 영웅이나 선샤인보이로 규정되든, 아니면 대부분의 사람들처럼 "현실을 직시해!", "네 한계를 알아!" 또는 "현실에 충실해!" 같은 충고에 의해 굴복당하든, 남들로부터 자신의 정체성을 강요받는 것은 숨 막히는 일이다. 그렇다면 극단적인 자율성을 선택하는 것이 유일한 대안일까?

이와 관련해 어느 영화의 한 장면을 떠올려본다. 엄마와 딸이 덜컹대는 낡은 자동차를 타고서 캘리포니아 새크라멘토 지역을 지나 집으로 가고 있다. 엄마는 간호사고, 딸은 고등학생이다. 두 사람은 존 스타인벡의 《분노의 포도》 오디오북 마지막 구절을 듣고 있다. 엄마와 딸은 눈물을 훔친다. 이어 다음과 같은 대화가 시작된다.

딸	여기 있는 대학엔 가기 싫어. 동부로 가고 싶어.
엄마	넌 거기 대학들에 입학할 실력도 못 돼.
딸	엄마!
엄마	면허증도 못 땄잖아.
딸	내가 운전 연습할 시간도 안 줘서 그런 거잖아!
엄마	크리스틴, 네가 어떻게 일하는지 보면, 아니 노는 꼴을 보면 이 지역 전문대에 입학하는 것만으로도 행운이라고 생각해야 해.
엄마	날 크리스틴이라고 부르지 마. 내 이름은 레이디 버드야.
엄마	무슨 그런 이름이 다 있니?
딸	우리가 약속한 대로 제발 레이디 버드라고 불러줘!
엄마	그거 알아? 너처럼 노력하지 않으면 시립대밖에 못 가. 시립대와 감방을 들락대다 보면 남의 도움 없이 자립할 힘은 생기겠지.

'스포일러 주의!'

그러자 딸은 안전벨트를 풀더니 차문을 열고 달리는 차 밖으로 몸을 던진다. 이 대화는 그레타 거윅Greta Gerwig 감독의 데뷔작, 〈레이디 버드Lady Bird〉의 오프닝신이다. 여기서도 주제는 겸허와 오만이다. 에레크의 경우와는 또 다른 관점에서 그렇다. 〈레이디 버드〉는 타율성이란 측면에서 에레크와는 정반대의 상황에 놓인 한 소녀에 관한 영화다. 새크라멘토에 사는 소녀는 호화 저택이 아닌 빈곤한 가정에 살고 있다. 소녀는 등교할 때마다 부유한 주택가를 부러워하며 더 나은 삶, 신나고 지적 자극이 넘치는 삶을 꿈꾼다. 소녀는 커뮤니티 칼리지 같은 곳이 아니라, 동부의 유수한 대학에 입학 허가를 받는 것이

꿈이다. 엄마는 딸의 그런 계획을 말리려고 한다. 그러면서 딸의 꿈에 기분이 상한다. 자신의 귀에는 그것이 배은망덕한 소리로 들린다. "새크라멘토가 너한테는 성에 차지 않는가 보구나?"

하지만 딸은 엄마가 강요하는 '가난뱅이 사고방식'을 받아들이기를 거부한다. 한번은 둘이 함께 슈퍼마켓에 갔을 때, 딸이 잡지 하나를 장바구니에 넣으려 하자 이런 대화가 벌어진다.

엄마 제자리에 갖다놔! 그런 잡지는 도서관에 가서 읽으면 되잖아!

딸 침대에서 읽고 싶어.

엄마 그건 부자들이나 하는 짓이지. **우리는 부자가 아냐.**

딸은 눈높이를 낮춰야 한다는 엄마의 태도를 혐오한다. 또 가족들의 욕심 부리지 않는 삶을 거부한다. 딸은 다른 사람이 되고 싶다. 심지어 원래 이름으로 불리는 것조차 싫어해서 자신을 '레이디 버드'라고 부른다. 누가 이름을 물으면 손수 지은 그 별칭을 고수한다. "내가 지은 이름이에요." 우리 주인공은 타율성 대신 자율성을 원한다. 아직 영화를 못 본 독자를 위해 더는 내용을 누설하지 않겠다. 그럼에도 한 마디만 더하자면, 결국 영화는 제3의 길이 있는지를 질문한다. 그것은 자율도 타율도 아닌 또 다른 길이다.

에레크의 이야기와 〈레이디 버드〉 모두 정체성을 찾고 성숙해가는 과정에 있는 젊은이들을 다루고 있다. 한쪽에서는 스타라고 치켜세우는 주변 사람들의 말에 넘어간 주인공이 잘못된 길로 들어서고, 또 다른 이야기에서는 존중을 구걸하는 사고방식에 짓눌린 주인공이 잘못된 길로 빠진다. 둘 다 험난한 여정을 거쳐 결국 타율과 자율 모두가 해결책이 될 수 없다는 교훈을 배운다. 에레크는 영웅적인 업적을 통해 세상 사람들의 감탄을 자아내는 것이 아니라 고향 카르난트에서 주어진 일에 충실하게 사는 것이 곧 자신의 소명임을 깨닫는다. 다시 말해 건실한 일을 통해 나라와 백성에 행복을 선사하고, 아내를 사랑하고 배려하며 살아가는 것이다.

'레이디 버드'는 영화가 끝날 무렵 새크라멘토에서의 삶과 부모의 인생이 자기 수준에 어울리지 않는다고 생각했던 것이 얼마나 어리석었는지 깨닫는다. 마지막에 그는 부모님이 베풀어준 것들에 고마움을 느낀다. 그럼에도 자신의 길을 가는 데 성공한다. 동부로 가서 뉴욕에 위치한 대학에 입학한 그는 시시한 별칭을 버리고 스스로를 다시 크리스틴이라 부른다. 특히 해피엔드로 끝나는 영화의 마지막이 마음에 들었는데, 소녀가 가톨릭 학교에 다닐 때 혐오했던 것들과 화해하는 모습이 나온다. 영화는 고마움과 겸허가 무엇인지를 아름답게 보여주며 끝난다.

나는 12세기의 하르트만 폰 아우에와 그로부터 800년이 지난 뒤 그레타 거윅이 똑같은 발견을 했다고 생각한다. 바로 제3의 길이 있다는 사실이다. 그것은 소명이다. 제3의 길은 타율도 자율도 아닌 신율Theonomy과 관련이 있다. 신율에서 '테오스Theos'는 그리스어로 '신神'을, '노모스Nomos'는 '법法'을 뜻한다. 신율에 따라 사고하는 사람은 자신이 누구인지 스스로 정하려 하지 않을 뿐 아니라 어떤 사람이 되어야 하는지 남들이 이러쿵저러쿵 말하게 놔두지도 않는다. 그로써 자신의 재능을 발견하고 꿈과 열정을 주어진 조건과 조화시킬 가능성이 열리게 된다.

이제껏 성취한 모든 것이 오로지 자신의 능력과 노력 덕분이라고 믿는 이들이 적지 않다. 이런 부류가 성공하고 나면 오만방자해진다. 또 어떤 이는 자신은 금수저가 아니어서 기회를 갖지 못할 것이라고 확신한다. 그러면서 비관론에 빠지거나 나름대로 이리저리 정체성을 짜맞춰보려는 시도를 한다. 반면 제3의 길을 가는 사람, 자신의 소명을 찾고, 자신이 신의 사랑을 받는 피조물임을 깨닫는 사람은 지나친 오만과 겸허에 빠질 위험을 모두 피해 간다. 그럼 성공에 이르더라도 겸허한 자세와 감사의 마음을 잃지 않게 된다. 내가 능력을 가진 것이 나만의 공적만이 아니기 때문이다.

델피의 아폴로 신전에 적혀 있던 말은 '너 자신을 만들어내라' 또는 '남이 뭐라고 말하는지 알래'가 아니라 '너 자신을 알래'다.
듣기 달콤한 소리건 우울한 얘기건 남의 말을 곧이곧대로 믿어서는 안 된다. 그것은 타율적 사고방식이다. 그렇다고 제멋대로 자기 정체성을 만들어낼 수도 없다. 그것은 자율이라는 이름의 잘못된 길이다. 자율과 타율 외에도 제3의 길이 있다. 자신의 소질을 찾아 나설 때 우리는 그 길을 발견한다.

7

사랑은 호르몬의 화학작용이
끝난 다음부터 시작된다

충실

아내는 왜 나를 사랑할까? 솔직히 나도 모르겠다. 그럴 수밖에 없기에 나를 사랑하지 않을까. 엉뚱하게 들리는 이 대답은 쇠얀 키에르케고어Søren Kierkegaard로부터 가져온 것이다. 그러니 불만이 있다면 그에게 따지길 바란다(그는 덴마크 코펜하겐 뇌레브로의 아시스텐스에 묻혀 있다). 독일에는 잘 알려지지 않은 《사랑의 역사役事》(1847)에서 그는 "그대는 그대의 이웃을 사랑해야 한다"는 성경 구절을 예로 들어 사랑을 냉철하게 분석한다. 그러면서 키에르케고어는 '그대', '해야 한다', '그대의 이웃' 등의 순서로 분석의 대상을 옮겨간다.

특히 인상적인 대목은 '해야 한다'에 관한 사유를 펼치는 두 번째 장이다. 그는 이렇게 말한다. "사랑하는 것이 의무일 때만, 오직 그때에만 사랑은 어떤 변화에도 안전하고, 축복된 독립 속에서 영원히 자유를 누리고, 절망 앞에서도 영원토록 행복하게 안전할 수 있다." 그도 이것이 소화하기 힘든 요구임을 잘 알고 있다. 한편 그는 자신의 글을 천천히, 큰 소리로 읽어달라고 부탁한다. 여러분도 한번 그렇게 해보시라! 여기 알맞은 구절이 있다.

"본능적이고 감정적인 사랑은 그것이 제아무리 즐겁고 행복하고 이를 데 없이 믿음직스러울지라도, 특히 가장 아름다운 순간에, 가능하다면 서로 더욱 더 단단히 결합되기를 원한다."

참되고 깊은 사랑은 늘 하나로 일치하는 관계를 추구한다. 몇 장을 더 넘기면 "의무만이 진정한 자유를 낳는다"는 구절도 눈에 띈다.

현대인에게는 이런 말이 낯설게 들릴 것이다. 하지만 영원한 결합이야말로 유행가들이 전하는 공통적인 메시지이기도 하다. 예로부터 사랑에 관한 글과 문학, 노래에서 전하는 것은 모두가 영원을 지향하고 있다. 오디세우스를 기다리는 페넬로페부터 드라피 도이처Drafi Deutscher의 노래 〈대리석, 돌멩이, 쇳덩이는 부서지지만 우리의 사랑은 그렇지 않아〉에 이르기까지 사랑은 언제나 영원한 것과 뗄 수 없는 관계를 맺고 있다. 만일 비틀즈의 대히트곡인 〈쉬 러브즈 유She Loves You〉에서 "하지만 네게 싫증이 나고 내게 이득이 될 게 없으면 우리 관계는 끝이야" 따위의 가사가 추가되었다면 결코 차트에 오르지 못했을 것이다.

다시 키에르케고어에게로 돌아가 이번에도 큰 소리로 읽어보자. "두 사람이 서로 영원히 사랑할 생각이 없다면 그들의 사랑은 언급할 가치가 없고, 찬양받을 일은 더더욱 없다." 키에르케고어에 따르면 연인들의 영원에 대한 서약에는 이미 그 사랑이 사라질 수 있다는 두려움이 도사리고 있다. 다만 '해야 한다'는 당위와 의무를 진지하게 여기는 사랑조차 불행과 눈물을 피해갈 수는 없지만, 적어도 절망에 빠질 위험에서는 안전하다. 그 절망이야말로 사랑에 가장 해로운 독이라고 키에르케고어는 주장한다.

키에르케고어는 절망 외에 또 다른 독을 언급한다. 바로 습성이다. "그러면서 사랑은 그 열의와 기쁨, 욕망과 원초성, 싱그러운 생명성을 잃는다. 마치 바위 틈에서 솟구친 물줄기가 아래로 흘러내리며 점점 활기를 잃고 맥없는 강물이 되듯이….”

그는 사랑을 생생히 유지하는 방법으로 이 같은 ‘해야만 한다’를 매일 기억해두라고 권한다. 하루에 세 번 기억한다면 더없이 좋다. 그는 페르시아의 제왕 다리우스의 방법을 추천한다. 다리우스는 별도로 하인을 두고서 매일같이 자신에게 “아테네인들을 잊지 말라!”고 상기시키는 임무를 맡겼다. 물론 우리에게는 하인이 없겠지만, 주변 사람들에게 만날 때마다 “사랑할 의무를 잊으면 안 돼!”라고 말해달라고 부탁할 수는 있을 것이다.

키에르케고어의 매력은 비타협적인 자세에 있다. 그래서 현대인들이 그 충고를 따르기란 쉽지 않겠지만, 바로 그 때문에 나는 그가 영웅처럼 여겨진다. 현대 사회에서는 모든 일이 늘 쉽게 전달되고 또 부담 없이 접근될 수 있어야 한다. 현대인은 응석받이 아이와 비슷하다.

키에르케고어도 이 사실을 모르진 않았다. 그의 별명 가운데 하나가 ‘코펜하겐의 소크라테스’였다. 그의 공적은 소크라테스가 아테네인들에게 했듯이 자신이 살고 있는 도시의 나태하고 자기만족적인 사회에 모욕을 가한 일이었다. 《사랑의 역사》에서 내가 가장 좋아하는 구절 또한 그러한 미숙함을 지적하고 있다. 그는 이렇게 말한다. “그 철없는 아이는 ‘해야만 한다’를 견디지 못한 채 이 말이 언급되는 순간 안절부절 못하거나 울음을 터뜨린다.”

정말 근사한 말이 아닌가? 그러면서 그는 시인들은 사랑에 관해서라면 훌륭한 조언자가 못 된다고 주장한다. 그들은 아무것도 모르기 때문이다. 그가 《사랑의 역사》를 애써 무미건조한 글말투로 쓰려고 했던 데에는(덕분에 책의 인기도 떨어졌지만) 그런 연유도 있었다. 물론 키에르케고어의 주장은 지나친 감이 있다. 사랑이란 주제에 걸맞은 비타협적인 태도를 찾아볼 수 있는 시나 희곡도 얼마든지 있기 때문이다.

사랑은 하나가 다른 하나를 좋아하는 것이어야 한다

기사시대에 등장한 러브스토리 가운데 단연 눈길을 끄는 것은, 고전적 의미의 연애담과는 거리가 먼 부정한 관계에 따른 파국을 다룬 트리스탄과 이졸데의 이야기다. 세계문학사에서 이보다 더 의미심장한 불륜 이야기도 찾아보기 힘들 것이다. 왕실 가문을 배경으로 이야기가 펼쳐지는데, 이 점은 언제나 매력적으로 다가온다. 천재적 재능을 지녔지만 도덕적으로는 수상쩍은 작센 출신의 작곡가 리하르트 바그너가 이 소재를 갖고 블록버스트급 작품을 만들어내는 바람에 이제는 선입견 없이 그 이야기를 대할 수 없게 되어 유감일 따름이다.

과도한 성공이 훌륭한 소재를 망가뜨린 사례들이 종종 있다. 펠릭스 잘텐Felix Salten의 상상력 넘치는 소설 《밤비》, 러디어드 키플링Rudyard Kipling의 《정글북》을 떠올려보자. 디즈니 사는 이 작품들에 불멸을 안겨줬지만 동시에 그 진가를 파괴했기도 하다. 이제 "모두가 욕심을 버리면The Bare Necessities"을 흥얼거리는 우스꽝스러운 곰을 빼놓고 《정글북》을 떠올리기란 불가능해졌다. 바그너가 통속적인 감성을 담아 예찬한 '사랑의 죽음' 역시 마찬가지다.

그러니 여러분만큼은 지금까지 트리스탄과 이졸데에 관해 알고 있던 모든 것들을 잊고 나와 함께 이 매혹적인 이야기의 원래 내용을

Q.

가족이나 친구들 몰래 결혼해도
괜찮을까요?

A.

몰래 하는 결혼이란 그 자체로 모순이다. 결혼은 개인
사이면서 사회적인 역할을 수행하는 것이기도 하다. 이
른바 '부부의 의무'와 관련해서는 당신이 상상하는 것
만이 전부가 아니다. 여러 사람들에게 공동체를 새로
만든 것을 인정받고, 새로운 손님을 집에 불러 대접하
고, 행복하게 살면서 남에게 본보기가 되는 것도 의무
에 포함된다.

살펴보기로 하자.

트리스탄 전설이 널리 알려진 것은 고트프리트 폰 슈트라스부르크Gottfried von Straßburg 덕분이다. 1170년경에 태어난 그는 궁정기사를 주인공으로 하는 서사시 분야에서 볼프람 폰 에셴바흐Wolfram von Eschenbach, 하르트만 폰 아우에와 함께 삼대 거장에 속한다. 고트프리트는 토마스 폰 브리탄예Thomas von Britanje(또는 Thomas of Britain, Thomas d'Angleterre 등으로도 불린다)가 쓴 시를 바탕으로 이야기를 썼다. '브리탄예'가 브르타뉴 또는 브리타니아를 뜻하는지는 불분명하다.

안타깝게도 그 시는 일부만 전해지는데, 연구에 따르면 저자는 앵글로노르만의 성직자로 추정된다. 그런데 이 저자는 난처한 문제들 앞에서 자신의 입장을 명확히 밝히지 않는데다 결정적 대목에서는 청중들이 직접 판단하게 만든다. 사랑의 문제에 있어서 자신의 경험이 모자란다는 이유에서다. 이것은 저자가 성직자임을 가리키는 단서일 수도 있고, 그저 청중과 소통하며 청중들이 직접 사고하도록 유도하는 하나의 기술일 수도 있다. 고트프리트가 작품 완성 전에 세상을 떠나긴 했지만 토마스 폰 브리탄예의 작품에 대한 13세기 노르웨이어 번역본이 존재하는 까닭에 원래 이야기를 재구성하는 데 큰 어려움은 없다.

두 저자 모두 12세기 후반의 귀족들을 염두에 두고 작품을 썼다. 당시 귀족들은 부부간의 정절에 관한 찬반 입장이 모두 제시되는 시인들의 낭독을 기꺼이 반겼다. 각자의 문제를 적당한 거리에서 바라보며 삶에 대한 반추를 유도하는 것이야말로 문학의 중요한 의미 가운데 하나다.

당시는 사랑과 정절 같은 문제에 있어서 현재와 같은 패러다임의 전환기였다. 다만 그 방향은 현재와 정반대였다. 지금이야 어차피 귀 담아듣는 사람도 없기에 교회가 성 윤리의 문제로부터 점점 발을 빼고 있다면, 11세기부터 교회는 여기에 적극적으로 관여하기 시작했다. 그 전만 해도 유럽 문화권의 여성들은 다른 가문으로 시집을 갈 때 아무 발언권이 없었다. 혼인관계를 맺는 가문들끼리 문제를 처리했고, 결혼적령기에 이른 자녀들은 두 가문을 단단히 맺어주는 목적을 위한 수단일 뿐이었다.

중요한 것은 사회적, 정치적, 경제적 이유였다. 결혼식은 성대히 치러졌고, 여성은 당연히 정절을 요구받았다. 반면 남성에게는 그런 기대가 없었다. 이 공식적인 결합 외에도 다른 종류의 결혼이 존재했기 때문이다. 이른바 프리델 결혼Friedelehe 같은 경우는 값비싼 피로연조차 불필요했다. 이 결혼의 주 목적은 남성에게 다양한 경험을 제공하고 딸을 어딘가로 보내 안정된 삶을 누리도록 하는 데 있었다.

한편 켑스 결혼Kebsehe이란 것도 있었다. '켑세Kebse'란 '여자 노예' 또는 '여자 하인'을 뜻한다. 즉 재산이 있는 자는 자신이 거느린 하녀에게 언제든 섹스를 요구할 수 있었고, 하녀를 첩Kebsweib으로 둘 수도 있었다. 그야말로 광폭한 시절이었다.

11세기 초에 들어서면서 게임의 규칙이 바뀌기 시작했다. 처음에는 귀족들이, 나중엔 자유시민도 혼인 시 교회의 축복을 구하는 것이 관례가 되었다. 이는 위신의 문제였다. 하지만 여기에도 공짜란 없다. 교회는 일부일처제를 원칙으로 내세운데다 부부는 서로의 합의

하에 맺어져야 한다고 주장함으로써 귀족들의 불만을 샀다. 실제로 부부 양쪽이 자발적으로 동의할 때 비로소 혼인은 효력을 발휘했다. 이 점은 두고두고 귀족들을 괴롭혔다. 물론 가문의 수장에게는 변함 없이 왕조 유지를 위해 혼사를 성사시킬 권한이 주어졌다. 하지만 강압적 방법을 쓴 사실이 밝혀지면 교회법에 따라 혼인은 취소되었다. 결혼을 위해 두 사람의 사랑이 전제되어야 한다는 새로운 생각은 말 그대로 혁명적이었다.

불꽃같은 사랑이 왕실의 결정과 충돌할 때 어떤 결과가 나타나는 지를 다룬 트리스탄과 이졸데의 이야기가 큰 성공을 거둘 때만 해도 귀족들은 여전히 그와 같은 혁명적인 변화를 제대로 받아들이지 못 하고 있었다. 남녀가 결혼으로 맺어지기 전 서로 사랑해야 한다는 요 구는 당시만 해도 낯설기 짝이 없었다.

이미 몇 차례 용을 무찌른 전력이 있는 수려한 외모의 용감한 청 년, 기사 트리스탄은 배에 몸을 싣고 콘월을 출발한다. 외삼촌 마르크 국왕의 명을 받아 왕비가 될 이졸데를 아일랜드에서 데려오기 위해 서였다. 그런데 트리스탄과 이졸데는 돌아오는 길에 실수로 사랑의 묘약을 마시게 된다. 원래 그 묘약은 교회가 요구한 상호 동의를 거드 는 의미에서 마르크 왕과 이졸데를 위해 마련된 것이었다. 어쩌면 그 것은 오늘날 메틸렌디옥시메탐페타민, 이른바 엑스터시 같은 것이었 을지도 모른다. 트리스탄과 이졸데는 그 약의 효과에 압도당한다. 사 랑의 감정에 휩싸인 두 사람은 갑판 밑으로 들어가 한데 뒤엉켜 영원 히 떨어질 수 없는 사이로 맺어졌다.

하지만 둘은 정말로 화학적 반응 앞에서 어쩔 도리가 없었던 것일까? 사랑의 묘약이 너무나 강했던 것일까? 사랑의 묘약이란 모티프 는 하나의 서사적 수단일 뿐이다. 묘약은 두 사람이 선택의 여지 없이 진짜 사랑에 빠질 수밖에 없었으며 절대 하룻밤 불장난과 같은 관계 가 아니었음을 확인시켜주는 매개체다. 물론 우리끼리 하는 이야기 지만 모든 일에는 선택의 여지가 있는 법이다. 두 사람은 사랑의 묘약 에 상관없이 자신들이 벌인 일을 잘 알고 있었다.

콘월로 돌아온 트리스탄은 이졸데를 국왕에게 인도하고, 마르크 왕은 이졸데와 결혼식을 올린다. 그런 와중에 트리스탄과 이졸데가 몰래 만나 환상적인 섹스를 즐기는 동안 의심을 떨치지 못하면서도 속아 넘어가는 국왕의 모습이 자세히 그려져 청중을 즐겁게 해준다.

불륜 이야기는 당시에도 인기가 높았다. 줄곧 불쌍한 바보처럼 구 는 국왕은 눈앞에서 벌어지는 일조차 제대로 파악 못할 정도로 어리 석었다. 가령 이졸데가 아픈 척을 하면 트리스탄이 민간요법에 능한 수도사로 변장한 채 그녀의 방으로 들어가 동침하는 장면도 있다. 나 중에 트리스탄이 방에서 나오자 이졸데는 언제 그랬냐는 듯 몸이 낫 고, 영문을 모르는 마르크 왕은 트리스탄에게 감사 인사까지 건넨다.

하지만 얼마 지나지 않아 사람들이 수군대기 시작하면서 사태는 걷잡을 수 없어지고 결국 국왕은 두 사람을 추방한다. 숲속(정확히는 저 유명한 사랑의 동굴)으로 들어간 트리스탄과 이졸데는 종일 섹스에 몰두하며 시간을 보낸다. 좀 더 고상하게 표현하자면, 두 사람은 낮밤 을 가리지 않고 열정적으로 서로를 탐닉했다. 그 뒤로는 새들이 지저 귀는 소리가 들린다.

녀석들은 짹짹거리며 임무를 다했다네.

순수한 작은 밤꾀꼬리.

개똥지빠귀는 물론이고,

검은방울새와 종달새 같은

다른 숲새들도 가세하여

서로서로 앞다퉈 봉사했다네.

경쟁하듯이 싸우듯이.

두 사람은 죽이 잘 맞았다. 둘뿐이라면 이렇게 영원히 지낼 수도 있었을 것이다. 하지만 사랑의 묘약 없이도 아내를 사랑한 마르크 국왕이 결국 동굴을 찾아오고, 이번에도 순진하게 속아 넘어가면서 두 사람이 궁으로 돌아오도록 허락한다. 그러나 곧 마르크 국왕도 전말을 알게 되면서 트리스탄은 브르타뉴 해안에 있는 작은 공국을 다스리는 친척 아룬델 공작에게로 몸을 피했다.

이기적인 사랑은 사랑을 위한 사랑일 뿐이다

이후의 일들은 기이하기 짝이 없다. 트리스탄은 바그너가 통속적으로 각색한 사랑스러운 영웅과는 딴판이었다. 트리스탄은 그곳에서 공작의 딸에게 반한다. '하얀 손의 이졸데'라고 불리는, 이졸데라는 똑같은 이름을 가진 그 또한 뛰어난 미모를 가지고 있었다.

트리스탄은 새로운 이졸데에게 구애하는 것이 좋겠다고 스스로를 설득한다. 그를 보면 옛 애인이 떠오르는데다 몹시 힘든 상황을 보내며 고민하던 차이기도 했다. 이졸데는 지금쯤 마르크 국왕과 잠자리에 들었을까? 행복해할까? 나를 잊어버렸을까? 아직도 나를 사랑할까? 열렬히 사랑하는 사람을 두고 딴 사람과 결혼하는 기분이 어떨까? 그 모든 물음을 알아내는 유일한 길은 자신도 결혼하는 것이라고 트리스탄은 생각한다.

이 중요한 대목에서 고트프리트의 서사시는 중단된다. 작품을 미처 완성하기 전에 그는 세상을 떠났다. 이후 두 명의 시인이 미완성 원고를 바탕으로 이야기를 이어갔지만 고트프리트의 수준에는 미치지 못했다. 그런데 이미 말했듯이 토마스 폰 브리탄예의 원작이 알려져 있는 만큼 큰 문제는 없다.

원작에서 트리스탄은 모든 당사자들을 불행에 빠뜨리는 결정을 내린다. 자신을 사모하는, 또 젊은 영웅인 트리스탄의 상사병이 자기 때문이라고 착각하는 하얀 손의 이졸데와 결혼하기로 결정한 것이다. 그리고 신혼 첫날밤 트리스탄은 잠옷을 벗으며 옛 연인이 영원한 사랑의 징표로 건넨 반지가 손가락에서 빠지는 순간, 결혼을 뼈저리게 후회한다. 하지만 때는 늦었다. 트리스탄은 법적인 아내가 된 이에게 손 하나 대지 않기로 마음먹는다.

이후 트리스탄은 아룬델 공작의 편에 서서 전쟁에 나섰다가 심각한 부상을 입는다. 그를 치료할 약은 콘월의 이졸데만이 알고 있는 비밀의 연고인 까닭에 트리스탄은 치료를 부탁하고자 콘월의 궁전에 전령을 보낸다. 그러고선 구원의 손길이 오는지를 멀리서도 알아보게끔 콘월의 이졸데가 배에 타고 있으면 흰색 돛을, 그렇지 않으면 검은색 돛을 배에 매달 것을 전령에게 지시한다.

마침내 배가 다가오고 돛의 색깔을 묻자 하얀 손의 이졸데는 검은 색이라고 거짓말을 한다. 트리스탄은 실망감에 숨을 거둔다. 콘월의 이졸데가 도착했을 때 트리스탄은 마지막 숨을 내쉬는 중이었다. 트리스탄을 향해 달려간 콘월의 이졸데 역시 비탄과 절망을 못 이겨 세상을 떠난다. 바그너의 경우는 특유의 낭만적인 방식으로 이 순간을 필요 이상으로 만끽했다. 그 유명한 노래 〈사랑의 죽음〉이 바그너 악극의 마지막을 장식한다.

내가 '필요 이상'이라고 말한 까닭은 바그너가 그 죽음을 지나치게 격정적으로 추켜세우고 예찬함으로써 이야기의 본질을 왜곡했기 때문이다. 바그너에게는 죽음이 위대한 사랑의 정점이자 완성이다. 하지만 원작에서 사정은 훨씬 복잡하다. 바보처럼 묘사된 마르크 왕보다는 두 연인에게 공감한 고트프리트에게도 문제는 간단치 않았다.

고트프리트의 이야기는 트리스탄의 이름이 그에게 어울린다는 중요한 암시로 시작된다. '트리스테triste'는 프랑스어로 '슬프다, 우울하다'는 뜻의 형용사이기 때문이다. 심지어 어느 대목에서는 트리스탄이 평생 웃어본 적이 없다고 지적하기도 한다. 그런 만큼 트리스탄은 여느 사랑 이야기에서 볼 수 있는 영웅과는 거리가 멀었다. 처음부터 고트프리트는 비극적인 인물을 다룬 이야기라고 못을 박았다. '어떤 대가를 치르더라도 원하는 것을 차지한다'는 사고방식을 지닌 트리스탄은 자신과 인연을 맺은 이들을 모조리 불행에 빠뜨렸다.

토마스와 고트프리트의 작품 모두 두 연인에게만 스포트라이트를 비추지는 않는다. 오히려 모든 인물들의 감정이 내내 생생하게 묘사된다. 트리스탄과 이졸데만이 아니라 모두가 감정을 느끼는 것이다.

토마스 폰 브리탄예의 이야기에서는 네 사람 중 누가 가장 큰 고통을 짊어지는지 자신으로서는 판단하고 싶지 않다는 대목이 눈에 띤다. 자신이 그만한 경험을 한 적이 없다는 이유에서다.

마르크 왕은 영원히 마음을 차지할 수 없는 여인과 결혼한다. 이졸데는 부득이 사랑하지 않는 남자와 잠자리를 함께한다. 이졸데를 그리워하는 트리스탄은 아름다운 여인과 한 침대에 눕지만 그와 동침한다는 생각조차 견디기가 힘들다. 그런데 정작 그 여인은 자신의 몸에 손조차 대기 싫어하는 남자를 사랑한다. 이것이 이른바 낭만적 러브 스토리의 진수라는 이야기의 실체다. 바그너 양반, 어떻게 생각하시는지요?

트리스탄과 이졸데의 이야기는 사망자가 발생한 에로틱 사중 추돌사고다. 모두가 지옥을 경험하는 네 사람에 관한 이야기다. 자기만 생각하고 남 일에 무심할 때 어떻게 파멸에 이르는지에 관한 교훈극이다. 여기서 우리는 다시 키에르케고어와 만나게 된다.

이제 키에르케고어의 말을 염두에 두고 트리스탄 이야기를 읽어보자. 이 중세 이야기는 사랑에 있어서 '의무로서 해야 한다'와 '필연적 의미에서 할 수밖에 없다'를 성찰한 작품이라고도 할 수 있다. 게다가 그 시절에는 '의지로서 하고자 한다'까지 가세해 일대 충돌이 일어나기 시작했다. 귀족 간의 결혼은 예로부터 '마땅히 해야 하는 의무'를 전제로 이뤄졌다. 혼인은 가문 차원에서 바람직하다고 여겨지기에 성사된다. 즉 사회적 의무로서 혼사가 치러져야 한다.

트리스탄과 이졸데는 애초에 잘 어울리는 한 쌍이었다. 트리스탄은 배에서 일하는 사환도 아니고, 3등 객실에 앉아 바다를 건너는 승객도 아니다. 신분의 벽을 넘어 사랑을 나누는 〈타이타닉〉의 주인공도 아니다. 귀족 출신의 기사이자 왕자의 신분을 가진 자다.

여기서 '필연'을 유발하는 것이 바로 영약이다. 두 사람은 서로 사랑할 수밖에 없다. 하지만 이는 궁정 관습에 따른 '의무'와 충돌한다. 토마스와 고트프리트 모두 이에 대한 해결책까지 제시하지는 않는다. 이들은 판단을 내리는 대신 그 상황을 들려줄 뿐이다. 물론 트리스탄과 이졸데가 벌이는 숨바꼭질 놀이를 떠올린다면 두 작가 모두 궁정의 규범과 미풍양속의 유지를 최고 가치로 두었음이 분명해진다. 이 규범에서 이탈하지 않는 한 어떤 간계와 속임수도 허용된다. 이 점 역시 토마스와 고트프리트의 작품에 상세히 묘사되고 있다. 비록 판단은 유보하지만 그것이 위선적인 행동이 아닌지 묻고 있다는 점은 당시 청중들도 눈치 챘을 것이다.

우리는 두 연인에게 공감할 수 있을까? 물론이다. 그들은 궁정의 관습 때문에 큰 고통을 받았다. 하지만 추방당한 트리스탄이 두 번째 이졸데에게 구애하는 순간부터 상황은 달라졌다. 이졸데를 배신한 그는 스스로에게 충실하지 못했을 뿐더러 자신의 설득으로 결혼한 법적 부인인 또 다른 이졸데에게도 불성실했다. 적어도 이 순간부터 이야기 속에는 패배자들만이 존재한다. 그때 트리스탄은 첫 사랑의 기억을 떨치고 자신의 새로운 선택 앞에서 다정하고 사랑스러운 남편으로 나섰어야 하지 않았을까?

토마스 폰 브리탄예도 알았을 노르만 출신 작가 베룰Béroul이 트리스탄을 소재로 쓴 이야기에서는 3년 후에 묘약의 효력도 사라진다. 내게는 이것이야말로 트리스탄의 행동에 변명의 여지가 없다는 단

서로 보인다. 이 남자의 머릿속에는 자기 자신과 자기 감정만이 들어차 있었던 게 틀림없다. 그 외에는 아무 상관이 없었다. 토마스 폰 브리탄예도 같은 생각이었던 것 같다. 적어도 그는 '어떤 대가를 치르고서라도 얻는 사랑'을 예찬하지는 않는다. 그가 작품 속 인물들의 고통 하나하나에 관심을 가진다는 점은 작품 속 여러 소소한 일화들에서도 잘 드러난다.

한번은 하얀 손의 이졸데가 오빠와 함께 말을 타고 외출을 한다. 그때 말이 웅덩이에 첨벙 빠지면서 자신의 종아리에 물이 튀자 그녀가 갑자기 웃음을 터뜨린다. 오빠가 이유를 묻자 깜짝 놀랄 만한 대답이 그의 입에서 나온다. "내 몸에서 남편이 그동안 만졌던 어떤 곳보다도 은밀한 부분을 이 물방울이 건드렸어요." 토마스가 보여주는 현실은 아름답게 꾸며진 것과는 거리가 멀었다. 그는 절망한 인간의 영혼을 그리고 있다.

진짜 사랑은 사랑의 묘약이 사라졌을 때부터 시작된다

그렇다면 키에르케고어가 이야기한 '당위', '필연', '의지'와 관련해 오늘날의 사정은 어떨까?

나로서는 키에르케고어를 반박할 근거가 떠오르지 않는다. 적어도 우리가 살고 있는 문화권에서는 '당위', '필연', '의지'가 한데 겹쳐서 나타나는 것이 일반적이다. 인생이라는 여정을 함께하기로 했다면 함께 사랑의 의무를 져야 한다. 사랑의 묘약이 효력을 잃은 뒤에도 마찬가지다.

결혼과 관련해 20세기 거장인 앤서니 버지스Anthony Burgess가 남긴 말을 소개하고자 한다. 그가 집필한 현대문학의 걸작《시계태엽 오렌지A Clockwork Orange》는 스탠리 큐브릭의 영화에서 왜곡되어 전달되기도 했다. 그는 한 텔레비전 방송에서 이렇게 말한 바 있다.

"좋아하는 것은 절제력과 상관이 없지만 사랑은 다르다 … 결혼이 20년 또는 그 이상 지속된다는 것은 일종의 문명, 소우주다. 그것은 자신만의 언어를, 자신만의 기호학을, 속어를, 속기법을 발전시킨다. … 섹스는 그 일부, 기호학의 일부다. 그런 관계를 멋대로 파괴한다면 문명 전체를 파괴하는 것과 같다.

Liking involves no discipline, love does … A marriage, say that lasts twenty years or more is a kind of civilization, a kind of microcosm – it develops its own language, its own semiotics, its own slang, its own shorthand … sex is part of it, part of the semiotics. To destroy, wantonly, such a relationship is like destroying a whole civilization."

물론 곤란한 상황들이 벌어질 수 있다. 서로에게 해로운 관계도 있고, 상대를 자꾸만 속이거나 이런저런 굴욕을 안기는 경우도 있다. 상대방에 대한 충실함의 약속이 **어떤** 경우에도 취소될 수 없다고 주장할 사람은 아마 없을 것이다.

그러나 오늘날에는 그런 약속 자체를 구태의연한 것으로 치부하는 경우가 늘고 있다. 네덜란드에서는 우리가 인류학자 마가렛 미드

Margaret Mead가 고안한 개념인 '연속적 일부일처제serial monogamy'를 선호하는 경향을 고려해 '한시적 결혼'의 도입을 진지하게 논의 중이다. 충실의 서약을 마치 흥미를 잃으면 언제든 해지할 수 있는 잡지 구독처럼 취급하는 것이다. 어느 순간 적잖은 유명 인사들이 유행처럼 현재의 배우자를 몇 년 후 '젊은 모델'과 교환하는 것을 당연한 권리로 여기기 시작했다. 우리 또한 그런 짓을 주저하지 않는 사람들을 사회적으로 매장하기는커녕 당연한 듯 받아들인다.

'당위'와 '필연'을 못 견뎌 하는 현대인은 여기서 해방되는 것이 자신의 행복에 보탬이 되는 길이라고 믿는다. 그러나 그것이 자신의 품위를 깎아내린다는 사실은 알지 못한다. 물론 우리는 주어진 능력을 감안해 자신이 얼마나 오래, 또 끈질기게 사랑을 위해 싸울 마음이 있는지 알아야 한다. 하지만 그런 싸움의 필요성 자체를 의심하는 것은 문명사적 불운이 아닐 수 없다.

'너의 꿈을 좇으며 살아라! 너 자신을 실현하라! 중요한 것은 너의 욕구다! 남들이 그 과정에서 상처를 받는다면? 상관없다.'

우리 시대의 좌우명이다. 물론 이런 생각은 자유지만 대부분의 경우 트리스탄과 이졸데의 경우처럼 관련된 모든 사람들에게 불행한 결말을 안겨다 줄 가능성이 높다.

관계의 실패, 간통 같은 현상은 늘 있어 왔고 앞으로도 사라지지 않을 것이다. 하지만 그런 현상을 안타까워하지 않고 정상으로 받아들이게 되었다면 대체 그동안 우리한테 어떤 일이 일어났던 것일까? 충실의 미덕은 오늘날 '고지식하다'는 평판을 얻고 있다. 5년 후에도 똑같은 회사에 있는 사람은 이제 모자란 사람이 되었다. 대체 이런 모습들은 누구에게 진보를 의미한단 말인가? 가정이 산산조각이 나서 고통받는 아이들? 늘어나는 싱글맘? 혹은 가족을 위해 커리어와 사회적 성취욕을 내려놓고, 다시 '큰 행복'을 찾으리라는 희망을 잃은 채 틴더 같은 데이팅앱이나 스탠드바를 떠돌아다니는 중년들? 점점 결혼하기 힘들어지는 젊은 남성들?

사랑의 '당위'와 '필연'으로부터의 해방이 누군가에게는 진보라는 것을 믿으려면, 적어도 게르하르트 슈뢰더Gerhard Schröder 독일 전 총리 정도는 되어야 할 것이다. 그는 벌써 자신이 속한 사민당의 국회의원 숫자만큼이나 많은 전 부인들을 거느리고 있기 때문이다.

이 난감한 상황에서 벗어날 방법은 무엇일까?

이른바 '진보의 대가'로 상처 입은 이들을 일일이 언급할 수도 있을 것이다. 아니면 지금 내가 하듯이, 자신의 행동을 통해 사회의 기준을 낮추는 이들에게 손가락질을 할 수도 있을 것이다. 그런데 우리 시대에 만연한 '아무 것이나 좋다anything goes' 식의 사고방식에 전염되지 않은 부부나 연인들에게 시선을 돌려보는 것은 어떨까.

우리 주변에선 행복한 삶을 사는 부부들도 얼마든지 찾아볼 수 있다. 그들은 장애물을 만나도 쉽게 포기하지 않고, 함께 수십 년의 세월을 보내며 영혼의 동반 관계를 쌓으며 가족이라는 울타리 속에서 자녀들을 키우고 있다. '프리섹스'의 옹호자들은 인정하기가 싫겠지만, 실제 우리는 그런 부부들을 어렵지 않게 만날 수 있고, 그들은 누구나 부러워할 만한 삶을 살고 있다. 사람들은 그들이 누리는 것을 똑같이 갖고 싶어 한다. 진정한 친밀감, 지속되는 친밀감, 특히 시간과 함께 성장하는 친밀감을 갈망한다.

다시 키에르케고어에게로 돌아가보자. 그의 유명한 책《이것이냐 저것이냐》에서는 대립되는 두 가지 인생관이 등장한다. 한편에는 따분함을 가장 혐오하기에 구속과 의무처럼 들리는 것이라면 뭐든 피해가는 유미주의자이자 도락자인 A의 세계가 있다. 다른 편에는 윤리적 기준에 따른 인생관을 가진 B가 있다.

흘러간 노래의 한 소절을 빌리자면 A는 '사랑과 사랑에 빠진' 상태인데, 특히 정복의 매력에 빠져 있다. B는 그런 A에게 도덕적 잣대를 들이밀며 손가락질을 하는 대신 A의 사정을 이해한다는 점을 분명히 한다. 그러면서도 이렇게 말한다.

"사랑은 위대하고 놀라운 것이다. 사랑에 빠져 설레는 것이야말로 최고로 아름다운 일이다. 당신은 마음속으로 갈망하는 것을 가질 수 있다. 그것도 한없이 고조된 형태로 말이다. … 그러려면 늘 새로운 사랑을 찾아 나서기를 그만둬야 한다. 가장 큰 기쁨은 서로의 충실에 바탕을 둔 사랑에서 발견되기 때문이다."

진짜 사랑은 열애의 흥분이 잦아든 다음 시작된다.

사랑에서 충실함을 요구하는 것은 지나친 기대일까? 물론이다! 하지만 1001번의 원나잇스탠드조차 충실한 관계 속에 피어나는 열정에 비할 수는 없다.

8

솔직하게 순진하지 말고
정직하게 순수하라

정조

성에 관한 한 우리는 걷잡을 수 없는 상황에 빠지게 되었다. 아니, 차라리 뒤죽박죽 상태라는 표현이 더 어울릴지도 모르겠다. 이에 대한 적절한 말이 떠오르진 않지만 지금 상황이 정상은 아니다. 성 혁명은 덜 억압적인 세상을, 그리고 솔직하고 자연스럽고 자유롭게 우리 몸을 대하게 하는 세상을 만든다는 약속과 함께 시작되었다. 그런데 '미투 운동'이 벌어지면서 현실이 드러난 뒤부터는 성 혁명에 대한 가장 급진적인 지지자조차도 성 도덕의 약화가 누구보다도 여성에게 불리한 거래였음을 깨닫게 되었다.

급진적 페미니스트이자 남성혐오자인 밸러리 솔라나스Valerie Solanas는 앤디 워홀Andy Warhol에게 저지른 범죄, 살인 미수로 유명해진 여성이다. 그는 1960년대 말 여성의 질에 도달하기 위해서라면 사내들은 콧물 가득한 바다라도 기꺼이 헤엄쳐갈 것이라는 말을 남겼다. 그러나 오늘날 유럽에서 웬만큼 준수한 남성이라면 더 이상 그런 수고를 할 필요가 없다. 베르크하인Berghain(세계적으로 유명한 베를린의 테크노클럽)을 찾거나, 더 쉽게는 데이팅앱에서 몇 번 화면을 쓱쓱 넘기기만 하면 되기 때문이다.

수많은 여성들이 자신의 성적 매력에 따라 자존감을 규정할 뿐만 아니라, 남자와 춤추고 즐기다가 상대가 최소한의 기준에 미달되지만 않으면 함께 자야 한다는 의무감을 느낀다. 흥을 깨거나 고루한 척하거나 무례한 사람으로 비치고 싶지 않아서다. 오늘날 섹스는 에로스와 무관한 일종의 '교제 스포츠'로 전락했다.

지난 이삼십 년 사이에 얼마나 크게 성 도덕관이 변했는지 떠올린다면 이런 현상을 각각의 관점에 따라 충격적이거나 아니면 고무적으로 받아들일 것이다. 어느덧 세상은 변했다. 30년 전만 해도 문란한 성관계는 파렴치한 짓으로 비난받았지만 지금은 대수롭지 않게 받아들여진다.

이런 변화는 어떤 결과로 이어질까? 10년 후 우리 사회는 개방적인 관계를 여상한 정도를 넘어 아예 바람직한 현상으로 환영하게 될까? 2040년 미래인들이 2020년 무렵에 사라졌다고 회고할 금기들로는 무엇이 있을까? 헬무트 크라우서Helmut Krausser의 소설 《세계선수권대회에서 벌어진 일들》에 나온 것처럼 정말 세계섹스선수권대회가 열릴 날이 올까?

여기서는 자유분방한 도시 베를린을 무대로 하위 문화의 스포츠 종목으로 섹스가 도입된다. 처음에는 성소수자 축제인 크리스토퍼 스트리트 데이Christopher Street Day에서처럼 경직되고 정숙한 전통 행사와 같은 태도에서 벗어나자는 취지로, 또 자유로운 문화를 상징하는 행사로 시작되었다. 하지만 나중에 스폰서가 붙고 유료채널에서 생중계를 하면서 거대한 경기장에서 펼쳐지는 프로스포츠로 변신했다. 심지어 국제섹스경기연맹International Federation for Competition Sex이 설립되고, 유럽 및 세계선수권대회도 개최되기에 이르렀다.

주 종목인 '직접비교Dircom'(direct comparison) 종목에서는 대결하는 양 팀에서 각각 한 쌍씩 링 위로 올라와 동시에 섹스를 벌인다. 소설의 배경이 되는 2028년에는 그 경기가 이미 오래전 혁명적 성격의 범주에서 벗어나 상업적 대중이벤트로 변질되어 있었다. 연맹 회장은 시합이 외설적인 인상을 주지 않게끔 주의한다. 연맹의 고위집행부의 관점에서 볼 때 이 같은 행위는 "결코 변태적이지 않고 사회로부터 감출 필요도 없는 것으로, 가장 자연스러우면서 우리 모두를 세상에 나오게 한 과정 가운데 하나이자, 각자의 행위를 가장 매력적인 방식으로 선보이기 위해 일 년 내내 땀 흘려 연습한 프로 선수들이 선보이는 행위"라고 한다.

그런데 스타 플레이어인 레온이 여성 팀원과 사랑에 빠지는 불행한 일이 발생한다. 이는 금지된 일이었다. 모든 것이 지긋지긋해진 레온은 이렇게 탄식한다. "우리 모두가 이 세상에 존재하도록 한 의식인 성교 행위가 스포츠 종목으로 둔갑한 그 날을 저주한다." 비록 그 대가로 떼돈을 벌었지만 그는 어느덧 자신이 하는 일을 증오하게 되었다. 무엇보다도 이제 섹스 자체에 매력을 느끼지 못하게 되었다. 섹스는 상대가 정중히 요구할 때 제공되는 행위로 변했다. 말하자면 그저 악수 정도의 의미를 가지게 되었다.

더없이 숭고하면서도 한없이 무의미한 섹스

섹스에 큰 의미를 두지 않는 현상은 이미 오래전부터 나타나기 시작했다. 그런데 무례하게 보이기가 싫어 잠자리를 갖는 이들이 있다면 믿겠는가? 정말 이런 경우가 없다면 내가 지금 소개하려는 이야기가 그토록 큰 반향을 불러일으킬 수 없었을 것이다. 2017년《뉴요커

New Yorker》온라인에 발표된 크리스틴 루피니언Kristen Roupenian의 단편 〈캣퍼슨Cat Person〉은 불과 몇 시간 만에 이 잡지사의 역대 게시물 가운데 가장 많이 공유되고 토론된 기록을 세웠다. 저자 루피니언은 스무 살 대학생의 시선으로 쓰인 이 단편에서 완벽하게 실패로 끝난 연애사를 소개하고 있다.

주인공 마고는 예술영화관 매점에서 일하며 용돈을 버는 대학생이다. 하루는 그보다 열 살쯤 많은 한 남성이 찾아와 팝콘 큰 봉지와 레드바인스(감초맛이 나는 젤리) 한 통을 구입했다. 그러자 그는 "이건 흔치 않은 선택인데요. 레드바인스 한 통을 팔아보기는 처음이에요"라고 상냥한 목소리로 말했다. 화자의 설명에 따르면, 마고는 예전에 테이크아웃 커피점에서 바리스타로 일하면서 남자들과 시시덕거리는 일에 익숙해져 있었다. 그것이 팁을 얻는 데 도움을 준다는 것을 어느 순간 터득했기 때문이었다.

이에 남자는 조심스럽게 반응하는데, 다소 놀란 듯 보이기도 했다. 며칠 뒤 그가 다시 찾아와 또 레드바인스를 사갔다. 이번에 마고는 미소만 지었다. 남자가 말했다. "일에 점점 능숙해지는군요. 이번에는 그럭저럭 무례하지 않게 날 대했어요." 마고는 남자가 마음에 들었다. 어딘가 매력이 있었다. 남자는 키가 컸고, 걷어 올린 와이셔츠 밑으로는 문신이 보였다. 수염은 다소 길고 몸은 육중한 편이었지만, 왠지 끌리는 데가 있었다.

로버트라고 자신을 소개한 남자는 영화가 끝나자 마고를 찾아와 전화번호를 물었다. 그는 순간의 기분에 이끌려 번호를 건넸다. 둘은 문자메시지를 주고받기 시작했다. 며칠간 문자 교환이 중단된 다음,

두 사람은 영화관에 가기로 약속했다. 함께 본 영화는 별로였다. 첫 데이트를 위한 영화치고는 너무 진지했다. 로버트는 마고에게 바에서 한 잔 더 하자고 제안했다.

둘은 로버트의 집으로 갔다. 주택과 멋진 정원들이 늘어선 지역에 자리한 작고 아담한 집이었다. 남자는 고양이를 키우고 있었다. '캣 퍼슨'이란 제목도 여기서 비롯된 것이다. 로버트의 집은 정리가 덜 되어 어수선했다. 오래된 LP판들이 꽂힌 선반과 벽에 달린 포스터 액자가 눈에 띄었다. 마고는 그것들이 마음에 들었다.

이윽고 둘은 침실로 향했다. 로버트는 방에 들어가자마자 가장 먼저 노트북부터 열었다. 그러자 우리의 주인공은 그를 따라온 것이 잘한 결정인지 의구심이 들었지만 그가 노트북으로 음악을 틀자 다시 마음을 놓았다. 남자가 옷을 벗자 털이 수북하고 불룩한 뱃살이 드러났다. 마고는 처음으로 마음속 급브레이크를 걸었다. 하지만 자신의 생각을 차마 드러낼 엄두가 나지 않았다. 마고는 왠지 여기서 멈추면 안 될 것 같은 의무감을 느꼈다. 여기까지 끌고 온 것이 다름 아닌 자신이라고 생각했기 때문이다. 적절한 순간에 '그만'이라고 말하려면 어느 정도의 분별력과 공감능력이 필요하지만, 그녀에게는 그것들이 부족했다.

이야기의 결말은 예상대로다. 최악의 섹스를 경험한 마고는 만남 자체를 끔찍이 후회했다. 그리고 다시는 로버트를 보지 않으려고 애를 썼다. 로버트는 처음에는 애처로운 어조로, 나중에는 분노와 저속한 내용이 담긴 문자를 보냈다. 하지만 크리스틴 루피니언이 전하고자 한 핵심은 그것이 아니다. 이야기는 소름끼칠 만큼 솔직하게 우리 데이트 문화의 본질을 꿰뚫고 있다.

그보다 더 충격적인 것은 뉴요커 사이트의 댓글에 나타난 반응들이었다. 대부분은 무신경하고 성적 욕망에만 사로잡힌 남성들 탓에 자신도 비슷한 일을 자주 겪었다는 것, 로버트가 너무 치근댔다는 것, 또 '열렬한 동의'를 얻지 않았다면 그 가여운 주인공을 끌고 가지 말았어야 했다는 댓글을 달았다.

그런데 과연 그것이 가능한 일일까? 첫째, 도대체 '열렬한 동의'란 정확히 무엇을 의미하는가? 둘째, 이야기가 드러내는 진짜 문제, 즉 성을 사소한 것으로 치부하는 현상 자체에 대해서는 왜 아무도 언급하지 않을까? 이야기가 던지는 흥미로운 질문은 바로 이 지점에 있다. 우리 삶에서 섹스란 어떤 의미를 갖고 있을까? 우리는 단지 그것을 테이크아웃 피자처럼 **소비**하는 것은 아닐까?

섹스는 육체적 욕구만을 만족시키는가? 만약 인간이 영혼과 육체가 긴밀히 엮인 존재라면 섹스만으로도 영혼에 흔적이 남겨지지는 않을까? 인간의 성에는 정신과 육체가 분리되었을 때 파괴적인 결과를 초래하게 만드는 어떤 차원이 담겨 있는 것은 아닐까? 낯선 두 사람이 겉으로만 하나가 될 경우, 부정적인 흔적이 생기는 것은 아닐까? 그게 아니라면 성적 학대에 대해 우리는 왜 그토록 분개할까? 성이 저 깊은 곳에 자리한 무언가를 건드리기라도 하는 것처럼 성적 학대는 육체를 넘어 영혼 속 존재의 중심에 있는 무언가를 상처 입히기 때문에 예민하게 반응하는 것이라고 하지 않는가.

임마누엘 칸트에게 있어 옳고 그름의 문제는 올바른 삶에 대한 물음의 핵심을 이룬다. 그런데 인간 삶에서 가장 중요한 문제인 성의 경

Q1.

공공장소에서 스킨십을
나눠도 괜찮을까요?

A1.

그 정도로 다급한가? 혹시
오늘 당장 머무를 곳이 없
는 것인가?

Q2.

친구의 옛 연인과 데이트
해도 괜찮을까요?

A2.

되도록이면 그런 상황은 피하도
록 하자. 친구와 그 친구의 옛 연
인 모두를 잃을 수도 있다.

우에는 어째서 옳고 그름에 관한 질문이 부적절하단 말인가?

섹스는 숭고하고 위대하거나 평범하고 무의미하거나 둘 중 하나일 것이다. 여기서 결정을 내려야 한다. 만약 악수와 다를 바 없이 평범한 것이라면 우리는 마음 내키는 방식으로, 언제 어디서나 아무 걱정 없이 서로에게 달려들어도 상관없을 것이다. 동물원 원숭이들처럼 말이다.

한 유치원 교사가 아이들을 데리고 원숭이 우리를 찾았는데 하필 침팬지들이 교미를 하고 있었다. 교사는 관리인에게 비스킷을 건네주며 원숭이들에게 던져 관심을 딴 데로 돌려달라고 부탁했다. 그러자 관리인이 이렇게 대꾸했다. "선생님이라면 비스킷 몇 개를 받는다고 저 짓을 중간에 멈추겠어요?" 반복하지만 우리에게는 두 가지 가능성이 존재한다. 섹스란 아무 의미도 없는 것이거나, 이 세상 모든 비스킷을 합한 것 이상의 의미가 있는 것이거나.

얼마 전까지만 해도 시대정신에 완고히 맞서 섹스를 순전한 쾌락이 아니라 특별한 것으로 높이 받들어왔던 마지막 기관이 존재했다. 바로 가톨릭교회다. 하지만 여기서도 그 사이 생각이 바뀌고 있다. '시의적절한' 태도를 취해야 한다는 것이다.

주장의 근거는 이렇다. 시대가 변했고 사회와 관계의 형태가 변했고 섹슈얼리티에 대한 이해 역시 달라졌다. 그러니 교회의 가르침도 바뀌어야 한다는 것이다. 얼핏 설득력 있게 들리지만 역사책만 봐도 헛소리라는 것을 알 수 있다.

초기 기독교시대 당시 교회의 가르침은 오늘날만큼이나 당대의 성 도덕과 대립했다. 자세히 소개할 필요는 없겠지만 그리스-로마

세계에서는 온갖 성적 행위들이 범람했다. 마찬가지로 유대인들 역시 바울 같은 이가 바라는 대로 살았던 것만은 아니었다.

초기 기독교인들이 살던 도시 코린트를 향해 사도 바울은 성 도덕에 관한 한 가장 준엄한 질책을 쏟아냈다. 코린트는 고대의 라스베이거스, 혹은 유흥가로 유명한 리퍼반 거리가 전성기를 누린 시절의 함부르크에 비견될 만한 곳으로, 활기 넘치는 다문화 항구도시였다. 다시 말해 관계의 형태가 변한 탓에 교회도 이제 적응해야 한다는 것은 말도 안 되는 소리다. 만일 바울이 지키기 쉬운 규범들로 코린트 사람들을 유인하고 당대의 도덕에 순응했더라면 오늘날 교황은 음침한 분위기의 늙은 추기경들 대신에 새파랗게 젊은 매춘부들에 둘러싸여 있었을 것이다.

언제부터 섹스에 의미를 두는 것이 고리타분해졌는가?

오늘날 교황은 그다지 엄격한 잣대를 내세우지 않지만, 몇몇 전임 교황들은 훨씬 더 용감한 태도를 보였다. 1963년부터 1978년까지 교황 직을 역임한 바오로 6세는 학생운동과 성 해방운동이 한창이던 1968년에 회칙 〈인간 생명Humanae vitae〉을 발표했다. 핵심을 간추리자면 성적 행동을 도덕적으로 만드는 것은 그 행동의 '완전성'이며, 이 완전성에는 사랑, 신의, 자녀 출산 등이 포함된다는 것이다. 여기서 무미건조하게 신학적으로 전달된 메시지는 앞서 언급한 연애담 및 연가에서 훨씬 다채롭게 표현된 것과 동일하다.

1968년 당시 교황은 철학적 전통에 따라 '목적론teleology'의 관점에서 주장을 펼쳤다. 텔로스Telos는 '목표', '목적' '의도' 등을 뜻하는 그리스어다. 고전 철학에서는 무엇이 왜 존재하는지에 관한 날카로운 감각을 길러준다는 이유에서 목적론을 즐겨 사용했다. 내가 지금 두들기는 이 자판은 무엇을 위해 있는가? 또 여러분이 손에 들고 있는 책이나 전자책 단말기는 왜 존재하는가? 키보드나 책을 파리채 대신으로 사용하거나 등을 긁을 때 쓸 수도 있을 테지만, 이 경우 우리는 목적에서 벗어났다고 말한다.

언젠가 나는 급한 나머지 오래된 노트북을 빵 자를 때 쓰는 도마로 착각한 적이 있었다. 그런대로 쓸 만했지만 결국 노트북에는 칼자국이 나고 말았다. 만물에는 그 고유의 텔로스가 있다. 언제나 텔로스를 찾는 아리스토텔레스 식의 원칙을 대학 시절 누군가 내게 이렇게 설명해준 적이 있었다. 망치는 망치질을 할 때, 다시 말해 그것에 내재한 목적을 달성할 때 가장 망치답다는 것이다. 물론 문진으로 사용할 때도 망치라는 사실에는 변함이 없지만 원래 목적에 맞게 사용된 망치는 아니게 된다.

마찬가지로 섹스에도 텔로스가 있다. 이는 사랑, 그리고 오늘날에는 시대착오적으로 들릴 수도 있겠지만 생식 작용과 관련이 있다. 섹스가 나만의 욕구충족을 위한 것이라면 이는 목적론적 의미에서 참되고 '완전한' 섹스가 아니다. 우리가 오늘날 '주의주의voluntarism'가 지배하는 시대에서 살고 있는 만큼 이 점을 이해시키기가 점점 어려워지고 있다. 주지주의란 의지가 이성보다 중요하다고 보는 견해를 말하는데, 니체, 사르트르, 푸코 등이 그 중요한 옹호자들이다. 전통철학에서는 그 관계가 정반대였다.

다시 한 번 받아 적어보자. 아리스토텔레스에 따르면 이성이 의지를 인도해야지 그 반대는 성립하지 않는다. 우리는 어떤 일의 목적, 즉 텔로스를 찾아 그에 맞게 행동해야 한다는 것이다. 하지만 오늘날 통용되는 원칙은 그와는 조금 다르다. "하고 싶은 일을 해라! 네가 누구인지 스스로 정해라!"

이런 말을 듣는다면 아마 아리스토텔레스는 눈이 휘둥그레져서 이렇게 응수할 것이다. "네가 누구인지는 스스로 정할 수 없다. '네가 누구인가'라고 철저히 따져 물어 그에 맞게 행동하라!" 다시 망치의 예를 떠올리자면, 현대인은 아빠의 공구방에서 발견한 망치로 제 손가락을 때리는 아이와 닮아 있다. 아빠는 아이를 마음대로 뛰놀게 하고 싶고, 훈계를 통해 행동에 제약을 주기 싫어 아이에게 망치 사용법을 가르쳐주지 않았기 때문이다.

성의 목적론이란 측면에서 철두철미했던 이가 있다. 바로 나의 영웅이기도 한 교황 요한 바오로 2세다. 그는 전통적인 엄숙주의로부터 교회를 해방시키기 위해 노력을 아끼지 않았다. 그가 다룬 가장 중요한 주제는 성애였다. 바오로 2세가 1979년과 1984년 사이에(암살 시도가 벌어지고 병원에 입원한 기간을 제외하고) 행한 주간 연설 전체를 이 주제에 바쳤다는 사실은 흥미롭게도 특히 독일어를 사용하는 나라들에서는 잘 알려져 있지 않다.

바오로 2세의 연설들을 찾아보면 섹스와 관련한 것만 133건이나 전해진다. 그렇다고 딱딱하고 근엄한 경고 따위가 들어 있는 것도 아니다. 교황은 섹스를 숭고하고 성스러운 것으로 찬양하고 있다. 가령 다음과 같은 구절을 만날 수 있다. "남성들은 남녀가 흥분할 때 보이는 반응의 차이를 충분히 고려해야 한다. … 남성의 흥분 곡선이 여성의 경우보다 더 짧고 급격히 상승한다는 점을 감안한다면 부부관계 중의 전희는 일종의 미덕이라 할 수 있다." 이는 육체 혐오와는 전혀 상관없는 태도다.

지극히 신학적이고 종종 이해가 쉽지 않은 대목이 담긴 바오로 2세의 연설들을 모아 훗날 '몸의 신학'이라는 제목의 책이 나왔다. 여기에는 서로에게 달려들기보다는 "우리 몸을 사랑하며 즐겨야" 한다는 구체적인 충고는 물론이고, 어째서 섹스가 초월적인 것과 연결시키는 매개체가 되는지에 대한 자세한 근거도 들어 있다. 위대한 교황은 이렇게 말한다. "남성과 여성의 결합 속에 하느님의 사랑의 신비가 현실이 됩니다."

교황이 제시한 기발하고 에로틱한 놀라운 지침들을 여기서 일일이 살펴볼 수는 없지만, 지금까지 말한 것만으로도 다음과 같은 몇 가지가 명확해졌을 것이다.

첫째, 교회는 성에 적대적이지 않고, 오히려 섹스를 진지하게 여긴다. 둘째, 교회가 주의주의적인 에고의 시대정신에 순응하는 것은 현명하지도, '시대에 맞게' 행동하는 것도 아니고 오히려 비참한 투항을 뜻한다. 성 도덕의 내용을 계속 손질함으로써 교회는 성과 관련해 좋든 싫든 중심에 선 불변의 가르침을 손상시키고 있다. 다시 말해 《성경》은 혼인으로부터 시작되고(아담과 이브), 예수는 혼인잔치에서 첫 번째 기적을 행하고 대중 앞에 처음 모습을 나타낸다(가나안). 그리고 다시금 《성경》은 혼인과 함께 끝난다(양의 혼인).

성에 관한 예수의 말이 복음서에 명확히 인용되어 있는 만큼 교회가 이를 감추려 한다면《성경》을 통째로 다시 써야 한다. 신약에서는 음행 또는 간음으로 불리지 않는 어떤 형태의 혼외관계도 존재하지 않는다(마태복음서 5:28, 에베소서 5:3 이하, 고린도전서 6, 로마서 1:21 이하, 데살로니가 전서 4:3 이하, 히브리서 12, 14 이하 등을 보라). 진보적인 사람들도 즐겨 인용하는 산상수훈에서 예수는 한 걸음 더 나아가 음탕한 눈길을 보내는 것만으로도 간음한 것이라고 말했을 정도다.

포르노 사이트 '유폰Youporn'의 등장 이후 '음탕한 눈길'이라는 개념은 서기 30년경 갈릴리의 경우보다 훨씬 더 시의성을 띠게 되었다 (14~79세 사이의 독일 남성 가운데 89퍼센트가 주기적으로 포르노 사이트에 접속한다는 조사 결과가 있다). 그래서 나는 포르노그래피가 우리 두뇌의 시냅시스와 현실에서의 사교성에 끼치는 영향에 대한 연구 결과를 소개하기보다는 차라리 앞서 언급했던 작가 헬무트 크라우서의 책에서 한 구절을 인용하고자 한다. 거기서는 그 어떤 신경학 분야의 실험기록보다도 비극적인 상황을 훌륭하게 설명하고 있다.

"당신은 절정에 이르기 위해 자위행위를 한다. 하지만 마음속 깊은 곳에선 비참한 기분에 시달리고 질투심에 괴로울 뿐이다. 영상 속 여인이 당신과 실제로 섹스할 일은 없기 때문이다. 현실로 가능할 법한 일을 모니터로 보며 방안의 실제 현실과 비교해본다. 그렇게 절망감을 느끼고, 그것을 잊기 위해 자위에 몰두함으로써 잠시 위안을 받으며 절망을 멈추고자 한다. 그렇게 당신은 점점 더 많은 포르노를 시청하면서 한층 더 역겨움을 느끼게 된다."

섹스를 많이 했다고 영웅이 되는 것은 아니다

아직 남은 질문이 있다. 우리가 사는 포르노 세계의 한복판에서 인간의 원초적 본능을 승화시키고 억제하는 품위 있는 행동이 가능할까? 다시 말해 '베르크하인' 같은 곳에서 민네Minne(중세 기사의 사랑)가 실현될 수 있을까? 검색이 귀찮은 독자들을 위해 설명하자면, 민네에서는 금욕을 예찬한다. 그렇다고 무관심에서 비롯된 금욕도 아니다(그것은 그다지 어렵지 않기도 하다).

다소 노골적으로 표현하자면, 성적 흥분 상태에 있으면서 동시에 동정을 지키는 것이다. 요한 하위징아Johan Huizinga도 말하듯이, 고대 그리스-로마시대에도 사랑을 동경하고 사랑으로 인해 고통을 받았다. 이는 숱한 아름다운 서사시에서 잘 묘사하고 있다.

하지만 그것들에서는 충족되리라는 확신 속에 욕망이 잠시 지연되는 모습들을 확인할 수 있을 뿐이다. 그것이 아니면 연인들이 잔인한 이별을 겪는 비극적인 내용들이었다. 하위징아에 따르면 민네 봉사(숭배하지만 결코 잠자리를 함께할 수 없는 대상을 위해 봉사한다)와 민네 문학(결코 접근할 수 없는 상대를 노래로 찬양한다)에서는 "채워지지 않는 욕망 자체"가 중심에 서 있다. 민네는 열광적으로 숭배하는 행위를 높이 평가하고, 탐욕적으로 즐기는 섹스 대신 "고귀한 규칙을 지닌 아름다운 유희"로서의 열망을 찬양한다. 그 같은 규칙의 목적은 "거친 야만 상태"로 빠지지 않게 하는 데에 있다. 서로에게 뒤엉켜 달려들지 않는 기술을 통해 "가장 심오한 아름다움과 최고의 행복"에 이르는 것이다.

말하자면 민네는 '가벼운 연애'의 가장 세련된 형태, 고상한 에로

티시즘이라고 할 수 있다. 대상을 열망하고 그리워하고 자제하고, 열광적으로 숭배한다. 그럼으로써 민네는 "순수하고 기사도적인, 충실하고 자기부정적인 사랑"을 쾌감과 결합시킨다. 이런 기사도적 이상의 추구는 음유시인에게 있어 "삶의 아름다움을 추구하는 모든 노력"과 같은 의미를 지닌다.

오늘날에는 비현실적인 이야기처럼 들리는가? 물론 그렇다. 하위징아에 따르면 당시에도 다르지 않았다. 그는 이렇게 말했다. "상류계층의 연애생활도 야만적인 모습을 벗어던지지 못하고 있었다. 찾아보기 힘든 노골적으로 뻔뻔스러운 태도들이 여전히 일상의 풍습을 지배했다." 오늘날 그 같은 뻔뻔스러움이 새로운 전성기를 맞이하고 있다. 하위징아는 특히 프랑스 북부 에당Hesdin 궁정에 있던 놀이기구를 예로 언급한다. 그 기구는 그 위를 지나가는 부인들의 아랫도리를 젖게 만들었다고 한다.

하위징아는 민네가 "아름다운 삶에 대한 동경, 현실에서 제시되는 것보다 삶을 더 아름답게 바라보고자 하는 욕구"라고 지적한다. 바로 이 점이 오늘날에도 중요하다. 즉 우리 주변 현실에 맞서서 보다 더 아름답고, 더 위대한 것에 대한 동경심을 잃지 않는 것이다. 당시 쾌락의 궁정은 오늘날 베르크하인 클럽과 닮아 있다. '다크룸Darkroom'(나이트클럽 등에서 은밀히 섹스가 이루어지는 공간)과 원나잇스탠드를 비롯해 자세히 알기조차 겁나는 온갖 타락상들이 발견된다. 그리고 이 한복판에서 우리는 섹스의 가치가 심하게 훼손되었고 사람들이 변화를 바라고 있음을 깨닫게 된다.

나는 성 혁명이 일어나고 50년이 지난 지금, 우리가 새로운 성 혁명에 나설 준비가 되었다고 믿는다. 바로 섹스에 다시 품위와 아름다움을 가져다주는 혁명이다. 이런 혁명을 알리는 이들은 그 옛날 근엄한 표정으로 시절을 우려하던 교황이 아니라 섹스의 가치를 깨달은 젊은이들이다. 이제 이들은 성 경험이 많은 이가 매력적이라는 주장이 헛소리임을 알아차렸다.

새로운 성 혁명이 이미 활발히 일어나고 있다는 징조는 곳곳에서 보인다. 우리가 여태 섹스를 대하던 방식에 대한 불만이 여기저기서 감지된다. 이를 알려면 프랑스 작가 미셸 우엘벡Michel Houellebecq의 소설을 읽어볼 필요가 있다. 물론 앞서 말한 크라우서의 책도 빼놓을 수 없다. 또는 일부 팝스타들이 우리 시대의 새로운 마약인 포르노그래피에 대해 경고하고자 이른바 '노팹NoFap 운동'의 선봉에 서고 있는 현상도 주목해보자('fapping'은 자위를 뜻하는 속어다).

청소년잡지《옛츠트Jetzt》에서 야콥 틸렉Jakob Tieleck이라는 젊은 작가는 "훌륭한 관계 속에서만 좋은 섹스가 가능하다"는 제목의 글을 쓰며 이런 말을 남겼다. "원나잇스탠드를 경험할 때마다 별 세 개 메뉴를 기대했지만 식어빠진 흐물흐물한 햄버거를 대신 받는 기분이 들었다." 몇 년 전만 해도 최신 유행을 좇는 잡지에 그런 글이 실린다는 것은 상상도 하지 못했다. 그래서 저자는 이제 "아무리 흥분된 스킨십을 나눴더라도" 혼자 집에 가는 쪽을 택한다("순전히 섹스만이 목적이라는 의심이 드는 순간 나는 자리를 떠난다"). 그 청년은 무엇이 중요한지를 제대로 깨달았다. 민네는 21세기 테크노클럽에서도 얼마든지 피어날 수 있다.

성 해방 운동은 잘못된 길로 빠졌다!

성 해방이란 꿈은 악몽으로 변했다. 성의 부적절한 사용으로 몸과 마음이 상한 이들을 어렵지 않게 볼 수 있게 되었다. 기준의 잣대를 다시 몇 센터 더 높이고, 더 원대하고, 아름답고, 인간다운 것을 찾아 나서자!

9

공감은 내가 당신과 같지 않다는
깨달음에서 시작된다

동정심

드디어 점수 따기에 좋은 덕목을 소개할 차례가 왔다. 동정심이야말로 현재 한창 주가를 올리는 중이기 때문이다. 다시 말해 우리 사회에서 핵심적인 덕목으로 꼽히는 것으로 공감, 타인의 고통을 함께 나누는 능력이 있다. 자연재해, 테러공격, 총기난사 등이 뉴스를 도배할 때마다 SNS의 해시태그부터 연대 행위에 나서는 움직임에 이르기까지 동정의 물결이 전 지구를 뒤덮는다. 그런데 이 같은 공감의 현상 뒤에는 어딘가 위선적인 면이 숨어 있지는 않을까?

간단한 실험 하나를 해보자. 지금 책 읽기를 멈추고 스마트폰에서 유튜브 사이트를 열어 'malleolar fracture Michael Stich'(미하엘 슈티히 복사뼈 골절)라는 검색어를 입력하자. 그리고 그 동영상을 시청해보자. 단 몇 초면 충분하다.

잠시 말을 멈추겠다.

동영상을 보면서 고통스러웠다면 용서를 구한다. 당신이 방금 경험한 것은 오직 척추동물, 특히 사람에게서 두드러지게 나타나는 능력 때문이다. 즉 아프다고 느껴지는 사건을 목격할 때 반사적으로 똑같이 고통을 느끼는 능력이다. 뇌 연구자들의 주장에 따르면 동영상 속의 부상이 발생할 때 영향을 받는 미하엘 슈티히의 뇌 부위는 그 장면을 본 관찰자의 뇌 속에서 경보음이 울리는 부위와 동일하다. 관찰자가 스스로 고통을 느끼거나 아니면 그저 고통을 지켜보는지에

180

상관없이 도피질cortex insularis 및 대상회gyrus cinguli가 실험 중에 눈에 띄게 활성화되었다. 존 업다이크John Updike의 소설에는 이런 구절이 등장한다. "부엌 조리대에서 할머니가 끔찍한 기침 발작에 시달릴 때마다 내 목도 점점 조여 오는 것만 같았다."

그 원인은 거울뉴런에서 찾을 수 있다. 현대 뇌 연구에 따르면 인간은 신경세포망 속의 거울뉴런으로 인해 이른바 공감능력이 가능해졌다. 이 독특한 뉴런이 발견된 해는 1992년으로, 공교롭게도 같은 해 당시 미국 대통령 빌 클린턴은 에이즈 환자를 위해 열린 뉴욕 자선공연에서 "나는 당신의 고통에 공감합니다I feel your pain"라는 유명한 말로 전 세계를 감동시킨 바 있다.

공감능력의 확대로 인간이 생물 종으로서 지금처럼 성공적일 수 있었다는 점에는 진화생물학 연구자들의 의견이 일치한다. 우리 선조들의 생존을 보장해준 사회적 행동도 바로 그 지점에서 가능해졌다. 우리는 공감과 연대 능력을 갖춘 선조들의 유전자를 물려받은 존재로, 그런 능력이 모자라거나 전무했던 사냥꾼, 수집꾼 같은 이들은 결국 집단으로서 살아남지 못했다.

인간을 인간으로 끌어올리고 인간으로 끌어내리는 공감

거울뉴런이 발견되기 200년도 훨씬 더 전에 계몽주의 사상가들이 이미 공감이란 주제를 다뤘다. 흥미롭게도 프랑스 계몽주의자들은 영국의 계몽주의자들과는 전혀 다른 결론에 도달했다. 도덕철학자이자 경제학자로 영국 계몽주의를 대표하는 아담 스미스Adam Smith는 거울뉴런이 알려지기 훨씬 전에 이렇게 말한 바 있다. "거리에서 종기와 부스럼으로 괴로워하는 걸인을 목격한 사람은 자신의 몸도 근질거리는 기분이 들 것이다."

인애benevolence, 동정심compassion, 박애philanthropy 같은 단어는 영국 계몽주의 저작들에 등장하는 중요한 개념들이었다. 영국에서는 1801년 '빈민구제협회The Society for Bettering the Condition and Increasing the Comforts of the Poor' 같은 명칭의 기관들이 칠천여 곳이나 설립되었고, 학교, 구빈원, 병원, 무료 급식소를 비롯해 극빈자, 몸을 다친 일꾼과 선원, 고아, 난민, 과부, 시각 및 청각 장애인 등을 위한 숙소가 세워졌다. 유럽을 통틀어 영국은 현대식 사회보장제도와 유사한 조직과 비종교적인 전국 단위의 빈민구제 시설을 갖춘 최초의, 또한 오랫동안 유일한 국가였다.

유독 영국에서 이런 현상이 두드러졌던 까닭은 무엇일까? 계몽주의 운동이 그 세속적 성격에도 불구하고 신교, 정확히는 감리교회의 정신에서 완전히 탈피하기 힘들었고, 18세기 말과 19세기 초에는 사회에서 소외당한 이들에게 기독교 신앙을 전파하는 일이 중요한 사명으로 여겨졌다는 사정과도 연관이 있을 것이다.

프랑스의 역사학자 엘리 알레뷔Élie Halévy는 '근대 영국의 기적', 즉 영국 자본주의의 전성기를 포함해 영국에서 단 한 번도 프랑스처럼 유혈혁명이 일어나지 않은 원인으로 세속적 국가 권력과 종교적 세력 간에 맺어진 유례없는 동맹을 지목한다. 그의 저서 《영국 감리교파의 탄생》의 한 구절이다. "영국에서는 양측의 큰 차이에도 불구하고 진보적 자유사상가와 복음주의적 운동의 박애주의자가 합심해

극빈자들의 삶을 개선하는 일에 앞장섰다."

그러나 계몽주의의 정신적 고향이었던 프랑스에서는 사정이 달랐다. 드니 디드로Denis Diderot를 필두로 프랑스 계몽주의 선구자들은 과학지식을 맹신해 세상의 모든 지식을 초창기 위키피디아 격인 자신들의 《백과전서Encyclopédie》(총 166권)에 모은다는 야심찬 시도에 나섰다. 하지만 '동정la compassion' 항목은 거기서 단 몇 줄의 가치밖에 지니지 못했는데, 간결한 어조로 이렇게 적은 게 전부였다. "동정심은 경제적으로 어려운 이들에게서 두드러지게 나타난다. 평민들이 사형 집행을 구경하기 좋아하는 까닭도 그 때문이다."

기획 의도를 설명한 《백과전서》 서문에서 발행자 디드로는 다가올 '철학의 시대'에 '평민들'은 아무 역할도 못 할 것이라고 못 박아 말한다. "대중은 앞으로 인류의 정신이 밟을 진보의 길을 따라갈 수도 없고 이해할 수도 없다."

디드로는 구빈원 설립과 운영에도 반대했다. 현대 도시인들이 농촌 사람들을 대하는 것과 비슷하게 계몽주의 철학자들도 대중을 경멸의 눈빛으로 내려다보았다. 이런 식의 오만불손함은 사실 어제오늘의 일이 아니다.

계몽주의 팬들 사이에서 성자처럼 추앙받는 루소가 1762년 출간된 《에밀Émile》에서 보통사람들, 즉 '민중le peuple'에 관해 언급하는 경우는 이들을 "무시해도 좋은 소수quantité négligeable"라고 깎아내릴 때뿐이다. 루소는 부유한 가문 출신으로, 아버지는 콘스탄티노플에 있는 오스만제국 술탄의 궁정에서 일했고, 어머니는 제네바 출신 목사의 딸이었다. '민중'은 그에게 아무래도 상관없는 존재들이었다.

《에밀》의 한 구절이다. "가난한 자에게 교육은 필요 없다. 그들이 알아야 할 것은 모두 주변 환경이 가르쳐주기 때문이다."

물론 루소를 여느 18세기 프랑스 계몽주의 사상가들(필로조프 philosphes)과 똑같이 취급할 수는 없을 것이다. 하지만 인류의 진보를 위해서는 개인보다 집단이 우위에 있어야 하고, 개인이 아니라 사회 전체의 발전이 중요하다는 점에서만큼은 그들 모두 같은 생각이었다. 볼테르Voltaire는 자신의 저서에서 민중과 하층민la canaille을 당연한 듯 혼용되는 개념으로 사용했다. 미국의 역사학자 거트루드 힘멜파브Gertrude Himmelfarb는 몇 년 전 영국학사원에서 행한 강연에서 볼테르의 태도를 이렇게 지적했다.

"볼테르에게 '하층민'은 계속 '하층민'으로 머물러 있고, 보통사람은 교육이 불가능하다는 것은 당연한 사실이었다. 달랑베르d'Alembert에게 보낸 편지에서 그는 이렇게 말한다. '민중은 자신을 정신적으로 발전시킬 능력도 시간도 없다. 철학자가 되기 전에 그들은 굶주려 죽을 것이다. 우리는 구두장이와 하인들에게 계몽주의를 전파할 수 있다고 주장한 적이 없다.'
18세기 프랑스 철학자들에게 계몽주의는 평민들이 범접하기 어려운 개념이었다. 자신들이 계몽주의의 정수로 여겼던 이성을 평민들은 갖추지 못했다고 여겼기 때문이다. 그들이 보기에 민중은 계급 특유의 선입견, 미신, 비이성적 신앙 등에 집착하고 있었다. 이 같은 파렴치한 것 l'infame, 저열한 종교적 사고야말로 최대의 적이었다.
디드로에게 보낸 편지에서 볼테르는 지성인들 속에서 종교를 분쇄하고 그것을 민중에게 위임해야 한다고 지적한다. … 이에 디드로는 이성을 최우위에 둬야 한다고 답한다. 인간은 이성을 갖춘 존재이기 때문이다. 그러면서 이성을 따르기를 거부하는 자는 본성을 부정하므로 나머지 인류로부터 야생동물 취급을 받을 수밖에 없다고 덧붙인다."

계몽주의에 대한 영국식 해석이 좀 더 자비롭다는 것은 분명하다. 그런데 프랑스 혁명은 많은 피를 흘리게 했지만 봉건시대를 **근본적으로** 뒤바꾸는 결과를 낳았을 뿐 아니라 다양한 우회로를 통해 사회주의로 이어졌다. 그리고 사회주의는 또다시 전체주의적 사회주의와 민주적 사회주의로 갈라졌다. 후자는 자본의 힘에 대항할 수단으로 드러나면서, 제대로 정착된 경우 정치문화를 풍성하게 하고 자본주의의 폐단을 바로잡는 위력을 발휘했다.

이와 달리 앵글로색슨계 국가들에서는 '시스템'이 그대로 유지되면서 유산계급과 무산계급 간의 권력 관계에 어떤 변화도 일어나지 않았다. 이곳에서는 단 한 번도 계급이 혁명적으로 바뀐 적이 없었다. 대륙과 비교해 노동자를 보호하고 사회복지망을 갖추려는 노력은 여전히 기본적인 수준에 머물고 있다. 영미권의 사회보장제도는 지금도 지엽적인 문제들을 해결하는 데 초점을 맞추고 있다. 런던이나 뉴욕 같은 세계 금융 중심지가 영미권에 있다는 점은 우연이 아니다. 여전히 자본주의는 전통적으로 사회주의 또는 사회민주주의 정당의 영향력이 약한 곳에서 가장 훌륭하게 작동하고 있다.

이런 역사적 사실들을 바탕으로 문제의 근원적 해결을 위해서는 냉철하게 '동정심la compassion'을 경멸한 것이 더 적절한 태도였다고 결론짓는다면 이야말로 사안을 지나치게 단순화시키는 것이다. '동정심pity'을 좀 더 인정 넘치게 해석한 영어권에서는 계급에 변함이 없었기 때문에 더더욱 그럴 수 있다.

그럼에도 프랑스 계몽주의에 나타나는 공감능력의 부족이 새로운 시각에서 조명될 수는 있다. 어쩌면 개인이라면 몰라도 그 어떤 국가도 실천할 수 없는 덕목을 특정 정치체제로부터 기대했다는 데 근본적인 잘못이 있을지도 모른다. 바로 정의, 공감능력, 사랑 같은 덕목들이다. 정치가 유독 도덕적인 태도를 보이려고 할 때 어떤 일이 벌어질지는 우리도 자주 경험한 바 있다. 숱한 전쟁이 이른바 도덕적인 이유에서 시작되었다. 공감능력이 정치적 결정을 가려서는 안 된다. 공감능력은 국가가 아닌 개개인에 필요한 것이다.

공감이 정치로 범람하는 공감피로의 시대

지난 수십 년 사이에 등장한 미국 대통령 가운데 단연 최고의 인기를 누린 이는 버락 오바마일 것이다. 그의 재임 기간 중 '공감능력'이란 개념이 중요한 주제로 다뤄지면서 공감에는 짙은 정치적 색채가 드리우게 되었다. 심지어 공감능력에 관해 그가 했던 발언만을 모아 놓은 인터넷 사이트, 블로그, 유튜브 채널이 따로 개설되어 있을 정도다. "전 세계를 괴롭히는 최대 적자deficit는 바로 공감능력의 부족empathy deficit이다"는 유명한 발언처럼 그는 수사적 언어를 동원해 미국 국가예산 문제를 더 넓은 관계 속에서 보도록 유도하기도 했다.

다음과 같은 발언도 유명하다. "우리와 다른 이들의 눈으로 세상을 보는 일이 중요합니다. 굶주림에 시달리는 아이의 눈으로, 일자리를 잃은 철강 노동자의 눈으로 세상을 봅시다. 여러분이 그렇게 생각하는 순간, 타인의 운명에 참여하기 시작하는 순간, 가까운 친구든 모르는 사람이든 상관없이 차갑게 외면하고 도움을 주지 않기란 거의 불가능해질 것입니다." 나아가 오바마는 이스라엘과 팔레스타인 주민들이 잠시라도 상대방의 처지에 놓일 수 있다면 오랜 갈등을 종식시킬 수 있을 것이라고 주장하기도 했다.

우리 시대의 중요한 경제학자로 토니 블레어와 앙겔라 메르켈의 비공식 고문으로도 오래 활동한 제러미 리프킨Jeremy Rifkin은 《공감의 시대》에서 공감능력이야말로 정치 활동을 결정하는 기준이 되어야 한다고 역설한 바 있다. 우리 조상이 공감능력 덕분에 부족과 사회로서 살아남았다는 인식을 바탕으로 리프킨은 인류가 부족 차원에서 이뤄낸 것을 세계화된 시대와 조화시켜 "전 지구적 공감의식"으로 키워야 한다고 말한다.

물론 공감능력이 타인의 욕구를 더 세심하게 고려하는 능력을 뜻한다면 오바마와 리프킨의 주장에는 전혀 문제될 것이 없다. 하지만 공감능력이란 사실상 그와는 다른, 특정한 감정을 직접 느끼는 능력을 말한다. 오바마가 요구하는 것은 다름 아닌 '감정이입능력'인데, 여기에는 문제가 있다.

오바마와 리프킨 같은 이들이 원하는 것은 세상 어딘가에서 벌어지는 일을 마치 우리 자신에게 일어나는 것처럼, 즉 모든 것을 몸소 겪듯이 느끼는 것이다. 물론 그럴듯하게 들리지만, 이를 곧이곧대로 받아들인다면 우리는 '공감피로empathy fatigue' 현상으로 탈진하게 될 것이다. 이 개념은 영국의 심리학자 사이먼 배런코언Simon Baron-Cohen이 주창한 것으로, 공감능력에 너무 큰 부담을 줄 때 나타나는 현상을 가리킨다.

거울뉴런과 관련해 특이한 점은 우리와 비슷한 대상에게 공감하게끔 술책을 부린다는 것이다. 자신의 정치적 사회적 위치에 상관없이 같은 피부색의 팔에 바늘을 찌르는 동영상을 시청할 때 여러분은 훨씬 더 예민한 반응을 보일 것이다. 실종된 이웃 아이의 사진을 볼 때 여러분은 방글라데시 지진 피해자의 사진을 볼 때와는 사뭇 다르게 반응할 것이다. 우리는 이제 이런 '소속 집단에 대한 공감 능력'을 비행기의 시대, 라이브 연결 및 라이브 스트림의 시대에 맞게 새롭게 펼치고자 한다. 다만 정말로 그런 일이 벌어진다면, 우리는 내가 아는 소아과 의사와 비슷한 처지가 될 것이다. 그는 환자의 운명을 자기 일처럼 아프게 받아들인 나머지 결국 직업도 포기했고, 그 결과 이제는 누구에게도 도움을 줄 수 없는 지경에 이르렀다.

마찬가지로 우리도 개개인의 고통을 자기 어깨에 짊어지려 한다면 금세 중압감을 이기지 못할 것이다. 그 즉시 정신이 이상해지거나 곧 신경이 마비되면서 주위에서 벌어지는 끔찍한 일들이 오래된 냉장고에서 나는 소음처럼 들리는 상황을 맞게 될지도 모른다. 다시 말해 세상의 고통을 함께할 수 있다고 믿는 자는 과대망상증 환자나 다름없다.

세상일에 일일이 신경 쓰지 말자! 당신이 살고 있는 이곳에서 도움을 주고, 나누고, 용서하고, 다정다감한 사람이 되도록 노력하라! 밖으로 눈을 돌려 세상을 보고, 스스로 세상이 되어라! 우리 각자가 하나의 소우주다.

우선 여러분 자신을, 그리고 여러분의 집부터 깨끗하게 하자. 좋은 아빠, 좋은 엄마, 좋은 친구가 되고, 그런 다음 주변을 살피고, 여러분이 도울 수 있는 곳에서 도움을 베풀자! 세상을 상대로 하기보다는 차라리 자신의 세계를 변화시켜 빛나게 하자.

사회혁명가 시몬 베이유Simone Weil는 스스로 타인의 고통을 직접 몸으로 느낄 수 있다고 말했다. 하지만 우리 모두가 그와 같은 재능을 타고난 것은 아니다. 그래서 베이유는 성녀였을까? 그는 1차 세계대전 참전 군인들에게 연대의식을 느껴 어린 나이에 사탕 먹기를 거부했다고도 한다. 20대 중반에는 르노 자동차공장에서 일하고자 교사직을 그만두기도 했다. 고된 공장일이 심신에 미치는 영향을 몸소 체험하고자 했던 것이다. 훗날 그는 아픈 몸을 이끌고 스페인 내전에서 카탈루냐 인 편에 가담했다. 그의 신조는 "고통의 의무"였다. 결국 베이유는 아예 음식을 입에 넣기를 거부했고, 점점 쇠약해져 34세에 심부전증으로 세상을 떠났다.

전 세계 사람들이 겪는 온갖 고통들을 생각할 때, 감정이입에 탁월한 이들이 '공감 번아웃'에 빠지지 않는 방법은 단 하나뿐이다. 선택을 하는 것이다. 바로 개개인의 운명에 초점을 맞추는 것이다. 바로 이 대목에서 오바마와 리프킨이 열정적으로 호소한 전 지구적 차원의 공감이 가진 **진짜** 문제가 시작된다. 바로 공감의 대상이 임의로 정해진다는 것이다. 예일대 심리학 교수인 폴 블룸Paul Bloom은 2016년 《공감의 배신》에서 이를 "스포트라이트 문제"라고 불렀다. 그리고 인상적인 사례들을 들어 공감이 국가의 행동 기준이 될 때 어떤 일들이 벌어지는지를 보여준다.

첫 번째 예를 살펴보자. 실험 참가자들에게 장기 이식을 받지 않으면 생명이 위태한 아이들을 그 위중한 정도에 따라 나열한 명단을 전달한다. 이어 대기자 명단 아래쪽에 있는 아이의 사진을 보여주며 개인사를 상세히 설명한 뒤, 해당 아이의 이름을 대기자 명단 위쪽으로 옮길 용의가 있는지 참가자에게 묻는다. 모든 실험에서 피실험자들은 설명을 통해 사정을 잘 알게 된 아이에게 특혜를 베푸는 데 동의했다.

두 번째 예는 다음과 같다. 한 명의 병든 아이를 구하는 약을 개발하는 데 얼마나 많은 돈을 기부할 용의가 있는지 실험 참가자들에게 질문한다. 또 다른 실험 집단에 속한 이들에게는 여덟 명의 아이들을 구하기 위해 기부할 액수를 물었다. 둘 사이의 액수에는 거의 차이가 없었다. 세 번째 집단에게는 이름과 개인사를 상세히 설명한 한 아이의 사진을 보여준 뒤 그 아이에게 기부할 금액을 물었다. 그러자 기부액이 확 치솟았다. 한 명의 아이가 여덟이나 열 명, 수백 명의 아이들보다 훨씬 중요해진 것이다.

노벨상 수상자인 미국의 경제학자 토머스 셸링Thomas Schelling은 블룸이 설명한 이런 현상을 이미 수십 년 전에 "식별 가능한 희생자 효과identifiable victim effect"라고 명명한 바 있다. 이에 대해 셸링은 다음과 같이 말했다.

"큰 눈망울을 한 여섯 살 갈색 머리 소녀가 크리스마스까지 삶을 연장하기 위해 몇 천 달러가 필요하다면 기부금이 넘쳐날 것이다. 하지만 세금 인상이 없으면 매사추세츠 주의 모든 병원이 부실 상태에 빠져 수백 명의 환자들이 제대로 치료를 받지 못하고 심하면 사망할 수도 있다는 기사가 실린다면 사람들은 무심히 신문을 넘길 것이다."

식별 가능한 희생자 효과는 얼굴과 개인사를 모르는 이들을 모두 합한 것보다 알아볼 수 있는 개개인들이 더 중요하게 느껴지는 역설적 상황을 초래한다. 스탈린의 말을 빌리자면 "한 개인의 죽음은 비극이지만, 수백만 명의 죽음은 한갓 통계일 뿐이다".

공감능력은 매우 중요한 것이지만 정치적인 주제로는 어울리지 않아 보인다. 블룸의 사례에 몇 가지를 더 추가해보자. 2007년 포르투갈의 어느 호텔방에서 실종된 소녀 매들린 매캔Madeleine McCann의 사례는 전 세계 언론이 앞 다퉈 보도할 만큼 큰 주목을 받았다. 아동 실종은 매일같이 일어나는 비극인데도 말이다.

청백색 비닐로 아르헨티나 국가대표 축구팀의 유니폼을 만든 아프가니스탄 꼬마의 사례는 어떤가. 그 사진은 소셜미디어에서 큰 화제를 불러일으켰고, 결국 FC 바르셀로나의 스폰서는 언론의 떠들썩한 보도 속에 그 꼬마를 비행기에 태워 카타르의 훈련장에서 우상인 메시와 만나게 했다. 이 같은 이벤트에 쓴 비용으로 그 이벤트의 주인공인 무타자 아흐마디 같은 아이들 수백 명에게 학교 교육을 받게 할 수도 있었을 것이다. 하지만 그랬다면 리오넬 메시는 똑같은 만족감을 느끼지 못했을 것이다. 블룸이 말한 '스포트라이트'를 개인의 운명에 집중시킬 때에는 바로 그런 만족감이 중요하기 때문이다. 사람들은 **자기** 기분이 좋아지는 것을 원한다.

타인이 나와 같지 않기에 타인임을 인정할 때, 공감이 시작된다

인간관계에서 지나친 감정이입 능력은 해가 될 수 있다. 물론 다툴 때에는 상대방 입장에 서 보는 것이 도움이 되기도 한다. 하지만 상대의 고통을 **이해하는 것**과 공감이 요구하듯 그것을 **느끼는 것** 사이에는 엄청난 차이가 있다. 만일 당신이 위기상황이나 생존의 위협에 직면해 있거나 육체적 고통을 겪는 중이라면 누가 더 제대로 된 도움을 줄 수 있을까? 고통을 이해하고 차가운 머리를 유지하는 사람일까, 아니면 똑같이 고통을 느끼는 사람일까?

나는 왜 자꾸 같은 소리를 되풀이하는 것일까?

공감능력을 예찬할 때, 우리는 자신과 이웃 간의 차이를 지우게 되고 적절한 도움을 주지도 않는다. 주로 미디어를 소비할 때에만 동정심을 발산하기 때문이다. 게다가 공감능력이 뛰어난 사람이 상대하기 편한 이웃이라는 것도 허튼 소문에 불과하다. 심리학자 블룸에 따르면 오히려 정반대다. 높은 수준의 공감 능력이 반사회적 행동을 부추기는 경우가 적지 않다. 타인을 주도면밀하게 학대하고 괴롭히는 사람들 중에는 뛰어난 공감능력을 가진 경우가 종종 있다. 오히려 타인에게 무심한 사람들은 피해자를 고통스럽게 하는 것이 무엇인지 잘 모르는 경우가 많다.

"타인의 눈으로 세상을 보라"는 오바마의 비유에 맞서 나는 다른 비유적인 표현을 사용하고 싶다. 바로 '자신의 그림자를 뛰어넘자!' 라는 것이다. 드디어 우리는 공감을 대체할 미덕을 찾았다. 다시 말해 우리는 나와 남을 구분하는 법을 새롭게 배워야 한다. 이것만이 우리에게 라틴어로 '카리타스caritas'라 부르는 **타인**을 향한 적극적인 사랑의 능력을 부여한다.

카리타스는 서로 떨어져 존재하는 개인 사이에서만 가능한 일이다. 내가 아니라 20세기 독일에서 가장 탁월한 사상가 가운데 하나인 로마노 과르디니Romano Guardini(뮌헨 루트비히 막시밀리안 대학에는 그의 이름을 딴 종교학 교수직이 설치되어 있다)가 이렇게 주장했다.

타인의 삶에 참여하고 싶은 욕구, 삶과 운명 속에서 그와 맺어지고 싶은 욕구가 있는 것이 사실이다. 하지만 제아무리 깊은 합일이라도 하나의 장벽 앞에 멈출 수밖에 없다. **타인은 타인일 뿐 내가 아니라는 사실이다.** 사랑은 그 점을 알고 있다. 혼연일체의 경지를 지향하는 사랑은 자신의 궁극적 의미가 실현될 수 없음을, 어쩌면 진정한 의미에서 그것을 원할 수조차 없음을 알고 있다. '나'라는 장벽을 없앨 수 있는 어떠한 인간적 '우리'도 존재하지 않는다. 인간의 품위와 탁월함은 '나는 나 자신이다, 나는 내 안에 굳건히 서 있다'라고 말할 수 있다는 데 있다. 내 행동은 나에서 비롯되고, 나는 내 행동에 책임을 질 것이다."

'카리타스'란 타인의 행복을 고려할 줄 아는 능력, 즉 타인에게 선행을 베푸는 일이다. 그러기 위해서는 먼저 타인이라는 존재가 필요하다. 너와 나의 경계가 희미해진다면 어떻게 도움을 줄 수 있겠는가. 그리고 마음에 새겨 넣기가 쉽지는 않겠지만, 언제나 우리와 가장 닮지 않은 바로 그 사람이 타인이다.

"누구에게든 친절하렴. 네가 만날 사람들은 모두 힘든 싸움을 벌이고 있는 중이니까 Be kind to everyone, because everyone you'll ever meet is fighting a hard battle**".**

제대로 된 공감에 대한 최고의 조언이 밥 딜런의 자서전에 들어 있다. 그 책에서 밥 딜런은 자신의 할머니를 고상하고 친절하며 현명한 여인으로 그리고 있다. 위의 글은 밥 딜런의 할머니가 건넨 조언이다.

10

육식동물의 무기는 송곳니가 아니라 참을성이다

인내

"인내는 용기의 신중한 자매와 같다." 아리스토텔레스가 한 말이다. 그런데 인내는 희망과 더 가까운 것이 아닐까. "인내심이 없는 사람들은 정말 불쌍하군. 상처라는 것은 조금씩 치유되기 마련이 아닌가?" 셰익스피어의 〈오셀로〉에 나오는 대사다.

모든 일에는 시간이 필요하다. 아픔의 치유도 예외는 아니다. 행복도 인내로 쟁취해야 하는 것이다. 더욱이 인내란 다음 순간에 어떤 일이 기다리고 있을지 알 수 없음을 깨닫기 위한 과정이기도 하다. 베를린에서 어느 택시 운전사로부터 이런 이야기를 들었다. "단거리 손님이 탔다고 투덜대는 기사는 운전에 관해 아무것도 모르는 사람이죠. 마지못해 가는 목적지에도 어떤 손님이 기다리고 있을지 모를 일이니까요." 그는 일본의 하쿠인 선사와 비슷한 눈높이로 세상을 보고 있었다.

하쿠인 선사에 관해선 수많은 일화가 전해지는데, 그중에서도 농부들이 선사에게 한 아이를 맡긴 이야기가 유명하다. 어느 마을 처녀가 원치 않은 임신을 하자 아버지에게 진실을 숨기려고 아이의 아버지가 하쿠인이라고 둘러댔다. 당시 마을 변두리 암자에 기거했던 하쿠인은 주민들의 존경을 한몸에 받으며 이들의 시주를 받아 생활하고 있었다. 하지만 처녀의 폭로가 있은 뒤로 모든 게 달라졌다. 마을 처녀의 부모가 하쿠인에게 딸의 말을 전하며 아이의 부양비를 책임지라고 요구하자 하쿠인은 아무 부인도 하지 않고 그저 "아, 그런가"라고 말할 뿐이었다.

부양비를 마련하고자 그는 승려로서의 삶을 접고 고된 밭일에 나서야 했다. 그러나 하쿠인은 어떤 불평도 하지 않았다. 그저 "아, 그런가"라고 할 뿐이었다. 그는 '농부로 일하면서 어떤 경험을 할지 누가 알겠는가'라고 생각했다.

몇 달이 지나 양심의 가책을 느낀 처녀는 부모에게 자초지종을 털어놓았다. 그리고 하쿠인에게 용서를 빌었다. 이번에도 그는 의연하고 다정한 어조로 "아, 그런가" 하고 응수할 뿐이었다.

그는 이제 암자로 돌아갈 수 있었다. 예전보다 더 많은 사람들이 깨달음을 위해 암자를 찾았고, 선사 자신은 소중한 경험을 하나 더 쌓게 되었다. 그는 선禪이 모두에게 열려 있다고 설파했다. 그가 유명해진 까닭도 이런 가르침 때문이었다.

인내를 통해 목표에 이를 뿐만 아니라 그 목표가 우리 예상과 전혀 다를 수도 있다는 이야기는 세계 도처에서 발견된다. 구약의 요셉 이야기도 그렇다. 형제들에 의해 우물에 던져진 요셉은 이집트에 노예로 팔려간다. 하지만 이집트에서 지체 높은 집안의 가정교사가 되고, 옥살이도 겪지만 결국에는 파라오 다음으로 막강한 지위를 누리게 된다. 살면서 어떤 일이 닥치든 요셉은 불평 없이 감내했고, 어떤 일이 주어지든 최선을 다한 끝에 가장 높은 곳에 오르게 되었다. 또아서 왕은 어떤가. 성실히 자신의 의무를 수행하고, 형제들을 위해 종자로 일하는 것도 마다하지 않던 차에 엑스칼리버라는 기이한 칼을 만나게 되지 않았던가.

레너드 셰프와 수전 에드미스턴이 쓴 《나는 오늘부터 화를 끊기로 했다》는 그 어떤 책보다도 설득력 있게 선禪의 미덕을 현재에 적용시킨다. 그 책에서 저자들은 두 종류의 인내, 즉 통찰적 인내와 관용적 인내를 구분한다. 관용적 인내는 훈련을 통해 습득할 수 있다. 비법은 이른바 '마음챙김mindfulness', 감정을 알아차리고 관찰하는 방법에 있다. 말하자면 감정을 알아보고 그것을 가리키는 순간 이미 그 일부가 해소된다는 것이다. 저자들은 선사 페마 초드론의 말을 인용한다. "내면에 쌓인 분노, 심술부리고 싶은 충동, 고함, 주먹질, 누군가를 공격하려는 마음과 함께 머물러 있어라! … 습관적인 충동을 견뎌라!" 그런 충동을 알아채고 관찰하고 비난하지 않고 그저 바라보기만 한다. 그럼 우리를 옭아맨 마력도 풀릴 것이다.

셰프와 에드미스턴에 따르면 7세기에 살았던 위대한 산티데바는 소소한 일에서부터 시작할 것을 권유한다. "사소한 불편을 참아내면 큰 역경을 견뎌내는 훈련을 하는 셈이다." 당시에는 그것이 벌레에 물리는 일이었다면 지금은 와이파이가 끊기거나 기다리는 줄이 한없이 길어지거나 믿음직스럽지 못한 우버 운전사를 만나는 일 따위일 것이다.

경험하는 것이 아니라 경험을 소비하게 된 세상

우리의 '인스턴트' 문화는 인내를 실천하는 일을 점점 힘들게 만들고 있다. 기업들은 첨단 기기들을 쏟아내며 소비자에게 불필요한 모든 수고를 덜어주려고 한다(원활한 소비frictionless consumption). 택시

앱 이용자는 목적지에 다다르면 지갑을 뒤적일 필요 없이 스마트폰 화면만 쓱 문지르면 된다. 아마존에서는 원클릭 주문을 도입했다. 하지만 이조차도 현대인들에게는 번거롭기만 하다. 앱 개발자들은 사람들이 너무 게으른 탓에 그 정도의 수고도 귀찮아한다는 사실을 발견했다. 피자 체인점 도미노는 한 발 더 나아갔다. '제로 클릭'을 자랑하는 도미노 앱은 열기만 하면 10초 후에 사전 설정된 주문이 실행된다. 조작은 음성 명령으로도 가능하다. 다음 차례는 무엇일까? 조금만 식욕이 생겨도 피자 조각을 하나씩 우리 입 안에 넣어주게 하는 앱이 등장하는 것은 아닐까?

아마존 프라임 회원은 원하는 상품을 즉시 받고 싶어 한다. 아마존은 그러한 욕망을 충족시켜줌으로써 소비의 통제권이 우리에게 있다는 기분을 갖게 만들어준다. 우리는 그저 가상의 단추를 누르기만 하면 된다. 이러한 디지털 세계는 진정한 만족을 원하는 우리 내면 깊은 곳의 바람을 왜곡시킨다.

그러나 이런 갈망을 채우는 것은 온라인 주문도, 인기 좋은 24년산 맥캘란 위스키나 프라다 여행가방도 아니다. 이런 것들은 전혀 다른 것을 갈망하는 우리의 원래 욕구를 마비시킬 뿐이다. 미국 소설가 워커 퍼시Walker Percy는 이런 말을 남겼다.

"삶의 일상성에 매몰되어 있지 않다면 누구나 구도의 길에 나설 것이다. 구도의 가능성에 눈뜬다는 것은 삶에서 뭔가 의미심장한 것을 발견했다는 뜻이다. 그렇지 않은 사람은 절망에 빠지게 된다."

우리는 살아가면서 의미심장한 것을 찾아나서야 한다. 찾는 것을 포기해서는 안 된다. 너도나도 입에 올리는 유튜브 영상을 찾거나 뱃살을 빼는 비법을 알아내라는 말이 아니다. 얼마 전 나는 우리 딸과 함께 일주일간 이스트라 반도에 머문 적이 있다. 천국 같은 그곳에 둘러싸여 있던 우리는 문득 이런 생각을 해 봤다. 배를 타고 건너편 베니스로 가보면 어떨까?

베니스에서 현지인이 추천하는 세 번째 레스토랑을 방문하고, 멋진 여름바지를 세 벌째 구입하고, 네 번째로 귀족의 대저택을 방문한 다음에 비로소 깨달은 점이 있다. 우리는 쉼 없이 어딘가에서 또 다른 뭔가를 찾으려 한다는 것이었다.

나 역시 지나치게 소비적인 자세로 세상을 대하고 있다. 내가 인스타그램을 끊은 것도 그 때문이다. 어느새 우리는 경험을 하는 대신 경험을 **소비**하고 있다. 인스타그램 게시물 또한 제대로 보지도, 체험하지도 못한 순간들로 채워진다. 삶에서 맞닥뜨린 중요한 순간들을 채 느끼기도 전에 기록으로 남겨 인스타그램에 올리는 데에만 급급하기 때문이다.

영화 〈월터의 상상은 현실이 된다〉의 마지막에는 놀라운 장면이 등장한다. 햇볕에 그을린 사진작가로 등장한 숀 펜Sean Penn은 수년간 기다린 끝에 드디어 만난 가장 멋진 순간, 눈표범을 카메라에 담는 것을 포기하고 그 희귀한 짐승이 그저 지나가도록 놔둔다.

1990년 이후 출생한 세대는 난생 처음 손에 쥔 핸드폰을 상대로 인생의 첫 싸움을 벌였고, 2000년 이후 출생한 세대는(2007년 최초의 아이폰이 등장했다) 인터넷 서비스가 없는 삶을 더 이상 기억해내지 못

Q.

시간을 정확히 지킬 필요가
있을까요?

A.

미국의 코미디언인 밥 호프Bob Hope는 이렇게 말했다.
"시간 엄수는 얼마나 늦어도 되는지 정확히 가늠하는
기술과 관련이 있다." 15분 일찍 도착하는 것을 원칙으
로 하는 사람들이 있다. 하지만 이조차도 불쾌감을 줄
수 있다. 약속 시간보다 딱 5분만 먼저 가 있자! 더 빨라
도 더 늦어도 안 된다.

한다. 얼마나 자주 핸드폰을 잠금해제했는지 측정해주는 앱이 있는데, 대부분이 하루 80~100회 정도이고 십대들은 그보다 더 높은 빈도를 보인다고 한다.

이른바 밀레니엄 세대의 후속 세대에 관해 알고 싶다면 진 트웬지 Jean M. Twenge 샌디에이고주립대 심리학과 교수의 《#i세대》를 읽어볼 필요가 있다. 어떤 책들은 서문에 중요한 내용이 요약되어 있는 반면 이 경우는 제목 속에 핵심 주장이 모두 담겨 있다. 책의 완전한 제목은 이렇다. 'i세대: 어째서 완벽하게 연결된 요즘 아이들이 덜 반항적이고 좀 더 관용적이고 행복감을 덜 느끼면서 성장할까, 그리고 어째서 어른이 될 준비가 전혀 되어 있지 않을까(또 그것이 나머지 우리들에게 어떤 의미를 가질까)'.

트웬지 교수는 자신이 'i세대'라고 부른 세대를 면밀히 관찰한 뒤 이들의 특징을 열 가지로 정리했는데, 그 결론이 꼭 부정적이지만은 않다. 1970년대 초반으로 거슬러 올라가는 자료를 포함해 다수의 구체적인 데이터를 살펴본 저자는 2010년경 이후에 실시된 모든 조사에서 기대와 생활습관이 뚜렷이 달라지는 사실을 확인했다. 즉 청소년들이 어른이 되는 시점이 점점 늦어지고 있다. 성인의 나이가 된 뒤에도 소아적 행동에서 벗어나지 못한다는 것이다(미국 10대의 섹스와 임신 비율은 사상 최저치다). 그들은 어떤 앞선 세대보다도 보호를 잘 받고 있지만 자신감은 더 떨어지고 불안감은 더 커져만 간다.

"우리는 청소년기의 주요 사회 활동이 손바닥만 한 화면 속에서 벌어지는 세대와 마주하고 있다. 그들 손에 쥐어진 기기는 이들 세대의 아동기를 연장시키고 그들의 신체적 사회적 교류를 최소화시켰다. 이로 인해 그들은 기존의 어떤 세대보다도 보호를 잘 받으면서도 동시에 정신적으로 가장 취약한 세대가 되었다."

트웬지는 책의 한 대목에서 i세대 구성원들이 종교에 관심이 적다는 주장을 제기했다. 청소년들이 기술상으로는 서로 긴밀히 '연결connected'되었을지 모르지만 초월적인 것과의 '연결connection'에는 무관심하다는 것이다. 그 이유로 그들이 사용하는 샴푸에서부터 삶의 파트너, 그리고 각자의 섹슈얼리티에 이르기까지 무수한 선택지가 성장기에 주어진다는 점을 지적했다. 이들 세대는 더 이상 자신을 어딘가에 구속시킬 필요성을 느끼지 못한다. 일상의 문제만이 아니라 삶의 본질적인 질문에 대해서도 끈질기게 파고들고 '의미심장한 것을 찾아나서는on to something' 끈기를 이 세대로부터는 요구하기가 힘들어졌다.

살아간다는 것은 놀라고 참아내는 순간들의 연속이다

어느덧 참고 견디는 능력이 점점 사라져가고 있다. 동시에 세상만사를 통제하고 원하는 대로 욕망을 채우고 무수한 선택지를 통해 자기 삶을 만들고 바꿔갈 수 있다는 환상이 자라나고 있다. 그 결과 우리는 뜻밖의 일에 놀라는 능력마저 잃게 되었다.

롤프 도벨리Rolf Dobelli는 《불행 피하기 기술》에서 '바로잡는 고난도 기술'을 행복 처방전에 포함시킨다. 그는 이렇게 말한다. "나는 자동운항 장치가 없는 경비행기를 모는 일을 좋아하는데, 여기서는 미세한 잘못들을 바로잡는 권한이 내 손에 주어진다. 단 일 초라도 조종간을 움직이지 않으면 곧바로 경로를 이탈한다."

그의 책은 훌륭한 지혜들로 가득 차 있다. 가령 실수는 삶에 꼭 필요하다거나, "온갖 항공 지식, 규칙, 절차가 존재하는 것은 누군가 어디선가 추락한 사고가 있었기 때문이다"라고 말한다. 또한 "기대가 적을수록 행복도 커진다" 같은 근사한 문장도 발견된다. 다만 이 경우는 너무 나간 면이 없지 않다. 불교를 비롯해 모든 계시종교, 중세의 위대한 전설, 동화, 서사시 등이 전하는 메시지를 따른다면, 언제든지 뜻밖의 일들이 벌어질 수 있다는 자세야말로 행복한 삶의 기본 조건에 속하기 때문이다. 우리는 놀랄 줄 알아야 하고, 참고 기다릴 줄 알아야 한다.

인내심을 기르는 데 좋은 몇 가지 연습을 소개하고자 한다. 운전 중 차가 막힐 때는 내비게이션 소리를 죽이고 삶에서 덤으로 시간을 얻었다고 생각하자(오디오북을 듣는 것도 좋다). 칵테일파티에서 따분한 사람을 만나더라도 그에게 온전히 정신을 집중하자. 엘리베이터를 타자마자 핸드폰을 꺼내들지 말고 그 막간을 즐기자.

또 자신과 작은 약속을 한 뒤 일정 기간 동안 그것을 철저히 지키자. 하루 동안이라도 핸드폰을 어딘가에 넣어두고 사용하지 않도록 하자. 그리고 이런 일들을 습관적으로 자주 실천하자. 가장 좋은 방법은 먼 산이나 한적한 바닷가 같은 곳으로 떠나는 것이다. 독일인이라면 빈의 어느 카페하우스(브로이너호프Bräunerhof를 추천한다)에 들어가 '유리잔 속 달걀'(유리잔에 반숙한 달걀을 넣은 요리)과 카푸치노를 주문한다. 아마도 주문한 요리가 나와 종업원이 다시 당신에게 눈길을 줄 때까지 최소 30분은 족히 기다려야 할 것이다.

삶은 핸드폰처럼 마음대로 설정할 수 없다.

살다 보면 끊임없이 놀라운 일들과 맞닥뜨리게 된다. 우리 내면에 있는 가장 큰 에너지 가운데 하나가 고통을 피하려는 욕구, 즉 참고 견디는 것을 거부하려는 욕망이라는 사실은 프로이트만의 발견은 아니다. 여기에 맞서는 길은 오직 연습뿐이다. 이런 노력이 절실한 까닭은 50년 전만 해도 사람들을 미치게 만들었을 속도감에 우리가 익숙해져 버렸기 때문이다. 해결책은 뻔하지만 간단하다. 첫째, 문제를 깨닫고, 둘째, 인내심을 기르는 연습을 한다.

11

정의는 도달할 수 있는 것이 아니라
다만 다가가는 것이다

정의

2016년 2월, 어느 화요일, 아직 어둠이 채 가시지 않은 새벽 시간이었다. 바이에른 사육제 연휴 기간이라 아이들은 거의 없었고 출근 중인 몇몇 승객만이 열차에 타고 있었다. 그때 홀츠키르헨과 로젠하임 구간을 잇는 구간에서 시골 풍경을 에워싼 고요함이 무시무시한 소리와 함께 산산이 부서졌다. 단선 구간에서 두 열차가 정면충돌했다. 양쪽 기관차들이 이리저리 엉켜 있었는데, 객차 한 량이 탈선했고, 다수의 화물차량이 전복됐다.

사고 구간으로 구조대가 급파됐다. 출동 코드는 'VU', 사고열차의 약칭으로 소방대나 구조대 및 기술지원단에 출동신호가 자동으로 발령된다는 뜻이었다. 바트아이블링 근처의 사고현장에서는 총 열한 명의 사망자가 발생했고, 80명이 중경상을 입었다.

이후 조사 결과 인근의 철도 신호 제어 담당자인 미하엘 P.라는 39세 남성이 수차례 잘못된 신호를 보낸 사실이 드러났다. 그는 당시 핸드폰 게임에 온통 정신이 팔려 있었다. 8개월 후 그는 트라운슈타인 지방법원으로부터 과실치사 혐의로 3년 반의 금고형을 선고받았다. 이 과정에서 8개월에 걸친 구속 수감 기간이 참작되었고, 6개월 뒤에는 금고형의 절반이 면제되었다. 결과적으로 미하엘 P.는 총 1년 남짓한 수감 생활을 했다.

이는 정의에 합당한 판결일까? 열한 명의 죽음에 원인을 제공한

자에게 징역 14개월이 적절한 형벌일까? 비교를 위해 언급하자면 노르트라인 베스트팔렌 주에서는 상습적인 무임승차자에게 16개월의 금고형을 선고한 적도 있었다.

우리는 끊임없이 '정의'라는 말을 입에 올리지만 정작 정의가 무엇인지에 관해서는 제대로 생각하지 않는다. 도대체 '정의롭다'는 것은 무엇일까? 또 '공정하다'는 것은 무엇일까?

먼저 사법제도부터 살펴보자. 형벌의 목적을 묻는 이른바 형벌이론에서는 다양한 견해들이 경쟁을 벌이고 있다. 이중 가장 오래된 것은 응보의 원칙이다. 전문용어로는 '탈리온 법칙'이라 부르는 것으로, 쉽게 말하면 '피해를 받은 만큼 똑같이 갚아준다'는 식이다. 이 견해에 따르면 법을 어긴 자는 최대한 정확하게 자신의 범죄행위에 비례해 벌을 받아야 한다. 물론 대부분의 사람들은 여기서 '이에는 이'와 같은 원시적인 사고의 흔적을 발견한다.

또 다른 가설로는 속죄론이 있는데, 그 중심에는 범죄심리학이 자리하고 있다. 이에 따르면 형벌의 목적은 범죄자를 속죄하게 함으로써 법질서와 다시 화해시키는 데 있다. 현대적 개념으로 옮기면 '갱생'에 해당한다. 다만 문제는 범죄자가 깨닫지 않으면 갱생도 불가능하다는 점이다. 더구나 속죄이론을 비판하는 측에서는 범법자를 비정상적이고 '고쳐져야' 하는 대상으로 취급하는 것은 매우 오만한 태도라고 주장한다.

그밖에 형벌의 목적이 억지 효과에 있다는 목소리도 있다. 억지이론의 옹호자들은 형벌이 유사 범죄의 발생을 막아준다고 주장한다. 반면 비판자들은 인류 역사의 경험에 비춰 제아무리 높은 형벌이 예고되어 있더라도 범죄행위 자체를 막을 수는 없다고 강조한다.

마지막으로 형벌은 회복을 목표로 할 때 진정한 의미를 가진다는 주장이 있다. 이 같은 형벌이론은 특히 영미권에 널리 퍼져 있는데, 이와 관련해 '회복적 사법'이라는 용어를 사용한다. 즉 잘못을 저지른 가해자는 사태를 바로잡을 의무가 있고, 해를 끼쳤다면 그 피해자와 화해할 방법을 찾는 일이 중요하다. 여기서는 결국 사회적 평화의 회복, 다툼의 조정, 그리고 용서라는 야심찬 목표를 추구한다. 회복적 사법은 처음 언급한 보복 원칙과는 정반대라고 할 수 있다.

흥미롭게도 앞서 소개한 미하엘 P.의 사례에서는 이 같은 형벌목적 가운데 어느 것도 제대로 효과를 발휘하지 못하고 있다. 과실로 발생한 죽음에 대해 똑같이 복수하는 것은 잘못된 행동이다. 억지 효과도 미미하다. 일생일대 최악의 과오를 범한 자가 유사한 잘못을 되풀이할 가능성도 낮고, 안전 업무를 책임지는 또 다른 사람이 준엄한 판결 이후에 '좀 더 조심해야겠어'라고 생각할 리도 만무하다. 재교육 및 갱생 역시 이 경우 목적과 맞지 않다. 그 피고인은 비뚤어진 길로 들어선 탓에 더 나은 인간이 되어야 하는 것이 아니다.

남은 선택지는 회복 이론뿐이지만 열한 명이 사망했다는 사실이 회복될 성질의 것은 아니다. 만약 조정 절차에 의한 화해의 길을 모색하고자 피고인을 희생자 유족과 한 테이블에 앉게 했다면 그는 여기저기서 들리는 고함소리에 입도 열지 못하고, 유족 및 피해자들은 더 심한 정신적 충격만 받게 될 것이다. 나는 저명한 범죄학자 라인하르트 할러Reinhard Haller 교수에게 이 사건에 관해 질문을 던진 적이 있는데, 해당 남성은 이미 자신의 범죄로 사실상 충분한 처벌을 받았다는 답변을 받았다. 아울러 평생 정신과 치료에 의지해 살아갈 수밖에 없는 미하엘 P.의 경우 금고형은 전혀 다른 목적을 달성한다는 것이다. "그 정도로 심리적 압박에 시달리는 범인들은 유죄선고를 받으면 모종의 안도감을 느끼기도 한다."

따라서 엄밀히 보자면 미하엘 P.에게는 비교적 가벼운 형벌을 주고, 상습 무임승차자는 엄하게 처벌하는 것이 꼭 이해 못 할 일만은 아니다. 적어도 후자의 경우에는 경고를 주는 효과가 있다고 말할 수 있을 것이다.

남들보다 더 낫기를 바라기에, 세상은 불공평할 수밖에 없다

그럼에도 형사사건에서 법이 항상 정의의 편인 것은 아닌 것 같다. 사실 우리가 정의와 공정을 말하는 대부분의 상황에서 처벌은 중요한 사안이 아니다. 오히려 문제가 되는 것은 물건, 소유, 돈에 관한 것들이다. 누가 얼마나 많은 재산을 갖고 있으며, 그것은 과연 공평한 일일까? 이에 관한 흥미로운 사고실험이 하나 있다.

잠시 당신이 아직 태어나기 전이라고 상상해보자. 그리고 어떤 피부색을 띠고 세상에 나올지, 어디서 태어날지, 여성인지 남성인지, 미국 백만장자의 자식으로 태어날지 중국 농민공의 자식으로 태어날지 모른다고 가정해보자. 이제 당신은 공평한 세상이 어떻게 짜여야 할지 직접 결정할 수 있다. 막이 오르고 진짜 삶이 펼쳐지기 전에 스스로 결정해야 한다. 당신이 태어날 세상은 어떤 정의 원칙을 따라 만들어져야 할까?

《정의론》의 저자 존 롤스John Rawls는 정의에 관한 한 우리는 절대 객관적으로 판단할 수 없다고 주장한다. 우리의 선입견이 너무 강하기 때문이다. 늘 우리는 어쩔 수 없이 자신의 관점에서 판단한다. 롤스는 자신이 고안한 사고실험을 '무지의 장막the veil of ignorance'이라고 불렀다. 이런 장막 뒤에서만 우리는 정의로운 세상의 모습에 관해 객관적이고 직관적으로 올바르게 결정할 수 있다. 롤스는 대담한 도박꾼이 아니고서는 그 장막 뒤에서 현재와 같은 세상을 선택하지 못할 것이라고 말한다. 경제적 사회적으로 불이익을 받는 압도적 다수에 포함될 위험이 너무도 크기 때문이다.

그렇다면 우리는 무지의 장막 뒤에서 어떤 세상을 선택할까? 우리는 어떤 원칙을 원할까? 이에 답하고자 롤스는 《정의론》에서 먼저 몇 가지 대안을 제시한다. 봉건적 질서는 어떨까? 이것만큼은 확실히 아니다. 권력, 돈, 지위를 소유할지를 로또 식으로 유전자가 결정하는 세상을 상상하고 싶은 사람은 아무도 없을 것이다.

그럼 공리주의 이념에 따라 세워진 세상은 어떨까? 다시 말해 최대 다수의 최대 행복은 어떨까? 얼핏 그럴듯하게 들리지만, 이 역시 우리의 선택을 받기 어렵다. 소수에 속하고, 억압받거나 가난에 시달릴 위험이 여전히 너무 높기 때문이다.

롤스는 사람들이 가장 먼저 내세울 첫 번째 기본원칙은 만인에게 적용되는 기본 권리일 것이라고 말한다. 사상, 집회, 종교의 자유를 비롯해 사유재산권, 신체 불훼손 및 안전에 대한 권리, 법의 보호를 받을 권리 등이 여기에 포함된다. 이런 기본권은 물질적 풍요보다 훨씬 중요하기 때문이다. 이 기본욕구가 채워질 때 우리는 사회적 경제적 정의의 문제를 고민하게 될 것이다.

우리는 과연 이 중요한 문제에서 어떤 결정을 하게 될까? 롤스의 주장에 따르면 인간이 물질적 부가 균등하게 분배된 세상을 선택할 확률은 거의 없다. 누구나 세상에 나올 때 특권을 누리기를 원하고, 백만장자의 자식은 아니더라도 적어도 오붓한 가정에서 자라고 제대로 된 학교를 다니고, 가능하다면 특별한 재능을, 적어도 성실함을 타고나기를 은근히 바라기 때문이다. 성실하든 게으르든, 재능이 있든 없든 똑같은 보상을 받는다면 대단히 불공평하다고 여길 것이다. 특별한 자질로 인한 결실을 누리지 못한다면 부당함을 느낄 뿐더러 재능을 사용할 의욕마저 사라질 것이다.

물론 그렇다고 해서 우리가 순전한 실력주의 사회를 바란다는 말이 되는 것도 아니다. 어떤 성과를 냈는지에 따라 부와 지위가 결정되는 사회도 불공평하기는 마찬가지다. 천부적 재능을 가지고 태어날지 아니면 아무런 재능도 없이 빈민가에서 살게 될지 어떻게 미리 알 수 있단 말인가?

우리가 지지할 수 있는 단 하나의 공평한 원칙은 차이는 허용하되 특권과 능력과 남다른 재능 없이 태어난 이들에게도 최대한 이익이 돌아가도록 결실을 나눠주는 것이다. 사회적 불평등은 용인되지만, "최소 수혜자에게 최대의 이익을 가져다주어야" 한다. 롤스는 이를 "차등의 원칙"이라 부른다.

우리는 호날두와 같은 축구선수가 일 년에 수백억 원을 벌어들이거나 제프 베이조스 같은 기업가가 백조 원 이상의 재산을 보유한 사실을 받아들일 수 있을까? 롤스는 그렇다고 대답한다. 다만 이들로

Q.

친구나 동료가 바람을 피우는
현장을 목격했다면 어떻게 해
야 할까요?

A.

늦은 밤 냉장고나 푸른 수염 남편의 방처럼 열지 않아
도 좋을 것들이 있다. 가능하다면 그들과 눈을 마주치
지 않도록 하자! 어쩔 수 없이 맞닥뜨렸다면 아무것도
모르는 듯이 행동하는 것이 좋다.

하여금 혜택을 받지 못하는 계층을 위해 재산의 상당 부분을 내놓게 하는 제도가 마련되어야 한다. 그들로부터 받은 부는 학교 및 훈련장 등을 짓고, 태어날 때부터 기회가 막힌 이들에게 가능성을 열어주기 위해 쓰여야 한다. 언젠가 멜린다 게이츠와 인터뷰를 한 적이 있는데 그는 자신과 지금은 전 남편이 된 빌 게이츠가 적지 않은 재산을 개발도상국 지원에 내놓은 이유에 대해 이렇게 설명했다.

"빌 게이츠가 서아프리카 원시림에서 태어났더라면 결코 마이크로소프트사를 세울 수 없었을 것입니다. 우리의 지원을 통해 어쩌면 다음 번 빌 게이츠가 아프리카에서 나올지도 모릅니다."

이론상으로 롤스가 요구한 차등의 원칙은 조세정의가 지배하고 갑부들이 조세의무에서 벗어날 수 없는 곳이라면 어디든 실현될 수 있을 것이다. 바꿔 말하면 일부 스칸디나비아 나라들을 제외한다면 어디서도 찾아보기 힘든 것이 현실이다.

전 재산의 몇 천분의 일만을 자식에게 물려주고 나머지는 기부하는 빌 게이츠를 비롯해 억만장자들에게서 자산 대부분을 극빈자들을 위해 내놓는 '기부서약The Giving Pledge' 같은 운동이 활발한 것도 분명한 사실이다. 하지만 지구상에서 가장 부유한 백 명이 세계 인구의 절반인 38억 명에 달하는 극빈층의 재산을 모두 합한 것만큼의 재산을 소유하고 있다는 점에는 변함이 없다.

다름을 인정하지 않는 완벽한 정의를 경계하라

부의 불공평한 분배가 최근의 현상이라고 주장한다면 이는 오산이다. '돈이 돈을 번다'는 현실은 돈의 역사만큼이나 오래된 것이다. 빌프레도 파레토Vilfredo Pareto라는 이탈리아 학자는 이미 백 년도 훨씬 전에 부의 집중 현상을 밝혀낸 바 있다. 그는 어떤 시대를 보더라도, 또 유행하는 정부 형태나 이데올로기에 상관없이 늘 동일한 현상이 발견된다고 주장했다. 바로 한 사회에서 소수가 대부분의 부를 차지한 반면 대다수는 평균 이하에 해당한다는 것이다.

이쯤 되면 '돈이 돈을 번다'는 현상이 일종의 자연법칙이라고 믿겨질 정도다. 조던 피터슨Jordan B. Peterson 토론토 대학 심리학과 교수는《12가지 인생의 법칙》에서 집중현상이 두드러지게 나타나는 또 다른 분야를 언급한다. 활동 중인 음악가는 수백만 명에 달하지만 라디오에서 들리는 음악은 정작 수십 명의 곡뿐이다. 매년 수백만 권의 책이 시장에 쏟아지지만 판매 부수의 대부분은 얼마 되지 않는 작가들의 것이 차지한다.

조던 피터슨은 이렇게 말한다. "똑같은 현상이 도시(일부 대도시에 인구가 집중된다), 별과 행성(일부가 대부분의 질량을 차지한다), 언어(의사소통의 90퍼센트는 500단어 정도로 이뤄진다) 등에도 적용된다." 이 목록은 끝없이 이어질 수 있을 것이다.

이것이 공평한 일일까? 물론 아니다. 하지만 현실이다. '승자독식'과 '돈이 돈을 번다', 우선 이 사실을 인정해야 한다. 그렇다면 정의로운 사회를 건설하자고 요구하는 것은 주제넘은 짓이 아닐까? 또 질병을 박멸할 수 없듯이 불공평함을 완전히 없애는 것도 불가능한 일이 아닐까? 질병처럼 불공평함도 다소나마 심각한 상황을 완화할 수 있는 게 최선이 아닐까? 물론 연구와 치료에 놀라운 성공을 거둘 때도 있다. 최근 들어 소아마비는 거의 사라지게 되었다. 하지만 분별 있는 자라면 유전공학의 발전에도 불구하고 이 세상에서 고통과 질병을 깡그리 몰아낼 수 있다고 주장하지는 않을 것이다.

그러므로 우리가 직면한 질문은 '어떻게 정의를 세울 것인가?'가 아니라 '어떻게 최대한 정의에 접근할 것인가?'이 되어야 한다. 더욱 정확하게는 이렇게 질문을 던져야 한다. 기존의 불의에 어떻게 대처할까? 그것이 우리 인간에게 갖는 의미는 무엇인가? 불의를 목격하면 어떻게 행동해야 할까?

불의를 그냥 감수하는 것은 다친 사람을 길가에 버려두는 것만큼 매정하고 못된 짓일 것이다. 어쩌면 불의에는 보다 깊은 의미가, 우리가 일일이 파악할 수 없는 의미가 숨겨져 있을지도 모른다. 이를테면 우리의 인간성을, 고귀함을, 존엄을 시험한다는 의미가 있는 것은 아닐까?

곤란한 윤리적 문제와 맞닥뜨릴 때에는 토마스 아퀴나스의 조언이 큰 도움이 될 때가 많다. 그에게 정의란 최종적으로 도달할 상태가 아니라 늘 일시적이고 임시방편적이고 잠정적인 것이다. 아퀴나스에게는 부단히 '고쳐나가는 것'이야말로 인간의 기본 상태다. 완전한 세상을 세우겠다는 야심은 어쩔 수 없이 비인간적인 것을 초래한다. 아울러 정의를 수학적으로 계산해서 모호한 회색지대를 허용하지 않는 것도 위험천만한 일이다. 완전한 세상을 만들려는 다양한 시도들이 20세기에 벌어졌지만, 그 결과는 역사가 증언하듯 수백만 명의 죽음이었다.

다시 토마스 아퀴나스의 말을 빌리자면 정의는 상대방의 다름을 요구한다. 모든 자명한 진리가 그렇듯이 이 말도 진부하게 들린다. 하지만 이 당연한 말에는 중요한 결과가 따른다. 이 논리대로라면 상대방이 자신과 더 크게 다를수록 정의는 덕을 기르는 연습이 된다. 그리고 그 연습을 위한 가장 이상적인 장소는 바로 내 주변이다. 동료나 친척을 대할 때, 또 생면부지인 사람과 마주할 때 그렇다. 낯선 이에게, 심지어 싫어하는 누군가에게 선행을 베푸는 사람, 그 사람이 곧 의로운 사람이다.

정의란 없다. 적어도 절대적 의미의 정의는 없다.

누구든지 자기와 아무 관련이 없는 것으로부터, 또 노력 없이 얻은 것으로부터 이익을 누릴 때가 있다. 누군가 더 많은 정의가 실현되도록 힘써 주리라고 기대하기도 한다. 그것은 바람직하지 못하다. 오래 기다려야 하기 때문이다. 다만 우리가 나서서 할 수 있는 일들도 얼마든지 있다. 조금씩, 개인적으로, 또 자기가 옳다고 믿는 대로 삶에서 만나는 불의를 하나하나 고쳐나가는 것, 그것이 우리가 행할 수 있는 정의다.

12

경쟁을 두려워하면 패배조차
하지 못하게 된다

스포츠맨십

독일인들은 어째서 늘 못 이겨 안달일까? 어째서 네덜란드인과 프랑스인은 쉽게 패배를 인정하지 않을까? 왜 진정한 스포츠맨 정신을 아는 이는 영국인들뿐일까? 물론 독일어로도 누군가를 '스포츠만Sportsmann'이라고 부를 때가 있고, 프랑스에서도 '에스프리 스포르티프Esprit sportif'(스포츠 정신)라는 용어가 있지만 영어 '스포츠맨십Sportsmanship'에는 그 이상의 뜻이 들어 있다. 영국인이 어떤 사람을 가리켜 'He is a good sport'라고 말하면 그것은 곧 괜찮은 사람 정도를 넘어 최대의 찬사가 된다. 사실 오늘날 스포츠 종목의 상당수는 영국에서 발명되거나 규칙이 정해졌다. 그것도 할 일이 없어 시간이 남아도는 상류층에 의해서 말이다.

인류 문화에 지대한 영향을 끼친 이들은 일벌레라기보다는 한량들이었을 것이다. 고대 아테네는 한가로움을 최고 가치로 여겼다. 활동, 제작, 생산 등에 관한 것은 주목을 끌지 못했다. 그리스 세계는 한가로움의 세계, 놀이의 세계였다. 시인, 배우, 운동선수 등이 참여하는 각종 경연이 끊이지 않았다. 그리스인들에게는 세계가 시작될 때에도 놀이가 있었다. 제우스, 포세이돈, 하데스 사이에 벌어진 주사위 놀이의 결과, 제우스는 하늘과 땅, 포세이돈은 바다를 차지했고, 놀이에서 진 하데스는 지하세계를 가져갔다. 반면 로마인들에게는 실용적인 것만이 가치가 있었고, 놀이나 경기란 어딘가 잔혹한 것이었다.

기사의 시대인 중세에 이르러 유럽인들은 비로소 영예로운 시합의 매력을 재발견하게 되었다. 14세기 기사도에 관한 가장 영향력 있는 책이었던 제프리 드 샤네이Geoffroi de Charney의 《기사도의 책Livre de chevalerie》에는 마상 창시합(툐스트Tjost, 엄격한 규칙 아래에서 행해지는 기사 간 결투), 마상 무술시합(투니어Turnier, 기사 무리가 모두 참여해 최종 승자를 가리는 시합), 그리고 기품을 지키며 벌이는 전쟁이 각각 분량을 삼등분해 고르게 서술되었다.

샤네이에게 중요한 것은 마상 창시합이나 무술시합에서 남보다 뛰어난 자에게 무장한 **모든** 남성 가운데 최고의 영예가 주어진다는 점이었다. 귀족 신분이 아니라도 **스포츠맨십**을 통해 최고에 오를 수 있다는 점에서 이는 중요한 의미를 가진다. 마상 무술시합에서 뛰어난 실력을 발휘한 이들에게는 사회적 신분 상승의 길이 열렸다.

나는 스포츠에서의 공정한 경쟁이 인간의 내면에 자리한 고귀한 면을 훈련시켜준다고 생각한다. 스포츠와 놀이를 통해 우리는 자기계발의 의지와 극기가 삶을 헤쳐 나가는 데 큰 힘이 된다는 것을 깨닫는다. 놀이를 즐기며 규칙의 중요성을 익히고, 그 배움을 일상과 연결하는 것이야말로 한 인간이 성장하는 데 꼭 필요한 과정이다.

인간은 배워야 할 모든 것을 이미 놀이에서 배웠다

그렇다면 '놀이 충동'의 특별한 점은 무엇일까? 어째서 우리는 직감적으로 '놀이하는 인간'에게 더 호감을 느끼는 것일까? 스포츠맨십이 하나의 덕목인 이유는 무엇일까?

실러는 이런 말을 남겼다. "인간은 놀이할 때에만 온전한 인간이다." 그런데 그가 말한 근거를 정확히 살펴봐야 한다! 실러에 따르면 놀이할 때 인간에게는 "전인격이 깃들게 되며", "완성된 창조물이 되고, 공간을 초월한 듯이 굴복도 저항도 없어진다". 그리고 그는 이런 말을 덧붙인다. "거기에는 힘들과 다투는 힘도, 시간이 뚫고 들어올 빈틈도 없다".

놀라운 주장이 아닌가? 그는 목소리를 점점 더 높인다. "우아함을 통해 뿌리치기 힘들 정도로 감동받고 이끌리고, 그 기품을 통해 멀찌감치 거리를 둠으로써 우리는 최고의 평온 상태와 최고의 활동 상태에 동시에 있게 되는데, 바로 여기서 오성이 개념을 찾지 못하고 언어로 이름 붙일 수 없는 경이로운 감동이 생겨난다."

정말 그렇다면 '인간의 모든 불행은 가만히 방안에 있지 못하는 데에서 비롯된다'는 파스칼의 딜레마에 대한 해답이 나온다! 미하이 칙센트미하이Mihály Csíkszentmihályi(어머니 덕분에 나는 저 유명한 심리학자의 이름을 제대로 발음할 수 있는 몇 안 되는 사람 중 하나다. 참고로 헝가리에서는 성을 이름보다 앞에 둔다)가 '플로우flow'라 부른 현상이 놀이 속에서 쉽게 이뤄진다. 바로 '자기 안에 온전히 머무르기'다.

베를린 공과대학의 미디어학자인 노르베르트 볼츠Norbert Bolz는 《놀이하는 인간》에서 쓸모를 따지지 않고 지루함에 시달리지 않는 온전한 인간은 오직 놀이 속에서만 존재한다고 주장한다. 볼츠에 따르면 "문제는 동등한 권리를 외치는 현실세계에서는 패배라는 가능성이 허용되지 않는다는 데 있다. 우리는 오래전부터 승리의 기쁨과 영웅적 인내심, 명성과 명예가 들어설 자리가 없는 세상에 살고 있다".

그는 이런 예를 제시한다. "언젠가부터 남을 이기는 것이 허용되지 않게 되었다. '너희들은 축구를 해도 좋지만 어느 팀이 골을 얼마나 넣었는지는 세지 않을 거야'라는 교사들의 교육방침처럼 말이다." 볼츠는 놀이의 공간이야말로 우리가 두려움 없이 위험한 삶을 경험할 수 있는 최후의 장소라고 지적한다.

놀이의 의미에 관해 가장 중요한 연구를 남긴 인물은 요한 하위징아였다. 1938년 첫 출간된 《호모 루덴스》는 문화사 분야에서 깊은 족적을 남긴 성과로 인정받고 있다. 책의 요지는 문화의 발생을 가능케 한 것은 호모 에코노미쿠스Homo oeconomicus도, 호모 파베르Homo faber도, 즉 계산적 인간이나 도구를 만드는 인간도 아닌 놀이하는 인간, 호모 루덴스Homo Ludens였다는 것이다.

하위징아에 따르면 문화는 놀이에서 비롯되었다. 놀이란 자기조직화를 뜻하는데, 엄밀히 말해 모든 문화는 합의와 자기조직화를 기반으로 한다. 금과 다이아몬드가 가치가 있다거나 코카콜라가 가치 있는 브랜드라는 점을 우리 모두 인정한다. 마찬가지로 비트겐슈타인도 말했듯이 언어도 공통의 개념과 규칙에 대한 합의에 바탕을 둔다. 비트겐슈타인은 《호모루덴스》와 비슷한 시기에 쓰인 《철학적 탐구》에서 '언어게임'이라는 개념을 내놓는다.

하위징아가 볼 때 진정한 놀이는 다음과 같은 특징을 보인다. 하나, 놀이는 자유로운 행위다. 강요에 의해 놀이를 한다면 더는 놀이가 아니다. 둘, 놀이는 '일상' 또는 '실제' 삶이 아니다. 셋, 놀이는 직접적인 필요나 욕구와 무관하다. 넷, 놀이의 과정과 의미는 놀이 자체에 있다. 다섯, 놀이는 시간과 공간이라는 일정한 제한 속에서 일어난다.

여섯, 놀이는 반복될 수 있다. 일곱, 놀이에는 규칙이 있고, 울타리가 쳐진 놀이터 안에서는 절대적이며 고유한 질서가 지배한다. "놀이는 질서를 창조한다. 그렇다. 스스로가 하나의 질서가 된다. 놀이는 불완전한 세계와 혼란스러운 일상생활에 잠정적이고 제한적인 완벽함을 가져다준다."

또한 하위징아는 놀이와 제식 사이에서 어떤 연관성을 발견했다. 그 이유는 다음과 같다.

"성스러운 행위가 놀이와 같은 형태 속에서 이뤄지듯이, 신성한 장소 역시 외형상으로는 놀이터와 차이가 없다. 경기장, 게임 테이블, 법정 등은 모두 그 형태와 기능상 놀이터와 동일하다. 즉 신성한 땅, 특별한 규칙이 통하는 따로 분리된, 울타리가 쳐진 성스러운 구역이다."

분장이나 운동복을 비롯해 심판의 호각이나 선심의 깃발 같은 표장 등도 일종의 놀이에 해당한다. 하위징아에 따르면 영국 법관들이 쓰고 있는 가발도 유희적 용구로, 전통의 잔재 이상의 의미를 지닌다.

하위징아는 한 가지 흥미로운 사실을 강조한다. 바로 영국 사회가 그 특유의 '전통에 대한 경외심'에서 유희적 요소를 재판 과정에 보존했다는 점이다. 한 전직 판사가 그에게 이런 편지를 보낸 적이 있었다. "우리 법정 기록의 문체와 내용을 보면, 변호사들이 얼마나 스포츠적인 열정에 휩싸여 궤변까지 섞어가며 주장과 반론을 펼치며 서로를 공격하는지 잘 알 수 있습니다. 그런 기질은 자바의 아다트adat 재판(근대에 이르기까지 인도네시아 등지에서 행해진 통상적인 소송절차로, 마

Q.

초대받은 저녁식사 자리에서
얼마나 머물러야 할까요?

A.

미국에서는 저녁식사를 마친 다음 정중하게 인사하고
밤 10시 전에 자리를 뜬다. 예절과 관련해 미국인들이
유럽인들보다 나은 점이 별로 없다고 하지만 이런 점은
마음에 든다. 유럽, 특히 라틴계 국가들에서는 손님이
일찍 일어서는 것을 결례로 받아들인다. 그래서 누구도
선뜻 먼저 자리를 뜰 생각을 못하면서 늦게까지 고통을
받곤 한다.

을 공동체에 분쟁이 발생했을 때 자발적으로 열렸다)에서의 대리인들을 연상시킵니다. 이들은 자신의 말이 입증될 때마다 땅바닥에 작은 막대기를 하나씩 꽂는데, 이 막대기를 상대보다 많이 가져가 재판에서 이기려고 애를 씁니다."

전통을 중시하는 영미 문화권에서 런던 경찰 '보비Bobby'의 모자처럼 익살스럽고 장난기가 느껴지는 복장이 정체성의 일부가 되고, 스포츠 정신이 높이 인정받는 사실이 우연만은 아닐 것이다. 아울러 모른 척 한 쪽 눈을 감아주기도 하면서 늘 규칙에만 매달리지 않는 여유도 이런 스포츠 정신의 일환이라 할 수 있다. 이 역시 'To be a good sport'(관대하고 의연한 사람)을 뜻하기 때문이다. 하위징아의 말을 다시 들어보자. "알콜 밀수업자가 조서를 작성하려는 세관원을 향해 이런 말을 던졌다. 'Be a good sport.'(너무 까다롭게 굴지 말라고)

승리와 패배 모두 나를 성장시키는 놀이의 일부다

대개 사람이 손대는 것이 그렇듯이, 놀이처럼 근사한 것도 못쓰게 변질될 수 있다. 중독의 원인이 되거나 세상으로부터의 도피 수단으로 변질될 수 있는 것이다. 그럼에도 놀이가 의무와 상관없고 당장 이익을 주지 않으며 한가로움에서 비롯되고 규칙이 있기에 본질상 깊은 차원에서 문명화를 이끄는 요인이라는 점에는 변함이 없다.

하위징아뿐 아니라 앞서 자주 언급한 요제프 피퍼 역시 놀이가 성스러운 영역과 닿아 있다고 지적한다. 1948년에 발표된 그의 책 제목은 '여가와 제식'이다. 피퍼 역시 문화와 제식은 여가라는 토양 위에서만 흥성할 수 있다고 말한다.

놀이, 제식, 축제(일) 등에서 보듯이 여가에는 '일상 세계로부터의 일탈'이라는 요소가 들어 있다. 놀이는 제식이 그러하듯 일상의 무미건조한 반형이상학적 현세성으로부터 우리를 벗어나게 해 또 다른 평행세계가 있음을 보여준다. 놀이는 숨 막히게 둘러싼 진부한 현실로부터 잠시나마 우리를 해방시킨다.

그러므로 놀이와 놀이의 강화된 형태인 스포츠는 '하나의 놀이' 그 이상이다. 스포츠가 벌린 틈 사이로 또 다른 초월적 차원이 모습을 드러낸다. 우리가 스포츠에서 예술과 비슷한 미학을 추구하는 것도 이와 관련이 있다. 고도의 능력이 필요한 운동 경기만큼 사람들을 매료시키는 것도 없을 것이다. 완벽한 골프 스윙이나 축구선수의 킥에서 발산되는 아름다움과 조화, 그 절묘함으로 인해 일순간 숨이 멎을 때가 있다. 이는 아름다움에 끌리는 인간의 속성과 관련이 있다. 그럴 때 우리는 "정말 아름답다!"라고 탄성을 지른다.

게다가 스포츠 규칙과 예술 및 종교의 규칙은 서로 비슷하다. 악기를 배우거나 골프 스윙을 연습할 때에는 성가실 때도 있지만, 규칙과 원칙은 뛰어난 기술을 배우기 위해 꼭 필요한 것들이다. 이런 규칙이나 원칙 덕분에 우리는 제대로 악기를 구사할 수 있게 되고 올바른 스윙 기술을 배우게 된다. 규칙을 완전히 내면화할 때, 악기를 능숙하게 다루는 단계인 예술적 자유에 도달하는 것이다.

규칙을 익히고, 공을 정확한 위치에 맞추고, 바이올린을 제대로 연주하고, 올바르게 사는 법을 배우는 게 늘 쉽지만은 않고 때로 스스로를 상처 입게 만든다는 것은 당연한 일이다. 하지만 연습하는 대상을

Q.

흰색 정장을 입고 다녀도
괜찮을까요?

A.

멕시코의 아카풀코나 스페인의 마르베야 정도를 제외
하고 지구상에서 흰 정장이 어울리는 곳은 없다. 웨이
터가 아니라면 흰색 스모킹 재킷도 곤란하다. 흰색만
큼 금기시되는 것이 검은색 양복이다. 물론 장례지도
사나 첩보원이라면 검은 양복도 나쁘지 않다. 나는 장
례식에 참석할 때면 검은 넥타이에 모닝코트나 검푸
른 정장을 입는다.

소중히 여길수록 규칙과 원칙에 대한 관심도 커지게 마련이다. 규칙은 우리를 속박하기보다는 목표를 이루도록 도와주기 때문이다.

아리스토텔레스는 기독교가 등장하기 훨씬 전부터 이 점을 잘 알고 있었다. 너무 지나치거나 모자라는 경우처럼 아리스토텔레스가 예찬하는 중용에서 벗어난 생활을 하다 보면 점점 잘못된 습관에 빠지게 된다. 스포츠를 예로 들자면, 잘못 배운 서브를 테니스장에서 몇 시간이고 연습하는 것은 아무 소용이 없다. 잘못된 동작만 몸에 배면서 달인의 경지와는 영영 멀어질 것이다.

훌륭한 코치라면 솔직한 의견을 말하는 데 주저하지 않을 것이다. 가령 훈련장에서 이렇게 말하지는 않을 것이다. "전부 다 좋아! 네가 옳다고 생각하는 방식대로 해봐! 그럼 어떻게든 공을 맞출 거야!" 코치는 제자가 스스로에게 만족하게끔 응원하고 다독여주는 사람이 아니다. 그의 임무는 제자에게 **올바른** 방법을 가르치는 것이다. 잘못된 서브 자세가 제자 몸에 배어 있으면 올바른 위치에서 서브를 성공시킬 때까지 닦달하고 몸에 익을 때까지 반복하도록 연습시킬 것이다. 디르크 노비츠키는 세계적으로 유명한 NBA 선수가 되고 나서도 예전 코치였던 홀거 게슈빈트너와 함께 고향 체육관에서 몇 시간이고 슛 연습을 해왔다.

미국 로스앤젤레스 교구의 로버트 배런Robert Barron 보좌주교는 필라델피아에서 열린 한 회의(2015 World Meeting of Families)에서 규칙과 스포츠 경쟁에 거부감을 느끼는 오늘날 사람들을 꼬집어 이렇게 말한 바 있다.

"오늘날 우리가 맞닥뜨린 심각한 문제 가운데 하나는 최대한 모두를 만족시키기 위해 상냥하고 친절하게 보이려고만 애쓰는 바람에 제대로 된 '코칭'이 사라졌다는 것이다. 모두가 상을 받고, 모두가 어떤 일이든 훌륭히 해낸다. 하지만 실제로는 어느 누구도 자신이 가진 가능성을 모두 발휘하지 못하게 되었다. 스스로를 극복하고 성장할 기회를 갖지 못하기 때문이다. 우리 모두는 가장 편한 길을 가려고 하고, 되도록이면 노력을 하지 않으려고 한다. 그러면서 이런 좌우명을 내건다. '우리 너무 엄격하게 굴지 맙시다. 문은 모두에게 열려 있고, 누구도 자신을 바꿀 필요가 없어요.' 문제는 바로 여기에 있다. 우리는 스스로에게 만족하기를 원하는가, 아니면 노력해서 더 나아지기를 원하는가?"

크리스티아누 호날두는 자타가 공인하는 펠레 이후 가장 위대한 축구선수다. 오랫동안 그와 함께 뛴 한 동료 선수는 그의 성공 비결을 이렇게 전한다. "그는 한순간도 자신을 갈고 닦는 일을 게을리 하지 않지요."

내공이란 기대에 부응하려는 노력에서 생겨나는 것이다.

놀이, 스포츠, 삶에서는 올바른 안내, 즉 멘토와 코치가 반드시 필요하다. 혼자서 문제를 해결하려고 든다면 잘될 리가 없다. 인간은 자기가 옳다고 믿는 경향이 강하기 때문이다.

13

모든 팀에는
주장이 필요하다

권위

어떻게 하면 군말 없이 자기 방을 치우도록 아이에게 가르칠 수 있을까? 교육 관련 조언서들은 별 도움을 주지 못한다. 교육 전문가, 즉 권위자들이 쓴 책을 읽다 보면 권위의 의미에 물음표를 던지게 된다. 거기서는 우리가 교육자가 아닌 아이들의 파트너가 되어야 한다고 말한다. 이때 등장하는 마법의 단어가 바로 '눈높이'다. 솔직히 이제는 그 단어를 듣기가 거북할 정도다. 위선적으로 들리기 때문이다. 나는 내 아이들의 아버지이지 친구가 아니다. 옛 선인들은 이렇게 말했다. 'Quod licet Iovi, non licet bovi'(유피테르에게 허용되는 것은 황소에게 허용되지 않는다). 부당하게 비칠 수도 있지만 이 말에는 영원한 진리가 압축되어 있다.

세상에는 엄연히 서열이 존재한다. 그 높이에 따라 부여받은 권리와 요구받은 의무도 각기 다르다. 이 말이 불편한 사람은 환상의 세계에서 살고 있는 것이다. 위계질서는, 아래에 있는 사람이 볼 때는 과연 능력에 따라 제대로 마련된 질서인지 의심이 들 수도 있겠지만, 어쨌든 권위의 근거가 된다. 내가 이 책에서 위계질서와 권위를 상호대체 가능한 개념으로 사용하려는 데에는 그런 까닭도 있다.

모든 분야에는 권위자들이 있다. 권위자가 없다면 고도로 분업화된 현대 사회에서 곧바로 난감한 상황이 펼쳐질 것이다. 권위자를 신뢰하지 못한다면 나는 어떤 비행기도 탈 수가 없다. 조종간에 조종사가 앉든 승무원이 앉든, 아니면 기장이 기내방송으로 '비행기를 조종하고 싶은 분이 계십니까?'라고 묻든 상관없기 때문이다. 또 혹시나 수술실에 들어갈 일이 생긴다면, 나는 그곳에 엄격한 위계가 있기를 바랄 것이다. 집도의가 어떤 결정을 내릴 때마다 보조의 및 간호사들과 둥그렇게 모여 앉아 서로 '눈높이'를 맞춰 토론을 벌인다면, 내 생존 확률도 확 떨어질 것이기 때문이다.

권위자를 신뢰하지 않는다면 집안에 발조차 들일 수 없다. 나는 건축설계사와 구조기술자가 자신이 맡은 분야를 훤히 꿰뚫고 있다고 믿는다. 나 자신은 구조역학에 대해 전혀 모르며, 설사 문제 없이 지어졌는지 검토할 기회가 생기더라도 제대로 계산이 되었는지 확인할 능력도 없다. 일상에서 권위자를 무시한다는 것은 상상하기 어려운 일이다. 그럴 경우 어떤 행위도, 심지어 생존도 불가능해진다.

그런데도 우리가 사는 세상은 그 어떤 불공평도, 힘의 차이도 못 견뎌 한다. 누가 봐도 힘 있는 인사들이 자신의 권력을 표 나지 않게 숨기고 겸손하게 보이려고 하는 현상이 최근 두드러지고 있다. 잘츠부르크의 에세이스트 카를 마르쿠스 그로스Karl-Markus Groß는 이렇게 말했다. "프랑스에서 엠마누엘 마크롱은 겸손humilité을 통해 권력을 차지했고, 영국의 테레사 메이도 겸손humility을 바탕으로 보수당 권력을 유지하고자 한다. 목청을 높여 겸손을 파는 시장에서 경쟁자를 누르고 승자가 되기 위한 치열한 대결이 벌어지고 있다." 사람들은 차라리 겸손하게 구는 이의 지배를 받고 싶어 한다는 것이다.

우리가 도널드 트럼프에게서 느끼는 불편함도 이와 무관하지 않다. 트럼프는 그런 경쟁에는 무관심한 채, 조종간을 손에 쥔 고집불통 아이처럼 겸손 대신 자신의 권력을 뽐내기를 주저하지 않는다. 이와 관련해 마르틴 모제바흐Martin Mosebach는 《21인》(IS에 참수당한 이집트 기독교인 21인의 삶을 조명한 논픽션)에서 이렇게 꼬집는다. "서방 세계의 국민들은 권력이 비굴하게 굴 때만 권력을 용인하는 듯하다." 우리 시대의 국가 지도자들은 "전 세계인의 운명을 결정할 수 있지만 줄곧 자신의 권력을 숨겨야만 한다. 관례가 그렇게 하기를 요구하기 때문이다".

모두가 평등하다는 것이 모두를 존중한다는 의미는 아니다

이 터무니없는 사태는 누구로부터 비롯되었을까? 개개인의 권위는 그 자체로 독재적 횡포나 다름없기에 권위는 집단에 귀속된다고 주장하는 마르크스주의에서 그 일차적인 책임을 찾을 수 있을 것이다. 헤르베르트 마르쿠제Herbert Marcuse와 테오도르 아도르노Theodor W. Adorno를 중심으로 한 프랑크푸르트학파의 마르크스주의자들이 1930년대부터 60년대까지 사회주의혁명의 실패 원인을 규명하는 작업에 나섰을 때 문제의 핵심으로 지목한 것이 바로 권위에 대한 복종이었다.

이들이 발전시킨 이른바 '비판이론'에서는 혁명이 일어나지 않은 이유로 대중이 권력기관에 순응하는 현상을 꼽는다. 그 책임은 시민사회와 중산층 가정에 있는데, 여기서 우리로 하여금 가부장에 경외심을 갖도록 훈련시킨다는 것이다. 그리고 이런 경외심을 없애는 것이 중요한 만큼 사회혁명을 원한다면 가정도 혁명의 대상에서 예외일 수 없다고 본다. 막스 호르크하이머에 따르면 가정이야말로 '복종 충동'을 발생시키는 본거지다.

사회학자이자 철학자인 위르겐 하버마스Jürgen Habermas는 비판이론의 영향 아래 새로운 사회이론의 정립에 나섰다. 그 노력의 결실인 '의사소통행위 이론'에 따르면 모든 권위는 허구의 구별을 바탕으로 삼는다. 그러므로 하버마스의 조언에 따르면 그러한 구별이 당연시되어서는 곤란하다.

이 대목에서 베를린 프렌츨라우어베르크의 어느 엄마를 떠올리게 된다. 놀이터에서 노는 아들을 바라보며 그 엄마는 벌써 세 잔째 라떼 마키아또를 비우고 있다. 그런데도 집에 갈 시간이라고 재촉하는 대신 아들 입장에 서서 이렇게 물어봤다고 한다. "이제 집에 가야 할 시간이 됐다고 엄마가 말한다면 우리 코르비니안은 어떤 기분일까?" 하지만 그마저도 소용이 없자 엄마는 날씨와 유기농 상점 오픈시간에 관한 피곤한 토론 속으로 아들을 끌어들였다.

하버마스가 염두에 두었던 사회는 합리적이고, 합의를 지향하고, 억압 없는 소통에 바탕을 둔 곳이다. 하버마스가 고령에 한 번이라도 오늘날 대도시의 놀이터를 찾아가 본인이 어떤 일을 저질렀는지 목격한다면 자신의 책에서 주장한 바를 모조리 취소했을지도 모른다.

만일 내가 하버마스처럼 1930년대에 성장기를 보냈다면(그의 부친은 1933년에 나치당원이 되었다), 그와 비슷한 생각을 했을지도 모르겠다. 이들 세대에게는 권위와 복종에 덧씌워진 무서운 이미지에 맞서 박애주의를 내세울 필요가 있었을지도 모른다. '억압 없는 소통' 이론은 전체주의적인 '지도자 원리'를 낳은 억압적인 교육제도에 대한

Q.

지인의 아이가 부적절한 행동
을 계속한다는 사실을 지인에
게 알려줘야 할까요?

A.

남의 교육에 간섭하는 일은 '주제넘는' 일이다. 아이는
부모의 모습이 반영된 결과다. 애초부터 잘못 교육시
킨 부모에게 아이의 비행을 알린들 무엇이 달라지겠
는가.

불가피한 반발이었을 것이다. 하지만 이미 오래전 또 다른 극단으로 사태가 치닫기 시작했음을 누가 부인할 수 있을까?

부모는 협상 파트너가 되었고, 교사는 학습 파트너로 불리게 되었으며, 권위는 그 자체로 의심의 대상이 되었다. 오늘날 학교 교육에서는 철자법을 강요하는 일을 용납하지 않으며, 심지어 1980년대 헤센주 교육기본지침에 명시되어 있듯이 그런 태도를 "지배권 행사", "지배적 규범에 대한 복종"으로 받아들인다.

뮌헨 루트비히 막시밀리안 대학에서 사회학을 가르치는 이름힐트 자케Irmhild Saake는 2015년 〈쥐드도이체 차이퉁〉의 문예란에 각 대학 인문학과의 혼란상을 지적하는 호소문을 발표해 사회학자들의 논쟁을 불러 일으켰다. 즉 학생들이 자신과 교수의 견해 사이에 질적으로 차이가 있음을 인정하려 들지 않는다는 것이다. 그 사회학자의 말을 좀 더 들어보자.

"하버마스가 자질 있는 화자와 아이와 같이 자질 없는 화자를 구분한 것조차 의심의 눈초리를 받게 되었다. 그러면서 이렇게 주장한다. 오히려 어린이들이 더 자질이 있다고 가정해야 하지 않을까? 혹시 동물이 인간보다 더 합리적으로 행동하는 것이 아닐까? 정작 혼란스러워지는 것은 보다 훌륭한 주장이 관철되어야 한다는 점을 설명할 때다. 그럼 다음과 같은 반론이 나온다. 모든 주장을, 특히 다른 문화권의 주장을 인정하는 것이야말로 훌륭한 학문적 자세가 아닌가? 특정한 주장이 다른 입장과 맞서 싸우고 심지어 이기기도 하는 상황은 무례하고 잔혹한 일로 보인다."

'억압 없는 의사소통'으로 인해 아동 교육은 난감한 상황에 빠졌다. 아이를 이끌지 않고 자제시키지도 않는다면 결국 아이에게 해를 입히게 된다. 물론 오늘날 아이들이 시키는 대로만 하지 않게 된 것은 진일보한 현상으로 평가할 만하다. 복종하지 않더라도 체벌을 두려워할 필요가 없게 된 것도 문명의 진보라고 할 수 있다. 하지만 지금처럼 '코르비니안, 네가 하고 싶은 대로 하거라' 식의 세상 역시 곤란하기는 마찬가지다.

우리는 같지 않기에 동등한 존엄성을 가지고 있다

이 경우 아리스토텔레스의 중용, 즉 권위와 자유방임 사이의 적절한 '스윗스팟'은 어디서 찾을 수 있을까?

독일에서 추앙받는 덴마크의 가정상담 전문가 예스퍼 율Jesper Juul 조차도 자신에게는 만병통치약이 없다고 고백한다. 그러면서도 그는 《우두머리 늑대가 되기 – 애정으로 가정을 이끄는 길Leitwolfe sein- Liebevolle Fuhrung in der Familie》에서 이렇게 말한다. "어른과 아이 사이에 유익하고 지속적인 관계를 구축하려면 어른이 주도권을 잡아야 한다. **모든 팀에는 주장이 필요하다.**" 그렇지만 율 역시 오직 지위에 근거한 권위는 거부한다. 그것이 아버지, 어머니든 또는 사장이든 상관없이 말이다. 그에게 중요한 것은 역할에 바탕을 둔 전통적 권위가 아니라 개인적 권위다.

부모와 자식 관계는 결코 동등한 권리 위에 설 수 없는데, 실질적인 권력의 차이가 상당하기 때문이다. 그 대신 율은 교육학 논쟁에 하나의 개념을 제안한다. 꼭 맞게 옮기기 힘든 그 개념은 바로 덴마크어로 '리베르디헤ligeværdighed', 동등한 존엄성이다. 이 멋진 개념 뒤에는 주인이든 직원이든, 아버지든 자식이든, 청소부든 사장이든 똑같은 가치를 지닌다는 전제가 깔려 있다.

리더의 지위를 가진 자는 나아갈 방향을 정할 수 있다. 아니, 그래야 한다. 다만 그 과정에서 타인의 가치를 훼손해서는 안 된다. 율은 또 다른 책에서 일상의 예를 들어 어떻게 그것이 가능한지를 보여준다. 세 살배기 막스는 한사코 양치질을 거부한다.

아빠 자, 막스! 이제 양치질할 시간이란다.

막스 왜죠? 저는 이 닦는 거 싫어요!

아빠 왜 싫다는 거니?

막스 몰라요. 그냥 싫어요.

아빠 아빠는 이유를 알고 싶은데?

막스 정말 모르겠어요. 그냥 싫어요.

아빠 좋아. 그럼 왜 싫은지 생각해보고 이유를 말해다오. 그러는 동안 우리는 양치질을 끝내자꾸나.

막스 싫다고 말했잖아요!

아빠 그 얘기는 나도 들었어. 하지만 네가 어른이 되기 전까지는 아빠가 네 건강을 책임져야 한단다. 그러니까 어서 양치질하자.

막스 할 수 없죠. 대신 아프지 않게 조심조심 해주세요.

이 대화에서 칭찬할 만한 점은, 아빠가 처음부터 토론을 벌일 뜻이 없음을 분명히 하면서 무엇이 문제인지 침착하고 여유 있게 스스로 정한다는 것이다. 그러면서 동시에 꼬마 막스를 진지하게 대하고 있다. 아빠가 아이에게 질문을 던지고 귀 기울일 준비가 되어 있기 때문이다. 율에 따르면 아이에게 명령을 하고 불복종의 대가로 벌을 줄 경우, 아이가 택할 수 있는 길은 두 가지뿐이다. 복종하거나, 아니면 언젠가는 몰래 금지된 일을 하거나.

아이가 명령에 순종해 '예!'라고 외치기를 요구하는 부모는 아이에게 자신이 존엄한 가치를 갖고 있다는 생각을 심어주지 못한다. 독일 헌법 1조에 적힌 멋진 구절을 떠올려보자. "인간의 존엄성은 침해되지 않는다. 모든 국가권력은 이를 존중하고 보호할 의무를 진다."

평등이 아닌 동등한 존엄성. 이 정도면 꽤 스윗스팟에 근접한 것처럼 보인다.

증명하면 믿음을 얻고, 믿음을 얻었다면 권위를 인정받는다

또 무엇이 있을까?

은퇴한 소아과 교수로 율과 함께 이 분야에서 가장 유명한 작가 가운데 하나인 레모 라르고Remo Largo는 권위, 리더십, '우두머리 늑대의 요구' 등이 효과를 발휘하기 위해 중요한 것은 훼손되지 않은 온전한 관계라고 말한다. 라르고는 퇴근한 아버지가 어머니의 말을 듣고 아이를 벌주는 일이 빈번했던('아빠가 알면 어떡하려고 그러니!'), 이른바 '흑색 교육학black pedagogy'이 유행한 암흑 시기를 언급한다.

그 결과 아이는 아버지에게 부당한 대우를 받았다는 기분을 떨치지 못한다. 라르고가 내세우는 주장의 요지는 관계를 정립하지 못한 부모는 가르칠 자격도 없다는 것이다. 라르고 스스로도 이 점을 깨달은 순간, 온종일 밖에 있다 저녁에 돌아와 자식을 혼내는 습관을 버리게 되었다. 나 역시 뜻대로 잘 안 될 때가 있지만 그를 본받으려고 애쓰는 중이다.

누군가를 훈계하는 일은 절대로 간단한 문제가 아니다. 최선의 방법은 그저 솔선수범하는 것이다. 이것이 우두머리 늑대라는 개념에 관해 아주 오래전부터 내려온 생각이다. 우두머리의 원형격인 모세도 앞장서서 본보기를 보였다. 사막에서 지낸 오랜 세월 동안 사람들은 그를 충실히 따랐다. 그러려면 신뢰감을 줘야 한다.

아주 평범한 상황에 적용하자면 이렇다. 내가 아들에게 자기 전 침대에서 핸드폰을 만지작거리지 말라고 잔소리를 하기 위해서는 나부터가 야밤에 누워 넷플릭스를 시청하는 일을 삼가야 한다. 아이가 그런 내 모습을 보든 보지 않든 상관없이 말이다.

진리는 어떤 식으로든 늘 보이지 않게 제시되어 있다. 남에게 전하는 말이나 명령, 지시 따위가 효과를 발휘하려면 내 삶에서부터 그것을 실천해야 한다. 그렇다면 굳이 교육상담에 대한 책을 읽거나 리더십 교육을 받을 필요도 없어진다.

유피테르와 황소에 관한 잠언을 남겼다고 전해지는 푸블리우스 테렌티우스 아페르Publius Terentius Afer는 로마의 풍자가이자 희극작가였는데, 특히 권력욕이 강한 통치자를 묘사한 신랄한 작품들로 유명세를 떨쳤다. 그에게 직접 물어볼 수는 없지만, 그가 남긴 문구는 교훈을 주려는 목적이기보다는 신뢰를 잃은 지도자를 비판하려는 취지였을 것이다.

순종은 중요한 덕목이고, 상황에 따라서는 생존에 꼭 필요할 수도 있는 가치다. 다만 그것은 무조건적인 복종이 아니라 지도자에게서 자연스럽게 풍겨 나오는 신뢰와 자신감에 따른 결과라는 의미에서다. 그러니 유피테르가 앞장서 실천하면 언젠가는 황소도 그것을 따라할 것이다.

모든 것에는 서열과 위계질서가 존재한다.

맛집의 평점을 확인할 수 있는 앱의 의의도 여기에 있다. 훌륭한 카레소시지가 있는가 하면 그저 그런 카레소시지도 있을 수밖에 없다. 옳고 그른 것, 위아래가 사라진 상대주의적 관점이 지배하는 세상에서는 카레소시지의 맛이 비슷하게 형편없을 것이다. 내가 권위를 인정하기로 한 것은, 그 덕분에 내 삶이 한결 안전하고 쾌적해지기 때문이다.

14

규칙에서 자유롭고 싶다면
먼저 규칙에 통달하라

데코룸

로마 귀족에게 데코룸decorum(특정 상황에 가장 어울리는 말씨, 외양, 행동)보다 중요한 것은 없었다. 고대 로마의 아이들은 땀구멍 하나에서부터 기품이 드러날 수 있도록 행동거지에 주의하라고 일찍부터 귀에 못이 박히도록 들으며 자랐다. 이들은 동작 하나하나, 말하고 옷 입는 방식에서 자신의 지위와 성격이 드러난다고 믿었다. 이런 생각은 당시 노예 신분인 가정교사부터 귀족자제는 물론, 한 층 더 강하게는 공직자에게도 적용되었다.

키케로는《의무론De Officiis》에서 로마 엘리트의 일원으로서 처신하는 일반적인 지침을 제시했다. 즉 절대 뽐내지 말고, 되도록 자신에 관한 이야기는 적게 하고, "가장 낮은 지위의 사람을 포함해" 모든 이를 존중할 뿐더러 공적 생활에서 일정한 역할을 하고 이에 걸맞게 행동해야 함을 늘 의식해야 한다고 말했다. 또 서 있거나 걷거나 앉거나 누워 있을 때에도 디그니타스dignitas(품위)가 배어나야 한다. 그러려면 깔끔하지만 요란하지 않게 옷을 입고, 걸음걸이에도 유의하고 술에 취해서도 곤란할 뿐만 아니라 공공장소에서 가무도 금지된다("취중이거나 정신이 나간 경우는 예외로 한다").

현대인들이 로마인들에게 큰 신세를 진 것은 사실이지만 윤리에서라면 그들이 썩 훌륭한 조언자라고 할 수는 없다. 다시 키케로의 말을 들어보자. "좋은 사람이라면 타인에게 어떤 해도 끼치지 않고, 할 수만 있다면 도움을 주고자 애쓸 것이다. **단, 스스로 부당한 일을 당한 때는 예외로 한다.**"

이 마지막 말에서 로마인들이 얼마나 옹졸하고 자신밖에 몰랐는 지가 드러난다. 그들이 훗날 기독교인들에게서 가장 놀란 점은 적을 친구처럼 대하면서 잠잘 곳을 제공하고 상처를 치료해주는 모습이었다. 자신에게 해를 끼친 자에게 선행을 베푼다는 발상은 로마인들에게 황당하게 비쳐졌다.

로마인들이 세계문명에 기여한 업적이 윤리보다는 전술, 공학기술, 도로건설, 행정 같은 실용적 분야에서 두드러졌다는 점은 의심의 여지가 없다. 로마제국이 말기에 칼리굴라Caligula, 클라우디우스Claudius, 네로Nero 같은 통치자 밑에서 급속하게 붕괴한 사실만 보더라도 도덕적으로 탄탄한 토대 위에 서 있었다고 보기는 힘들 것이다.

영국의 외교관이자 정치인이었던 해롤드 니콜슨Harold Nicolson이 1955년 출간한 《훌륭한 품행, 특정한 예의범절 유형에 관한 연구Good Behaviour, being a Study of Certain Type of Civility》에서 고대 로마의 멸망을 요약한 부분은 핀리Finley나 몸젠Mommsen와 같은 저명한 역사학자 못지않은 통찰을 보여준다.

"그라비타스gravitas(로마인의 중요한 덕목 중 하나로 '진중함, 엄숙함'을 뜻한다)' 이론은 빠르게 몰락했다. … 권력은 유력 가문으로부터 궁정 환관의 수중으로 넘어갔다."

그는 계속해서 다음과 같이 말한다. "동방의 풍습이 오래된 공화국의 질서를 해체시키기 시작하면서 로마인들이 유독 취약성을 보인 두 가지 악습이 혐오스러운 방식으로 대두되었다. 첫째는 폭식, 둘째는 잔혹함이었다. … 키케로의 통치기에 성취한 세련된 교양 및 예절은 산해진미 속에 파묻혔다. 사람과 동물을 향한 잔혹함은 갈수록 통제가 힘들 정도로 심해졌다. 공화국 시절만 해도 관중들은 폼페이우스가 코끼리들에게 자행한 살육 앞에서 전율을 느끼며 고개를 돌렸다. … 코끼리들의 다리에서 피가 철철 흘러내릴 때 관객들은 자리에서 일어나 그 잔혹한 공연의 중단을 요구했다." 키케로의 말에 따르면, 그 같은 끔찍한 장면은 관중들에게 일종의 동정심을 일으키며 자신과 동물 사이에 통하는 점이 있음을 상기시켰다.

니콜슨은 또 이렇게 말한다. "황제시대에 들어서면서 서커스 관객들은 더 이상 과거처럼 예민하게 반응하지 않았다. 그들은 벌거벗은 남녀들이 서서히 맹수들에게 갈가리 찢기고 잡아먹히는 광경을 더없이 즐겁게 관람했다."

언젠가 아이들을 데리고 키르쿠스 막시무스Circus Maximus(고대 로마의 원형경기장으로 현재는 공원이 조성되어 있다)를 찾았을 때 나는 강제수용소 기념관에 온 것처럼 경건한 태도를 가지라고 일러둔 적이 있다. 다만 어째서 롤링스톤스의 공연이 그곳에서 열리는지는 아이들에게 설명할 길이 없었다.

소박하고 자연스러운 독일식 멋

고대 로마와 관련된 모든 것에 대해 독일인들이 불편함과 동시에 매혹을 느낀다는 사실은 잘 알려져 있다. 로마인들이 살았던 곳마다 조금씩 그들의 기질이 남아 있는데, 그 기질의 경계선이 독일 한복판을 가로질러 형성되어 있다. 라틴적인 것은 문화적으로 항상 우월했고, 카롤루스 대제는 로마 황제의 계승자로 자임했다. 엄밀히 말해 이는 허풍에 가까운 이야기였지만 현실에서는 효력을 발휘했다. 카롤링거 르네상스를 통해 독일민족의 신성로마제국으로부터 제2의 로마제국이 만들어졌기 때문이다. 그럼에도 라틴적인 것은 로마제국 국경의 동쪽에 자리한 독일어권 나라들에서는 여전히 낯설기만 했다.

천 년 전이나 이천 년 전이나 변함없이 남유럽인들의 라틴적 기질 속에는, 한편으로는 데코룸을 구현하는 놀라운 능력(우리가 감정억제라 부르는 모든 것)이 들어 있으면서 또 한편으로는 철저히 라틴화하지 못한 독일인들에게는 낯선 위선과 광신이 존재하기도 한다. 가령 가톨릭 국가인 스페인에서는 후안 카를로스 국왕이 여러 차례 내연 관계를 가진 사실이 알려졌음에도 오랫동안 누구도 개의치 않았다. 하지만 제네바의 한 경매에서 애인을 위해 화려한 에메랄드 목걸이를 구매하고 공식 일정에까지 함께 모습을 드러내자 더는 참기 힘든 상황이 되었다. 왕이 내연관계를 숨기려고 애쓰지 않는 순간, 사람들은 그의 행동을 탐탁지 않게 받아들이기 시작한 것이다.

데코룸의 영미식 변형이(영국도 한때 로마제국의 지배를 받았다) 저 유명한 '꽉 다문 윗입술stiff upper lip'이다. 이는 힘들어도 내색하지 않는다는 뜻이다. 너도나도 울고불고할 때도 자부심 높은 영국인들은 윗입술조차 미동하지 않는다. 어차피 '세상살이는 고달프기Life is tough' 때문이다.

엘리자베스 2세의 배우자인 필립 공은 사실상 고아로 자라 자신이 유일하게 의지하던 누이마저 비행기 사고로 잃었을 때, 지극히 영국적인 방식으로 그 비보를 접했다. 당시 열여섯 살이었던 그는 스코틀랜드 고든스턴 기숙학교에 다니고 있었는데, 교장은 그를 교장실로 부르더니 사고 소식을 전하자마자 곧바로 수업 중인 교실로 되돌려 보낸 것이다.

필립 공은 장남 찰스를 어떤 학교에 보낼지 선택의 기로에 섰을 때 왕실이 있는 윈저 성 바로 앞의 이튼 학교 대신에 자신이 다녔던 스코틀랜드의 기숙학교를 고집했다. 고대 로마적 특성이 가장 잘 보존된 남유럽에서는 늘 주세페 토마시 디 람페두사Giuseppe Tomasi di Lampedusa가 말한 다음과 같은 원칙을 중시했다.

"분노와 조롱은 신사답지만 불평과 투덜거림은 그렇지 못하다."

독일인은 이웃 라틴 민족들에 비하면 감정에 솔직한 편이었다. 독일에서는 예로부터 프랑스적인 것은 부자연스럽다고 봤다. 괴테조차도 프랑스에 처음 다녀온 뒤 옆 나라가 '너무 귀족적이고 차갑다'고 지적했다. 상대적이기는 하지만 독일에서는 모든 게 꾸밈이 없고 덜 인위적이다. 독일적인 자연스러움에는 그 나름의 매력이 있다.

이웃나라들에서도 그 매력을 알아본 이들이 적지 않았다. 가령 토마스 칼라일Thomas Carlyle을 비롯해 빅토리아 시기 수많은 영국인들이 독일 낭만주의에 열광했다. 프랑스의 스탈 부인Madame de Staël은 또 어떤가. 비록 바이마르를 방문한 뒤 독일인들이 섬세함이 부족하고 어딘가 조야하다고 놀리기도 했지만, 독일적인 '내면성', '유달리 따뜻한 감수성'에는 찬탄을 보낼 수밖에 없다고 토로하기도 했다. 스탈 부인으로서는 지역 간의 미묘한 차이, 즉 독일어권을 관통하는 기질상의 경계선을 탐구할 기회가 없었다. 그랬다면 바이에른과 라인란트처럼 오랫동안 라틴화된 지역에서는 라틴적인 경쾌함이 훨씬 깊이 뿌리를 내리고 있음을 확인했을 것이다. 남부와 북부 지역의 특징을 간단히 비교하자면 다음과 같다.

남부: 경쾌함, 위선적 경향, 수상함에 눈감아주는 관용, 세련미
북부: 엄격함, 진정성 추구, 정확함, 꼼꼼함, 내면성

물론 실상은 그리 간단치 않다. 철저히 라틴화된 오스트리아 영향권에서는 불쾌감과 호감을 동시에 가져다주는 '적당주의'가 더해진다. 스칸디나비아-한자동맹도시 지역에는 무뚝뚝함이 가미되는데, 이에 비하면 프랑스식 자기억제조차도 자연스럽게 비쳐질 정도다.

소설《부덴브로크가의 사람들Buddenbrooks》에서만큼 독일 북쪽과 남쪽 지역의 기질적 차이를 훌륭히 그려낸 작품도 없을 것이다. 여기서 작가 토마스 만Thomas Mann은 남부 뮌헨 출신의 페르마네더 씨를 무뚝뚝한 북부 도시 뤼벡에 등장시킴으로써 남부 특유의 꾸밈없는 태도가 몸에 밴 그를 이상한 사람으로 의심받게 했다. 이후 안토니 부덴브로크가 페르마네더와 결혼한 뒤 그를 따라 바이에른으로 이사를 가면서 그녀의 불행이 시작된다. 부덴브로크라는 가문명이 고향에서와 달리 별 인상을 남기지 못할 뿐더러 그녀의 눈에 남독일인들

Q.

조리샌들은 언제부터 신을 수 있을까요?

A.

이런 질문을 경솔하게 던지면 언제든 '스타일 단속관'이 들이닥칠 수 있다. 이런, 벌써 문 앞에 도착했다! 해변이 아니라면 제발, 제발 조리샌들은 피하자. 그나마 한여름을 시원하게 보내는 방법은 모카신moccasin을 신는 것이다.

은 품위, 자존심, 한자동맹 시민의 진지함이 결여되어 있었다.

라인, 베스트팔렌, 남부 독일 지역을 비롯해 과거 오스트리아-헝가리 제국이 지배했던 곳의 엘리트들은 라틴화된 요소와 결합된 훨씬 소박한 기질을 보이는 특징이 있다. 프랑스와 영국에 비하면 17, 18세기 독일 도시들은 형편이 좋지 못했다. 부유한 시민들은 소수였고, 귀족들도 한결 전원적이고 수수한 편이었다.

독일에서 쉽게 찾아볼 수 있는 것은 비텔스바흐 가문, 벨프 가문, 베틴 가문 등이 소유한 거대한 궁전이 아니라 우리 집안처럼 외풍이 심한 소국가들의 중세식 성이었다. 독일의 성은 프랑스 등지와 비교해 한결 소박했다. 거기서는 로코코 풍의 무도회장이 아닌 사슴뿔이 장식된 어두운 복도가 눈에 띄었고, 내부에는 미술품들로 벽이 장식된 네오클래식 풍의 응접실이 아니라 두툼한 양탄자와 타오르는 장작이 보이는 연기 자욱한 어두운 벽난로 방이 있었다. 독일어 '게뮈틀리히카이트Gemütlichkeit'(집에 있는 것처럼 아늑하면서 환영받는 느낌)에 상응하는 말이 이탈리아어, 프랑스어, 영어에는 없다.

예로부터 독일의 엘리트들은 소박한 면모를 갖췄는데, 이 소박함은 철저하게 라틴화된 우리 이웃들의 도도한 태도와 비교할 때 훨씬 서민적인 특징을 보였다. 심지어 프란츠 요제프 황제는 빈의 건물관리인들이 자신을 흉내 내 구레나룻을 기른 것이 아니라 그 반대로 자신이 그들의 수염을 따라한 것이라고 말했다고 한다.

프랑스, 이탈리아, 스페인, 영국 등지에서 친구를 초대해 함께하는 저녁식사는 언제나 격식을 갖춘 '디너'인 반면, 독일의 성에서 친구들을 초대하면 다함께 게임을 한다. 어떤 성에서는 샤레이드 게임

charade(몸짓으로 낱말을 맞추는 놀이)을, 또 다른 성에서는 카드놀이나 보드게임을 한다.

하일리겐베르크의 퓌르스텐베르크 가문이나 볼페그의 발트부르크 가문에서 열리는 저녁 모임을 떠올릴 때면 턱시도 차림의 남성들과 야회복을 입은 여성들이 지금도 눈에 선하다. 하지만 그 분위기는 자연스럽고 편안하며, 이들은 말씨름을 벌이는 대신 샤레이드 게임을 하고 논다. 그리고 나란히 쪼그리고 앉아 다음날 정장을 벗고 다시 가죽바지를 걸칠 생각에 흐뭇해한다. 이들은 야외 활동 중에 다치더라도 법석을 피우지 않는다. 물론 영국 시골과는 달리 적어도 응급치료를 받을 수는 있다.

자국의 도시귀족과 달리 남부 독일 성 사람들의 기질을 공유한 덴마크 왕실에서는 수세대 전부터 '보물찾기' 놀이를 즐겨 한다. 차이가 있다면 이들은 골무가 아닌 반지를 숨겨둔다. 녹색 응접실에는 에메랄드 반지를, 붉은색 응접실에는 루비 반지를 숨겨 놓는 식이다. 다만 황태자가 반지를 찾을 차례가 되면 너무 좌절감에 빠지지 않게끔 '잘 보이게' 반지를 숨겨놓는다는 원칙이 있다. 프랑스인들은 그런 모습을 보며 유치하다고 생각할 것이다. 그들에게 응접실은 놀이터가 아니고, 설령 그렇더라도 대화의 기술을 펼치는 무대 역할을 한다.

격식을 존중하는 사람만이 격식에서 자유로울 수 있다

그렇다면 대체 스윗스팟은 어디서 찾을 수 있을까? 격식과 무격식 사이에서 우리는 어떻게 올바른 균형을 찾을 수 있을까? 바로 여기에

Q.

한여름 사무실에서 입을 만한
복장에 대해 알려주세요

A.

이에 대해서는 나폴리 사람들을 참고할 필요가 있다.
나폴리의 사업가들은 그늘 속 온도계가 35도를 가리킬
때에도 양복 차림을 고수하고 여성들도 투피스나 원피
스를 입는다. 그들 나름의 고집 때문일 것이다. 그러면
서 자신들이 날씨에 지지 않는다는 것을 과시한다. 그
렇다고 그들이 완고한 사람들인 것은 아니다. 옷감은
리넨 같은 가벼운 재질이기 때문이다.

커다란 비밀이 숨어 있다. 이를 찾기 위해 평생을 바치고도 추측의 문턱조차 넘지 못할 위험도 있다. 누구는 날 때부터 유리한 위치에 있는 듯이 보인다. 성장기에 자신을 둘러싼 문화적 특성은 도움이 될 수도, 방해가 될 수도 있다. 한 가지 분명한 것은 격식이 낯설지 않을 때에만 스윗스팟을 발견한다는 점이다.

격식 없이는 무격식도 없다. 내면 깊숙이 규칙을 받아들이고, 올바르고 적절한 행동을 오랜 시간 연습하며 체득한 사람만이 격식에 이곳저곳 변형을 가하며 즉석에서 응용할 수준에 도달할 수 있다. 규칙을 내면화한 자만이 힘들지 않게 규칙을 다루고, 규칙에 익숙한 자만이 그것을 우회하는 법도 안다. 늘 넥타이를 매던 사람이 옷깃을 풀어 헤치면 꾸밈없는 인상을 주지만, 항상 헐렁한 차림으로 다니던 사람이 양복을 입으면 변장한 원숭이처럼 어색하게 비치는 법이다. 규칙을 깨려면 먼저 규칙에 통달해야 한다.

이 원칙은 사회 전체에도 똑같이 적용된다. 사회에는 늘 데코룸과 자유방임주의가 적절하게 섞여 있어야 한다. 규칙을 지키는 이들이 상부에 안정적으로 자리 잡고 있다면, 그런 규칙을 깨는 하위문화도 존재해야 한다. 문제는 하위문화가 고급문화가 될 때 발생한다. 바꿔 말하면 반바지 차림에 코걸이를 한 채 출근하는 것이 사회의 다양성에 일조하는 까닭은 넥타이를 매고 따분한 색의 정장을 입고 출근하는 이들이 충분히 많을 때 한해서다. 화려하게 염색한 장발에 셔츠를 풀어헤친 판사가 법정에서 판결을 내리고 장관이 래퍼와 같은 요란한 차림으로 귀빈을 맞는다면 결국 무규칙이 규칙이 됨으로써 그 매력이 사라져버린다.

무격식이 지나치게 강조되고 데코룸이 충분히 강조되지 않는 시대에는 규칙을 다시 상기하는 것만이 자연스러운 우아함을 되살리는 유일한 길로 보인다. 지금 우리 사회가 규칙의 르네상스를 맞이하고 있는 것도 바로 그 때문이다.

현대인은 무규칙에 신물이 나 있다. 다만 이를 증명하기가 힘들 뿐이다. 진보적인 사람들은 데코룸과 규칙이 사라지는 현상을 일종의 해방이라 주장하지만, 이를 반박하기 위해서는 현실과 반대되는 간단한 가정을 해보는 것으로 충분하다. 이를테면 다음과 같은 질문을 던져보자. 우리가 사는 도시, 마을 또는 공동체에서 대다수가 규칙을 지키기를 원하는가, 아니면 마약에 취해 늘어진 사람들을 이웃으로 원하는가? 모두가 제멋대로 하도록 내버려두는 사회를 원하는가, 아니면 규범을 지켜야 한다고 믿는 사람들이 사는 사회를 원하는가? 싱글맘이 아이를 키우고 남성들은 약탈자처럼 세상을 어슬렁거리는 곳에서 살고 싶은가, 아니면 대다수 남성들이 책임감을 갖고 함께 다음 세대를 양육하는 모습을 보고자 하는가? 대다수가 교통규칙을 지키는 도로에서 차를 몰겠는가, 아니면 혼돈 속에서 자유로움을 느끼며 운전하겠는가?

혼돈과 무규칙은 앞으로도 사라지지 않을 것이다. 문제는 그것이 사회에서 질서보다 우위를 차지하느냐, 그리고 우리 각자가 그 속에서 어떤 역할을 하느냐 하는 것이다.

전통적인 형식에서 자유로운 꾸밈없는 태도를 갖추기 위해서는 먼저 전통적인 형식이 있어야 한다.

데코룸에 관해서라면 세련된 프랑스식 변종이나 북유럽식 무뚝뚝함을 떠올리기보다는 좀 더 꾸밈없는 남부 독일식 유형을 추구하는 것이 바람직하다.

결국에 중요한 것은 우아함과 꾸밈없음, 진솔함과 자유분방함을 조화시키는 일이다. 이 같은 자유분방함은 숙지한 규칙을 바탕으로 상황에 맞게 협상하는 자세를 전제로 한다.

15

작은 친절이 우리가 서 있는
지옥을 잊게 만든다

친절

"각자에게 각자의 몫을suum cuique." 스피노자는 이렇게 촉구했다. 정말 그렇게 말했는지는 차치하고, 이 말은 시대정신에 맞게 들린다. 우리는 각자가 자기 권리를 알고, 저마다 뭔가를 요구하는 세상에 살고 있다. 그런데 문제가 있다. 저마다 자신에게 속하는 것만 받는다면 별로 얻을 것이 없게 된다. 만족을 모르는 우리는 비행기 앞좌석과의 간격이 좁거나 기차가 연착되면 정당한 권리를 빼앗겼다고 분개하는 세상을 만들었다. 스스로를 모든 것에 대해 평가할 수 있다고 믿는 불평 가득한 골칫거리로 만든 것이다("별점 테러가 뭔지 보여주지!").

필요한 것은 뭐든지 깔끔히 포장된 상태로 한 시간 내에 아마존 택배원으로부터 전달받고, 삶 전체를 앱과 '봇'을 통해 관리할 수 있게 된 것은 문명사적으로 전례가 없는 일이다. 이런 현실 앞에 우리는 부담감을 느끼기도 한다. 예민한 이들은 우울증을 통해, 나머지는 자기중심적 태도와 불평불만을 통해 이러한 현실에 반응한다.

적어도 1945년 이후 서방 세계에서 태어난 이들은 생존에 대해 절실하게 고민할 필요 없이 아침에 일어날 수 있는 인류 최초의 세대가 아닐까? 이미 그들의 후손들은 세상이 자신에게 뭔가를 빚지고 있다고 믿고 있고, 만사가 나를 중심으로 돌아가지 않는 순간 이해할 수 없다는 표정을 짓는다.

바로 여기서 '친절'의 문제가 대두된다. 친절이란 덕목은 타인과 관련된 것이기에 이기심으로 가득한 오늘날 특히 매력적으로 다가온다. 독일의 유명 방송언론인인 울리히 비커르트Ulrich Wickert는 세상에서 가장 형편없는 택시기사들이 모여 있는 도시인 함부르크에서 택시를 잡아탄 뒤 "실례가 안 된다면, 전화 좀 해도 될까요?"라고 묻곤 한다. 그에 따르면 이렇게 물을 때마다 택시 운전사들은 어리둥절해 한다. 하지만 "그들은 곧 라디오 소리를 줄이고 창문을 닫아준다". 친절은 도시라는 정글 속에서 비밀 병기와도 같다. 가장 단순한 차원에서 친절은 타인을 '알아차린다'는 것을 뜻한다.

알아차리기. 대체 알아차린다는 것은 무엇을 의미할까? 타인을 의식적으로 바라본다는 것? 아니면 우리 자신과 같은 존재로 인식한다는 것? C. S. 루이스는 이런 말을 했다. "정말 인간이 불멸의 존재라면, 당신이 만나게 될 모든 사람은 한때 존재했던 위대한, 하지만 덧없이 사라진 그 어떤 문명보다도 훨씬 더 깊은 인상을 줄 것이다."

그렇다면 우리에게는 사소한 일상에서도 사람들을 건성으로 대하지 않을 의무가 주어진다. 가령 상점의 판매원을 대할 때 상대방을 알아보고, 돈을 건넬 때에도 판매원의 눈을 바라본다. 그곳에 사람이 있다는 사실만으로도 기쁘기 때문이다. 도처에 무인자동화 창구만이 설치되어 모든 것을 기계가 계산할 날이 머지 않았기도 하다.

내가 스타벅스에서 커피 한 잔을 달라고 부탁하는 것은 엄밀히 말해 부탁이 아니다. 이는 한 거대 식품기업의 호주머니를 채워주는 거래이고, 그렇게 음료 한 잔에 지불하는 돈으로 알바니아에서라면 제대로 된 식사를 세 끼나 먹을 수 있다. 여기서 '부탁'은 다름 아닌 녹색 앞치마 뒤에 있는 사람에게 한 것이다.

물론 다짜고짜 손님인 자신의 이름을 부르려고 할 때면 짜증이 나기도 한다. 또 서비스를 제공받거나 물건을 구매한 후 '서비스 인력'(참 비인간적인 표현이다)에 대해 일일이 평가를 하고, 통화 내용을 모두 녹음해 직원들에게 억지 친절을 강요하는 것은 도를 넘는 일임에 틀림없다.

그런데 그런 억지스런 친절의 제스처조차 나름의 사연과 숨겨진 의미를 지니고 있다. 인사나 포옹은 이미 고대 및 중세부터 평화로운 공존을 시사하는 신호 역할을 했다. 당신의 이름을 친근하게 불러준 사람은 기본적으로 온순한 성향의 소유자인 만큼 불린 사람이 기뻐해야지 조롱할 일은 아니다.

친절에는 억지스러운 면이 있기 마련이다. 제 자식에게 친절하게 군다고 해서 이를 훌륭하다고 말할 사람은 없을 것이다. 친절은 언제나 자제력의 결과로서 모습을 드러낸다. 물론 사랑이 넘쳐 라틴어 '마그나니미타스magnanimitas', 즉 아량으로써 모든 이들을 친구처럼 대한다면 얼마나 좋을까. 다만 그것이 비현실적이라는 기대라는 것은 누구나 알고 있다.

그렇다면 '마그나니미타스'는 사랑 없이 베푼다는 것을 뜻할까? 철학자 앙드레 콩트 스퐁빌Andre Comte-Sponville은 '그렇다'고 말한다. "우리는 사랑을 사랑한다. 하지만 사랑할 능력이 없다. 이 사랑과 이 무능력으로부터 도덕이 발생한다."

그는 마치 사랑하듯이 행동하라고 요구한다. "우리는 온전한 덕을 갖추지 못한 탓에 겉으로나마 덕스러운 인상을 주려고 한다. 이를 예의라 부른다." 여기서 우리는 앞서도 언급한 '해낼 때까지 그런 척하

Q.

감사의 편지를 '감사합니다'라
는 말로 시작해도 괜찮을까요?

A.

"불리 삼촌, 멋진 선물에 감사드려요.", "훌륭한 저녁식
사에 초대해주셔서 감사드립니다." 이와 같은 따분한
문구로는 고마움을 제대로 전하지 못한다. 감사의 말
은 편지 끝에 오게 하되, 그 전에 극적인 장치를 포함시
키는 것이 좋다. 버락 오바마 전 미국 대통령은 얀 마텔
Yann Martel로부터 그의 베스트셀러인 《파이 이야기》를
선물받은 다음 이렇게 감사를 전했다.

"마르텔 작가님. 방금 제 딸과 함께 《파이 이야기》를 끝까
지 읽었습니다. 하느님의 존재와 이야기가 가진 힘을 우아
하게 증명해낸 실로 놀라운 책입니다. 감사합니다!"

기!'라는 유용한 원칙과 다시 만난다.

어느 누가 감히 사랑을 결심할 수 있을까. 그러니 남은 선택은 적어도 마치 그런 것처럼 행동하는 일이다. 재미없는 지인이 저녁식사에 초대했을 때 일단 참석하기로 마음먹었다면 나중에는 꼭 고마움을 표하도록 하자. 작은 꽃다발과 함께 편지를 쓰면 더욱 좋다. 노파심에서 얘기하자면 여기서 코미디언 그루초 막스처럼 "멋진 저녁 시간을 보냈어요. 오늘은 아니었지만" 같은 사족은 붙이지 않도록 하자.

괴테의 《파우스트》에 담긴 유명한 문장인 "독일어로 예의바르게 말한다는 것은 거짓말을 한다는 뜻이지요"에는 우리가 두고두고 곱씹을 만한 깊은 뜻이 담겨 있다. 그런데 매우 독일적인 그 문구는 본질에서 비껴가 있다. 악의 없는 거짓말은 우리 모두가 의지할 수 있는 문명사회의 닻이기도 하다. 지금부터 거짓말의 유익한 면과 어두운 면을 고루 살펴볼 것이다. 미리 귀띔하자면, 문명사회를 유지하는 데 거짓말이 꼭 필요할 때가 있다.

천국은 존중과 관심 속에 존재한다

편지 말미에는 그 수신자에 대해 어떻게 생각하든 따뜻한 인사말과 함께 서명을 하도록 하자. 다투는 중에도 예의를 잊지 않는다면 이야말로 품위 있는 공존을 위한 위대한 성취라 할 수 있다. 전투나 논쟁을 벌이면서도 최소한의 공통된 가치를 지키는 것은 멋진 일이다. 한번은 한 남성이 명예훼손을 당했다며 소송을 제기한 일이 있었는데, "귀하에게 어울리는 인사를 보내며"라는 문구로 끝나는 편지를 받았다는 이유에서였다. 그가 발끈한 것도 당연한 일이다.

친절의 본질을 이해하는 데에는 극단적인 사례를 살펴보는 일이 도움이 될 수도 있을 것이다. 움브리아 지방의 그림 같은 산자락에 자리한 소도시에서 상인 아들로 태어난 아시시의 성 프란체스코는 지금 기준에서 보면 괴짜 같은 인물이었다. 체스터턴은 친절하게도 그에게 "신의 어릿광대"라는 애칭을 붙여주었다.

그처럼 많은 이들을 열광시키고 매혹시킨 성자도 없을 것이다. 아시시의 성 프란체스코는 친절과 관련해 현실과 동떨어진 이상에 사로잡혀 있었다. 그는 당시 프랑스에서 쏟아져 나오는 기사문학에 열광하며 친절의 개념을 만들어 나갔다. 그를 사로잡은 것은 상호 존중, 공손한 대접, 즉 '코르테시아cortesia'의 이념이었다. 피조물에 대한 하느님의 사랑을 가슴 깊이 새긴 그는 세상 **전체**를 하느님의 궁정으로, **모든** 피조물을 초현실적 의미에서 이 궁정의 일원으로 보았다.

성 프란체스코가 천명한 대로 "공손함은 하느님의 속성 중 하나"이며 온 세상이 하느님의 궁궐에 해당한다. 라틴어로 코르스cors(영어로는 코트court, 프랑스어로는 쿠르cour)는 원래 닫힌 것, 보호된 농가를 뜻하는데, 성 프란체스코는 그리스도에 의해 비로소 그 닫힌 울타리가 활짝 열려졌다고 생각했다. 성 프란체스코에게는 모든 피조물이 이같은 고귀한 기사세계에 속해 있었다. 그가 새들에게도 공손하게 대했고, 농부를 잡아먹으려 한 늑대와도 친해졌다는 전설 뒤에는 그러한 배경이 자리하고 있다.

그렇다면 지금 살아 있는 인물들 가운데 본보기가 될 만한 이는 누가 있을까? 점점 그런 사람을 찾기가 어려워지는 것이 현실이다.

이탈리아 축구 국가대표선수를 지낸 다비데 아스토리Davide Astori가 2018년 봄에 세상을 떠나자 잔루이지 부폰은 옛 동료에 관해 이런 의미심장한 말을 남겼다. "이타심, 기품, 교양, 동료애 같은 가치들이 여전히 영향력을 발휘하던 오래된 '뒤떨어진' 세계를 그보다 더 훌륭히 구현한 이도 없을 것이다."

스페인 마르베야에서는 '콘디 루디Condi Rudi'로 더 잘 알려져 있는 루돌프 삼촌에 대해서도 사람들은 언젠가 그렇게 말할 것이다. 내 친척 가운데 적지 않은 이들이 근대에 들어서면서 호텔업에 종사하게 되었다. 우리 집안은 많은 것을 잃었지만, 냅킨을 접는 방법 같이 손님을 맞이하는 주인으로서 갖춰야 할 예법은 잊지 않았다.

아버지의 동생인 루돌프 삼촌은 러시아군이 작센으로 진군하자 아버지와 함께 서독으로 도망쳤다. 당시 삼촌은 열네 살, 아버지는 열일곱 살이었다. 두 사람을 돌봐준 것은 가장 가까운 친척인 슈바르츠발트에 살던 퓌르스텐베르크 가문이었다. 그 덕분에 아버지는 대학에서 공부를 했고, 루돌프 삼촌은 호텔전문학교를 다녔다. 1950년대 장크트모리츠 팔라스 호텔의 급사로 시작한 삼촌은 이후 함부르크 포시즌 호텔에서 사환으로 근무했다.

하루는 그의 먼 사촌뻘인 알폰소 호헨로헤Alfonso Hohenlohe가 한참 어린 약혼자 이라 퓌르스텐베르크Ira Fürstenberg와 함께 지나는 길에 그 호텔에 들렀다. 그가 룸서비스를 주문하자 사환인 루돌프가 문 앞에 나타났고, 한바탕 화기애애한 입맞춤과 포옹 세례가 벌어졌다. 그리고 삼촌은 그를 따라 남스페인에 정착했다.

알폰소에게는 그곳에 어머니의 유산이 있었다. 그는 부유한 친구들이 그곳에서 자연을 즐길 수 있도록 바다가 보이는 별장인 빌라 마가리타를 게스트하우스로 개조하는 계획을 세웠다. 이를테면 전통적인 호텔이라기보다는 침대가 딸린 개인클럽에 가까웠다. 그렇게 마르베야 클럽이 세워졌고, '루디'는 지금까지 매니저로 일하고 있다.

루돌프 삼촌이 가진 놀라운 장점은 흔들림 없는 의무감이다. 여기에는 친절도 포함된다. 삼촌이 택한 직업은 그 특성상 왕족이나 오페라스타, 노벨상 수상자만을 상대로 하지는 않는다. 초창기에 마르베야 클럽은 왕족이나 귀족, 데이빗 니븐 같은 헐리우드 스타들의 휴양지였다. 만찬에 참석하려면 어쩔 수 없이 턱시도를 입어야 하는 프랑스의 비아리츠나 칸에서와 달리 여기서 그들은 셔츠 단추를 풀어헤친 채 저녁 시간을 보낼 수 있었다.

세월이 흐르면서 여느 곳과 마찬가지로 손님들의 면면에도 변화가 찾아왔다. 데이빗 니븐 대신 러시아와 중국 손님들이 몰려왔고, 1980년대부터 정착한 아랍의 신흥부호들은 그곳의 터줏대감이 되었다. 삼촌이 그 일을 정신적으로 감당할 수 있었던 비결은 손님들의 보톡스 주사에 부푼 입술, 에티켓을 무시하는 행동, 수상한 재산 같은 흠결을 못 본 척하도록 스스로를 훈련시킨 데 있었다. 루돌프 삼촌은 사람들 속에서 가장 훌륭하고 고귀한 점만을 보는 능력을 지녔다.

나는 루돌프 삼촌이 호텔 로비에서 어떻게 손님들에게 인사하는지, 저녁에 클럽 레스토랑에서 어떻게 일일이 식탁을 찾아가는지 유심히 관찰한 적이 있다. 삼촌은 마치 눈앞의 상대가 자신에게 이날 저녁 최고의 순간을 선사라도 한다는 듯이 관심을 쏟는다. 삼촌과 얘기를 나누는 손님들의 눈빛은 황홀함으로 가득하다. 루돌프 삼촌에게

제다이와 같은 초능력이 있어 상대방을 환각에 빠뜨리는 것은 아닌지 의심이 들 때도 있을 정도다.

우리는 왜 존중과 관심을 받으면 행복감을 느낄까? 반대로 무시를 당하는 순간 고통을 느끼는 이유는 뭘까? 미국의 사회심리학자 마크 리어리Mark Leary는 사회적 거부에 관한 연구를 진행했다. 그의 주장에 따르면 애초에 우리 인간은 자신이 사회적 거부를 당하는 것을 곧바로 느끼도록 만들어졌다. 인류사에서 인간의 생존은 집단의 사소한 호의에 좌우되어 왔다. 여기서 배척당하는 일은 작은 죽음처럼 느껴질 뿐 아니라, 공동체로부터의 추방은 오랜 시기에 걸쳐 실제로 죽음을 뜻했다. 리어리는 이렇게 말한다.

"인간은 남들이 자신을 어떻게 바라보고 평가하는지에 아주 예민한 반응을 보인다. 인간은 타인의 반응을 감시하고 사회에서 자신을 위협할 조짐이 보이면 알람을 울려줄 일종의 감시 장치를 갖추고 있다."

마주한 사람에게 미소를 지어보자.

의식적으로 상대방 눈을 바라보는 연습을 하고, 그 순간 잠깐이라도 좋으니 인간적으로 통해보자. 그리고 불친절한 대접 따윈 담아두지 말고 태연하게 넘기자. 무례는 상대방의 잘못이지 당신의 잘못이 아니다.

16

타인에게 엄격한 잣대는
스스로에 대한 과대평가에서
비롯된다

인자함

2014년 바그다드 교외에 위치한 아부그라이브 교도소에서 이라크인 수감자들이 고문을 당한 사실이 밝혀지자 서방 세계에서 항의가 빗발쳤다. 왜 이런 반응이 나왔을까? 수감자들은 테러리스트들이었다. 그들은 언제든 아이들까지 죽일 준비가 돼 있었고, 미군을 붙잡으면 공개적으로 괴롭히다가 결국 참수까지 하는 자들이었다.

그럼에도 우리는 왜 그런 자들에게 비슷한 방식으로 되돌려주는 것을 금기를 깨는 행위로 느낄까? 나아가 이런 항의가 지극히 서구적인 현상인 이유는 무엇일까? 아마도 적에 대한 명예로운 대우가 우리의 DNA 속에 새겨져 있기 때문일 것이다. 상대가 그럴 자격이 없어 보이더라도 우리에게는 그것이 적절한 행동이기 때문이다.

관대함이야말로 모든 전통적인 기사도 덕목의 뿌리다. 추정컨대 민족 대이동과 로마제국의 붕괴 후 서유럽 대부분 지역에서 한바탕 싸움이 벌어졌을 때 극히 실용적인 이유에서 상호간 전쟁의 규칙이 마련되었을 것이다. 끊임없이 목을 베어내는 대신 영예롭게 패배할 수 있는 길을 열어준 것이다. 이로써 보복에 의한 끝없는 전쟁 상태가 억제되고 전장에서도 위험이 줄면서 전투가 상습적인 소일거리처럼 변하게 되었다.

명예로운 패배라는 개념 뒤에 있는 실용주의는 초연함과 관련이 있다. 패배가 곧 체면 손상으로 이어지지 않는다는 관념도 여기서 등장한다. 중세 전성기 유럽 기사들의 덕목인 '밀테milte'(인자함, 관대함)와 일본 무사들에게서 볼 수 있는 이와 비슷한 이상인 '무사의 정情'을 비교하면 이 점이 분명해진다.

다음 소개하는 이야기는 니토베 이나조新渡戶稻造의 《무사도》에 나오는 에피소드다. 모리오카 지역의 사무라이 집안 출신으로 외교관이자 학자로 활동했던 니토베는 이 책을 통해 일본과 서구의 정신을 이어주는 중개자 역할을 했다. 그에 따르면 일본인의 눈으로 볼 때 관대함이란 덕목은 전혀 다른 의미를 지닌다.

1184년 스마須磨에서 격전이 벌어지던 때, 한 늙은 장수가 적을 쫓아가 제압했다. 그는 전장의 법도에 따라 상대의 이름을 물었다. 그런데 상대가 거절하자 투구를 벗겼고, '앳되고 아름다운 얼굴'이 드러났다. 그는 칼을 쥔 손에서 힘을 빼고 젊은이를 일으켜 세우고는 아버지와 같은 말투로 '그대의 어머니에게 돌아가라'고 명했다. 하지만 젊은 무사는 이를 거부하고 서로의 명예를 위해 당장 목을 쳐달라고 애원했다.

"지금껏 수많은 적들의 목숨을 끊은 차가운 칼날이 늙은 장수의 희끗한 머리 위에서 번쩍였다. 하지만 그의 두려움을 모르는 마음이 멈칫했다. … 장수의 억센 손이 떨리더니 젊은 무사에게 도망가기를 재차 권했다. 하지만 마찬가지로 말을 듣지 않았고, 어느새 아군의 발소리가 가까워졌다. 장수는 '그대가 다른 이에게 붙잡히면 더 모욕적으로 죽을 것이다'라고 외쳤다. 결국 상대를 측은히 여긴 장수는 '오, 신이시여, 그의 영혼을 받아주소서'라고 말하며 단칼에 그의 목을 베었다. 허공에서 번쩍이며 땅에 떨어진 칼은 젊은 무사의 피로 붉게 물들었다."

일본 귀족들에게 이 일화는 해피엔드로 비쳐질 것이다. 어쨌거나 명예가 지켜졌기 때문이다. 무사란 모름지기 다른 것을 양보해도 체면만은 절대 잃어서는 안 된다. 유럽의 기사와 비교해 일본 무사의 명예심이 그토록 과하게 강조되는 이유에 대해서는 곧 살펴볼 것이다. 그에 앞서 무사도의 규범 안에서 명예라는 가치가 지닌 허무맹랑함을 보여주기 위해 또 다른 일화를 소개하고자 한다. 마찬가지로 니토베 이나조의 책에 수록된 이야기다.

한 선량한 주민이 어느 사무라이의 등에 벼룩이 앉은 것을 보고 공손히 그 사실을 알렸다. 그러자 사무라이는 '즉시' 그의 목을 베었다. 이유는 간단했다. "벼룩은 짐승에 기생하는 동물인 만큼 귀하신 무사를 짐승에 대는 것은 용서할 수 없는 모욕이다." 그 가엾은 사내가 결코 무사를 짐승과 비교하려 한 것이 아니었다는 사실은 이 이야기에서 별 구실을 하지 못한다. 어찌됐건 그 사내는 목이 베어졌다.

유럽의 기사제도가 본래의 로마 사상과 기독교에 의해 변주된 로마 사상의 잔재에 바탕을 두고 있다면, 일본 봉건계급의 도덕률은 불교와 유교, 신도로부터 그 양분을 공급받고 있다. 즉 불교로부터는 생에 대한 초연함을, 유교로부터는 몇몇 매력적인 도덕적 가르침을, 신도로부터는 스스로에 대한 과대평가를 물려받았다.

이들이 개인의 명예를 과도하게 강조하는 까닭은 인간의 원죄와 같은 관념이 신도에서 낯설기 때문일 것이다. 다시 니토베의 말을 인용하자면, 오히려 신도 신자들은 "인간 영혼의 타고난 선함과 신과 같은 순수함을 믿고, 그런 인간 영혼을 가장 성스러운 것으로 숭배한다".

또 니토베는 이런 말을 들려준다. "신사를 가본 사람이라면 그곳에서 예배의 대상과 도구를 찾아볼 수 없고 오직 신전 안쪽에 걸린 소박한 거울만이 중요한 부분을 차지한다는 점을 느낄 것이다." 여기서 거울은 인간의 마음을 상징한다. "마음이 완전히 가라앉고 맑아질 때 신의 모습을 볼 수 있다. 그 때문에 참배를 위해 신전 앞에 설 때 빛나는 거울에서 자신의 모습을 본다".

기독교에서도 인간이 하느님을 닮았으며 세례를 통해 성령이 내재한다고 믿는다. 하지만 신도의 신비주의가 귀결되는 지점은, 즉 자기 자신을 신처럼 섬기는 일은 개인적 명예심만 부추기게 된다. 그 명예심으로 인해 **인간 숭배**는 **인간 경시**로 뒤바뀐다. 명예살인이나 자살을 미화하는 것도 그에 따른 결과일까? 주군을 따라 죽는 순사殉死부터 남녀의 동반자살인 정사情死, 체면을 지키고자 감행하거나 또는 강요당하는 집단 자살에 이르기까지 일본 문화 속에는 다양한 유형의 자살이 발견된다.

일본인의 이상 속에서 명예는 모든 것에 우선하며, 사무라이에게 있어 흠 없는 평판은 사후에도 계속 살아 숨 쉬는 자아의 일부를 이룬다. 일본에서는 어린 아이들에게조차 수치심을 가지라고 가르친다. 다시 니토베의 말을 들어보자. "웃음거리가 될 거야, 치욕스러운 일이야, 부끄럽지도 않느냐? 따위의 말은 잘못을 저지른 아이들을 훈계할 때 사용하는 표현들이다. 이처럼 명예심에 호소함으로써 아이 마음속의 가장 민감한 부분을 자극한다." 맙소사!

Q.

선물이 마음에 안 들더라도 좋
아하는 척을 해야 할까요?

A.

칼리프 하룬 알 라시드는 샤를마뉴 대제에게 외교 선
물로 코끼리 한 마리를 보냈다. 샤를마뉴 대제는 그 괴
물 같은 짐승을 받은 다음 어쩔 줄을 몰라 했다. 게다가
불쌍한 코끼리는 곧 폐렴에 걸렸다. 하지만 지금까지도
당시 프랑크 왕국의 수도였던 아헨에서는 알프스 이북
에서 최초로 코끼리를 보유한 도시라는 사실에 자부심
을 느끼고 있다.

스스로의 흠을 알고 있다면 타인의 흠에 너그러워진다

다행스럽게도 유럽인은 이 점에서 훨씬 느긋한 편이다. 유럽인들이 정의의 기준에 대해 지나치게 까다롭지 않은 것도 로마의 유산일지도 모르겠다. 어느덧 유럽적 가치로 자리 잡은 토마스 아퀴나스의 아포리즘인 "자비롭지 못한 정의는 잔혹하다"도 같은 취지에서 나온 말이다. 이 문장은 많은 의미를 함축하고 있다. 가령 바이에른 경찰들이 전통에 따라 경미한 교통위반에 대해서는 가끔 눈을 감아준다거나 '법보다 자비'가 우선하도록 하는 것도 이로부터 설명될 수 있다. 마찬가지 이유에서 유럽의 사회 시스템이(적어도 유럽연합에서 남쪽으로 내려갈수록) 왜 여전히 매력적이면서도 무정부적인 특징을 보이는지에 대해서도 설명이 된다.

정의는 명령에 의해 이행해야 하는 것인 반면 관대함은 선물처럼 돌발적으로 주어지는 것이다. 정의는 합리적이고 예측 가능하지만 관대함은 예측이 불가능하다. 빅토리아 시기의 유명한 무신론자인 메리 셸리Mary Shelley가 관대함을 가리켜 "폭군의 궁정에서 고안한" 것이라고 비난한 까닭도 바로 여기에 있다. 관대함 뒤에는 정의로운 세상을 향한 속세의 열망이 숨어 있다. 물론 역사를 돌이켜봤을 때 정의란 가치는 쉽게 계산적인 것으로 변질되곤 했다. 따라서 관대함 역시 생색내는 태도를 취하며 타산적이며 권위적으로 돌변할 수 있다는 셸리의 지적은 일리가 있다.

'클레멘티아 카이사리스Clemetia Caesaris'는 자의적으로 형벌을 내리는 로마제국 황제의 특권을 가리킨다. 율리우스 카이사르는 충성을 이끌어내고 권력을 과시하는 수단으로 이 특권을 애용했다. 세네카는 황제인 네로를 위해 특별히 《관용론De Clementia》을 썼다.

세네카는 네로에게 독재적인 통치자와 선한 통치자의 차이를 들며 황제의 특권과 관용에 대해 설명하고자 했다. 이를 위해 폭군인 디오니소스 1세와 독재자 술라Sulla를 아우구스투스 황제와 비교하면서, 아우구스투스가 모반을 꾀한 그나이우스 코르넬리우스 킨나 Gnaeus Cornelius Cinna에게 어떻게 사면을 베풀었는지를 전했다.

세네카는 이렇게 강조한다. 단 하나의 진정한 권력은 로고스logos, 즉 최고의 이성에 의해 인도되는 권력이다. 따라서 관대함은 그릇된 동정심이나 자의적인 아량과는 무관하다. 오히려 관대함은 국가의 안정을 위해 민중이 지도자와 같은 목표를 추구하도록 하는, 이성이 이끄는 원칙이라고 할 수 있다. 이러한 고대 개념인 '클레멘티아 Clementia'는 위에서 아래로 호의를 베푸는 뉘앙스를 풍긴다. 심지어 세네카가 설명하는 클레멘티아는 타산적으로 들리기까지 한다(그의 첫 번째 독자가 네로라는 점을 염두에 두더라도 말이다. 이런 이유로 세네카는 실용적으로 논리를 펼 수밖에 없었다)."

이후 기독교 세계에서 관대함은 클레멘티아에서 미세리코르디아 misericordia(자비, 연민)로 옮겨가면서 다른 울림을 얻게 된다. 관대함은 자비로 대체되는데, 이는 하느님의 자비가 기준으로 제시되는 덕목을 가리킨다. 요컨대 용서를 받으려면 먼저 용서하라는 것이다.

라틴어 미세르코르디아는 미세르miser(불쌍한, 비참한)와 코르cor(심장, 마음)의 합성어다. 다시 말해 타인의 고통에 마음이 움직이는 태도를 가리킨다. 아우구스티누스는 이렇게 말한다. "당신의 마음이 감동할 때, 타인의 불행에 아파할 때, 보라, 그것이 바로 자비다." 확실히

이 말은 세네카의 '클레멘티아'보다 따뜻하게 들린다.

관대함과 관련해 고전적인 사고방식을 생생하게 보여주는 이야기로 페르벨린 전투를 배경으로 한 하인리히 폰 클라이스트Heinrich von Kleist의 희극 〈홈부르크 왕자〉를 들 수 있다. 프로이센의 기병대장이기도 한 젊은 왕자는 사랑스러운 나탈리에 공주한테 푹 빠진 나머지, 혼란스러운 마음으로(또한 아마도 명예욕에서) 스웨덴 군과 싸움이 벌어지자 상부의 명령을 기다리지 않고 휘하 연대에 공격을 명령한다.

전투에서 왕자는 눈부신 승리를 거뒀지만 선제후는 그에게 사형선고를 내린다. 명백한 명령 불복종이었기 때문이다. 저 유명한 '죽음의 공포' 장면에서 왕자는 살려달라고 애원한다. 자신의 계급, 직위, 심지어 명예까지도 포기할 용의가 있으나 생명만은 내놓기 싫다는 것이다. 결국 선제후는 관대한 처분을 내리기로 하는데, 한 가지 조건을 내건다. 판결이 부당한 이유를 왕자 스스로 설명할 수 있어야 한다는 것이다.

이야기가 끝나갈 무렵 흥미로운 반전이 펼쳐진다. 판결을 반박하는 대신 잘못을 인정한 왕자는 눈이 가려진 채 사형집행인이 기다리고 있는 야외로 끌려 나간다. 왕자는 자신의 잘못을 깨달은 데 대해 선제후가 사면으로 보상한 사실을 알지 못한다. 마침내 눈을 뜬 왕자는 죽음 대신 사랑하는 나탈리에와 마주하고, 그녀는 왕자에게 월계관을 씌워준다. 아마도 유럽의 기사들은 일본의 무사보다 인간적 흠결에 대해 좀 더 관대한 면이 있었던 것 같다.

우리는 살아가며 알게 모르게 수없이 많은 용서를 받았다.

인간은 타인에게 훨씬 엄격한 잣대를 들이대는 경향이 있다. 우리는 충분히 스스로에게 관대하니, 타인에게 조금 더 너그러워져도 된다. 우리는 완벽한 부모가 아니고, 완벽한 형제도 아니다. 우리는 완벽한 배우자와 결혼하지 않았고, 자식 또한 절대로 완벽한 아이가 되지 않을 것이다. 용서와 관대함이 없다면 우리는 살아가며 자주 곤란한 상황에 빠지고 말 것이다.

17

인간은 솔직함을 좋아하지만
얼마만큼 솔직해져야 하는지는
모른다

솔직함

예의바른 사람이 되고 싶은가? 그렇다면 너무 정직한 모습을 보이지 않는 편이 좋다. 예를 들어 당신이 썩 내키지 않는 저녁 식사 자리에 초대받았다고 해보자. 그럼 "아쉽지만 참석하기는 힘들 것 같습니다"라고 말하겠는가, 아니면 대놓고 가기 싫다고 말하겠는가? 전자는 정직하지 못한 태도라기보다는 상대방의 마음을 상하게 하지 않으려는 배려가 아닐까?

현대인은 하루에 200번까지 거짓말을 한다는 주장이 있다. 물론 과장일 것이다. 그 횟수가 나오려면 악의 없는 모든 종류의 거짓말까지 포함시켜야 한다. 어떤 파티는 너무 지루해서 마음 같아서는 차라리 바닥에 드러눕고 싶을 때가 있다. 만약 욕구를 억제하는 것마저 일종의 속임수라면 영국 여왕이야말로 악명 높은 거짓말쟁이일 것이다. 장담컨대 여왕이 자신의 롤스로이스에서 친절하게 손을 흔들 때 속으로는 윈저의 집에 있었으면 하거나 정원에서 말을 타고 달렸으면 할 때가 태반일 것이다.

과연 우리는 얼마나 솔직해져야 할까? 곤란한 윤리적 문제가 제기될 때마다 조언을 건네는 두 사람이 있다. 바로 토마스 아퀴나스와 그림책 《막스와 모리츠》의 저자인 빌헬름 부시Wilhelm Busch다. 비덴잘 출신의 현인, 빌헬름 부시의 말을 들어보자.

누가 이 지구에
발을 디디려 할까.
여기 사는 우리가
진실만을 말한다면.

당신은 우리를, 우리는 당신을
사기꾼이니 악당이니 불렀다네.
아직 술에 취하지도 않았는데
우리는 서로 끔찍한 말들을 주고받았지.

하여 너른 땅 곳곳에서
오랜 세월 입증된 훌륭한 수단으로
믿음직한 요술 방망이가
사람 손에서 자라났다네.

나 이제 공손함을 찬양하네.
우아한 선의의 거짓말.
너도 알고, 나도 알지.
그러니 우리 모두 즐겁다네.

나 또한 이와 같은 교육을 받고 자랐다. 이를테면 나는 여전히 '아
니오'라는 말을 입 밖에 내기 힘들어 한다. 어쩌면 우리 어머니가 헝
가리 출신이라는 점도 영향을 줬을 것이다. 헝가리인들은 에둘러 말

하는 기술이 남다르다. 헝가리에서는 절대 '아니오' 소리를 듣지 못할 것이다. 그들은 '넴nem'(아니오) 대신 '쾨쇠뇜köszönöm'(고맙습니다)이라고 말한다. '고맙습니다'는 헝가리 식의 '아니오'다. 이러한 언어 습관은 헝가리가 아시아로부터 물려받은 유산과 관련이 있을지도 모른다.

빈을 기준으로 그 동쪽 지역을 다녀본 사람이라면 알 것이다. 진실에 관해 아시아에서는 유럽과는 다른 법칙이 적용된다. 가령 교양 있는 페르시아인들은 기본적으로 속마음과 정반대로 말한다. 심지어 이를 가리키는 말이 따로 있을 정도인데, 바로 '터로프Taarof'(빈말 문화)다. 이디오피아 왕자 출신인 아스파 보센 아세라테에 따르면, 오리엔트 지역과 라틴계의 영향을 받은 남유럽에서 소통의 주된 목적은 '존중과 보호를 받고자 하는 인간적 욕구를 충족시키는 데' 있다.

유럽의 귀족들 사이에서도 '터로프'는 쉽게 찾을 수 있는 현상이다. '언제 우리 집에 저녁 드시러 오세요!'라고 말하는 것은 점심 약속을 할 용의가 있다는 표현일 뿐이다. '꼭 한번 같이 점심 식사 합시다'는 실제로는 함께 커피를 마실 생각이 있다는 정도의 의미이고, '언제 커피 한 잔 합시다'라고 말한다면 그것은 내가 보여줄 수 있는 가장 거친 형태의 거절이다.

다만 이렇게 에두르는 소통방식이 꼭 나쁘지는 않다는 점은 인정해야 한다. 독일 문학사상 가장 유명한 귀족인 뮌히하우젠 남작은 "똑똑한 사람이 거짓말을 즐겨 한다"고 주장한 바 있다. 이 말도 일리가 있는 것이 거짓말에 능하려면 타인에게 감정이입을 잘해야 하기 때문이다.

내 경험상 거짓말을 잘하려면 특히 기억력이 비상해야 한다. 미국의 전직 하원의원 앤서니 위너Anthony Weiner에 관한 훌륭한 다큐멘터리 한 편이 넷플릭스에 올라와 있다. 뉴욕시장이 되고자 했던 그의 야망은 결국 섹스 스캔들로 물거품이 된다. 그에 대한 믿음이 걷잡을 수 없이 무너지는 순간 위너가 진땀을 흘리는 모습을 보며 우리는 함께 괴로워한다. 그는 자신이 언제 어디서 누구에게 어떤 사실을 인정했고, 아직 숨기고 있는 사실이 얼마나 되는지 더는 기억하지 못한다. 위너는 미국 민주당에게 '파르치팔' 같은 구원자이자 진보 진영의 슈퍼스타였다. 그의 배우자는 힐러리 클린턴의 최고 참모이기도 했다. 그가 당선되었더라면 뉴욕 시를 위해 훌륭한 정책을 펼쳤을지도 모른다. 하지만 거짓과 비밀로 점철된 괴물 같은 성채 위에 군림하고자 하는 자가 인간으로서, 또 정치인으로서 어떻게 신임을 받을 수 있겠는가?

거짓말은 멋대로 증식하고 주인의 자리까지 빼앗는다

거짓말, 기만, 부정직한 태도 등은 한 가지 결정적인 단점을 갖고 있다. 가면을 쓰는 것이 버릇이 되면 그것은 언젠가 제2의 천성이 된다.

용기를 내 고백을 할 것이 있다(이 글을 어머니가 보지 않기를 바랄 뿐이다). 나는 누나 셋과 함께 어린 시절을 보냈다. 누나들은 나름의 방식으로 부모님께 늘 걱정을 끼쳤다. 그 결과 나는 막내로서 얌전한 아이의 역할을 맡게 되었다. 사춘기에 접어든 나는 '누나들처럼 사춘기 변덕을 부리지 않아 얼마나 다행이야'라는 말을 숱하게 들어야 했다.

결국 나는 밖으로는 이런 역할에 충실하면서도 남몰래 반항 생활을 즐기는 데 도사가 되었다. 누나들이 그랬듯이 나 역시 밤에 놀러 다니는 일에 크게 끌렸다. 대신 누나들처럼 대놓고 갈등을 빚으며 어른들의 인내심을 시험하기보다는, 어두워지면 얌전히 가르마를 탄 머리로 건전한 내용의 책을 들고 침대로 들어가 부모님이 잠들기만을 기다렸다. 그러고는 한밤에 창문을 타고 내려가 당시 뮌헨에서 인기였던 나이트클럽 P1 쪽으로 달려갔다.

속임수에 관해서라면 나는 나쁜 쪽으로 완벽의 경지에 도달했다. 가령 재능 넘치는 모범생이었던 반 친구(녀석은 훗날 지멘스에서 프로그래머로 승승장구했다)를 시켜 도청장치를 만들게 했다. 그럼 외출을 결심한 저녁에 그 성냥갑 크기의 도청장치를 부모님 침실에 놓아두고는 내 라디오와 주파수를 맞춘 뒤 코고는 소리가 들릴 때까지 기다렸다가 슬쩍 나가곤 했다. 물론 그게 다가 아니었다. 시간이 가면서 재미를 느끼는 일들을 몰래 즐기는 습관이 생겼다.

하지만 점점 힘에 부치기 시작했다. 어느 순간부터는 몰래 하는 일에서만 쾌감을 느꼈기 때문이었다. 그것도 나름의 매력은 있었다. 훗날 드라마 〈덱스터Dexter〉를 발견했을 때, 나는 주인공을 보며 소울메이트를 만난 기분이 들었다. 낮에는 마이애미 경찰서의 법의학 전문가로서 혈흔을 분석해 범죄 과정을 재구성하는 일을 하고, 밤에는 연쇄살인범으로 둔갑하는 덱스터 말이다. 그가 보여주는 완벽한 이중생활은 샘이 날 정도였다.

내 이중생활이 그만치 화려하지는 않았지만, 그로 인해 나는 만성 허리통증을 얻게 되었다. 내 허리 문제가 은밀한 사생활과 연관이 있음을 안 것은 마흔이 다 되어갈 무렵이었다. 그 숨바꼭질 놀이가 무거운 짐처럼 나를 짓눌렀던 것이다. 어떤 비밀도 갖지 않기로 마음먹은 뒤로는 통증도 사라졌다. 그 사실을 일찍 알았더라면 물리치료실에서 보낸 숱한 시간과 허리통증 전문 헬스클럽인 키저Kieser 멤버십("튼튼한 허리, 고통 없는 일상")에 지불했던 돈을 아낄 수 있었을 것이다. 솔직함은 실제로 똑바른 자세, 즉 척추 부위와 관련이 있었다.

어째서 우리는 위험과 부작용에도 불구하고 거짓말을 하는 것일까? 그 과정에서 어떤 종류의 독소를 함께 삼키는지 알리려면 약품설명서에 뭐라고 적어야 할까?

우리가 거짓말을 하는 이유는 일단 그것이 이익이 된다고 믿기 때문이다. 웬만큼 철이 든 대여섯 살쯤 되는 꼬마들은 거짓말 하는 쪽이 자신에게 유리하다는 것을 어느 순간 깨닫는다. '네가 꽃병을 깨뜨렸니?'라는 질문을 받았을 때 '네'라고 대답하면 곤란한 일이 벌어질 것이고, '아니오'라고 하면 위기를 모면할 수 있다. 나이를 먹고 삶이 복잡해질수록 거짓말도 덩달아 복잡해진다. 단순한 거짓말이 집채만 하게 커져 버린다.

어쩌면 가장 중요한 경고 메시지는 거짓말은 끝없이 가지를 치는 골치 아픈 특성이 있다는 점일 것이다. 그처럼 무성하게 자란 거짓말은 결국 한눈에 파악하기조차 힘들어진다. 앞서 소개한 앤서니 위너의 경우도 그렇고, 더 유명한 예로는 빌 클린턴도 있다. 이 경우는 "그 여자와 관계를 가진 적이 없습니다I did not have sex with that woman" 같은 단순한 주장에서 시작해 나중에는 은폐 시도, 증인 회유, 금전을 동원한 입막음을 비롯해 공모자 및 비밀공유자까지 연루된 복잡한 상황으로 비화되었다.

이보다 훨씬 더 유명한 사례도 있다. 바로 월트디즈니의 애니메이션인 〈피노키오〉에 등장하는 한 장면이다. 가엾은 나무 인형 피노키오는 요정의 추궁에도 불구하고 여우와 고양이로부터 금화 다섯 개 중 하나를 갈취당한 사실을 실토하지 않는다. "살인범에게 붙잡혔어요." 피노키오가 요정에게 말한다. 첫 번째 거짓말이었다. 피노키오의 코가 좀 더 길어졌다.

"그럼 나머지 네 개의 금화는 어디 있지?" 요정이 캐묻는다. 남은 금화마저 내놓아야 할까 두려웠던 피노키오는 "숲속에서 잃어버렸어요"라고 대답한다. 두 번째 거짓말이었다. 코가 한 뼘 더 길어졌다. 실은 바지주머니에 숨겨뒀던 것이다.

"숲에서 잃어버렸다면 우리 함께 찾아보자. 곧 발견할 수 있을 거야. 이 숲에서 사라진 건 언젠가 다시 나타나게 돼 있으니까." 요정이 말했다. 피노키오는 잃어버린 게 아니라 실수로 삼켰다느니 점점 엉뚱한 핑계거리를 대며 말을 더듬었다. 급기야 코가 팔뚝만큼 자라고 어린 새싹까지 돋으며 새 한 마리가 앉아 덤불 속에 둥지를 지었다.

여기 등장하는 이미지에는 상습적인 거짓말쟁이가 맞닥뜨리는 불행한 상황이 고스란히 담겨 있다. 거짓말이 가지에 가지를 치면서 알아볼 수 없게 변하는 것이다. 월터 스코트 경Sir Walter Scott은 장시長詩 〈마미온Marmion〉에서 "아, 속이고 기만하는 우리는 얽히고설킨 복잡한 그물을 짜고 있는 것과 진배없구나" 하고 탄식한 바 있다. 결국 그런 자는 우스꽝스럽고 딱한 인상을 줄 뿐이다.

Q.

욕설을 섞어 말하면 품위에 손상이 갈까요?

A.

엠마 번Emma Byrne은 《욕은 당신에게 유익하다! 욕설의 놀라운 과학》이라는 책에서 욕설의 사용이 불가피하다고 주장한다. 욕설은 불편한 상황에 대처하는 데 도움을 줄 뿐 아니라 사회적 유대관계를 강화하고, 나아가 친밀도도 높여준다는 것이다.

이야말로 '헛소리Bullshit'가 아닌가!

오직 진실만 말하는 사람과 모든 말이 거짓인 사람

라틴 교부 4인방의 하나인 아우구스티누스Augustinus는 이 주제를 본격적으로 다룬 최초의 철학자다. 그는 더없이 단호했다. 기만을 위해 언어를 사용하는 것은 죄악이었다. 여기에는 덧붙일 말도, 어떤 예외도 없다. 물론 무거운 거짓말과 가벼운 거짓말이 있음을 부인하지는 않았지만, 생명을 구하기 위한 거짓말조차도 그는 거부한다.

또 다른 극단에 서 있는 이는 1844년 독일 작센 주 뢰켄에서 태어나 1900년 바이마르에서 세상을 떠난 프리드리히 니체Friedrich Nietzsche였다. 어떤 심한 거짓말도 당연한 정상으로 여겼던 그는 "생각하는 자는 거짓말을 할 줄도 안다"는 말을 남겼다. 니체를 한 마디로 요약하면 이렇게 말할 수 있지 않을까. "어떤 것도 진실이 아니고, 모든 것이 허용된다."

아우구스티누스의 말이 옳다면, 영화 〈바스터즈: 거친 녀석들〉에서 배우 크리스토프 발츠Christoph Waltz가 분한 '유대인 사냥꾼'이 우유 한 잔을 청하며 혹시 집에 유대인들을 숨겨뒀는지 공손히 물었을 때, 설령 유대인들의 목숨이 달린 문제일지라도 거짓말을 해서는 안 된다. 또 니체의 주장이 맞는다면, 그 어떤 말도, 문장도, 책도, 대화도 불필요해진다. 모든 것이 기만이라면, 모든 구속력이 사라지고 상대가 진실을 말한다고 확신할 수 없으며 더불어 사는 일도 불가능해질 뿐더러 모든 의사소통도, 심지어는 대중교통 시간표조차도 불필요해질 것이기 때문이다.

그러니 해답은 어딘가 그 중간쯤에 있어야 한다. 그 중간 지점을 찾는 것은 해볼 만한 가치가 있는 일이다. 중요한 것은 질문이기 때문이다. 우리는 적잖은 이들이 모든 진리가 '개인적'이라고 주장하는 시대에 살고 있다. 언젠가 한 민간요법 치료사로부터 '저마다 자기만의 진리가 있고, 나는 어느 누구에게도 내 진리를 강요하고 싶지 않습니다'라는 말을 들은 뒤부터 그에 대한 신뢰가 확 떨어졌다.

더구나 우리는 알고도 거짓에 유혹당하는 시대에 살고 있다. 때로는 귀가 얇아서 그렇기도 하지만, 대부분은 나태함 때문이다. 스마트폰 앱의 이용약관을 읽지도 않은 채 동의할 때마다 우리는 정보를 탈취당하고 우리를 '엿 먹이는' 일에 암묵적으로 따르게 된다. 진실 여부도 모른 채 인터넷에 떠도는 충격적인 이야기를 가벼운 마음으로 친구들과 공유할 때마다 우리를 둘러싼 거짓말의 생산-유통-소비 과정에 동참하게 된다.

내가 아는 한, 시셀라 보크Sissela Bok만큼 거짓말과 용납 가능한 숨기기 사이를 정확히 구분한 이도 없을 것이다. 거짓말이란 주제와 관련해 지금까지도 권위를 인정받고 있는《거짓말하기-공적 및 사적 생활에서의 도덕적 선택Lying-Moral Choice in Public and Private Life》에서 그는 이렇게 말한다. "엄밀히 따지면 그릇된 진술은 기만할 의도가 있을 때만, 다시 말해 일부러 남을 속이려 할 때만 거짓말에 해당한다."

이 정의에 따르면 뜻하지 않게 속이거나 이야기를 꾸며내는 것은 거짓말이 아니다. 가령 망상이나 잘못된 기억, 지각 장애에 따른 작화증 환자나 치매 환자의 거짓 진술이 후자에 해당한다. 그러므로 치매로 고생한 우리 할머니는 거짓말쟁이라 할 수 없다. 할머니는 가끔씩 흥분한 상태로 동네를 돌아다니며 "황태자와 소피 이모가 사라예보에서 암살당했어요!"라고 외치곤 했는데, 자기한테 결정적인 영향을 끼친 일을 떠올리는 증상에 시달린 것으로 보인다.

또 선물을 받고 정중한 감사를 표할 때 동원하는 상투어도 거짓말이 아니다. 사람 생명을 구해야 하는 극한 상황에서 거짓 진술을 하는 것은 더더욱 그렇다. 다만 보크는 의도적이고 악의적인 기만은 거부한다. 그것은 상대뿐 아니라 스스로에게 해를 끼침으로써 자신의 진실성마저 파괴하기 때문이다. 거짓투성이의 세상에서 우리 개개인부터 좀 더 솔직해져야 한다. 다만 '분별력'이 함께 따라야 한다고 보크는 지적한다.

우리는 얼마나 더 진실해야 하는가?

분별력이 있으면 꽤 도움이 된다. 광적인 진리의 옹호자를 자처하면서 인간적인 약점은 조금도 배려하지 않고, 묻지도 않았는데 자신의 진리를 강요하고, 솔직함을 빙자해 상대에게 상처를 입히는 자들이야말로 견디기 힘든 족속들이다. 위대한 신학자이자 저항운동가로서 39세를 일기로 플로센뷔르크 집단수용소에서 처형된 디트리히 본회퍼Dietrich Bonhoeffer는 이렇게 말한 바 있다. 진리의 광신자는 "수치심을 건드리고, 신비를 욕보이고, 신뢰를 깨고, 자신이 속한 공동체를 배반한다. 그리고 자기 때문에 폐허로 변한 광경을 보며, 또 '진실을 견디지 못하는' 인간적 약점 앞에서 우쭐거리며 비웃는다".

물론 맞는 말이다. 그럼에도 나는 더욱 더 솔직해지는 편을 지지한다. 이런 태도가 거부감을 줄 수도 있다. 하지만 우선 자신을 상대로 시도한다면 그럴 위험은 사라진다. 타인에게는 분별력이 필요하지만 자신한테는 굳이 조심스럽게 굴 필요가 없다.

조던 피터슨 교수는 눈에 잘 띄지 않는 행동, 지나가듯 한 말이 세상을 좀 더 나은 곳으로, 또는 더욱 더 나쁜 곳으로 만든다고 지적했다. 세상을 바꾸는 가장 간단하면서도 효과적인 방법은 작은 거짓말로 자신과 주변을 속이지 않는 일이다. 얼핏 보아서는 의외인 이 연관성에 대해 증언한 이가 있다. 바로 2008년 작고한 노벨문학상 수상자이자, 소련 노동수용소의 경험을 담은《수용소 군도》를 쓴 알렉산드르 솔제니친이다.

제대로 된 훈련 없이 형편없는 장비만을 갖춘 채 나치와의 전쟁에 참전한 솔제니친은 스탈린을 비판한 죄목으로 전선에서 체포되어 고문과 학대를 당한 동시에 주변에서 겪는 고통을 직접 목격하기도 했다. 솔제니친이야말로 세상을 저주하고 제 운명을 잘못된 소련 체제의 책임으로 돌릴 충분한 이유가 있었다. 하지만 복수심과 증오를 쏟아 놓는 대신 그는 스스로에게 불편한 질문을 던지기 시작했다. 조국이 독재의 길로 접어든 데에 자신의 잘못은 없었을까? 그렇다면 무엇을 잘못했을까? 그는 지금까지 살면서 언제 어디서 정직함을 배반했는지 자신에게 물었다. 얼마나 자주 스스로를 속이고 거짓말을 했을까? 그런 다음 그는 결정적인 질문과 맞닥뜨렸다.

지금 여기서 자신과 관련해 무엇을 바꿀 수 있을까를 물은 것이다. 그는 노동수용소 안에서 본받을 만한 인물을 찾았고, 동료 수감자들과 오랜 대화를 나눴다. 철저하게 솔직해지고자 했던 그는 이 모든 것을 기록했다. 그렇게 탄생한 책이 1970년대에 마침내 세상에 빛을 보게 되었다. 이 책으로 인해 그는 곧장 소련에서 추방을 당했다.

피터슨이 개인의 정직함과 거시정치를 직접 연관 짓는 방식은 바츨라프 하벨Václav Havel과 다를 바 없었다. 2011년 세상을 떠난 시인이자 반체제인사, 그리고 훗날 대통령이 된 하벨의 핵심 메시지도 매우 비슷하다. 즉 개개인이 각자의 작은 세계에서 진실을 위해 싸우는 그곳으로부터 진실이 숨 쉴 공간이 생긴다는 것이다.

하벨은 《진실 속에서 살기 위한 노력》에서 프라하의 한 야채상 이야기를 들려준다. 그 야채상은 가게 진열창 속 양파와 당근 사이에 "만국의 프롤레타리아여, 단결하라!"고 적힌 플래카드를 걸어 두었다. "그 현수막은 사업장에서 야채상들에게 양파와 당근과 함께 제공한 것이다. 수년전부터 그래 왔기 때문에, 모두가 그렇게 하기에, 그래야 마땅하기에 그는 현수막을 진열장에 걸어두고 있었다." 하벨은 야채상이 결코 골수 공산당원이 아니고, 현수막은 윗사람들에게 보여주기 위한 용도였다는 점을 강조한다. 야채상은 그저 조용한 삶을 원했다.

하벨은 공산정권의 폭압이 극에 달한 1978년에 썼던 그 책에서 이렇게 말한다. "이런 가정을 해보자. 어느 날 반항의 표시로 야채상이 아부용이던 현수막을 걸지 않기로 한다. 또 투표소에도 가지 않기로 한다. 진짜 선거가 아님을 잘 알기 때문이다. 그리고 집회에 나가 자신의 진짜 생각들을 말하기 시작하면서, 양심이 연대하라고 명령하는 이들과 하나로 뭉칠 힘을 얻는다. 그런 저항을 통해 야채상은 거짓 속의 삶에서 벗어나 의례적인 행위들을 거부하고 '게임의 규칙'을 거역한다. 그런 그는 억눌렸던 정체성과 품위를 되찾고, 자신의 자유를 실현할 것이다. 그의 저항은 **진실 속의 삶**을 살기 위한 노력이다."

하벨은 국가의 변화는 개개인의 변화에서 시작된다고 말한다. 11년 후 동유럽의 공산주의는 몰락했고, 과거 반체제인사였던 하벨은 자유를 되찾은 체코슬로바키아 공화국의 첫 번째 대통령으로 선출된다. 하벨과 그의 동료들이 승리할 수 있었던 까닭은, 자신이 어쩔 수 없는 주변 환경 속에서도 신념을 굽히지 않는 말을 할 때마다 진실의 힘도 함께 자란다는 점을 확신했기 때문이었다.

피터슨, 솔제니친, 하벨의 주장이 틀리지 않다면, 솔직함에 관해 숙고한 결과는 오직 하나일 수밖에 없다. 다시 말해 다음과 같은 불편한 질문을 스스로에게 던져야 한다.

우리는 자기 삶의 어떤 부분에서 더 솔직해지고 더 진실해질 수 있을까? 반려자를 대할 때 얼마나 솔직한가? 또 아이에게는, 그리고 상사에게는 어떤가? 일상에서 언제 솔직하지 못한가? 어디서 사소한 거짓말을 하는가? 귀찮아서 마음에도 없이 맞장구를 쳐줄 때는 언제인가? 어디서 고분고분 뜻을 굽히는가? 이들 질문에 대답했다면 이제 우리는 몇 가지를 바꾸는 행동에 나서야 한다.

이때 자신의 정직하지 못한 자질구레한 지난날들을 미화하는 우를 범하지 않아야 한다. 최근 나는 꽤 많은 비용을 들여 교통심리학 상담을 받아야 했다. 어리석게도 몇 차례 교통법규를 위반한 나는 다시 운전대를 잡아도 좋은지 심사하는, 속칭 '백치검사'로 불리는 의학심리검사MPU를 앞두고 있었다. 돌아보니 저녁에 빈 교차로에서 자전거를 타고 가다 빨간불을 무시하기도 했었고, 고속도로에서 규정 속도를 25킬로미터나 초과한 적도 있었다.

그 준비 과정에서 나를 도와준 심리사는 퍽 유익한 조언을 들려줬다. 즉 '어리석은'이라는 말을 사용하지 말라는 것이었다. "당신의 위법 행위를 대수롭지 않게 여겨서는 안 됩니다! 책임지는 태도를 보이세요!" 그러고는 기억에 남을 만한 말을 남겼다.

"내 안에 도사린 범법자를 응시하세요! 솔직하게 고백하는 겁니다. '그래요, 나는 계속해서 빨간불에 달렸어요. 그래요, 나는 고속도로에서 자주 과속을 즐겼어요.' 이외에는 어떤 말도 믿어주지 않을 거예요. 당신이 얼마나 준법정신이 투철한 시민인지 검사관을 설득시키려 한다면 십중팔구 검사에서 떨어질 겁니다."

"내 안에 도사린 범법자를 응시하세요!"
이것이야말로 솔제니친에 필적할 만한 통찰이 아닌가. 이 말을 듣는 순간 우리 안에서는 거센 반발이 치솟아 오를 것이다. 하지만 전혀 틀린 말이 아니다. 여러분은 어떨지 모르지만, 나는 잘못을, 특히 거짓말을 미화하는 경향이 있다.

타인의 거짓말에는 너그럽고 자신의 거짓말에는 엄격하라

우리가 무엇에 관해 거짓말을 하는지 알아낼 좋은 방법이 없을까? 다시 피노키오에게로 돌아가 보자. 동화에서는 말하는 귀뚜라미라는 아주 흥미로운 역할이 등장한다. 약간만 상상력을 동원하면 녀석이 양심을 상징한다는 것을 쉽게 알 수 있다. 이탈리아 작가 카를로 콜로디Carlo Collodi가 쓴 그 유명한 동화책에서 피노키오는 이미 초반부터 이름도 없는 그 귀뚜라미를 발로 밟아 죽인다.

1881년 《피노키오의 모험》이 이탈리아의 한 주간신문에 연재되기 시작했을 때, 프리드리히 니체는 《즐거운 학문》을 집필 중이었다. 이 책에서도 양심을 건드리는 목소리를 때려죽이는 일이 벌어진다. 니체의 경우 당연히 그 목소리는 좀 더 높은 차원과 관련이 있었다. 책에서 니체는 친히 신의 죽음을 선포한다. "우리가 그를 죽였다. 바로 당신과 내가!"

니체를 염두에 두고 콜로디의 이야기를 읽으면 천진난만한 동화는 인간 자율성에 관한 알레고리로 탈바꿈한다. 《차라투스트라는 이렇게 말했다》에서 니체는 인간이 세 가지 발전 단계를 거쳐야 한다고 주장한다. 먼저 인간은 권위와 스승에 의존하고, 이어서 그것을 뿌리친 다음 자유를 쟁취하고, 마지막으로 자기 자신의 가치와 목적을 찾으면서 자유로워진다. 이는 피노키오의 이야기와도 정확히 맞아떨어진다.

월트디즈니 영화에서는 귀뚜라미가 밟혀 죽는 대신 피노키오 옆에서 가끔씩 투덜대는 영원한 동반자로 등장한다. 훨씬 호감이 가는 것은 단연 디즈니 영화 쪽이다(피노키오 또한 원작에서는 귀여운 나무토막 소년이 아니라 못 말리는 말썽꾸러기로 등장한다. 콜로디는 아이들을 썩 좋아하지 않았다). 참고로 디즈니 영화에서 귀뚜라미cricket는 지미니 크리킷 Jiminy Cricket이라는 의미심장한 이름으로 불린다. 즉, 불경스러움을 피하고자 '지저스 크라이스트Jesus Christus!'라고 외치는 대신 사용되었던 오래된 미국의 슬랭 표현이다.

이따금 성가실 때가 있더라도 귀뚜라미를 억누르려는 것은 좋은 생각이 아니다. 콜로디와 니체처럼 녀석을 때려죽이는 짓은 동물보호라는 차원에서도 금지되어야 한다. 마음을 괴롭히는 일이 있다면, 거기에 불편한 진실이 숨어 있다는 좋은 징조다. 타인에 대해서는 분별력을 갖고 요령 있게 배려해야겠지만, 자신에 대해서는 얼마든지 솔직해져도 좋을 것이다.

세상을 보다 진실한 곳으로 만들기 위한 좋은 방법이 있다. 각자 자신의 삶에서 거짓을 없애는 것이다.

나는 언제 나를 속이는가? 언제 내게 거짓말을 하는가? 주위 사람들을 정직하게 대하는가? 귀찮다는 이유로 갈등을 피하지는 않았는가? 언제 스스로를 굽히는가? 내 안에서 거짓말쟁이를 찾아내고, 정직하지 못한 삶을 남 탓으로 돌리지 말자.

믿거나 말거나, 물론 나는 '백치검사'를 무사히 통과했다.

18

흉내 낼 수 없는 기품은
오직 너그러움에서만 나온다

관후함

글을 쓰려고 자리에 앉자마자 핸드폰 벨소리가 울린다. 아내의 목소리다. 방금 막스 마라 매장에 들른 아내가 세상에서 가장 멋진 핸드백을 발견했다. 무려 30퍼센트나 할인된 세일 가격이라고 한다. 곧 아내의 생일이란 사실을 우리 둘도 잘 알고 있다. 여태껏 살면서 아내는 결코 대단한 선물을 바란 적이 없었다. 지금으로서는 아내가 원하는 것을 들어주는 일 말고는 선택의 여지가 없다.

"오늘만 세일이라니, 잠깐 나갔다 올게요. 이따 봐요." 이렇게 말하고 전화를 끊었다. 과학자들의 주장에 따르면 인심을 후하게 쓰면(핸드백은 꽤 비쌌다) 옥시토신이라는 이른바 사랑의 호르몬이 흘러나오면서 신뢰를 강화하고 사회적 유대를 촉진한다고 한다. 그 말이 맞는지는 두고 볼 일이다. 아무튼 기대된다.

…

얼마 후, 나는 드디어 임무를 완수했다.

매장에서는 현금카드를 원하는 눈치였다. 하지만 나는 이자가 조금 붙는 대신 장기 할부가 되는 비자카드를 내밀었다. 옥시토신은 느껴지지 않았다. 호르몬은 선물을 주는 바로 그 순간에 분비되기 시작하는 것일까? 유감스럽게도 후한 태도를 실천하는 데 있어서 나는 내 자신이 정한 이상에 훨씬 못 미치고 있다. 스스로에게 최신형 아이폰을 선물하려 할 때는 그것이 꼭 필요한 작업도구라고 자신을 설득하는 데 아무런 문제가 없지만, 아내에게 줄 핸드백의 경우에는 사정이 달라진다.

이 점이 더욱 부끄럽게 느껴지는 이유가 있다. 내가 이 책에서 열심히 선전하는 '고귀함Nobilität'이 원래는 관후함을 뜻하는 말이었기 때문이다. 독일어 'generös', 영어 'generous', 프랑스어 'genereux'는 애초에 '귀족 출신의'라는 형용사와 같은 뜻이다. 라틴어 'generosus'는 문자 그대로 풀이하면 '귀족의'라는 뜻이다. 어근 gen은 출생이라는 의미인데, 어원학자들은 그것이 '섹스'에 해당하는 인도유럽어 어원 및 고대어 낱말들에서 파생된 것으로 본다. gen으로 시작하는 외래어는 친족, 즉 넓은 의미에서 성교와 관련이 있다. 기원Genesis, 세대 Generation, 생식기Genitalien, 신사Gentleman, 관대Generosität 같은 단어들은 모두 '출생' 개념과 연관을 가진다.

관후함이 없이는 고귀함도 불가능하다. 흥미롭게도 아리스토텔레스에게 관대함은 자유와 관련이 있었다. 마이클 파카룩Michael Pakaluk 미국 가톨릭 대학 교수는 《니코마코스 윤리학》에 관한 입문서에서 아리스토텔레스가 사용한 용어 '엘류세오리테스eleutheriotes', 즉 자유로운 상태에 있다는 뜻의 그 단어를 '관후함'으로 옮기기를 망설인다.

파카룩은 이렇게 말한다. "엘류세오리테스는 소유물에 대한 염려에서 벗어나게 하는 덕목으로, 물질적인 것에 초연하고, 어떤 걱정 없이 그것을 대하도록 하는 태도를 가리킨다. 이를 관후함으로 해석하는 것이 썩 옳다고 볼 수는 없는데, 이 용어는 기대한 것보다 더 많이 준다는 뉘앙스를 풍김으로써 반드시 미덕이라 하기에는 곤란한 점이 있기 때문이다. '인심 쓰기'라는 용어 역시 무분별하게 나눠준다는 어감을 주기 때문에 부적절하다. 따라서 고려할 수 있는 용어 중에는 관후함이 그나마 차선의 선택이다."

아리스토텔레스의 경우 늘 그렇듯, 덕은 절대적인 것이 아니라 두 극단의 중간에 자리한다. 여기서는 낭비asotia와 인색aneleutheria의 중간을 말한다. 즉 한쪽에는 영화 〈저수지의 개들〉의 오프닝신에 등장하는, 원칙적으로 팁을 주지 않는("사회가 그러라고 강요하기에 나는 팁을 주지 않는다I don't tip because society says I have to") 미스터 핑크가 있고, 또 다른 쪽에는 배우 조지 클루니가 있다.

조지 클루니에 관해서는 이런 일화가 전해진다. 그는 재미 삼아 어느 테킬라 회사의 주식을 구입한 적이 있었는데, 회사가 매각되면서 섬뜩할 정도로 엄청난 돈이 통장으로 입금되었다. 그러자 그는 자신이 '더 보이즈the boys'라 부르는 한 무리의 옛 친구와 지인들을 초대했다. 열네 명의 남자들이 조지 클루니의 집을 찾아와 저녁식사 자리에 모였다. 각각의 자리 앞에는 20달러짜리 지폐로 100만 달러가 들어 있는 서류가방이 식탁 위에 놓여 있었다. 클루니는 식사 전 다음과 같은 인사말을 전했다.

"여러분, 제가 로스엔젤레스에 온 이래로 여러분은 아주 소중한 친구들이었습니다. 여러분은 저를 먹여주고 재워줬습니다. 제가 지금 이 자리에 있게 된 데 감사드립니다. 저는 그저 여러분이 어떻게 아이들 교육을 뒷바라지할지, 집 대출금을 어떻게 갚아야 할지 더는 고민하지 않기를 바랍니다."

관후함은 고귀함의 다른 말이다

나는 이와 비슷한 품성을 갖춘 또 한 사람을 알고 있다. 바로 퓌르스텐베르크 후작인 요키 삼촌이다. 아마 부자들 중에 삼촌만큼 관대한 사람도 상상하기 힘들 것이다. 이 역시 타고난 것으로, 오래된 귀족적 기질과도 일치한다. 주세페 토마시 디 람페두사의 〈표범〉에는 귀족 특유의 관후함에 대해 설명하는 멋진 대목이 있다.

"그들은 갖가지 선행을 베풀지요. 하나만 말하자면, 비참한 지경에 빠질 뻔한 여러 가족을 위해 자기들 저택에 피난처를 마련해줬지요! 그 대가로 아무런 요구도 하지 않았어요. 심지어 그 사람들에게 좀도둑질을 관두라는 말조차 하지 않았지요. 그런 태도는 과시욕이 아니라 일종의 어두운, 아주 오래된 본능에서 나온 것이지요. 그런 본능 때문에 그들은 달리 어쩔 수 없었던 겁니다. … 자신들은 샴페인 한 잔을 마시는 동안 남들에게는 50잔을 권하는 사람들이지요."

퓌르스텐베르크 가문 역시 예외는 아니었고, 또 늘 그래왔다. 참고로 그들은 바덴 대공국에 주권을 빼앗긴 후에도 19세기에 이르기까지 오랫동안 아랫사람에게 귀족 칭호를 부여할 권한을 가지고 있었던 몇 안 되는 가문이었다.

퓌르스텐베르크 가문은 전쟁이 끝나고 동독 지역을 탈출한 우리 가족을 따뜻이 맞이하고 돌봐줬다. 우리가 받은 지원은 지금 같으면 상상도 못할 규모였다. 말했듯이 우리 부친은 러시아 군인들을 피해 17세의 나이에 동생들을 데리고 작센 지역을 떠났다. 전 재산을 고스란히 남겨둔 채 말이다. 한 차례 되돌아간 적도 있지만, 계급의 적으로 낙인찍혀 시베리아로 추방당하지 않기 위해 다시 도망쳐야 했다. 우리 할아버지는 당시 이미 이 세상 분이 아니었다.

여덟 명의 자식들을 거느린 할머니는 할아버지의 누이가 사는 성에서 피난처를 찾았다. 요키 삼촌의 부친인 막스 에곤 퓌르스텐베르크 노후작은 내 고모할머니와 혼인한 사이였다. 다시 말해 동독 지역에서 피난을 온 우리 가족은 노후작의 가장 가까운 친척이라고 할 수 있었다. 하지만 우리 가족을 비롯해 다른 가족들, 가령 노스티츠 Nostitz 집안의 사람들까지 당연하다는 듯 받아들인 것은 이례적인 일이었다.

1923년에 태어난 요키 삼촌은 전쟁이 끝날 무렵에는 20대 초반의 나이에 독일 최대의 산림기업과 대규모 맥주 양조장을 비롯한 여러 기업의 상속자가 되어 있었다. 따라서 영락한 친척들이 몰려드는 현실이 탐탁지 않았을 법도 한데, 삼촌은 조카들을 보고 기뻐했다. 도나우에싱겐 성은 유명한 축제 장소로 사용되었는데, 어느 정도 셈하고 쓸 줄 아는 이라면 누구나 퓌르스텐베르크 관리소에 채용되었고, 나머지도 여타 할 일을 부여받거나 정기적으로 금전적인 지원을 받았다. 요키 삼촌이 살아계신 동안에는(2002년에 돌아가셨다) 퇴직한 모든 직원과 모든 친척, 그리고 퓌르스텐베르크 가문과 조금이라도 인연이 있었던 이들이라면 누구나 크리스마스 무렵에 퓌르스텐베르크 샴페인을 한 상자씩 선물로 받았다. 게다가 그 상자에는 현금 봉투까지 첨부되어 있었다.

이런 후한 태도는 어떻게 설명될까? 고귀함과 관후함이 의미상 통할 뿐 아니라 어디까지나 실용적인 이유에서 후한 태도가 귀족의 덕목이 되었다고 주장할 수도 있을 것이다. 전성기 로마제국에서 출셋길에 오른 귀족 출신 정치인들은 주위에 돈을 뿌릴 수밖에 없었다. 그바람에 율리우스 카이사르는 하마터면 갈리아 전쟁에 출정하지 못할 뻔한 적도 있었다. 빚더미에 올라앉아 도시를 떠나지 못하게 된 그는 결국 귀족 후원자가 돈을 내줌으로써 간신히 풀려나게 되었다.

8~11세기 사이 중유럽에서 오늘날 우리에게 익숙한 귀족 계급이 등장했을 때 이들은 인색하게 굴지 않음으로써 우두머리 자격을 과시했을 뿐 아니라 이러한 후한 인심을 권력 수단으로도 활용했다. 귀족이 영토를 차지하면 이를 지키기 위해 농부와 지주뿐 아니라(이들은 군복무를 통해 번거로운 밭일에서 면제되었다) 무기와 갑옷, 숙소를 제공받는 토지 없는 여타 귀족 자제들도 신하로 거느렸다. 부하가 늘어나고 부양할 이들이 많아질수록 실질적인 권력도 커졌다. 추종자와 영토가 넉넉한 자는 제후로서 왕과 당당히 겨룰 정도였다.

관대함이 그대를 진정으로 자유롭게 하리라

데카르트에게 '제네로지테généreosité'(관대함)는 자기로부터 자유로워지고, 자기 중심의 편협함, 즉 키에르케고어가 '이기심'이라 부른 것으로부터 자유로워지는 능력과 같은 의미였다. 키에르케고어의 이름이 나온 김에 말하자면, 여기서 다루는 주제의 의미를 제대로 이해하려면 키에르케고어와 같은 비타협적인 사상가의 말에 귀 기울일 필요가 있다. 이미 말했듯이 그는 1847년 발표한 《사랑의 역사》에서 관대함과 사랑 간의 끈끈한 관계를 언급했다. 대부분의 계산적인 사랑과 완전한 잉여를 추구하는 급진적 사랑을 엄격히 구분한 그는 진정한 사랑, 그러니까 모든 것을 아우르는 '비이기적인' 사랑은 계산하지 않는다고 말한다.

"사랑하는 자는 계산을 모른다. 오른손이 하는 일을 결코 왼손이 모른다면 계산이란 불가능해진다."

그러면서 키에르케고어는 이렇게 주장한다. 사람들은 대부분 받음으로써 빚을 지지만, 사랑으로 줄 때는 역설적으로 '사랑을 줌으로써, 바로 이 행위를 통해 무한한 빚을' 지게 된다. 그가 볼 때, 서로 되갚을 수 없는 빚 속에 존재하고 머무는 것은 곧 '사랑의 무한성에 대한 표현'이다. 그의 말은 계속 이어진다. "그러므로 무언가를 하지 않으면 안 된다. 우리가 서로 사랑의 빚을 지고 있으려면 무엇을 해야 할까? 어부가 물고기를 잡아 산 채로 보관하고 싶다면 어떻게 해야 할까? 물고기를 곧바로 물에 넣어야 한다. … 어째서 물에 넣어야 할까? 물이 물고기의 생존에 꼭 필요한 요소이기 때문이다. 생명이 유지되어야 하는 모든 것은 생존에 필요한 요소 속에서 유지되어야 한다. 그런데 사랑에 필수적인 요소는 바로 무한한 것, 다함이 없는 것, 헤아릴 수 없는 것이다."

여느 글과 다르게 유난히 진지함이 넘치는 그 책 말미에서 키에르케고어는 사람들이 참사랑에 수반되는 위험을 무시하는 교회의 설교를 무거운 마음으로 듣고 있다고 비꼬는 어조로 한탄한다. 그런 설교를 듣는 신자들에게 기독교의 사랑을 가슴 깊이 새기면 만사형통일 것처럼 말하지만 이는 사기나 마찬가지다. 키에르케고어는 지상의 선한 것에 돌아오는 보상은 미움, 경멸, 박해뿐이라고 비통한 어조로 말한다.

이와 달리 자신은 거짓 약속으로 독자를 유혹할 생각이 없음을 분명히 한다. "우리는 기독교적인 것을 솔직하게 찬양할 수 있다는 점에서 스스로를 위안한다. 하지만 돌아오는 대가는, 최대한 자제해서 표현하면 세상의 배은망덕이라는 점을 덧붙이지 않을 수 없다."

키에르케고어는 기독교가 약속할 수 있는 것은 한 가지뿐이라고 말한다. "진정한 기독교이 될수록 세상의 배은망덕함, 저항, 조소도 커질 것이다."

키에르케고어의 말이 정말 옳을까? 조지 클루니가 대중들의 사랑을 받지 못한다고 불평할 수는 없을 것이다. 요키 삼촌만 하더라도 세상이 그분의 관대함에 경멸로 답했다고 생각하지는 않는다. 세상의 보상에 관해 좀 더 깊이 생각해보기 위해 한 극단적인 사례를 통해 관후의 정신이 어떻게 드러나는지 살펴보도록 하자.

다음 소개할 이야기의 주인공은 마리암 바탈릴Mariam Vattalil이라는 인도 수녀다. 말했듯이 그의 이야기는 극단적인 사례지만 문제의 핵심을 잘 보여준다. 그는 인도 중부에 있는 마디아프라데시 주의 인구 이백만 도시 인도르의 작은 기독교 공동체에서 종교 교사로 일하고 있었다. 인도르는 80퍼센트의 힌두교인, 15퍼센트의 무슬림, 극소수의 자이나교도와 기독교인으로 이뤄져 있는 곳이었다.

1995년 2월 25일 마리암 수녀는 여느 아침과 다름없이 새벽 미사

Q.

건네기 좋은 선물이란 것이 따
로 있을까요?

A.

바로 없어도 그만인 것이다. 선물이란 상대방이 필요한
것이 없는데도 굳이 건넴으로써 존경을 표한다는 취지
에서 비롯된 것이다. 군주가 다른 군주에게 선물을 보
낼 때에는 상대가 필요로 하는 것을 주지 않도록 주의
했다. 자칫 상대의 부족한 점을 드러내 창피를 줄 수 있
기 때문이다. 쓸모없는 선물만이 품위를 가진다. 그래
서 꽃이 선물로 인기가 많은 것이다. 꽃은 어딘가에 사
용되기 위해 받는 것이 아니기에 아름답다.

를 마치고 인도르 외곽에 자리한 수도원에서 시내 방향으로 가는 버스를 타려고 정류장으로 향했다. 인도 남부 케랄라 주에 있는 고향으로 휴가를 가는 길이었다. 버스에 올라타자 그는 버스 뒷자리에 앉을 것을 요구받았다. 이례적인 일이었다. 보통은 앞자리에 앉아도 아무 문제가 없었기 때문이다. 뒤쪽에는 남자 세 명이 앉아 있었는데, 버스가 출발하자 그에게 거칠게 욕설을 뱉기 시작했다.

잠시 후 그들 중 하나가 운전기사에게 버스를 세우도록 하고서 코코넛 몇 개를 사오더니 겁에 질린 승객들에게 과일을 나눠줬다. 이윽고 수녀 앞에 다다르자 조롱과 함께 이국의 종교로 아이들을 유혹하는 '나쁜 인도 여자'라며 욕설을 퍼부었다. 이어 사내는 칼을 꺼내들더니 수녀의 배를 찔렀다. 같은 행동을 반복하며 무려 50차례나 칼을 휘둘렀다. 사내는 피범벅이 된 시신을 버스에서 끌어내 길옆 도랑에 던지고는 운전사에게 계속 달릴 것을 명령했다. 때는 아침 8시경이었다.

10시 45분, 경찰이 수도원에 연락해 수녀들에게 자초지종을 이야기했다. 수녀 두 사람이 오후 2시경 사건 현장에 도착했을 때는 피투성이인 시신이 그대로 방치되어 있었다. 그들은 시신을 거두어 수도원으로 데려갔다. 범인인 사문다 싱은 체포되어 법정에 세워졌고 살인죄로 종신형을 선고받았다. 대다수가 힌두교도인 현지인들은 바라티야 자나타 정당의 힌두 민족주의 슬로건에 선동되어 수녀들을 탐탁지 않게 여겼고, 지역 언론에는 범인을 동정하는 기사들이 실렸다. 그 와중에 분위기를 반전시키는 일이 벌어졌다. 살해당한 수녀의 동생이자 그 자신 또한 수녀인 여성이 싱에 대한 선고가 내려지자마자 교도소에 있는 그를 면회하기 시작했다는 소식이 전해진 것이다.

그가 가족을 대표해 범인에게 전한 메시지는 놀랍게도 "우리는 당신을 용서했습니다"였다. 2003년 2월 25일 마리암 바탈릴의 어머니 역시 딸을 살해한 범인을 찾아갔고, 지역 언론도 깜짝 놀랐듯이 용서의 표시로 그의 손에 입맞춤을 했다. 2006년 싱은 모범수로 풀려났다. 이후로 그는 자신을 아들처럼 받아들인 마리암 바탈릴의 가족과 함께 지내고 있다. 2017년 11월 4일 인도르에서 가톨릭교회가 마리암 바탈릴의 시복식을 거행했을 때 힌두교도인 싱은 맨 앞줄에 앉아 있었다.

근본주의자이자 바라티야 자나타 당의 총수인 나렌드라 모디 Narendra Modi가 집권한 이후로 인도 국내는 긴장감으로 가득 차 있었다. 수많은 신부와 수녀들이 전도 금지령을 어겼다는 이유로 교도소에 들어갔고, 일부 지역에서는 힌두교가 아닌 다른 종교로 개종하는 자를 자유형에 처하기도 했다. 반면 인도르는 2006년 싱의 석방 이후 힌두교도와 기독교도 간의 화해의 섬으로 변신했다. 시복식이 거행된 날 수천 명의 힌두교도, 무슬림, 기독교도들로 이루어진 행렬이 마리암 바탈릴을 기리기 위해 함께 시가를 행진했다.

합리적이지 못해 보이는, 도를 넘는 극단적 형태의 관대함이 가끔은 효과를 발휘하기도 하는 듯하다. 이 같은 자세는 우리가 사는 세상에도 깊은 인상을 주고, 나아가 흔적을 남기게 마련이다.

기품 있는 사람은 관후하다.

흔히들 '통 큰 기부noble Spende'라고 말하며(독일어 nobel에는 '고귀한, 기품 있는, 통

큰' 등의 뜻이 있다), 누군가 술집에서 술을 돌리면 '정말 통이 크다ganz schön nobel'

라고 말한다. 진정한 관후함은 무한하고, 다함이 없고, 헤아릴 수 없기에, 그래

서 완전히 비이성적이기에 아름답고 고귀하다. 가장 좋은 방법은 이를 남에게

요구하지 않고 내 주변에서부터 관후함을 실천하는 것이다.

19

나를 지배했던 우상과 결별할 때
자유가 시작된다

절제

금욕생활자로 지내기란 어려운 일이 아니다. 자신에게 어떤 것도 허용하지 않기로 한다면 게임의 규칙은 아주 단순해진다. 마찬가지로 완전한 무절제를 실천하기도 쉽다(나는 시험 삼아 둘 다 해봤다). 정말 어려운 것은 절제뿐이다.

이제야 절제를 언급하는 이유는 고급반을 위한 덕목이기 때문이다. 물론 고전적인 네 가지 핵심 미덕 가운데 윗자리에 속하는 것이 절제이기도 하다. 절제가 우리에게 얼마나 좌절감을 안겨주는지는 늦어도 1월 중순, 새해 계획이 올해도 어김없이 수포로 돌아갔다는 현실과 마주할 때마다 절감할 수 있다. 내가 거창한 계획을 썩 신뢰하지 않는 것도 그 때문이다. 그보다는 선행들이 서서히 습관으로 몸에 익을 때까지 나를 유혹하는 관성의 법칙을 하루하루 극복하는 방법이 가진 효과를 믿는다. 뜻대로만 된다면 이 방법이 우리를 점점 더 자유롭게 만들 것이다.

"지금 도넛이 필요해"라고 외치는 호머 심슨 같은 욕구를 느낄 때 거기에 굴복할까 말까 **선택**할 수 있는 자는 자유로운 사람이다. 언제 어디서나 허용된 한도를 넘어 제멋대로 사는 자는 결국에 가서 권태를 느낄 것이다. 반복되는 무절제는 더 이상 효과를 주지 못한다. 무절제는 예외적이라는 속성을 갖기 때문이다. 시도 때도 없이 예외적인 상황을 만들어내려고 한다면 실패할 수밖에 없다. 그러므로 사육제 기간의 열광적인 축제나 성탄절에 베푸는 성찬 같은 전례 풍습들은 이제 원래의 의미를 상실했다. 이와 대비되는 일상적인 상황들이 사라졌기 때문이다.

토요일마다 밖으로 뛰쳐나가 신나게 노는 파티 속물들은 한사코 이 사실을 인정하려 들지 않는다. 스페인 이비사의 '암네시아'나 베를린의 '베르크하인' 같은 유명한 클럽에서 만나는 이들은 주로 사무실에서 일하는 얌전한 직장인들로, 억지로 예외적인 상황을 만들어가는 것에서 삶의 의미를 찾는 사람들이다. 그들은 진짜 예외적인 이벤트가 불가능한 까닭에 착각이라도 일으키고자 클럽에서 합성 마약을 복용한다.

그런데 또 다른 문제가 있다. 가끔씩 무절제에 빠지는 일조차 금하거나 육체적 쾌락과 담을 쌓은 채 금욕을 실천하려는 태도 역시 애처롭기는 마찬가지다. C. S. 루이스는 이렇게 말한다. "그리스도인들이 모두 술을 끊어야 한다고 믿는 것은 잘못이다. 금주하는 인간의 종교는 이슬람교다." 그는 유명한 BBC 강연 〈순전한 기독교〉에서 절제에 관해 언급하며 무엇보다 두 가지 점을 안타깝게 여긴다.

첫째는, 절제를 제대로 실천하는 사람이 그렇지 못한 사람을 업신여긴다는 점이다. 가령 담배를 끊은 경우처럼 뭔가를 포기한 사람은 갑자기 모두가 금연하기를 바란다. 루이스에 따르면, 누군가는 고기나 맥주, 영화 등 온갖 것들을 포기할 수 있다. "하지만 이것들이 그 자체로 악하다고 주장하고 이를 즐기는 타인을 경멸하는 순간 그는 잘못된 길로 빠지게 된다."

둘째, '절제'라는 말을 육체적인 것, 특히 술과 음식으로 제한함으로써 우리는 본질적인 것을 놓치게 되었다. "골프나 오토바이를 생활의 중심에 두는 남자, 또는 삶 전체가 카드놀이나 애완견을 중심으로 돌아가는 여자는 밤마다 술에 취하는 자만큼이나 무절제한 사람이다." 성경의 언어를 사용하자면, 누구나 살면서 여러 우상을 섬기는데, 자유란 그런 우상과 작별할 수 있는 능력을 말한다.

삶이 선사하는 것들을 즐기되 거기에 얽매이지 않는 태도야말로 인생을 살아가는 데 필요한 기술이다. 저명한 토미즘 신봉자인 요제프 피퍼에 따르면, 라틴어 '템페란티아temperantia'의 의미를 온전히 전달하기에 '절제'나 '자제' 같은 말은 모두 적절치 않다. 이들 단어는 "제한, 제지, 억제, 차단, 길들이기, 재갈" 같은 억누르고 부정하는 뉘앙스를 풍기기 때문이다. 훨씬 적절한 단어로 김나지움 학생들에게는 'σωφροσύνη'으로 알려진 그리스어 '소프로시네sōphrosynē'가 있다. 이 말은 '이해력 있는, 통찰력 있는, 현명한', 또 흥미롭게도 '태연한'이라는 뜻까지 포함한 소프론sōphrōn(σώφρων)이라는 단어에서 유래한 것이다.

피퍼의 말을 빌리면 독일어에서는 "조금이라도 '템페란티아'라는 개념의 본질과 범위를 반영할 만한" 어떤 단어도 찾기 힘들다. 템페란티아는 원래 '사태를 정리하는 분별력'을 뜻하는 말로, 그 어원은 '올바르게 혼합하다'는 뜻의 라틴어 동사 템페라레temperare다. 영어 동사 'to temper'(완화하다, 섞다)에는 지금까지도 그런 의미가 보존되어 있다.

독일어 '템퍼라투어Temperatur'(온도)는 'temperatura'에서 유래한 말로, 원래는 칵테일을 적절히 섞거나 빵을 구울 때 재료를 적절히 배합할 때처럼 '올바른 혼합, 적절한 비율'을 뜻한다. 그러므로 여기서는 뭔가를 포기하거나 간섭받는 것이 아니라 모든 것으로부터 적절한 만큼만 취한다는 점이 중요하다. 바텐더가 올드패션드 칵테일을 만들기 위해 앙고스투라 비타 한 방울과 갈색 각설탕 한 조각만을 사용할 때 규칙으로부터 간섭을 받는다고 느끼지는 않을 것이다. 배합을 달리 하면 칵테일 맛이 이상해지기 때문이다.

내 삶에 질서를 부여한다는 것

아쉽지만 인생에서 쾌락과 열정을 얼마나 투입해야 할지 알려주는 정확한 처방전이 늘 준비되어 있지는 않다. '절제'를(계속 이 용어를 사용하겠지만 '템페란티아'의 의미를 염두에 두자) 일상에서 실천하기가 쉽지 않은 것도 그 때문이다. 하지만 토마스 아퀴나스에 따르면 절제하는 능력은 보람된 삶을 위해 반드시 필요한 것이므로 핵심 덕목 가운데 하나라고 할 수 있다.

절제하는 능력은 단지 인간의 성격이 가지고 있는 한 측면이 아니라, 아퀴나스를 해석하면서 피퍼가 "인간 속 결정의 중심부"라 지칭하는, '인간존재의 가장 내밀한 공간'에 해당한다. 더 적절한 원래 개념으로 돌아가자면, 템페란티아의 목적은 자기 자신 안에 올바른 질서를 실현하는 데 있다. 피퍼는 이렇게 말한다.

"사람의 내적 질서가 (돌, 짐승, 식물처럼) 그저 주어진, 당연한 현실이 아니라는 점, 그리고 인간존재를 떠받치는 힘인 동시에 정신적, 윤리적

개인을 파괴시킬 정도로 내적 질서를 전도시킬 수도 있다는 것은 평범하면서도 여전히 신비스러운 사실에 속한다."

그렇다. 돌, 짐승, 식물은 자기 스스로 자신의 본성을 왜곡하거나 해치지 못한다. 오히려 우리 쪽에서 꽃을 꺾거나 꽃병에 꽂는 행동을 통해, 말하자면 목적과 달리 사용함으로써 꽃의 본성을 해친다. 또 코끼리에게 빨간 치마를 입혀 서커스에서 본성과 무관한 기예를 선보이도록 훈련시킴으로써 코끼리의 본성을 해칠 수는 있다. 하지만 어떤 꽃도, 코끼리도, 돌멩이도 스스로 잘못된 길로 들어설 생각을 하지는 못할 것이다.

반면 우리 인간은 충분히 가능하다. 피퍼는 말한다. "무엇보다 이해하기 힘든 점은, 스스로를 파괴할 만큼 자신을 무질서 상태에 빠뜨릴 능력을 갖춘 것이 다름 아닌 가장 깊이 자리한 인간의 내적 자아라는 점이다." 이는 토미스트인 저자에게 중요한 대목인데, 흔히들 우리 머릿속 어딘가에 코믹물에 나오는 천사와 악마처럼 서로 대립하는 세력들의 싸움터가 존재하는 것처럼 여기기 때문이다. 그러나 잘못을 범하는 것은 늘 우리 자신이다. 무절제, 음행, 자기파괴 등 갖가지 잘못을 저지르는 것은 다름 아닌 우리 자신이다.

다시 피퍼의 말을 들어보자. "내적 질서를 유지하거나 전도시키는 것은 언제나 온전하고 불가분한 인간 속에 자리한 결정의 중심부다." 사도 바울도 〈로마서〉에서 이렇게 말하지 않았던가. "나는 내가 원하는 선한 일은 하지 않고, 도리어 원하지 않는 악한 일을 합니다."(7:19) 여기서 주어는 바로 '나'다!

Q.

최고급 호텔에 묵을 때 누구
한테 팁을 줘야 할까요?

A.

별 다섯 개짜리 호텔에 발을 들일 때에는 5유로 다발을
준비해야 한다. 만나는 직원마다 한 장씩 건네야 하기
때문이다. 여기서 컨시어지는 예외로 한다. 당신을 위
해 아무 일도 하지 않았는데 팁을 주면 모욕감을 느낄
수 있다. 프런트 데스크에서도 체크인을 할 때에는 팁
을 줄 필요가 없다.

가장 큰 실수는 자기 가방을 직접 들고 방으로 가는 것
이다. 많은 사람들이 겸손으로 착각해 그런 행동을 한
다. 짐을 운반해야 하는 직원에게 이는 모욕이다. 그들
은 짐을 나를 권리가 있을 뿐더러 팁을 받을 권리도 있
다. 방을 비우기 전에는 베개 위에 5유로를 놓아둔다.

피퍼에 따르면, 불가사의하게도 자기표현 및 자아실현을 가능케 하는 원동력인 인간 존재의 능력이 그 반대되는 것, 즉 자기파괴를 불러 일으키는 주범이 되기도 한다. 토마스 아퀴나스의 《신학대전》을 보면 이런 기이한 문장이 눈에 띈다. "템페란티아로부터 질서를 부여받아야 하는 바로 그 능력이 정서에 가장 큰 불안을 야기할 힘을 가진다. 그러한 능력이 인간 존재 속에 포함되기 때문에 더더욱 그렇다."

그는 무엇을 말하려고 했던 것일까? 피퍼가 보기에 이해의 실마리는 그 자신이 토마스 아퀴나스의 '행동하는 인간론'의 바탕이 된다고 판단한 아퀴나스의 문장에 들어 있다. 즉 하느님을 그리워하고 자기 자신보다 더 사랑하는 것은 인간의 본성에 의한 것이다. **이로써** 하느님의 사랑을 훼손하는 행위는 명백히 자기파괴적인 성격을 띠게 된다. 그런 행위는 탐욕과 불신에 바탕을 두기 때문이다. 다시 말해 하느님이 사실은 우리에게 호의적이지 않으므로 스스로를 챙기고 나 자신을 위해 최선의 것을 가급적 많이 취하는 것이 더 나은 선택이라는 것이다.

자신을 누구보다 더 사랑하는 자는 수호자에서 파괴자로 변하면서 자기 본성을 놓치게 된다. 아퀴나스에 따르면 인간의 본질적 의미는 맹목적으로 나를 찾는 것이 아니라 나의 좁은 한계를 벗어나 온전한 참된 현실을 보는 데 있기 때문이다. 이웃을 향해, 지고한 것을 향해 말이다. 그렇게 하지 못하는 자는 자기 삶 속에도 질서를 부여할 수 없다. 그 스스로 본성에 맞지 않는 삶을 살고 있기 때문이다.

그렇다면 본성에 맞게 사는 것은 어떤 것일까? 그것이 어떻게 가능할까? 절제와 관련해서는? 올바른 질서는 어떻게 찾을까?

스스로에게 질서를 부여하는 '높은 기상'

토마스 아퀴나스의 답은 분명하다. 하느님 없이 인간은 전혀 가망이 없다. 기독교인들에게 있어 인간은 원죄를 범한 이래로 결함이 있는 존재가 되었다. 아담과 이브의 반항은 주제 넘게 스스로 선과 악을 정하려 들고, 자기가 사는 세상의 주인이 되고자 했다는 데에서 비롯되었다. 철학자 슬라보에 지젝Slavoj Žižek에 따르면, 기독교의 위대한 역설은 죄악 및 원죄와 마주함으로써 인간의 도덕이 탄생했다는 점이다. 선에 반대하고 악을 선택하는 자유로운 결정 없이는 자유도 없고, 자유가 없다면 죄도 없을 것이다.

지젝은 묻는다. 어째서 하느님은 아담과 이브에게 '지식의 나무'에서 열매를 따먹지 말라고 엄중히 경고했을까? 어째서 하느님은 하필 그 나무를 동산 한가운데 세워뒀을까? 어째서 아담과 이브가 그 나무에 주목하도록 했을까? 그것은 자유로운 결정을 통해 비로소 우리가 도덕적 존재가 되기 때문이다. 오직 자유로운 결정만이 윤리와 같은 것을 탄생시킨다. 이것이 에덴동산의 이야기를 비롯한 모든 원형 설화, 가령 앤서니 버지스의 《시계태엽 오렌지》와 같은 이야기의 핵심 메시지이기도 하다.

버지스의 소설에서 한 불량 청년이 착실한 시민이 되기 위해 세뇌 고문을 받는다. 가톨릭 신자인 버지스는 소설 속 교도소 목사로 하여금 그 실험에 대해 이렇게 경고하도록 한다. "만약 선택할 수 없다면 인간은 인간이기를 멈추게 됩니다If a man cannot choose he cease to be man." 다시 말해 자유가 없으면 윤리도 없는 법이다.

종교와 별 상관이 없는 사람이라도 수천 년 전부터 회자되고 기록되어 여러 세계종교의 기초가 된 이야기들에 일정한 원형적 진실이 담겨 있음을 부인하지는 않을 것이다. 아담과 이브 이야기의 원형적 진실은 무엇인가? 바로 그들의 반항이 아닐까? 유혹이 악의 탈을 쓰고 접근하는 경우는 드물고, 대부분은 가짜 선의 모습을 띠고 있다. 철학자 한나-바바라 게를-팔코비츠는 아담과 이브로 대변되는 인간의 원형적 결정을 교만한 나머지 엔진과 연결된 차축에서 떨어져 나간 바퀴와 비교한다. "인간이 인간으로 유지되는 까닭은 오직 안으로부터 지탱되기 때문이다. 인간은 지탱받음으로써 참된 안정을 유지해 간다. 그런데도 우리는 이렇게 유입되는 기운 속에서 굴욕이나 굴복, 질투하는 위대한 존재 같은 것을 감지할 뿐이다."

한편 우리는 성경을 낙원으로 되돌아가는 이야기로도 읽을 수 있다. 이번에는 자발적 결정에 따른 것이다. 원죄로 인해 아담과 이브, 즉 인류는 자신을 지탱하는 힘으로부터 자유롭게 되었다. 그런데 이제는 원래 정해진 사명으로 다시 돌아가고 있다는 것이다.

이를 가리키는 전통적 개념은 바로 '은혜'일 것이다. 도덕군자라면 별 문제가 없겠지만, 나 같은 사람에게는 산상수훈에서 시작해 절제의 덕에 이르는 기독교의 가르침이 유례없는 엄청난 요구처럼 느껴진다. 일찍이 사도 바울이 말했듯이 "옴니스 크레아투라 데이 보나 에스트omnis creatura Dei bona est", 하느님께서 창조한 모든 것은 좋은 것이다.

그런데 어떻게 하면 나는 다음날 먹기 위해 냉장고에 넣어둔 파스타를 밤중에 꺼내 먹는 것을 참을 수 있을까? 어떻게 해야 하겐다즈 아이스크림 통을 앉은 자리에서 모조리 먹어치우지 않고 딱 절반 또는 4분의 1만 먹는 것이 가능해질까? 나 혼자서는 도저히 불가능할 것 같다고 고백한다면, 피퍼도 맞장구를 쳐줄 것이다. 피퍼에게 겸손("사람이 진리에 부합해 스스로를 평가하는 것이다")은 템페란티아를 위한 기본전제다. 겸손은 인류가 하느님이 아니고, "하느님과 같지" 않고, 하느님의 도움에 의지함을 인정하는 것이다.

피퍼에 따르면, 죄는 언제나 하느님을 외면하고 '이기심'에 빠지고, '이기적 쾌락을 우상화'하는 것이다. 그 끝은 늘 절망이다. "무절제와 절망은 숨겨진 통로로 연결되어 있다." 피퍼는 탐닉하지 않은 채 즐길 수 있도록 해주는 것은 오로지 "위대한 것에 정신을 잡아매는 것", 결국 하느님을 지향하는 상태뿐이라고 본다. 거기서만 우리가 깊이 품고 있는 그리움이 채워진다.

마지막 궁극의 것을 늘 마음에 새기고 있는 자는 그 앞 현세의 삶을 보다 여유롭게 즐길 수 있다. 이로부터 피퍼가 '높은 기상'이라 이름 붙인 것이 등장한다. "높은 기상을 지닌 자는 어떤 점에서는 까탈스럽다." 그는 마주치는 모든 것이 아니라 오직 위대한 것으로부터만 영향을 받는다. "높은 기상을 지닌 자는 탄식하지 않는다. 어떤 외부의 불행도 그의 마음을 지배하지 못하기 때문이다. 높은 기상을 지닌 자는 굴하지 않는 굳건한 희망을, 도발에 가까운 확신을, 두려움 없는 마음의 절대적 평온을 품고 있다. 높은 기상을 지닌 자는 혼란스러운 기분에 굴복하지 않고 어떤 인간에게도, 운명에도 굴하지 않는다. 그가 복종하는 것은 오직 하느님뿐이다."

결국에 템페란티아는 참된 것과 선한 것을 그 안에 품고 있는 '아름다움'을 가리키는 다른 표현이다. 중용은 언제나 정돈의 미를 발산하기 때문이다. 내게 있어 그것은 언제나 하느님과 관련이 있다. 물론 하느님 없이도 그것이 가능한 사람이 있을 것이다. 다만 나로서는 상상하기 힘들 뿐이다.

절제는 모든 덕목 중에서도 가장 실천하기가 힘든 것이다.

자신의 단련된 정신만을 신뢰하는 자는 오만에 빠지기 쉽다. 그 열쇠는 엄숙하고도 불타오르는 듯한 결심이 아니라 일상의 작은 노력들에 숨어 있다. 어떤 이들은 순전히 극기를 통해 목표에 이르는 듯이 보이지만, 가장 효과적인 방법은 적절한 겸손함에 있다.

20

어른은 하고 싶은 말과
해야 할 말을 구분할 수 있는 존재다

신중함

저녁 모임에서 일찍 자리를 뜨는 사람은 남은 사람들이 자신을 소재로 삼아 한동안 떠들어댈 것이라는 점을 잘 안다. 아일랜드 극작가 리처드 브린슬리 셰리단Richard Brinsley Sheridan의 1777년 작품 〈스캔들 학교The School for Scandal〉는 영국에서 가장 많이 무대에 올라간 코미디 작품 가운데 하나인데, 한 극중 인물이 이런 말을 남기며 귀족의 사교 모임을 떠난다. "실례지만 먼저 자리를 떠납니다. 하지만 제 배역은 여기에 남겨두고 가겠습니다."

하지만 오스카 와일드Oscar Wilde가 말했듯이, 가장 나쁜 상황은 자리를 떠났어도 아예 쑥덕거림의 대상조차 되지 **않을** 때다. 셰리단의 동시대인이었던 프랑스 풍자가 앙투안 드 리바롤Antoine de Rivarol은 이렇게 역설한다. "우리에 대해 말하는 열 사람 중 아홉은 악담을 하고, 좋은 말을 하는 단 한 사람은 그것을 서툴게 말한다."

불쾌한 험담은 인터넷 시대의 문제만은 아니다. 이미 2세기에 루키안Lukian은 우리가 사실이 아닌 이야기라도 "조금만 그럴 듯하게 보이면 무턱대고 믿는" 경향이 있다고 한탄한 바 있다. 그런데 인터넷의 등장으로 그동안 생각조차 못했던 일이 현실이 되었다. 하루아침에 갑자기 동네북 신세가 되었다고 상상해보라!

이런 가정을 해보자. 당신은 뮌헨에서 공공수영장 관리인으로 일하고 있다. 세 살배기 아기가 벌거벗은 채 돌아다니지 않게 해달라고 그 엄마에게 부탁한다. 이제 엄마는 페이스북에 당신을 비방할 게시물을 올릴 이유가 생겼다. 다른 유저들이 거기에 댓글을 단다. 한 여성은 당신이 자기 친구 딸을 성희롱했다는 얘기를 들었다고 주장한다. 또 다른 여성은 당신이 소아성애자라고 속삭인다. 비난 공세를 견디다 못한 당신은 아무 죄가 없는데도 공개리에 자신을 변호해야 한다. 이것은 절대 꾸며낸 이야기가 아니다.

또 이런 일도 있었다. 쾰른의 어느 레스토랑 주인이 가게 입구 앞에서 청소를 하고 있었다. 그러다 비둘기 한 마리가 있는 것을 보고는 젖은 대걸레를 바닥에 내리쳐 큰 소리를 내는 방식으로 녀석을 쫓아냈다. 이를 목격한 두 명의 동물보호운동가들이 레스토랑 주인이 비둘기를 때려죽였다는 이야기를 페이스북에 퍼뜨렸다. 소식이 급속도록 퍼지면서, 동물보호운동가들의 타깃이 된 그 식당은 온라인 리뷰 사이트에서 평점 테러를 당했다.

이런 일을 정치인이나 성직자, 경영자만 겪는 것도 아니다. 물론 높이 날아오를수록 추락의 가능성도 더 커지는 것이 사실이다. 평소 나무랄 데 없는 훌륭한 평판을 누리고 있어도 소용없다. 디지털 린치를 가하는 무리들은 상상을 초월하는 곳에서 희생자를 찾는다.

하지만 진짜 문제는 소셜미디어 세계에서 비방 캠페인이 대규모로 펼쳐질 수 있다는 것이 아니다. 가짜뉴스 역시 핵심은 아니다. 정말 끔찍한 문제는 디지털 유혹에 빠져 우리 문화의 위아래가 뒤집히다시피 된 것이다. 문화는 언제나 모방효과를 불러일으켰다. 퀴퀴한 낡은 성에 살던 기사는 평소 먹다 남은 뼈다귀를 바닥에 던지는 생활을 하다가 옆 성의 사람들이 얌전히 식탁에 앉아 식사하고 공손히 숙녀를 대하고, 또 음유시인이 돌아다니는 모습을 본 뒤부터는 자기도 그렇게 되고 싶어 한다.

어느 시대든 뭔가를 본받기 위해 애쓴다는 것은 위를 향한다는 것을 뜻했다. 오늘날 우리는 아래를 바라본다. 손바닥만 한 화면은 우리로 하여금 물리적으로, 또 비유적 의미로 시선을 아래쪽으로 유혹한다. 우리는 분노의 여론이 들끓을 때마다 속절없이 떠밀려 다니고, 씩씩거리며 화내는 목소리는 어느덧 우리 존재를 둘러싼 배경음이 되었다. 영국 철학자 로저 스크러튼Roger Scruton은 이에 대한 구체적인 해법을 제시한다.

"우리는 일종의 진리부Ministry of Truth(조지 오웰의 소설에 등장하는 정부기관)라 할 수 있는 방송국을 최대한 고립된 국가에 설치해야 한다. 방송국의 임무는 저명인사든 아니든 상관없이 여러 사람에 대해 온종일 최대한 많은 비방과 거짓을 퍼뜨리는 것이다. 너나없이 그 같은 디지털 악행의 희생자가 된 사람들은 어느 순간부터 소셜미디어를 경멸하기 시작할 것이고, 그곳에 발을 들여놓기조차 싫어할 것이다. 어두컴컴한 홍등가 골목처럼 말이다."

불쾌한 험담, 사생활 노출, 쑥덕거림 현상이 우리 문화 곳곳에 퍼져 있다. 페이스북의 공동창업자인 숀 파커Sean Parker는 "페이스북은 사람들의 심리적 취약성에 대한 착취를 공인하기 위해 마련된 사회적 장치"라고 말한다. 그곳에서는 우리 안에 깊이 숨어 있는 험담 욕구를 이용한다.

진화연구자들은 험담과 잡담이 우리 조상들이 무리 속에서 각자의 지위를 유지하는 데 중요한 역할을 했을 것으로 짐작한다. 아울러 공동체 안의 주요 인물들에 관한 비밀을 알고 있던 사람이 자손을 퍼뜨릴 확률도 더 높았을 것이다. 소문은 두각을 나타내기 위한 수단이다. 이는 오십만 년 전이나 지금이나 마찬가지다. 우리 모두는 험담을 즐긴다. 정도의 차이는 있을지언정 누구도 예외가 아니다. 문제는 입을 무겁게 두지 못하는 고질적인 경향에 어떻게 대처하느냐 하는 것이다. 오늘날 그 현상은 유례없는 방식으로 퍼져나가고 있다.

우리는 신중함과 침묵을 종종 착각한다

호기심 많고 수다스러운 성향에 어떻게 대처할지 묻는다면, 〈파르치팔〉이 도움을 줄 수도 있을 것 같다. 가장 유명한 중세 궁정서사시로 꼽히는 이 이야기의 중심에는 다름 아닌 신중함의 문제가 놓여 있기 때문이다. 이야기의 중요한 대목 중 하나가 청년 파르치팔이 성배의 성에 도착해 성배 수호기사의 성찬에 참가를 허락받는 장면이다. 이후 기이한 일들이 잇달아 벌어지는데, 피가 흐르는 창이 운반되어 오고, 이어 성배가, 그리고 마침내 병든 암프로타스 왕이 입장한다. 그러자 기사 일동이 탄식을 내지른다.

늘 완벽한 젠틀맨의 모습을 고수하는 파르치팔은 교양인의 철칙을 충실하게 지킨다. 즉 불필요한 질문을 하지 않는 것이다. 파르치팔은 아무 내색도 하지 않는다. 하지만 이는 큰 실수였다. 만일 그가 왕이 무슨 병에 걸렸는지 물어봤더라면 문잘베셰 성에 드리운 저주도

풀렸을 것이다. 그러나 그는 시험을 통과하지 못했고, 다음날 아침 불길한 꿈을 꾼 뒤 깨어나자 성은 텅 비어 있었다. 떠나는 그를 향해 문지기가 한바탕 욕을 퍼붓는다. "멍청한 녀석 같으니! 주둥이를 열어 성주님께 질문만 했던들! 엄청난 명예를 놓쳐버렸구먼!"

여기서 잊지 말아야 할 점은 파르치팔이 기사 윤리학에 관한 겨우 보름짜리 속성 과정을 마쳤을 뿐이라는 것이다. 다시 말해 그는 아직 사회생활에 서툰 면이 있었다. 그의 어머니는 아들이 궁정과 기사의 삶에서 벗어나도록 온갖 애를 썼고, 아버지는 일평생 모험과 전쟁에만 몸을 바쳤다. 파르치팔은 훗날 온화한 어머니와 저돌적인 아버지를 적절한 비율로 닮아 이상적인 기사 상을 보여주리라는 기대를 한 몸에 받았다.

성배의 성에서 실패를 맛보기 전, 그는 일단 기사 교육을 마친 뒤 속성으로 궁정 예절을 익혔다. 그의 스승은 일종의 마스터 요다 격인 기사 구르네만츠였다. 그는 자신의 젊은 제자에게 미숙함을 발견했다. 이는 특히 주제넘은 질문을 던지는 세련되지 못한 버릇에서 나타났다. 그런 제자에게 구르네만츠는 이렇게 조언했다. "질문을 너무 많이 하면 안 된다. 듣고 보고 맛보고, 냄새를 맡도록 해라. 그것이 너를 현명하게 해 줄 것이다." 말하자면 파르치팔은 자기 자신의 감각을 신뢰해야 한다. 눈으로 본 것을 떠들썩하게 밖에 알리기보다는 머릿속에 잘 간직해 두었다가 신중히 저울질해야 한다는 것이다.

그러나 파르치팔이 가장 큰 시험에 직면한 순간, 즉 성배의 성 사람들이 실의에 빠진 모습과 온갖 탄식을 목격하자 지금껏 배운 것들이 걸림돌로 작용했다. 예의바르고 조심스럽게 행동하고자 했던 그

Q.

잘못 보내진 메일을 받았다면
어떻게 해야 할까요?

A.

모델 나오미 캠벨Naomi Campbell과 그런 문제를 겪은 적
이 있다. 나는 그에게 인터뷰를 요청하고자 메일을 보
냈고, 정중한 거절의 답장을 받았다. 그리고 몇 분 뒤 그
가 자신의 홍보 담당자에게 쓴 메일 한 통이 도착했다.
실수로 내 주소가 '참조'에 포함되었던 것이다. 그곳에
는 "제발 이 성가신 작자를 차단시켜 주세요"라고 적혀
있었다. 나는 깍듯한 말투로 그에게 메일을 잘못 보낸
것 같다는 답장을 보냈다. 그리고 앞으로 더는 연락하
지 않을 것이고 내 연락처에서 그의 주소를 삭제할 것
을 약속했다. 그가 뜨끔했기를 바란다.

는 자초지종을 묻는 대신 마음속에 질문을 묻어두는 쪽을 택했다. 원문에서는 이렇게 말한다. "버릇없이 행동하기를 원치 않았던 그는 질문하기를 꺼려했다."

이후 은자 트레프리첸트의 암자에 은신하며 파르치팔은 금욕적 삶을 발견한다. 그리고 비로소 자신이 어떻게 처신했어야 하는지를 깨닫는다. 신중함이라는 이상을 이웃 사랑이라는 덕목에 견줘 볼 필요가 있었던 것이다. 파르치팔은 연민의 정을 품고 질문을 던져야 했고, 융통성 없이 규칙에 얽매이기보다는 스스로 판단해야 했다. 이런 경우 흔히 그렇듯, 파르치팔도 이야기가 최고조에 달했을 때 두 번째 기회를 얻게 된다. 마침내 "숙부님, 어디가 편찮으십니까?"라는 말을 꺼내는 순간 해피엔드가 찾아온다. 왕은 저주에서 풀려나고 파르치팔이 성배의 왕으로 임명된다.

질문은 말이 아니라 태도이기에 자격을 요구한다

얼핏 보면 이 이야기는 엄격한 궁정식 규율에 대한 비판처럼 들린다. 하지만 파르치팔은 지금껏 받은 교육 때문에 신중함이라는 계율을 깨뜨리지 못한 것일까? 이야기가 전하려는 메시지는 그런 게 아닐 것이다. 파르치팔이 왕에 임명된 뒤 궁정에서는 신중함의 규정이 재차 강화되었기 때문이다.

마지막에는 이런 구절이 등장한다. "친애하는 암포르타스가 오랫동안 고통받고, 그에게 질문을 던지는 이가 오랜 시간 나타나지 않았기에 그들은 줄곧 질문에 대해 아주 민감하게 반응했다." 그리고는 그간 벌어진 온갖 법석을 생각하면 실로 당혹스러운 문장이 이어진다. "성배 공동체의 기사들은 어떤 질문도 듣고 싶어 하지 않는다." 기사들의 자기억제가 부정적으로 묘사되기는커녕 오히려 이야기 말미에 비밀엄수의 규칙이 새롭게 강조된 것이다.

왜 그럴까?

질문을 하지 않은 파르치팔의 처신은 잘못된 것이 아니었기 때문이다. 볼프람 폰 에셴바흐의 원문을 보면 파르치팔이 나름대로 숙고했음을 알 수 있다. 그는 자신이 목격한 기이한 장면을 배운 대로 꼼꼼히 따져봤다. 만일 그가 질문을 던졌더라면 거기에는 호기심이라는 그릇된 동기가 작용했을 것이다. 파르치팔은 병든 왕이 입고 있던 넓게 트인 기다란 검은색 담비 모피 옷에 깜짝 놀랐고, 왕의 모피 모자에 감탄했다("한가운데 작은 단추가 달려 있는데, 투명하게 비치는 루비였다"). 파르치팔은 그런 호화로운 장식에 대한 설명을 듣고 싶었을 것이다. 경솔하고 건방진 젊은이는 엉뚱한 것들에 감탄했고, 정작 훨씬 더 놀라운 일들은 그의 안중에 없었다.

그곳 궁정 기사들은 그를 약속된 구원자처럼 대접했다. 그들 스스로 어째서 그토록 극진히 파르치팔을 맞아줬는지 설명할 수 없었음에도 말이다. 파르차팔은 자신이 귀빈 대접을 받는 것에 의아해하지 **않았다**. 그것이야말로 염치없는 일이라 할 수 있다. 지금으로 비유하자면 영화관에 입장했을 때 레오나르도 디카프리오 같은 대우를 받은 것이었다. 극장 담당자가 특별한 쿠션이 깔린 가장 좋은 자리로 안내하고, 혼자만 음료를 제공받았음에도 주인공은 그런 대접을 당연하다고 여긴 것이다.

Q.

처음 보는 사람에게 직업을
물어봐도 괜찮을까요?

A.

속물들을 위한 기관지인 《태틀러Tatler》는 다들 두려워
하는 '무슨 일을 하세요?'라는 질문을 던지기까지 얼마
나 시간이 걸리는지 직업별로 측정한 적이 있었다. 언
론인과 광고인의 경우 대부분 가장 먼저 던지는 질문
이었다. 가장 높은 점수를 받은 이들은 법관, 대학교수,
농부들이었다. 이들은 그 질문 자체를 거의 하지 않았
다. 보헤미아 오스트리아 귀족 집안의 왕자 요하네스
슈바르첸베르크Johannes Schwarzenberg는 직업에 관한
질문을 받을 때마다 불쾌한 반응을 보인다(엄밀한 의미
에서 그는 일을 하지 않는다). 그는 대부분 "상속 관련 업무
를 보고 있다"면서 일부러 더 퉁명스럽게 답하곤 한다.

다시 말해 파르치팔로 하여금 스스로 올바른 질문을 던지지 못하게 한 것은 신중함이 아니라 호기심과 설익은 교만이다. 이야기의 화자는 파르치팔과 병든 왕 모두에게 동정의 눈길을 보내고 있다. 한 사람은 아직 미숙한 바보인 탓에, 또 다른 사람은 간절히 구원을 바라지만 미숙한 바보에게 기대할 수는 없어 보이기 때문이다.

파르치팔이 문학사에 기억되는 빛나는 영웅이 되기 위해서는 이어지는 인격 형성의 과정이 중요한 의미를 가진다. 시험을 통과 못한 것은 그의 잘못이 아니었다. 그는 구르네만츠가 가르쳐준 대로 행동했고, 올바른 질문을 던질 형편이 못 되었을 뿐이다. 그는 아직은 고결한 기사가 아니었다.

이야기의 전환점이 되는 성배의 성에서 벌어진 사건은 불가피하게 그로 하여금 자신을 되돌아보게 만든다. 그 길의 끝에서 그는 하느님의 은총 없이는 어떤 일도 불가능함을 깨닫는다. 폴커 메르텐스Volker Mertens의 역저 《독일 아서 왕 전설》에서도 지적하듯, "파르치팔은 오랜 시간이 지나서야 아무 잘못 없이 잘못을 범하는 자신의 운명을 받아들였다". 메르텐스는 이와 같이 의도치 않게 저질러버린 과오를 해결하는 일, 즉 자기발견 및 가치발견의 과정에 청자와 독자를 참여시키는 데 이 서사시의 의도가 있다고 말한다. 관건은 잘못 자체를 받아들이는 일이다. 자신의 잘못을 인정함으로써 파르치팔은 두 번째 맞은 기회에서 이전과는 다르게 행동하고 "숙부님, 어디가 편찮으십니까?"라고 물을 수 있게 된다.

얼핏 보면 오해할 수 있는데, 이 이야기의 의도는 한쪽에 호기심과 수다스러움을, 다른 한쪽에 질문을 금지하는 궁정예절을 놓은 다음

서로 싸움 붙이려는 데 있지 않다. 오히려 여기서는 과묵함을 높이 평가하고 있다. 이를 위해서는 잘못도 감수할 가치가 있으며, 오직 가장 순수한 동기에 의해서만 신중함이라는 지고한 미덕을 깨는 것이 허용된다.

오늘날 파르치팔이 주는 교훈은 여기에 있다. 의심스러울 때는 차라리 입을 다물자. 호기심이야말로 우리가 물리쳐야 할 일종의 탐욕이다. 내 책장에 꽂힌 오래된 백과사전에 적혀 있듯이 호기심은 일종의 관능적 쾌락으로, 즐거움을 느끼고 시간을 보내고자 새롭고 특이한 것을 찾는 태도이기 때문이다. 호기심은 아주 드문 경우에만 허용되어야 한다. 볼프람 폰 에셴바흐는 그 예외적인 상황을 묘사하기 위해 2만 5,000개나 되는 시행이 필요했다(《파르치팔》은 단테의 《신곡》보다 거의 두 배가 길다).

우리는 수군대기를 좋아하고 자만에 빠져 있고, 호기심이 강하고 입이 가볍다.

파르치팔처럼 먼저 그 점을 인정해야 한다. 이런 고백을 통해 비로소 그런 성향을 다스릴 수 있다. 오늘날 인터넷이 주는 가능성을 생각하면 이러한 인정과 고백이 그 어느 때보다도 절실해졌다.

21

사춘기에서 벗어났으면 태연함과 무심함을 착각하지 말아야 한다

쿨함

고대 그리스 7현인 가운데 하나인 스파르타의 킬론Chilon은 유독 힘든 일이 세 가지 있다고 지적했다. 바로 비밀을 지키는 일, 여가를 제대로 활용하는 일, 자신에게 닥친 불의를 견디는 일이다.

내가 만난 가장 '쿨'한 사람은 비트 세대를 대표하는 소설가 윌리엄 버로스William Burroughs다. 나의 멘토이자 바젤의 예술품 수집가인 카를 라슬로Carl Laszlo가 버로스와 친분이 두터웠던 관계로 우리는 함께 뉴욕 바워리Bowery 지역에 있는 그의 유명한 벙커를 방문하기도 했다.

몇 년 뒤 버로스가 바젤을 찾았을 때 나는 그를 다시 만날 기회를 가졌다. 나는 그처럼 모범적인 신사를 본 적이 별로 없다. 버로스는 중상류층 실업가 집안 출신으로, 그의 부친은 큰 타자기 공장을 운영하고 있었다. 버로스는 만취가 되도록 술을 마실 때도 있었는데(주로 버번위스키를 마셨다), 1980년대 당시만 해도 헤로인 주사를 맞지 않았고, 늘 깔끔하게 넥타이를 매고 있었으며, 적당한 속도로 걷는데다 목소리는 상냥하고 부드러웠고, 매너는 흠잡을 데가 없었다.

그럼에도 버로스가 약간의 'H'(헤로인)을 구하고자 가장 친한 친구마저 배반할 만큼 도덕관념이 희박한 마약쟁이라는 것도 잘 알려진 사실이다. 또 사격 연습장에서 빌헬름 텔과 같은 방식으로 아내에게 총을 쏘면서도 눈썹 하나 까딱하지 않았다고 한다. 게다가 제 주위에 있는 사람들이 누구인지 전혀 상관하지 않았는데, 젠틀맨, 비트 족 같은 부류인 그의 친구들이 기식자, 협잡꾼, 사기꾼 같은 이들과 한데 뒤섞여 있었다. 그래도 그는 개의치 않았다.

물론 그의 '보이프렌드'이자 시인 겸 화가인 존 지오노John Giorno 처럼 매력적인 인물도 주변에 있었다. 성격상 그가 버로스와는 정반대라는 점에 나는 매료되었다. 외견상으로는 고상한 신사라기보다는 전형적인 이탈리아의 가장처럼 보였지만 버로스와 달리 다정다감한데다 중앙난방장치에서 느껴지는 훈훈한 열기를 풍겼다. 한마디로 쿨하지 않았다. 냉정함과 느긋함은 존에게 딴 세상 얘기였다. 불교신자였던 그는 자신과 버로스 모두와 친했던 앨런 긴즈버그Allen Ginsberg가 '도덕적 대마초 흡연자'라 부른 유형에 속했다.

버로스와 긴즈버그와 더불어 비트 세대의 세 번째 핵심 인물인 잭 케루악Jack Kerouac은 《비트. 행복. 한 세대의 기원에 관하여》라는 책에서 두 음악 스타일을 각각의 유형에 연결시킨 바 있다. 즉 한쪽에는 비뚤어진 현실에 대한 일종의 반항적 성격을 띤 '윌리스 잭슨Willis Jackson과 초기 럭키 톰슨Lucky Thompson 양식'의 웜 재즈 또는 핫 재즈가 있고, 다른 한쪽에는 '레니 트리스타노Lennie Tristano 또는 마일즈 데이비스Miles Davis 같은 형식주의적이며 음악적으로 탁월한 그룹'인 쿨 재즈가 있다고 말한다.

몇 년 전 베를린의 함부르거 반호프 현대미술관에서 팝 문화를 주제로 학술대회가 열린 적이 있었다. 그 자리에서 문학이론가 디르크 링크Dirck Linck는 버로스와 긴즈버그를 둘러싼 비트 세대의 상호 모순되는 양극단이 어떻게 화해했는지를 설명했다. "뜨거움-hotness과

차가움coolness이라는 두 요소가 모두 시민사회의 객관적 규범, 미학적 관습, 전통적 역할과 충돌한 관계로 … '뜨거운 부류'와 '차가운 부류'에 속한 이들이 뜨겁지도 차갑지도 않아 보이는 '속물squares'이라는 공동의 적을 통해 정체성을 규정한, 하나의 행동공동체를 이룰 수 있었다."

링크에 따르면 세련된 쿨함의 핵심 요소인 냉정한 태도란 언제나 모든 일과 모든 사람에 대해 일정한 거리를 두는 것이며, 이에 해당하는 환각제가 헤로인이라는 것이다. 한편 윌리엄 버로스는 헤로인이 '식물의 쾌활한 초연함'을 느끼게 해준다고 말한 바 있다.

삶의 순간마다 거리를 두고 피할 수 있는 고통을 피한다

그런데 '쿨함'은 정말 추구할 가치가 있는 것일까? 버로스는 무덤덤한 사내였던 반면, 존 지오노는 확실히 대하기 좀 더 편한 사람이다. 여기서 우리는 이 책의 맨 앞에서 이야기했던 쿨함과 친절함, 즉 고대의 차갑고 균형 잡힌 영웅상과, 인자함이 중요한 구실을 하는 고대 이후의 이상이 서로 모순되지 않는가 하는 질문으로 되돌아간다. 강함과 인자함, 쿨함과 친절함을 하나로 아우른 결과는 기사도에서 발견된다. 반면 스토아 철학에서는 그러한 통합이 불가능했다. 이왕 쿨함에 관해 말이 나왔으니 스토아주의에 대해서도 잠시 살펴보도록 하자.

스토아학파의 주요 인물인 세네카가 몸소 보여준 평정의 이상은 오백 년간 유럽대륙에 지대한 영향을 끼쳤다. 물론 스토아학파가 서양의 지혜 전통에서 확고한 위치를 차지한 것은 납득할 만한 일이지만, 거부감을 불러 일으키게 하는 측면도 없지는 않다. 부유한 집안의 자제로 태어난 세네카는 재테크의 천재, 원조 투자은행가에 해당하는 인물로, 여러 덕목에 관해 공감을 살 만한 지혜들을 글로 남겨 독자를 열광시키기도 했다. 동시에 그는 인류 역사상 가장 잔인한 독재자 가운데 하나인 네로의 가정교사이자 최측근 조언자였다. 게다가 대중의 눈요기를 위해 사람들을 굶주린 사자 떼에 던져 넣던 세상에서 아주 편안한 삶을 살았다. 스토아학파의 냉정함은 온갖 외적 우아함에도 불구하고 섬뜩함을 느끼게 한다.

그럼에도 스토아적 사고방식을 냉정하고, 무관심과 패배주의로 단순화시키는 것은 부당하다. 스토아주의자들은 감정 자체에 반대하지 않았다. 반대로 즐거움, '델리키움delicium' 즉 아름답고 일상적인 것에 대해 느끼는 기쁨이야말로 스토아주의자들에게 특별한 역할을 했다. 이들에게 중요한 것은 감정의 차단이 아니라 되도록이면 부정적인 감정을 피하고 슬픔, 후회, 노여움, 두려움 따위에 적절히 대처하는 것이었다.

이에 관한 여러 긴 에세이를 남긴 세네카는 가령 자식이나 연인을 잃은 경우에 대한 조언을 들려준다. 그는 슬픔이란 피할 수 없지만 진정시킬 수는 있는 재채기 같은 반사 반응이라고 말하면서, 절망에서 벗어나 삶의 아름다움을 깨닫고 즐기는 방법을 제시한다. 스토아주의자들이 권하는 바람직한 기술은 이러하다. 밤에 아이를 침대에 눕힐 때 단 몇 초간이라도 내일 아이가 일어나지 못할 수도 있다고 상상해보라. 그럼 다음날 아이를 더욱 사랑스럽게 안아주고 아이와 함께 하루를 즐겁게 보낼 수 있을 것이다.

그럼 이렇게 되묻는 이도 있을 것이다. 오히려 그런 생각이 우리를 더 우울하게 만들지는 않을까? 스토아주의자들은 이렇게 응수할 것이다. 그로써 당신은 아이의 생명을 당연시하지 않게 되고, 이 세상에서 누리는 기쁨을 더욱 소중히 여길 것이다.

이는 절망을 피하는 구체적 예방법과도 관련이 있다. 부정적 감정을 최대한 배제하는, 그토록 갈망하는 '트랑퀼리타스tranquilitas'(평정) 상태에 이르는 기술을 전하는 상세한 지침이 있을 정도다. 그중 하나가 방금 아이의 예를 통해 설명한 부정적 시각화다. 현재 당신에게 아무 문제가 없더라도 훨씬 안 좋은 상황에 처할 가능성을 잠시 떠올려본다면 지금 이 순간을 더욱 즐길 수 있을 것이다.

물론 그런 생각에 너무 깊이 빠져서도 곤란하다. 불행해지는 안내서를 읽는 일과 다를 바 없기 때문이다. 다만 아주 잠깐 동안 얼마나 더 안 좋은 상황에 처할 수 있는지 비교해보자는 것이다. 엄밀히 말해 이는 철학적 사고라기보다는 일종의 심리적 트릭이다. 스토아주의자들에 따르면 사람들이 겪는 고통은 대부분 자업자득의 결과다. 자신이 누리는 것이 얼마나 소중한지 제대로 모르기 때문이다.

그런데 스토아주의자들은 그들의 철학이 주변세계를 변화시키자고 외치지는 않기에 사회 개선에는 무관심하다는 비난을 받기도 한다. 이는 공허한 비난이다. 중요한 것은 세상을 개선할 수단을 찾는 것이 아니라 자신부터가 정직한 사람으로 바뀌는 것이다. 아울러 직접 나서서 주변의 작은 세계부터 정리 정돈에 나서는 것이다. 누구나 각자가 세상에 직접 영향을 끼칠 수 있는 만큼, 그런 행동들이 결국 세상을 바꾸게 된다. 스토아주의자들도 개개인의 사회적 책임을 높이 평가한다. 저마다 자신을 유익한 존재로 만들 의무가 있기 때문이다.

다만 그들은 우리가 직접 통제할 수 있는 것만을 염두에 둔다. 행복, 불의의 사고, 로또 당첨, 죽음 등은 나의 통제를 벗어나 있는 만큼 이를 두고 요란법석을 떨어봤자 부질없는 짓이다. 스토아주의자들은 세계를 세 부분으로 나눈다. 즉 우리가 통제할 수 있는 부분, 조금 통제할 수 있는 부분, 전혀 영향을 미칠 수 없는 부분이다.

첫 번째 경우는 그다지 고민할 필요가 없다. 우리 손 안에 있는 영역이기 때문이다. 마지막 부분도 신경 쓸 필요가 없다. 우리의 영역을 벗어나 있기 때문이다. 남은 것은 중간에 있는 아주 작은 영역인데, 나 자신, 자식 교육, 덕을 닦는 일과 같이 어느 정도 통제가 가능한 부분이다. 실제로 이런 처방법을 따를 경우 많은 고통을 피할 수 있을 것이다. 어째서 스토아철학의 일부가 기독교 사상에 흡수되었는지 수긍이 가기도 한다.

그런데 이런 생각에 잘못된 점은 없을까? 스토아주의자들의 최고 목표는 고통으로부터 초연한 삶이다. 그렇다면 고통 없는 삶이란 과연 바람직한 것일까? 《카라마조프 형제들》에 나오는 대심문관의 유명한 독백이 바로 정확하게 이 주제를 다루고 있다. 스페인에서 종교재판이 한창일 때 이 세상에 돌아온 예수에게 대심문관인 노추기경은 인간의 고통을 묵과한 세상을 창조했다고 비난을 퍼붓는다. 그리고는 정의롭고 고통에서 해방된 세상을 세우는 것은 이제 인간의 몫이라고 선언한 뒤, 다음날 아침 예수를 처형하겠노라고 통고한다.

Q.

화장실을 찾을 때 어떻게 물어
봐야 할까요?

A.

'화장실Toilette'은 고루한 표현이다. 안타깝게도 언젠가
부터 "어디서 손 좀 씻을 수 있을까요?"라고 물으면 사
람들이 못 알아먹는 세상이 되었다. 나는 '화장실'이라
는 말을 쓰느니 차라리 바지에 오줌을 싸는 쪽을 택하
겠다.

절절 끓는 고통에 다가가는 것이 진짜 '쿨한' 태도다

고통의 문제에 있어서 유대교와 기독교에서는 이와 다른 대답을 내놓았는데, 고통 속에서 신비스럽고 깊은 뜻을 발견한 것이다. 유대인들에게 그 질문이 가장 극적으로 던져진 곳이 바로 욥의 이야기다. 흥미롭게도 여기서는 인간의 잣대로 고통의 의미를 규정하려 한 자들이 최악의 결말을 맞게 된다.

세상에는 나쁜 일도 허다하게 벌어진다. 다만 길게 보면 실패한 일에서 좋은 일이 생기기도 하고, 나쁜 일이 좋게 포장되기도 한다. 어쩌면 욥과 마찬가지로 우리 역시 고통의 의미를 결코 알아낼 수 없음을 인정해야 할지도 모른다. 어떤 현자로부터 들은 사례를 하나 소개하고자 한다.

막 입학한 한 소년이 첫 등굣길에 나섰다. 입학 선물로 받은 사탕봉지는 소년의 몸뚱이만큼이나 컸다. 소년은 긴장한 나머지 아침에 아무것도 먹지 못해 뱃속이 텅 비었다. 이제 소년은 익숙한 생활에서 벗어나 낯설고, 심지어 위험스럽게 비쳐지는 세계로 던져졌다. 조금이라도 공감 능력이 있는 사람이라면 동정심을 주체하지 못해 이렇게 외쳐야 한다. "이 꼬마에게 어떻게 그런 짓을 할 수 있지요? 정신적 충격이 엄청날 거예요! 아이가 얼마나 고통을 받는지 보세요! 아이를 이 불쾌한 감정에서 벗어나게 해줍시다. 너무나 가혹해요. 트라우마를 주는 이런 경험들을 없애줍시다!"

하지만 이런 질문을 떠올려보자. 그것이 과연 아이를 위하는 일일까? 오히려 아이를 사랑하는 사람이라면 '잘 이겨내야 해!'라고 말해줘야 할 순간들 중에 하나가 아닐까? 이런 '불쾌한 감정'의 이면에는 경험을 쌓고, 인정을 받고, 인격을 형성할 수 있는 엄청난 기회들이 숨어 있지 않을까? 온갖 부정적인 경험들로부터 보호받기만 하는 경우보다 삶을 준비하는 데 훨씬 유리한 계기가 되지는 않을까?

불운을 겪지 못했다면 결코 누리지 못했을 많은 행복들이 있을 것이다. 누구나 수긍할 이런 일상의 지혜를 한층 높은 단계로 끌어올릴 때 우리는 야누슈 코르착Janusz Korczak, 막시밀리안 콜베Maximilian Kolbe, 디트리히 본회퍼 같은 영웅들을 만나게 된다. 나치의 폭력이 없었더라면 이들의 거룩한 행위도 없었을 것이다. 토마스 아퀴나스는 《신학대전》에서 이렇게 말한다. "폭군의 박해 없이는 순교자의 인내도 없다."

이는 인간에게서 비롯되는 고통들을 정당화하고자 둘러대는 말이 아니다. 또 인간이 저지를 수 있는 '악행'에 대한 해명도, 인간 존재의 수수께끼를 풀어주는 사유도 아니며, '인간조건'의 온갖 모순을 해결해주는 열쇠를 제공하는 것도 아니다. 다만 고통을 겪지 못했다면 고통받는 타인에 공감하고 동정하는 마음도 떠올리기 어렵다는 사실을 말하는 것뿐이다.

달리 말하면 이렇다. 이를테면 산전검사, 안락사 또는 크리스퍼 CRISPR와 같은 유전자편집 기술로 모든 유전병을 정복하리라는 기대 등 세상에서 고통을 몰아내려는 열정이 제아무리 진실된 동기에서 비롯된 것일지라도 우리는 어쩌면 함정을 향해 걸어가고 있는 것인지도 모른다. 고통도 삶의 일부다. 고통을 통해 비로소 기품 있는 삶이 가능하기 때문이다.

기사도 정신은 쿨함과 친절이 통합된 결과물이다. 옛 전설과 고대

'남성사회'의 강함과 용맹, 기독교적 중세의 친절 및 자비가 여기서 하나로 결합되기 때문이다. 동시에 이 같은 삼중의 융합으로 이제껏 유럽 고유의 특징을 이루는 문화가 탄생했다. 따라서 오늘날 세계에서 큰 영향력을 발휘하는 유럽 정신 특유의 이타주의를 그저 약한 것을 미덕으로 여기고 옹호해주는 생각 정도로 해석한다면, 우리는 그 역사를 배신하는 셈이 된다.

현대 사회는 지금 여기를 살아가는 우리가 실패했음을 전제하고 언제든 위로해줄 준비가 되어 있다. 하지만 여기에 숨어 있는 피해의식이야말로 기사도 정신이나 기독교 정신에 정면으로 배치되는 것이다. 기독교 안에 포함된 기사도적 요소는 강함을 숭배하는 고대의 이상과 근대적인 온화함의 이상 사이에서 균형을 이뤄냄으로써 유럽 문화가 번성할 수 있는 인큐베이터 구실을 했다. 기사들은 기독교 안에 투쟁적이고 혁명적인 성격이 내포되어 있음을 이해했다.

로마에서 신학을 공부했고 이 분야에 정통한 로마 출신의 한 젊은 후작이 이런 말을 한 적이 있다. 기사도 정신의 원칙이란 강함을 갖추고, 유리한 위치에서 내려와 약자를 위해 싸우고, 위험을 떠맡고, 선을 위해서라면 명예를 포함해 자신의 전부를 걸겠다는 태도라는 것이다.

"그것이 바로 영웅적인 정신이다. 예수는 가장 위대한 영웅이다. 그는 근육질에 거칠고 억센 유형이었다. 당시 목수는 도로 건설에 활발히 참여했다. 그는 오늘날 고속도로 건설현장에서 흔히 보는, 담배를 물고 주황색 조끼를 입고 피부가 누렇게 탄 사람들 가운데 하나였다. 그의 친구들도 책상물림이 아니라 몸을 써서 일하는 이들이었다. 그들은 동료들을 위해, 진리를 위해 생명까지 내줄 각오가 된 부류였다. 애초에 교회는 칭얼거리는 겁쟁이가 아닌 영웅들을 양성할 의무가 있었다."

우리는 애초에 뜻했던 길에서 멀리 벗어났다. 그럼에도 오로지 강자로서 자선과 자비를 베풀었다는 기억은 기사도 정신의 이상과 원형적 영웅들의 이야기 속에서 여전히 생생하게 살아 있다.

어려움도 삶의 일부이고, 고통도 나의 것이다.

기분이 엉망이면 상황이 지금보다 훨씬 더 안 좋을 수도 있다고 상상해보라! 어두움 없이는 밝음도 존재하지 않는다. 평온, 쿨함, 태연함 같은 가치들도 물론 멋지고 좋다. 그러나 고통 앞에서 초연한 척 꿈짝도 하지 않는다면('어차피 아무 소용도 없는 걸', '200만 년 후에 돌아보면 지금 일도 별 것 아닐 거야' 등), 또는 정반대로 고통을 깡그리 없앨 수 있다고 착각한다면 당신은 어딘가 잘못된 길로 들어선 것이다. 리셋 버튼은 그런 순간을 위해 존재하는 것이다.

22

우리는 너무 부지런하기 때문에
게으름에 빠진다

부지런함

다행히 '타이거 맘Tiger mom'을 둘러싼 호들갑도 잠잠해졌다. 욕심 많은 부모와 가정교사에 붙들린 아이들이 사춘기로 접어들면서 괴물 같은 청개구리로 돌변한다는 점을 깨달았기 때문이다. 외부의 규율이 내적 동기부여를 대체할 때, 그 외적 요인이 더는 효력을 발휘하지 못하는 순간 모든 것은 사상누각이 된다.

그런데 어떻게 우리 아이들에게 내적 동기부여를 가르칠까? 어떻게 하면 내키지 않더라도 일을 시작하는 능력을 길러줄까?

좀 더 부지런해지라는 요구, 가령 저녁에 넷플릭스에만 빠져 있지 말고 못다 한 숙제에 집중하라고 요구하는 것은 가정교사의 잔소리처럼 들리게 마련이다. 마리 폰 에브너 에셴바흐Marie von Ebner-Eschenbach의 말처럼 말이다. "지금 하고 있는 일이 아니라 미뤄둔 일이 우리를 피곤하게 만든다."

물론 지당한 말씀이다. 하지만 미루기야말로 과도한 요구에 시달리는 현대 사회에서 우리가 시도할 수 있는 유일한 저항이다. 나 역시 지금 이 글을 쓰는 대신 기한을 넘겨버린 소득신고를 서두르고 건강보험지출 명세서를 찾아 고용주에게 보내고 급한 송금 업무를 처리해야 한다. 하지만 그에 아랑곳하지 않고 지금 나는 글쓰기에 열중하고 있다.

"본래 해야 할 일만 아니라면 누구나 얼마든지 많은 일을 처리할 수 있다." 로버트 벤츨리Robert Benchley가 1949년 출간된 《깔끔한 일처리 방법How to Get Things Done》에서 한 말이다. 이 말을 곱씹어보면 미루기 습관에서 벗어나는 법을 조언하는 모든 책의 핵심, 즉 언제나 한 가지 일만 하고 '할 일 목록to-do-list'을 절대 미루지 말라는 것과는 정확히 반대되는 결론이 도출된다. 다시 말해 최대한 많은 일을 계획하라는 것이다. 열 가지 일을 눈앞에 벌려 놓으면 그 중 두세 가지는 처리하지 않겠는가.

이는 다음과 같은 좌우명에 따른 것이다. "처리할 일이 있다면 그것을 바쁜 사람에게 맡겨라!" 할일이 많아지면 내놓을 결과물도 많아지게 마련이다. 작가이자 천체물리학자인 알렉스 숄츠Aleks Scholz는 《무지의 백과사전》을 집필하는 동안 천문학 연구에 더욱 매달릴 수 있었다고 말한다. 그는 이렇게 말한다. "일은 자석처럼 끄는 힘이 있는 것 같다. 일단 시작하면 멈출 수 없다." 그러므로 빨래나 양말 정리나 상관없이 일을 많이 벌려 놓은 사람은 마음속으로 가책을 느끼며 오래전부터 미뤄온 일을 싫든 좋든 언젠가는 손대기 마련이다.

폴 그레이엄Paul Graham은 《좋은 미루기와 나쁜 미루기Good and Bad Procrastination》라는 에세이에서 세 가지 종류의 미루기 습관을 구분한다. 첫 번째는 아무 일도 하지 않고 일을 회피하는 것이다. 이런 사람은 확실히 가장 어리석은 축에 속하는데, 타란티노의 영화 〈재키 브라운〉에 등장하는 여성이 보여준 모습과 비슷하다고 할 수 있다. 거기서 그는 무기밀매상 오델이 "대마초를 많이 피우면 의욕이 깡그리 사라질 거야"라고 꾸짖자 이렇게 대꾸한다. "대마초와 텔레비전이 그 의욕의 전부라면 상관없겠지."

두 번째 종류는 중요하지 않은 일을 하는 것이다. 이렇게 해서 하나하나 '할 일 목록'을 처리하다 보면 늦게라도 언젠가는 꺼리는 일도 하게 될 것이다. 세 번째는 재미를 느끼는 일부터 먼저 하는 것이다. 마지막 종류의 미루기 습관은 더없이 유익할 수 있다. 카트린 파시히Kathrin Passig와 사샤 로보Sascha Lobo가《무계획의 철학》에서 입증하듯이, 훗날 돌이켜봤을 때에야 비로소 그때 어떤 일이 얼마나 중요했는지 깨닫는 경우가 곧잘 있기 때문이다.

"플리커 설립자들은 자신들을 부자로 만들어준 사진공유 플랫폼을 틈틈이 재미삼아 개발했다. 그렇게 지내던 당시 그들의 '본업'은 지금은 누구도 기억하지 못하는 게임 개발이었다. … 아이작 뉴턴은 책읽기를 더 좋아했던 나머지 어머니의 농장에서 일하기를 게을리했다. 로베르트 슈만은 법학 공부에 매진하는 대신 피아노를 연주했다."

이 선구적인 책의 두 저자는 이렇게 말한다. "그렇다. 세상은 너무도 복잡하다. 교과 과목을 짜는 일은 복잡하다. 라우터를 설치하는 일은 복잡하다. 아파트 임대 서류를 작성하는 일은 복잡하다. 적립한 철도 포인트를 현금화하는 일은 복잡하다. 세액 공제가 되는 영수증을 발행받는 일은 복잡하다. 우리에게는 기관들을 상대하는 일을 설명해줄 형용사가 시급히 필요하다. 단지 '복잡하다'는 말로는 잡다한 서류들이 주는 은밀한 위협을 제대로 설명하지 못하기 때문이다."
파시히와 로보가 볼 때 일상에서 과도한 요구로 스트레스를 받는 것은 부끄러워할 일이 아니라 21세기를 살아가는 현대인의 정상적인 모습이다. 또 과제를 미루는 것은 체념이나 포기가 아니라 오히려 대다수에게는 싸움을 이어갈 수 있는 유일한 방법이다. 즉 모든 전선에서 동시에 싸우는 일을 피하는 것이다. 모두가 그렇게 살아가고 있다. 고용주는 우리를 24시간 원하고, 가족들도 마찬가지다. 물론 가족이라면 어느 정도는 그럴 권리가 있지만 말이다. 우리는 기술, 직업, 정보와 관련해, 또 사회적으로 늘상 과도한 요구에 시달린다. 이런 상황에서 일을 미루거나 무시하는 것은 순전한 자기 보호 행위다.

파시히와 로보에 따르면 문명 세계에는 오직 두 종류의 사람, 즉 과도한 요구에 시달리는 사람과 이런 상황을 눈치 채지 못하는 사람만이 존재한다. 오늘날 각자에게 책임이 주어진 다양한 삶의 분야들을 어느 정도 통제하려면 최고의 멀티태스킹 능력과 주의력을 분배하는 능력이 요구된다. 우리 삶은 네댓 개의 창을 열어 동시에 작업하는 컴퓨터와 유사하다. 이런 상황에 빠진 현대인에게 더 부지런해지라고 권하면서 일의 우선순위를 정하는 새로운 방법을 선전하려는 것은 어처구니없는 짓이다.

잠시 멈추고 나만의 동굴로 들어간다는 것

조금씩 단계적으로 문제에 대처하라! 미루기 습관에 관한 조언들에 담긴 공통된 메시지다. 따분한 일이라도 끝까지 해내는 능력과 부지런함 역시 다른 덕과 다를 바 없다. 늘 그렇듯 모든 것은 습관의 문제이며, 습관은 연습을 통해 길러진다. 이를테면 한 달에 한 번 혹은 그 이상을 한꺼번에 서류너미와 끙끙거리는 대신에 매일 10분씩 할

애해 성가신 관공서 업무를 처리하는 식이다. 그리고 작은 성공을 자축하자. 하기 싫은 일을 해냈을 때만큼 기분 좋은 순간도 없다.

물론 우선순위를 정해 '할 일 목록'에 따라 차례차례 일을 처리하는 방법은 유용하다. 그 항목을 하나씩 지우는 것만큼 해방감을 주는 일도 별로 없다. 설령 그것이 필요한 화장지를 구입하는 일이라도 마찬가지다. 다만 오늘날 효율성을 높이는 것보다 훨씬 시급한 일은 모두가 자기 접시에 너무 많은 것을 담아두고 있다는 깨달음이다. 우리는 큰 심호흡과 함께 여유를 가져야 한다. 우선 최선의 선택은 우리 앞의 기계를 멈추게 하는 것이다.

그러므로 삶에 얼마간 규율을 갖추고 독촉장이 날아오지 않게끔 제때 일을 처리하고 싶은 모든 이들에게 들려줄 첫 번째 조언은 '릴랙스!'하라는 것이다. 우리 아버지는 독촉장과 공문의 말투가 너무 불친절하다고 느낄 때 어떻게 했는지 내게 들려준 적이 있었다. 아버지는 편지 하나를 집어 들어 이런 답장을 썼다고 한다. "편지에 감사드립니다. 하지만 귀하께서 이 같은 무례한 말투를 계속 하실 것이라면 앞으로 제가 받은 편지 중 매달 한 통씩을 추첨해 답장을 보낼 때 귀측의 편지는 제외하고자 합니다."

평정심의 유지야말로 오늘날 시민이 가져야 할 으뜸가는 의무라고 할 수 있다. 런던에서 피트니스 권위자로 인정받는 한 인도인 의사는 자기 삶의 철학이 휴식, 숙면, 좋은 식습관과 운동이라는 네 가지 기둥 위에 서 있다는 말을 들려준 적이 있다. 그 중에서도 앞의 두 가지가 가장 중요하다고 덧붙였다.

"우리 환자들이 예전엔 주로 나쁜 식습관과 운동 부족에 시달렸다면 지금은 스트레스가 제일 큰 문제입니다. 아침에 일어나는 순간부터 스트레스를 받지요. 하루가 시작되자마자 '고! 고! 고!'를 외치며 줄곧 '싸우거나 도망가기fight or flight' 상태를 벗어나지 못해요. 몸에서는 코르티솔(스트레스 호르몬)이 과다 분비되는데, 그들을 공격하는 것은 정글의 사자가 아닌 일상입니다. 그들은 아이들을 학교에 데려다주는 와중에도 스마트폰으로 각종 업무를 곡예하듯 처리합니다. 저녁에 아이들이 잠자리에 들면 곧바로 이메일을 확인합니다. 그리고 불끄기 전 다시 한 번 뉴스를 살피지요."

그러니 삶을 정리된 궤도에 올려놓기로 마음먹었다면 최우선의 원칙은 평정을 되찾는 것이다. 게다가 매일같이 체계적으로 실천해야 한다. 앞서 말한 인도인 의사는 적어도 하루에 30분씩 '내 시간'을 가질 것을 권한다. 한 시간이면 더 좋다. 그 시간에는 자기 자신만 생각하고, 온갖 의무에서 해방되어 "어떤 공격도 받지 않는다는 점을 자신의 몸에 상기시켜야 한다".

이런 '내 시간'을 매일 하루 계획표에 넣도록 한다. 욕조, 커피숍 또는 소파 어디든 장소는 상관없고 음악을 들어도 좋다. 내가 다니는 신문사의 한 동료는 목요일 저녁마다 자기 자신과 약속을 잡는데, 무슨 일이 있든 꼭 베를린 국립회화관을 찾는다. 그 미술관에서는 목요일 6시가 되면 한 가지 주제를 놓고 해당 분야의 교수가 작품을 설명하는 프로그램을 제공한다. 기계를 멈추기 위해 어떤 일을 할지는 중요하지 않다. 패딩턴 곰Paddington Bear이 도달한 경지는 고급반에 올라간 사람들만 꿈꿀 수 있는 것이다. "이따금 나는 앉아서 생각하지. 또 어쩔 때는 그저 앉아만 있지Sometimes I sits and thinks, and sometimes I *just sits.*" 정말로 아무것도 하지 않으려면 선사禪師나 패딩턴 정도는 되어야 할 것이다.

우리는 너무 부지런해 게으름이라는 죄악에 빠진다

마지못해 '당장 급한' 일과 그저 '중요한' 일을 구별해야 할 경우 게으름은 대단한 효율성을 발휘할 수 있다. 게으름이 없었다면 수레 바퀴도 발명되지 않았을 것이다. 한편 라틴어로 '아케디아acedia'로 불리는 게으름 또는 나태는 특히 남자들에게 일종의 원초적 유혹에 해당한다. 아케디아는 '무관심, 걱정 없음, 무위' 등을 뜻하는 말이다. 이는 뱀이 이브를 유혹할 때 그 곁에 있었던 아담의 태도를 가리킨다(창세기 3:6). "여자가 그 열매를 따서 먹고, 함께 있는 남편에게도 주니, 그도 그것을 먹었다." 다시 말해 아담은 무관심한 채 주변을 어슬렁 거리고 있었다. 지금으로 치면 맥주를 마시거나 핸드폰 게임에 빠져 있었을 것이다.

그의 역할은 수동적이었다. 또 나중에 그가 모든 일을 아내에게 떠 넘기려 한 것도 그에게는 불리한 정황이 된다. 하지만 만일 그가 기사 답게 행동했더라면 어땠을까? 사태가 그토록 악화될 리도 없었고, 뱀 으로부터 아내를 지켰을 것이다. 원죄를 범하는 일이 불가피했더라 도 이브를 대신해 책임을 짊어졌을 것이다. 만약에 그랬다면 창세기 는 어떻게 흘러갔을까? 아마도 성경의 분량이 피자집 배달메뉴판 정 도로 줄어들지 않았을까.

아담과 이브 이야기 같은 원형 설화의 중심 모티브가 될 정도라면 나태함은 아주 근본적인 문제임이 분명해 보인다. 게으름을 뜻하는 영어 단어는 공교롭게도 '슬로스sloth'인데, 이 말이 나무늘보를 가리키기도 한다는 점에서 다소 부당한 감이 없지 않다. 나무늘보는 신진대사가 매우 느리고 작고 귀여운 짐승으로(변을 볼 때 맹수에게 습격당할 확률이 매우 높아 일주일에 한 번만 변소를 찾는다), 평생을 나무에 매달려 산다. 일곱 가지 죄악 가운데 하나와 똑같은 단어로 불리기에는 너무도 사랑스러운 녀석이다. 이왕 동물의 왕국에서 이름을 빌리고자 한다면 차라리 해삼 쪽이 더 어울릴 것이다.

해삼은 평생 먹고, 뒹굴거리고, 배설하는 일밖에 할 줄 모른다. 위키피디아에 따르면 심해의 해저 근처에 사는 바이오매스biomass(생물자원량)의 90퍼센트가 해삼이다. 인류의 초기술화가 멈추지 않는다면 우리는 곧 바이오매스로 전락할 테고 기술이 나머지 모든 일을 수행할 것이다.

고도로 기술화되고 철저히 계획된 우리의 복잡다단한 세상에서 게으름은 성경의 시대와 비교해 훨씬 더 유혹적이다. 현실도피적인 유혹들이 넘쳐날 뿐 아니라 빽빽한 일정 속에서도 얼마든지 게으름을 피울 수 있기 때문이다. 한가한 시간이 줄어들수록 진정한 삶의 의미를 찾는 일도 어려워진다. 우리는 외적으로는 더 할 나위 없이 활동적이지만 동시에 정신적, 영적으로는 게으름에 빠질 수 있다.

간단히 말하자면 게으름에는 네 종류가 있다. 가장 확실한 것은 순수한 육체적 게으름이다. 해가 떠도 침대 밖으로 나오지 않거나 몸이 고된 상황은 모조리 피하는 것이다. 그 다음에는 정신적 게으름이다. 이는 오늘날 만연한 현상으로, 어떤 주제에 대해 겨우 30초 생각한 뒤 최종 판단을 내리고 거기에 해시태그를 다는 식이다. 도덕적 게으름도 있다. 도덕적 질문과 결정을 외면하고, 저항이 가장 적은 길을 선택하는 것이다. 상대주의 문화는 우리의 부담을 덜어주는데, 윤리 문제를 이른바 '흑백의 관점'으로 보지 않기 때문이다. 기독교인들은 자기가 믿는 진실에 대해 책임지지 않기 위해 도덕적 게으름을 이용한다. 이들은 반발을 사지 않고자 낙태, 포르노그래피, 프리섹스 같은 주제들에 관해 제대로 된 목소리를 내지 않고 있다.

가장 끔찍한 형태의 게으름은 정신적, 영적 게으름이다. 보다 원대한 것을 추구하기를 멈출 때 정신은 불안과 공허감에서 벗어나지 못한다. 이런 공허함을 채우고자 소비, 식탐, 육체 및 자아실현 숭배, 섹스 등에 빠지곤 한다. 이런 식의 게으름에 빠지는 자야말로 가장 끔찍한 피해를 입을지도 모른다. 어느 순간 진실, 선함, 아름다움 등을 추구하지 않으면서 자기실현에만 열중할 것이기 때문이다.

즉 해삼 같은 존재가 되지 않으려면 육체적, 정신적, 영적으로 부지런해야 한다. 물론 실리콘밸리의 예언가들의 말을 믿는다면, 그렇게 된다고 해서 꼭 나쁜 것만은 아니다. 어차피 머지않아 몸도 필요가 없어지고, 핀란드나 노르웨이 같은 곳에 냉장 보관된 서버에 우리 의식이 저장될 날이 올 것이기 때문이다. 앨런 튜링Alan Turing이 꿈꿨던 근심에서 벗어난 육체 없는 삶이 마침내 현실이 되는 것이다.

게으름에 휘둘리지 않기 위해서는 여유가 있어야 한다

사실 튜링을 둘러싼 이야기는 대단히 비극적이다. 인공지능의 아버지로 추앙받는 그는 2차 세계대전 중 암호해독기 '에니그마Enigma' 를 고안해 독일군의 무선통신문을 해독하는 데 공헌했지만, 수리생물학에 각별한 관심을 가질 만한 나름의 사정이 있었다.

그는 이 세상에서 자신이 사라졌으면 했다. 평생 우울증에 시달렸던 튜링은 자신의 동성애 성향으로 고통받았다. 급기야 1952년 '성문란'이라는 죄목으로 처벌을 받는다. 그는 19세 청년을 집에 들여 지내게 한 적이 있는데, 이후 청년의 지인이 자신의 집에 침입해 절도를 벌이는 일이 발생했다. 경찰 조사에서 튜링은 청년과 성적 접촉을 한 사실을 털어놓았고, 당시만 해도 동성애 행위는 범죄에 속했기에 결국 유죄판결을 받았다. 튜링은 화학적 거세에 동의했고(합성 여성 호르몬의 일종인 디에틸스틸베스트롤이 주입되었다), 이로 인해 잠복된 우울증이 악화되면서 2년 후 스스로 목숨을 끊게 되었다.

2009년, 당시 고든 브라운 총리는 영국 정부의 이름으로 튜링이 겪은 '비인간적인 처우'에 용서를 구했다. 2013년 영국 여왕은 뒤늦게 그에게 왕실 사면을 내렸다. 육체 없이 오로지 정신으로, 오직 기계로 존재하기를 꿈꿨던 튜링의 개인사를 모른다면 컴퓨터 기술과 트랜스휴머니즘의 역사도 이해하기가 어려울 것이다.

이는 동시에 도스토예프스키의 《악령》에 등장하는 허무주의자 알렉세이 끼릴로프의 오래된 꿈이기도 하다. 무신론을 극단으로 밀고 간 그는 신이 존재하지 않는다면 그에 따른 유일한 결론은 인간의 지의 절대적 지배라고 주장했다. "신이 없다면 모든 게 내 것이다."

따라서 인간은 세상에 자신의 의지를 강요할 의무가 있다. 죽음도 예외가 아니다. 그리하여 끼릴로프는 죽음을 두려워할 필요가 없으며 이 공포에서 벗어남으로써 모든 신앙으로부터 해방되고 인간이 스스로를 신으로 깨닫는 시대가 시작된다는 것을 보여주기 위해 자살을 결심한다. 끼릴로프는 저 유명한 독백에서 이렇게 말한다. "살아 있든 그렇지 않든 전혀 개의치 않을 때 완전한 자유가 가능할 것이다. 그것이 모든 것의 목적이다. ⋯ 새로운 인간이 등장할 것이다. 행복하고 자부심에 넘치는 인간, ⋯ 인간은 신이 될 것이고 육체적으로 개조될 것이다."

넥스트 프론티어The next frontier, 즉 다음에 일어날 획기적 사건은 인간과 기계의 융합이 될 것이다. 일찍이 1934년 러시아 철학자 니콜라이 베르자예프는 인간의 게으름과 기술의 진보가 결합되면서 인간과 기계 사이에서 최후의 결전이 벌어지리라고 예언한 바 있다. 이는 곧 인간의 영혼을 두고 일어나는 한판 싸움이 될 것이라고 한다.

튜링이 아직 케임브리지 대학생이던 시절, 베르자예프가 완성한 《인간과 기술》이라는 책에는 다음과 같은 예언적 구절이 등장한다. "기술문화에서는 기계가 인간의 노동을 대신 수행한다. 이런 변화는 하나의 진보로, 인간의 비참함과 노예화를 없애줄 긍정적 업적으로 평가된다. 하지만 기계는 인간의 요구에 복종하지 않으려 하고, 인간에게 자신의 법칙을 강요한다. 인간은 기계에게 말한다. '편하게 살고 내 능력을 강화하려면 네가 필요해.' 하지만 기계는 이렇게 대답한다. '나는 네가 필요 없어. 네가 그로 인해 몰락하더라도 나는 모든 일을 넘겨받을 거야.' ⋯ 기술은 살아 있는 모든 것에 연민의 정을 느끼지 않는다. 기술의 지배는 인격을 파괴한다. 그러므로 기술의 지배에 맞선 투쟁은 인간의 구원이 달린 문제다. 문화의 기술화는 인간의 비인간화, 탈인간화라는 위험을 초래했다. 지금 문제가 되는 것은 과거의 인간과 새로운 인간 사이의 선택이 아니라 인간 자체의 생존이다."

우리 인간은 어떤 답을 내놓을 수 있을까? 초기술화 시대에 우리는 부지런할 필요가 있을까? 어차피 기계가 노동의 수고를 덜어주지 않을까? 대답은 의외의 곳에서 등장한다. 정보기술 기업인 알리바바 그룹의 창시자이자 회장이며 중국 최고 부자 중 하나로 막강한 영향력을 가진 마윈馬雲은 이런 질문을 받은 적이 있다. "교사 출신으로서 어떤 교육관을 갖고 있습니까?"

그러자 그는 지식만 주입시키는 것은 무의미한 일이며 지식에 관해서라면 머지않아 컴퓨터가 우리를 앞설 것이라고 답했다. 또 아이들에게 우리를 기계와 구별시켜주는 것을 가르쳐야 한다고도 덧붙였다. "우리는 아이들에게 기계와 경쟁하라고 가르칠 수 없습니다. 기계는 훨씬 똑똑합니다. 교사는 지식만을 전달하기를 멈춰야 합니다! 아이들은 뭔가 특별한 것을 배워야 하겠지요. 그래야만 기계에 따라잡히지 않을 것입니다." 그리고 그는 우리가 신뢰해야 할 것들을 열거한다.

"가장 먼저 가치를 언급할 수 있습니다. 그리고 신념, 독립적 사고, 팀워크, 공감력 등도 꼽을 수 있겠지요. 이것들은 단순한 지식으로 전달되지 않습니다. 중요한 것은 스포츠, 음악, 예술 같은 것들입니다. 우리는 우리를 기계와 구별해주는 것들을 신뢰해야 합니다!"

부지런함이란 우리가 매몰된 일상에서 벗어나 마침내 근본적인 것들에 관해 생각해본다는 것을 뜻하기도 한다.

게으름에 빠지지 않기 위해서는 정말 중요한 것이 들어설 빈틈을 마련해야 한다.

우리는 정신없이 바쁘게 살기 때문에 역설적으로 게으름에 빠질 수 있다. 삶 속에 다시 여유를 가져와야 한다. 매일같이 말이다! 일단 작은 일부터 시작하자. 반복은 습관을 만든다. 좋은 일이든, 나쁜 일이든.

23

스스로를 대세에 가두지 말고
스스로에 대해 직접 결정하라

극기

중세독일어 'zuht', 즉 '극기'는 기사문학에서 빠지지 않고 등장하는 단어다. 원래 매너란 쾌락의 충족을 지연시키는 데 그 목적이 있다. 문화란 욕망의 충족을 통제하고 지연시키는 것을 의미한다. 입에 뭔 가를 채워 넣어야 할 필요에서 식탁 문화가 탄생했고, 몸을 따뜻하 게 할 필요에서 패션 유행이, 남녀 간 짝짓기에 대한 욕구에서 '민네 minne'가 탄생했다.

독일은 이 점에서 후진국 신세를 면치 못했다. 16세기 초만 해도 피렌체의 포르타 로사 호텔, 베네치아의 발리오니 호텔, 취리히의 스토르헨 호텔처럼 유럽의 교역도시에는 제법 쾌적하게 투숙할 수 있 는 곳들이 많았다. 그런데 신중하게 말하기로 유명했던 로테르담의 에라스무스Erasmus조차 당시 독일의 여인숙을 두고 "여기저기 침을 뱉고 다닌다", "너나없이 빵을 공용 접시에 담가 먹는다", "접시들이 불결하다"와 같은 말들을 남겼다.

1589년 브라운슈바이크 공국의 궁정 규칙을 보면 오줌과 여타 오 물로 건물 계단을 더럽히지 말라는 경고가 별도로 들어 있을 정도다. 18세기 초 하노버에서 런던으로 수출된 국왕 조지 1세는 여전히 고 국 풍습을 버리지 못한 채 식사 중 먹다 남은 뼛조각을 뒤로 던져 그 곳의 궁정시종들을 아연케 했다. 그의 직계후손이자 현재 가문 수장 인 에른스트 아우구스트 하노버Ernst August Hannover는 잘츠부르크의 골드너 히르시 호텔에서 웨이터에게 모짜렐라 치즈볼을 던져 구설수에 오르기도 했다(이 때문에 그는 사람들 앞에서 지휘자 에노흐 추 구텐베르크Enoch zu Guttenberg에게 질책을 받았다). 이는 겉으로는 왕의 위엄을 과시하면서도 원래의 조야한 기질을 떨쳐버리지 못한, 또 그럴 마음도 없는 벨프 가문의 전통에 충실한 행동이다.

독일은 서쪽과 남쪽의 이웃나라들과 비교해 소박한 면이 두드러졌다. 스탈 부인이 독일 여행을 다녀온 1813년만 해도 이미 다른 나라에서는 지나치게 다듬어진 매너에 넌더리를 내던 때였는데, 괴테를 꼭 만나고 싶어 했던 부인은 여행 직후 다소 놀란 듯 독일인들의 거친 기질을 묘사하며 변명처럼 이런 말을 덧붙였다. "파리에서 자라지 않은 사람들에 대해서는 좀 더 관대한 태도를 보여야 하며, 이들을 익숙한 잣대로 재단해서는 곤란하다."

우리는 소박한 것이 찬양받고 격식 없는 것이 환영받는 시대를 살고 있다. 모든 것이 캐주얼해야 한다. 캐주얼하다는 것은 가볍고 부담이 없다는 뜻이다. 말하자면 늘 만사를 최대한 편하고 부담 없이 즐겨야 하는 시대에 살고 있다. 우리는 다이어트 정도를 제외한다면 자제하지 않고 끊임없이 즐기도록 요구받는다. 온 세상이 우리의 쾌락에 봉사해야 한다. 가장 중요한 것은 우리의 안락한 삶이다.

얼마 전 나는 베를린필하모니 콘서트홀의 갈라 연주회에서 베를린 시 정부의 모 장관과 마주친 적이 있다. 운동화 차림의 그는 청바지 위로 헐렁한 티셔츠를 입고 있었다. 칼 라거펠트Karl Lagerfeld는 사도 바울에 필적할 만한 명언 하나를 남긴 바 있다. "운동복 차림으로 돌아다니는 자는 제 삶을 제대로 관리하지 못하는 자다." 확실히 베

Q.

어떤 경우라면 호들갑스럽게
서둘러도 상관없을까요?

A.

출발시간이 임박한 기차역이나 공항에서만 그렇다.
"웨이터만이 서둘러 움직이지요." 패리스 힐튼Paris
Hilton이 내게 해준 말이다. 빈에는 이런 격언도 있다.
"품위 있는 사람은 서두르지 않고, 놀라지 않고, 화내지
않는다." 부다페스트에서는 조금 바꿔서 이렇게 말한
다. "신사는 서두르지 않고, 놀라지 않고, 돈을 내지 않
는다."

를린의 정치인들은 이 도시를 제대로 관리하지 못하고 있다.

이 시대의 근본적인 문제는 우리가 편안함만을 추구하고 우리 자신을 더 이상 관리하지 못하는데다, 이를 더는 결함으로 여기지 않고 일종의 진보로 포장한다는 것이다. 우리가 먹고 마시고 연애하고, 옷 입는 방식들이 그 점을 뚜렷이 증명해주고 있다. 언제부터 사적인 복장과 직업상 복장을 구분하지 않게 되었을까? 누구로부터 비롯된 것일까? 1990년대 초 금요일마다 편안한 복장으로 출근하는 '캐주얼 데이'를 도입한 은행원들일까?

1990년대 중반 토니 블레어Tony Blair도 내각회의에 '노타이' 차림으로 참석하기 시작했다. 그래서 그의 호감도가 높아졌을까? '나를 토니로 불러요' 식의 격의 없는 분위기가 지배했던 그의 재임 기간은 결국에 가서 조작된 사실들로 정당화되고 어설프게 준비된 이라크 전쟁과 함께 불명예스럽게 막을 내렸다. 여기에 어떤 연관은 없을까? 캐주얼 차림의 탐욕적인 1990년대 은행원들은 아무 거리낌 없이 우리를 서브프라임 위기와 세계경제 위기로 내몰았다. 과연 아무 연관이 없을까? 목 단추를 풀어헤친 셔츠로 상징되는, 태평한 사고방식을 가진 캘리포니아 실리콘밸리 역시 실상을 들여다보면 찬사를 받은 것만큼 인정이 넘치지는 않은 곳으로 드러났다. **거기에는** 어떤 연관도 없는 것일까?

작은 일에서의 무격식과 큰 차원에서의 무격식 사이에는 모종의 연관이 있어 보인다. 현대 엘리트들의 특징은 격식을 따지지 않는 것이 아니라 이를 진보라고 추켜세운다는 것이다. 이와 관련된 슬로건이 '단절Disruption'이다. 오늘날 라이프스타일을 선도하는 캘리포니아의 '테크 올리가르히Tech-Oligarch'(신흥재벌)들의 기본 신조는 단절, 즉 익숙한 것을 깨고 격식을 파괴하는 것이다. 삶의 모든 분야에서 말이다. 아마존, 우버, 에어엔비 같은 기업의 등장으로 업종을 불문하고 익숙한 습관과의 단절이 일어났다.

우리 시대의 신들이 사는 올림포스 산은 실리콘밸리라는 골짜기다. 이곳의 정신을 이해하려면 그 핵심 세계관, 즉 무규제와 무격식을 부르짖는 이들의 목소리에 귀를 기울일 필요가 있다. 이 같은 정신은 사업뿐 아니라 사생활에서도 실천되고 있다. 식사 매너 및 옷차림으로 말하자면, 우리는 실리콘밸리의 억만장자들이 잠옷에 가까운 차림으로 저녁식사 모임에 나타나고 나이프와 포크 사용에도 서툴다는 점을 이제 그만 하나의 스타일로 인정해줘야 할 것 같다. 실제로 미국 서부에서는 온통 '핑거푸드'밖에 모르고, 함께 살아가는 데 필요한 가장 기본적인 규칙마저 무시한다. 거기서는 자기소개를 하지 않고, 대화 도중에 말을 끊고, 마음대로 왔다가 다시 돌아간다. 현대의 궁정에서는 무규칙이 곧 규칙이 되었다.

극기는 더 큰 포만감을 위해 잠시 기다리는 태도다

무규칙과 자유분방함을 숭배하는 현상이 남녀관계에 끼친 영향에 대해서는 《블룸버그》 기자인 에밀리 창Emily Chang이 《브로토피아Brotopia》에서 인상적으로 묘사하고 있다. 책 제목은 네트워크로 빈틈없이 연결되고 우애 넘치는 유토피아를 건설한다는 실리콘밸리 엘리트들의 야심찬 목표를 암시한다. 그 같은 유토피아에서는 누구나

Q.

어떨 때 음식을 손으로 집어 먹
어도 괜찮을까요?

A.

질문은 이렇게 다듬는 편이 보다 정확할 것이다. "언제
음식을 손으로 집어 먹어야 할까?" 이를테면 아스파라
거스를 먹을 때 그래야 한다. 그렇다면 주변에서 다들
나이프와 포크를 사용해 아스파라거스를 먹는다면 어
떻게 해야 할까? 그럴 때에는 대세를 거스르는 데에서
오는 압박을 감수하더라도 올바른 방법을 고수해야 한
다. 군이 예법이 사라지는 세태에 동참할 필요는 없다.
변화에 환호하는 목소리가 압도적이지만, 사람들은 그
런 변화가 반드시 더 나은 것을 의미하지는 않는다는
것을 놓치고 있다.

옆 사람의 친구bro가 된다.

저자는 호화요트 갑판이나 실리콘밸리 왕국에서 벌어지는 섹스파티를 묘사하는데, 출세를 꿈꾸는 여성들과 선별된 부부들이 비밀의 초대장을 받아 파티에 함께한다. 또 스탠리 큐브릭의 영화 〈아이즈 와이드 셧〉이나 로마제국의 멸망기를 연상시키는 저녁 사교모임도 소개되고 있다. 에밀리 창은 이제 40대 및 50대로 접어든 백만장자가 된 남성들이 이런 파티를 통해 컴퓨터 앞에서 '너드'로 지내며 놓쳐버린 유년기를 뒤늦게 즐기고 있다고 적고 있다.

그런데 정작 흥미로운 것은 이들이 스스로를 가리켜 시대에 맞게 처신하고 있다고 주장한다는 점이다. 창이 인터뷰한 어느 '테크 백만장자'는 사회를 '앞으로' 나아가게 하려면 사회적 금기를 깰 필요가 있다는 말을 남겼다. 정보기술과 산업 전반에서도 교란, 규칙 파괴, 단절 등을 통해 마찬가지 일이 벌어졌다는 것이다.

도시 엘리트들의 타락상에 어떻게 맞서야 할지를 묻는다면 나는 이렇게 대답할 수밖에 없다. 바로 개개인의 작은 실천을 통한 시민불복종이다. 무격식, 무규칙이 크고 작은 일에 영향을 끼친다면 격식 및 규칙에 충실히 따르는 경우에도 마찬가지 효과를 주게 될 것이다.

요컨대 아무리 소소한 일이라도 규칙을 지키려고 노력할 때 세상은 보다 질서와, 교양을 갖추게 될 테고, 반면 그렇지 못할 때는 좀 더 미개한 곳으로 변할 것이다. 몸짓과 행동, 말하고 옷 입는 방식 하나하나가 개개인은 물론 세상에도 영향을 준다. 펑퍼짐한 배기청바지 차림은 여행자를 그런 옷차림으로 여행하는 사람처럼 느끼게 만들고, 공항직원 또한 배기청바지 차림을 여행자로 취급한다. 우리가 아침에 어떻게 일어나는지, 배우자와 아이들에게 어떻게 아침 인사를 건네는지, 어떻게 아침을 먹고 옷을 입는지, 운전 중에, 지하철 및 직장에서, 그리고 집으로 돌아와 어떻게 행동하는지 등이 우리가 어떤 사람인지를 결정하고, 또 우리를 둘러싼 세상이 어떤 모습을 할지를 결정한다.

우리는 저마다 사회라는 그물망의 한 부분을 이루기에 우리가 하는 일들이 어떻게든 영향을 주는 것은 당연하다. 조던 피터슨 교수는 이렇게 말한다. "사람들은 그 점을 과소평가한다. 흔히 큰 차원의 일이 중요하다고 생각하지만 작은 일들을 제대로 처리하는 것이 훨씬 어렵다. 아침에 침대를 정돈하고, 쓰레기를 들고 가서 버리고, 옷차림을 단정히 하는 것처럼 말이다."

누구에게나 저마다 정리할 수 있는 작은 영역이 주어져 있다. 극기란 한 마디로 어떤 일에 대한 결정권을 본인이 가진다는 말이다. 편하고 쉬운 쪽을 택할지, 그 반대를 택할지, 지금 당장 끌리는 일을 택할지, 아니면 그 유혹에 맞설지를 말이다. 고대 현인들의 말에 따르면, 우리의 자제력을 무너뜨리는 최대 유혹은 자기보존 본능과 직결된 현상, 즉 음식이나 섹스와 관련해 나타난다. 극기에 대해 좋지 않은 소리들이 들리고 흥을 깨는 훼방꾼 취급을 하는 것도 그 때문일지 모른다. 현대인들은 이렇게 되물을 것이다. 어쨌든 최대한 즐기며 살아야 하지 않을까? 삶이란 그러라고 있는 게 아닌가?

이에 대한 대답은 이렇다. 충동이 일 때마다 강박적으로 굴복하지 않고 스스로 결정을 내릴 수 있을 때 우리는 진정한 만족을 느낀다. 욕구의 충족을 조금이라도 지연시키는 자유를 가질 때 만족감도 커지기 마련이다. 또 이런 저런 일을 포기할 수 있을 때 비로소 누리는 기쁨이 얼마나 소중한지 알게 된다. 충동을 자제하자는 것은 만족감을 높이려는 것이지 그것을 부정하자는 뜻이 아니다.

아우구스티누스에 따르면 향락욕과 이를 억제하는 기술 뒤에는 보다 깊은 신비가 숨어 있다. 다시 말해 누구든 채워지기를 바라는 갈망이 있다는 것이다. 아우구스티누스 역시 우리의 원초적 욕구인 식욕과 종족보존의 욕구가 삶에서 얼마나 중요한 가치를 가지는지 모르지 않는다. 하지만 이런 지상의 쾌락을 보다 높은 초월적 갈망을 일깨우는 부름으로 이해하지 않고 궁극적인 목표로 여긴다면 잘못이라는 것이다.

아우구스티누스에게 지상의 쾌락은 드높은 곳을 가리키는 표지판이다. 따라서 먹고 마시는 것, 섹스 따위를 궁극의 즐거움으로 받아들이는 것은 마치 '뮌헨'이라는 표지판을 보고 환호하고 그것에 만족한 채 정작 그 안에서 열리는 옥토버 축제에는 가지 않는 것과 다를 바없다. 아우구스티누스에게 이 같은 쾌락은 예감에 지나지 않으며 우리를 결코 진정으로 만족시키지 못한다. 우리가 진짜 갈망하는 것은 사랑, 친밀감, 아름다움, 우정 같은 것이며, 이것들은 다시금 최고의 목표로서 모든 갈망을 잠재워주는 유일한 분, 하느님을 가리킨다. 토마스 아퀴나스의 말에 따르면, 잠재울 수 없는 지상의 쾌락으로 배를 채운다면 이로써 원래의 깊은 갈망을 덮어버리는 셈이 된다.

이것은 그리스에서 식전에 제공되는 맛있게 구운 흰 빵과 비슷한 면이 있다. 앞에 놓인 빵을 몽땅 뱃속에 집어넣는다면 진짜 전채 요리, 즉 돌마데스, 사가나키 치즈, 타라모 샐러드 같은 별미들이 나올

때쯤에는 식욕이 싹 달아나버릴 것이다. 인간은 식전 빵에 만족하도록 창조된 존재가 아니다.

물론 세상이 주는 것을 충분히 즐겨야 하지만, 그러면서도 궁극의 쾌락, 진짜 중요한 것을 잊어서는 안 된다. 아우구스티누스에 따르면 자제력을 잃어버릴 때 그 같은 결말을 맞게 된다.

욕망을 다스릴 때 욕망으로부터 해방된다

이유는 무엇일까?

자제력이 부족한 자는 늘 자기중심적이기 때문이다. 나와 내 욕망을 앞세우는 편이 더 쉽고, 이기적인 선택이 훨씬 편하기 마련이다. 당장의 욕구에 몰두하는 자는 저도 모르게 타인의 욕구, 친구, 가족, 동료를 시야에서 놓치게 된다. 그리고 언젠가는 주변 사람들의 욕구를 전혀 알아채지 못하는 순간이 온다. 아리스토텔레스는 자제하지 못하는 성인의 태도를 두고 "아이의 잘못"이라는 말을 사용한다. 요컨대 그런 행동은 '어서 젖 줘!'라고 외치는 단계에 머물러 있음을 입증할 뿐이다.

우리는 오후 내내 유튜브 채널을 찾아다니거나 비디오게임이나 한 다음 스마트폰에서 왓츠앱을 확인한 뒤 어슬렁어슬렁 냉장고 주변을 기웃거리다가 인스턴트 식품을 서둘러 입에 쑤셔 넣고 다시 게임에 몰두하는 십대들을 비웃는다. 그런데 자기밖에 모르는 생활방식을 고집하고 과도한 테크놀로지 세례를 받은 '전형적인 십대들'의 모습이란 실상 우리 모두를 희화화한 것일 뿐이다. 자기만족을 좇아

이곳저곳 기웃거리며 당장의 욕구를 채우는 데 삶의 모든 것을 바치는 현대인의 자화상인 것이다. 이런 말을 하는 나조차도 누군가 감자칩 한 봉지를 내 앞에 갖다 둔다면(발사미코 맛이라면 더 말할 것도 없다) 금세 자제력을 잃고 말 것이다.

토마스 아퀴나스에게는 자제하지 못하는 태도야말로 가장 끔찍한 악덕에 속했다. 그는 두 가지 이유를 제시한다. 첫째, 인간의 품위에 위배된다. 동물처럼 우리도 먹고 마시는 것과 생식에 대한 욕구가 있지만, 동물과 달리 욕구를 억제하는 능력도 부여받았다. 따라서 자제력을 갖추지 못하면 동물보다 나을 바가 없다.

이어서 그는 더욱 흥미로운 두 번째 이유를 언급한다. 즉 우리의 최고 재산인 이성이 훼손되기 때문에 무절제는 해로운 것이다. 자신의 욕망을 통제하지 못하는 자는 판단력과 결정력을, 말하자면 중앙 제어장치를 손상시키는 셈이 된다. 자제하지 못함으로써 그 장치가 훼손되면 우리의 전 존재가 손상된다.

끊임없이 '이거 할래! 저거 줘!'라고 떼쓰는 내부의 철없는 아이의 목소리만 듣는 자는 어느 순간 자제하라고 경고하는 목소리를 못 듣게 된다. 우리가 어떤 일을 꾀하건, 또는 양심의 목소리가 무엇을 속삭이든 상관없이 우리는 그 소리를 무시하거나 핑곗거리를 찾는다. '나는 밤에 냉장고 문을 열지 않을 거야. 아니야, 이번 딱 한 번만 봐주고 다음 주부터 저녁 6시 이후로는 절대 안 그럴 거야.' '이 옷은 나한테 필요 없어. 아니, 그래도 사야겠어. 완전히 헐값이잖아.' '근래 넷플릭스 시리즈물에 너무 빠져 있었어. 딱 이번 편만 봐야지. 아니, 딱 하나만 더.' 늘 이런 식이다.

중용의 기술은, 즐기되 쾌락이 주인 자리를 꿰차지 않도록 하는 데 있다. 결코 쉬운 일이 아니다. 아우구스티누스는 자신이 향락의 욕구에 몰두할수록 이에 맞설 의지도 약해졌다고 실토한 바 있다. "쾌락을 추구하는 순간 그것이 습관화되었고, 거기서 벗어나려 했을 때는 이미 어쩔 수 없는 일이 되어 버렸다." 문학사상 최초의 자서전인 《고백록》에 그가 남긴 고백이다.

아우구스티누스가 말하고자 하는 내용을 일본의 한 격언은 이렇게 요약한다. "사람이 술을 마시고, 술이 술을 마시고, 술이 사람을 마신다." 나쁜 습관은 스스로 주도권을 차지하려는 특징이 있다. 이에 맞서는 비결은 좋은 습관으로 나쁜 습관을 물리치는 것이다. 우선 사소한 일에서부터 시작하자. 조던 피터슨 교수는 학생들을 대상으로 곧잘 다음과 같은 실험을 실시했다. 우선 학생들에게 뜻대로 풀리지 않는 일이 있으면 그것이 뭔지 말해보라고 한다. 그러고는 그 문제와 관련해 변화를 줘보라고 조언한 다음, 어떤 일이 벌어지는지 관찰한 뒤에는 그에 관해 기록을 남기도록 요청한다. 결과는 놀라웠다. 피터슨에 따르면, 사람들은 이 같은 작은 변화를 통해 삶 전체를 바꾸는 긍정적인 상승의 흐름을 타게 된다.

줄곧 편한 것만 찾고 원하는 것이 생길 때마다 '지금 당장 줘!'를 외치는 내부의 심술꾸러기 아이는 얼마든지 길들일 수 있다. 가장 좋은 방법은 일상 속의 연습이다. 작은 걸음부터 시작하지만 시간이 가면서 탄탄해지는 것이 연습의 속성이다. C. S. 루이스는 이런 방식을 테니스 시합에 비유했다.

실력 없는 테니스 선수도 어쩌다 한 번씩은 공을 잘 칠 때가 있다. 하지만 훌륭한 테니스 선수란 수없이 좋은 공을 친 결과 경기 중 어느 때든 마음을 놓고 그 자신의 움직임을 믿어도 좋을 만큼 눈과 근육, 신경이 잘 훈련된 사람을 일컫는다.

언젠가는 자제력을 발동하는 것이 전혀 힘들지 않을 때가 올 것이다. 그 순간 비로소 자유를 느끼게 된다. 자제 속의 자유로움. 쉽지 않지만 우리가 추구할 경지다.

무언가를 하고자 한다면 바로 지금이 최적의 순간이다.

어떻게 자신을 다스릴 수 있을까? 비결은 소소하지만 구체적이고 실천 가능한 결심을 하는 데 있다. 크기는 곧 연습의 문제다. 좋은 습관이 몸에 배어야만 나쁜 습관이 사라진다. 현실적인 목표를 정한 뒤 하나하나 새로운 습관을 들이도록 하자. 그리고 마음먹은 것은 절대 나중으로 미루지 않는다.

24

전장에서 가장 안전한 곳은
포탄이 떨어지는 바로 앞이다

용기

두려움을 배우고자 길을 떠난 젊은이에 관한 동화는 영웅이 아닌 바보에 관한 이야기다. 아리스토텔레스에 따르면 용기의 '크기'는 극복할 두려움의 '크기'를 기준으로 정해진다. 두려움을 모르면 용기도 필요 없다. 그런 사람은 동화 속 젊은이처럼 눈 하나 깜짝 않고 교수형을 당한 시신을 교수대에서 내리거나 죽은 사람과 공놀이를 할 수 있다. 본인에게는 별 일이 아니기 때문이다. 이는 용기 있는 태도와는 아무런 상관이 없다.

전혀 다른 예로 돈키호테가 있다. 레판토 해전에서 왼손에 심각한 부상을 입었던 세르반테스가 《돈키호테》를 집필할 당시는 이미 기사의 시대가 완전히 저문 뒤였다. 《돈키호테》가 나오기 백 년도 더 전에 전장에서는 소총과 대포가 널리 사용되었다. 에곤 프리델Egon Friedell에 따르면 이 무기들의 등장은 전쟁의 천민화, 야만화, 기계화의 시작을 알리는 신호탄이었다. 전쟁이 훨씬 잔학해졌을 뿐 아니라 사회 전체가 그 전쟁에 영향을 받게 되었고, 전쟁의 기계화로 인간은 대체 가능한 부속품, 대량 생산된 공장제품 같은 존재로 전락했다는 것이다. "**인적 자원**이라는 개념은 화약의 발명과 함께 비로소 탄생했다."

돈키호테는 인간 가치를 훼손하는 현실에 맞선다. 흔히 말하듯 그는 엉뚱한 생각에 빠져 과거에 얽매인 늙은이가 아니다. 세상의 추악함을 인정하지 않으려는 그는 기사도, 고귀함, 고결함 같은 구닥다리

가치들이 생생히 살아 있는 자기만의 세계를 머릿속에 만들어낸다. 그곳은 모험으로 가득한 세상이다. 돈키호테는 진부한 일상 속에서 자신의 고귀한 심성을 드러낼 기회를 찾아 나선다.

한번은 저 멀리 양산을 쓴 여행객들을 목격한 돈키호테가 산초 판사에게 기대에 찬 목소리로 이렇게 선포한다. "내가 착각한 게 아니라면 지금껏 못 본 가장 위대한 모험이 될 거야. 저기 보이는 시커먼 물체들은 마법사들이 틀림없어. 유괴한 공주를 마차로 끌고 가는 게 확실해." 시시한 설명에는 관심이 없던 그에게 양산을 받쳐 든 여행객들은 눈에 들어오지도 않는다.

《돈키호테》는 인간의 근원적 욕구인 모험이 사라진 근대라는 세계에 대항하는 일종의 선언문으로도 읽을 수 있다. 콘라트 로렌츠Konrad Lorenz의 용어를 빌리자면 모험이 사라진 것은 우리가 '집돼지화'되었기 때문이다. 호모 도메스티쿠스Homo domesticus(길들여진 인간)는 실존적 도전으로부터 안전하고 편리만을 추구하는 삶을 창조해냈다. 이는 대단한 업적이지만 동시에 심각한 문제를 야기했다.

세바스찬 융거Sebastian Junger의 《트라이브, 각자도생을 거부하라》는 지난 몇 년 간 미국에서 논란의 중심에 섰던 책이다. 이 책은 현대인이 빠진 딜레마를 정확히 짚어주고 있다. 융거에 따르면 현대문명의 역설은 우리가 일상에서 제거한 수고로움과 위험들이야말로 우리로 하여금 살아 있음을, 또 공동체의 필요한 일원임을 느끼게 하는 요인이라는 것이다. 융거는 기자로서 수십 년간 전 세계 분쟁지역을 취재한 경험을 갖고 있다(트롤선이 침몰한 실화를 바탕으로 만든 영화 〈퍼펙트 스톰〉도 그의 논픽션을 원작으로 한다).

그는 제3세계, 전쟁지역, 재난피해지역 등에 오래 체류한 경험을 통해 이들 지역들에서 흥미로운 공통점을 확인했다. 참전군인 또는 NGO 직원 등으로 활동한 후 고향으로 돌아와 수년간 우울증이나 외상후스트레스장애에 시달리는 이들의 대부분은 돌아온 곳에서 이전에 겪었던 비극적인 상황과 다시 맞닥뜨린 적이 없었다. 다만 이들은 위험한 임무들이 사라진 현실에 괴로워하며 자신들을 필요로 했던 상황과 그때의 동지애를 잊지 못하고 있었다. 그들은 고향의 질서 있고 평화로운 세상에 제대로 적응하지 못했다. 고향에선 연중무휴 할인점에서 일인용 세트 메뉴를 살 수도 있고, 모든 것이 말끔히 정리되어 있고, 누구도 옆 사람에 의지하지 않았다.

이러한 통찰이 정리된 책의 제목이 '트라이브Tribe'인 까닭은, 인간이 소규모 공동체, 즉 대가족처럼 꾸려진 부족 안에서 살게끔 창조되었다는 주장으로 나아가기 때문이다. 융거의 눈에 익명의 일인가족은 부자연스러운 현상으로 비쳐진다. 가장 눈에 띄는 대목은 이라크나 아프가니스탄에서 귀환한 군인들이 삶에 대해 느끼는 감정을 묘사한 부분이다. 이들은 위험천만했던 과거를 잊지 못하는데, 당시 위기를 극복하던 상황에서 가장 멋진 자아상을 구현했기 때문이다.

허리케인 카트리나로부터 살아남은 뉴올리언스의 민간 자원봉사자 및 주민들도 융거에게 비슷한 이야기를 들려줬다. 사라예보 포격의 생존자들 역시 같은 증언을 했다. 대개는 수줍어하는 말투였지만 핵심은 언제나 똑같았다. "가끔씩 그 시절이 그리울 때가 있어요. 당시 우리는 지금보다 괜찮은 사람들이었지요. 살아남기 위해 서로서로 도왔고 저마다 쓰임새가 있었으니까요."

우리 시대의 비극은 바로 여기에서 비롯되는 것이 아닐까? 깡통에 밀봉된 음식과 손해보험 같은 것을 고안해 반갑지 않은 적으로부터 안전한 세계를 창조함으로써 세상사가 꿈꾸던 대로 돌아가기 시작한 순간, 풍요와 안락 속에서 현대인들은 역설적으로 우울증을 얻은 것이다. 경제학자 티보 스키토프스키Tibor Scitovsky의 말을 빌리자면 "우리는 안락함을 얻는 대신 기쁨을 잃었다".

안전이 최우선이 된 미성숙한 사람들의 사회

그렇다면 해법은 무엇일까?

어떤 이들은 일종의 '시뮬레이션'에서 탈출구를 찾는다. 공동의 목표를 위해 활동하거나 친구들과 어울리며 '트라이브' 감정을 승화시키고, 일상에서 벗어나 잠깐 동안이라도 거듭해서 새로운 영역에 도전하고 모험을 두려워하지 말아야 한다는 것이다.

예를 들어 흔한 관광코스가 아니거나 플래그십 스토어, 고속도로 휴게소 등이 없는 여행지를 찾는 사람들이 있다. 오늘날 루마니아가 인기 여행지로 꼽히는 것도 그런 이유에서다. 주기적으로 기진맥진할 때까지 몸을 움직이거나 사회 참여에 나서는 경우도 있다. 물론 쾌락주의자의 길을 선택하는 이들도 있다. 스위스 작가 크리스티안 크라흐트Christian Kracht처럼 사람들을 피해 생활하거나, 그의 친구 에크하르트 니켈Eckhart Nickel처럼 '영원한 휴가'(둘이서 공동으로 작업한 책 프로젝트 명칭이기도 하다)를 떠나기도 한다. 일부는 '숲길 산책' 따위를 시도하는데, 자연 숭배자가 되어 나무를 껴안고, 식물을 의인화한 몽상적인 신비학 서적들을 탐독한다.

그런가 하면 힙스터 방식의 해결책도 있다. 일상에서 몰개성화에 저항함으로써 기계적인 삶에서 벗어나는 것이다. 핀란드산 수제 양털실로 짠 스웨터를 입고, 집에서는 오스트리아 농가에서 가져온 식탁에 앉고, 비누와 애프터셰이브로션은 남들이 알까 봐 주소조차 알려주지 않는 수도원 가게에서 주문한다.

물론 이 모두 임시방편에 지나지 않는다. 내가 존경하는 에세이스트 알렉산더 프셰라Alexander Pschera(그는 독일에서 둘째가라면 서러워할 레옹 블루아Léon Bloy의 팬이다)는 또 다른 흥미로운 대안을 제시한다. 바로 고통의 길이다. 대개 용기라고 하면 몸을 아끼지 않고 내던질 수 있는 각오를 뜻한다. 불쾌한 것이라면 피하고 보는 지금의 현실을 생각할 때, 오늘날 용기를 증명할 수 있는 유일한 길은 고통을 마비시키려는 시도를 거부하고 의식적으로 고통을 경험하고 견디는 것뿐이라고 프셰라는 말한다.

저자가 볼 때 오늘날 용기란 불행을 견디는 능력을 말한다. 그는 이런 주장을 뒷받침하고자 자신이 블루아 다음으로 존경하는 작가 에른스트 윙거Ernst Jünger를 불러들인다. 윙거의 말을 들어보자.

"인간의 가치를 입증해주는 위대한 불변의 척도가 있다. 고통도 그중 하나다. 고통은 우리가 흔히 삶이라 일컫는 일련의 시험들 중에서도 가장 강력한 부류다. … 고통은 인간의 가장 깊은 내면뿐 아니라 세계를 해명하는 열쇠 중 하나다. 고통을 감당하거나 이겨내는 단계에 이를 때 인간은 고통이 가진 힘의 근원을 깨닫고, 고통의 지배 뒤에 숨어 있는 비밀의 문을 열어젖히게 된다. **당신이 고통과 어떤 관계를 맺고 있는지 말해 달라.** 그럼 나는 당신이 어떤 사람인지 말해주겠다!"

고통을 받아들이는 것을 일종의 현대판 모험으로 이해하는 것은 상당히 그럴 듯한 생각으로 보인다. C. S. 루이스도 비슷한 생각을 했다. 그는 여러 저서에서 상처를 받아들일 줄 아는 능력을 예찬했다. 여기에는 육체적 상처뿐 아니라 고통스럽고 불편하고 마음을 짓누르는 모든 것이 포함된다. 근대는 무거운 짐에서 해방되고, 고통이 발붙일 수 없는 세상을 약속했다. 하지만 루이스는 인간다움과 고통은 서로 뗄 수 없는 관계라고 말한다. 그가 보기에 우리는 조금만 아파도 안아달라고 엄살 피우는 아이와도 같다. 우리가 고도로 미숙화된 단계에 있음을 누가 부인할 수 있을까? 그렇지 않다면 어떻게 〈프렌즈〉 같은 TV시리즈물이 소아증 숭배의 대표작이 될 수 있었겠는가. 시트콤 역사상 그만큼 재미있고 성공적인 작품도 없었지만, 동시에 그것은 응석받이 욕구에 대한 일종의 기념비이기도 하다.

그렇다면 〈프렌즈〉가 우리에게 남겨준 것은 무엇일까? 어른들이 십대처럼 살아도 무방하고 가급적 책임을 적게 지는 삶이 쿨해 보인다는 것, 이상적인 삶이란 어른이 된 뒤에도 지속되는 아이들의 천국과도 같은 세상이라는 것이 아닐까?

한번은 누이 글로리아와 함께 진화생물학자이자 행태연구가인 이레네우스 아이블 아이베스펠트Irenäus Eibl-Eibesfeldt를 만난 적이 있다. 당시 우리가 들었던 이야기를 소개하면 이렇다. 근대의 물결이 밀려들기 전만 해도 모든 부족은 통과의례를 치렀다. 이는 어떤 문화 및 대륙에서든 공통된 현상이었다. 이 같은 의식을 통해 젊은이들은 성인이 되기 위한 준비를 했다. 밀림 속의 격리된 생활, 담력 시험, 살갗을 베어내거나 작은 상처를 내는 상징적 행위 등이 여기에 포함된다.

그는 청소년들에게 전하는 메시지란 어디서나 동일하다고 말한다. "두 가지에 익숙해져라. 삶은 고된 것이기에 너는 고통을 피할 수 없다. 또 세상만사가 너를 중심으로 돌아가지는 않을 것이다!" 물론 머지않아 베를린 슈프레발트 숲속에서 유사한 담력 훈련이 열릴 가능성은 희박하다(그래도 혹시 모르니 유기농 마트의 게시판을 한번 둘러볼 수는 있을 것이다). 하지만 고통이 삶의 일부이며 언제까지나 세상이 나를 중심으로 돌아가지 않는다는 교훈만큼은 우리도 서서히 깨달아가는 중인 것 같다.

제임스 본드, 라라 크로프트와 같은 원형적 영웅상을 살펴보자. 이들 캐릭터에는 고통을 겪고 시련을 극복하는 일이 영웅적이라는 이미지가 생생하지만, 현대 사회에서 모험은 가상현실 속에서만 즐기는 것이며, 최대한 안락을 추구하는 것이 현실이다. 우리 사회는 아직 미성숙한 상태를 벗어나지 못하고 있다. 고통의 회피가 최우선 관심사가 되었기 때문이다.

상처받는 것을 두려워하지 않는 사람이 상처를 덜 받는다

그렇다면 기사도의 관점에서는 어떤 대답을 들려줄 수 있을까?

어쩌면 해답은 고통과 역경을 감수하는 데 있을 것이다. 그러려면 우리는 먼저 자신이 다치기 쉬운 존재임을 인정해야 한다. 누가 선뜻 그럴 수 있을까? '절대 약점을 보이면 안 돼'라는 목소리가 우리 의식 속에 깊이 박혀 있기 때문이다. 그러나 약점을 드러내는 것이야말로 진정한 강함이다. 약점을 보이기 싫어하는 사람은 움츠린 어깨로 세상을 다니고, 시선은 바닥을 향한 채 상처를 입지 않고자 불쾌한 일이라면 모두 피해가려고 한다. 똑바른 자세와 곧은 시선으로 세상 속을 걸어간다는 것은 곧 다음과 같은 메시지를 던진다는 의미다. '그렇다. 나는 상처받을 수 있는 사람이다. 하지만 그것을 겁내지 않는다.'

휴스턴 대학에서 사회학을 가르치는 브레네 브라운Brene Brown이 '취약성의 힘The Power of Vulnerability'이라는 제목으로 행한 TED 강연은 삼천만 명이 넘는 시청자 수를 기록할 만큼 폭발적인 반응을 불러일으켰다. 브라운은 우리 주제와 관련해 다음과 같은 흥미로운 주장을 펼친다. 즉 상처를 숨기고, 약점을 비밀에 붙이고, 늘 성공해야 한다는 강박에 쫓김으로써 우리는 병들고 있다는 것이다.

우리 본성은 남들이 자기를 좋아하고, 사랑하고, 알아주고, 인정해주길 원한다. 거부당할까 두려운 나머지 우리는 자신의 약점을 숨긴다. 하지만 이는 원하는 것과는 정반대의 결과를 낳는다. 브라운의 개념을 빌리자면 우리는 '커넥션connection'(연결)을 만들어가는 대신 스스로를 고립시킨다. 우리 내면 깊숙이 갈망하는 것, 즉 성공적인 관계를 쌓으려면 방법은 하나뿐이다. 자신의 약점, 상처받기 쉬운 모습을 솔직히 보여줄 용기를 가지는 것이다.

브레네 브라운은 우리가 거부당하는 가장 큰 이유를 거부를 두려워하는 모습 속에서 찾는다. 수치심이 사람들을 서로 고립시키기 때문이다. 그는 죄와 수치를 정확히 구분하는데, 죄란 어떤 잘못을 저지른 것을 말하고, 수치란 결함 있는 모습을 두려워하는 것이다.

**"너는 사랑받고 인정받을 만큼 훌륭하지도 똑똑하지도 않고 예쁘지
도 경험이 많지도 못해."** 이것이 수치심이다. 깨닫든 깨닫지 못하든
수치심으로 고통받는 사람들은 자신이 무가치하다는 감정을 내면화
하고 사랑받을 자격이 없다는 믿음 속에서 살고 있다. 그 결과 사람들
은 더욱 더 내면을 감추고, 이는 다시금 고립을 강화시킨다고 브라운
은 말한다.

스스로를 쓸모없다고 느끼는 사람은 숨게 되고, 숨으면서 수치심
을 느끼고, 수치심을 느끼면 스스로를 고립시키고, 고립되면 다시 쓸
모없다고 느끼는 악순환이 반복된다. 대부분은 술, 약물, 폭식, 포르
노물, 일, 쇼핑 등 일종의 마취제를 통해 그 같은 악순환에 의한 고통
을 없애려고 한다. 하지만 이제는 고통과 힘든 상황을 피하고 자신을
무감각하게 만들기보다는 다시 몸을 곧추세우고 삶 속으로 걸어 들
어갈 때가 아닐까. 불쾌한 일이 생길수록 가슴을 펴고 심기일전해 이
에 당당히 맞서는 것이다.

상처를 받아들인다는 것은 이를테면 '너를 사랑해'라고 먼저 말
하는 사람이 된다는 것을 의미한다. 또 거부당할 위험을 무릅쓰고 먼
저 용서를 구하는 사람이 된다는 것을 뜻한다. 거부를 받아들일 용
기, 모두에게 사랑받을 수 없음을 인정할 용기야말로 가장 큰 도전일
지도 모른다.

이에 관해서라면 나의 누이 글로리아는 타의 추종을 불허한다. 누
나는 절대 겁먹는 법이 없다. 물론 거리낌 없는 언변으로 남들의 감정
을 상하게 하고, 여러 정치인들이 사교모임에서 자신을 피하려 한다

는 사실도 잘 알고 있다. 하지만 바이로이트 축제 같은 곳에서 사람들을 만나면 앞뒤 살피지 않고 진심어린 태도로 모두에게 다가간다. 그러다 거절이라도 당하면 머리 위의 작은 관을 고쳐 쓰고는 태연히 상처를 감춘 뒤 다음 사람에게 향한다. 나 같으면 그런 일이 벌어지면 그저 한두 명의 지인과 방 안에 있으려고 할 것 같은데, 누나는 거절의 두려움 따위는 알지도 못하는 것처럼 행동한다. 나는 내가 좀 더 소극적이고 분수를 안다는 점을 다행으로 생각하지만, 그 뒤에는 자기애적 경향과 상처에 대한 두려움이 숨어 있다는 것도 잘 안다.

나 역시 그런 누나의 태도를 배우고자 노력하고 있다. 우리가 함께 독일 대통령 관저에서 열린 환영파티에 참석했을 때였다. 슈뢰더 총리를 목격한 누이는 나를 끌고 곧바로 그쪽으로 향하더니 최대한 격식을 차려 정중하게 인사를 건넸다. 하지만 총리는 누나의 말이 채 끝나기도 전에 우리로부터 등을 돌려 가버렸다. 나 혼자였다면 민망함에 얼음장처럼 굳어져 버렸을 것이다. 하지만 누나는 전혀 개의치 않고 자리를 옮겨 또 다른 대화에 뛰어들었다. 아이러니한 점은 다치기를 두려워하지 않고 씩씩하게 생채기를 참고 견디는 사람일수록 상처를 덜 받는다는 사실이다. 이들은 상처를 입더라도 별 고통을 느끼지 않고 오히려 이를 영광의 훈장처럼 달고 다닌다. 아프더라도 의연하게 받아들이고 불평하지 않는다.

상처를 감수한다는 것은 굳이 늘 사랑받고 존중받고 인정받는 사람이 될 필요가 없다는 뜻이다. 못된 자신을 있는 그대로 받아들이는 것도 거기에 포함된다. 늘 사랑받고자 하는 사람, 만인의 연인이 되려는 사람은 억지웃음을 띠며 살아가야 한다. 사랑만 받는 것을 원치 않는가? 그럼 남을 깨물 수도 있어야 한다. 심리학자들의 말에 따르면, 그렇게 깨물 수 있는 것처럼 보이는 사람은 실제 그런 행동을 취할 상황과 맞닥뜨릴 일이 거의 없다.

미투 운동이 한창일 때 일간지 〈쥐드도이체차이퉁〉에 열차식당 지배인으로 일하는 한 여성의 글이 실린 적이 있다. 그는 말하는 데 거침이 없었다. "남자는 네안데르탈인이다. 궁둥이와 젖꼭지를 보면 정신을 못 차린다. 지성이니 교양이니 어떻든 간에 여기에는 예외가 없다. 나는 여자를 보고도 꿈쩍 않는 남자 교수를 본 적이 없다."

그의 근무 복장은 치마와 블라우스, 조끼 차림이라고 한다. "나는 탄탄한 엉덩이와 풍만한 가슴을 가지고 있지만, 그 모든 것을 옷으로 단단히 감싸고 꼭꼭 채운다. 간혹 계란프라이가 접시에서 떨어져 허리라도 굽히면 뒤에서 훔쳐보는 눈길들이 따갑게 느껴진다. 남자 직원 또는 승객들의 시선이 나한테 모아지는 것이다. 어쩌겠는가?"

그의 말에 따르면 남성들은 그가 어느 정도 선까지 허용해줄지를 끊임없이 시험해본다고 했다. "남자들은 어떤 선을 단호하게 그은 게 느껴지는 여자에 대해서는 일찌감치 포기한다. 나 또한 남자들이 나를 마음대로 대하지 못하게끔 하는 사람이 되고자 노력한다. 나를 성가시게 하는 사람은 오직 나 자신뿐이다."

호시탐탐 경계를 시험하는 남성들은 여성들이 저항할 능력을 갖췄는지 금세 알아채고, 범죄자들 또한 피해자들의 약점을 귀신같이 찾아낸다. 열차식당 지배인은 누구도 감히 자신을 재보지 못하도록 약점을 극복하는 방법을 제시해줬다. 바로 갈등을 피하지 않고, 언제나 모두에게 사랑받는 아이가 되려고 하지 않으며, 기꺼이 미움받을 용기를 내는 것이다. 약점을 두려워하지 않는 것이 자신의 약점을 극복하는 최선의 수단이다.

기사의 힘은 기꺼이 시대와도 싸울 수 있는 용기에서 나온다

이 글의 마지막으로 빼놓을 수 없는 또 다른 형태의 용기가 있다. 바로 '시민의 용기'다.

용기란 시대정신을 거스른다는 의미이기도 하다. 훌륭한 예로 노예제도와의 싸움에 지대한 영향을 끼친 윌리엄 윌버포스William Wilberforce 같은 위대한 인물을 들 수 있다. 영국 하원의원이었던 그는 1789년부터 해마다, 그리고 유일하게 노예무역에 반대하는 법안을 제출했다. 그는 그런 행동을 20년간 매년 반복했다. 그는 조롱을 당하고 기피대상이 되면서 아웃사이더로 전락했다.

윌버포스는 돈키호테처럼 처음부터 실패를 감수한 채 싸움을 벌이는 대신에 기억하기 쉬운 로고와 슬로건을 적극 사용했다. "나는 사람도, 형제도 아닌가Am I not a man and a brother?"라는 충격적인 문구 아래 사슬에 묶인 채 무릎 꿇고 있는 흑인을 그린 엠블럼을 고안한 것이다. 여러 저명인사들이 그의 투쟁에 동참했는데, 조시아 웨지우드Josiah Wedgewood 같은 이는 자신이 공급하는 모든 도자기에 그 엠블럼을 박아 넣어 슬로건과 로고가 퍼지는 데 힘을 보탰다.

결국 윌버포스의 노력이 효과를 보이기 시작했다. 1807년 2월 24일 새벽 4시, 영국 하원에서 10시간의 격론 끝에 마침내 노예무역을 금하는 법안Slave Trade Act이 통과되었다. 1808년 미국이 그 뒤를 따랐고, 얼마 후에는 노예제도가 전면 폐지되었다.

오늘날 우리는 당시 윌버포스가 그랬던 것처럼 장애 있는 태아의 생존권에 대해서도 '나도 사람이 아닌가요?'라고 당당하게 질문할 수 없을까? 신체와 정신적으로 중증 장애가 있는 내 조카딸 필라는 내가 아는 가장 행복한 사람들 중에 하나면서 우리 가문에서 빼놓을 수 없는 소중한 사람이다. 오늘날 태아 조기 진단법 덕분에 조카딸 같은 경우는 점점 찾아보기 어려워지고 있다. 만약 독일 의회에서 어느 의원이 홀로 일어나 다운증후군으로 진단받은 태아 열 명 중 한 명꼴로 낙태시술을 받는 현실을 고발한다면, 이야말로 진정한 용기를 보여주는 사례로 남을 것이다. 아마도 그는 장차 정치인으로서 승승장구할 가능성이 막혀버리게 될 것이기 때문이다.

'만인의 연인'은 '만인의 또라이'이기도 하다Everybody's darling is everybody's asshole'.

언제나 모두의 호감을 사고, 미움을 받지 않고, 수단과 방법을 가리지 않고 인기를 얻고자 하는 게 용감한 행동이 아니다. 마음을 열고 상처받을 각오를 하면 위험과 갈등 속에서도 더 이상 움츠릴 필요가 없다. 그 덕분에 오히려 더 안전한 삶을 살 수 있다. 그러니, 나만의 안락지대에서 벗어나자.

25

내가 싸우는 적이
나를 증명한다

관용

안전하게 참호 속에 들어가 있는가? 그 안에서 편하게 있는가? 당신이 어느 편에서 싸우는지 알려면 두 가지 질문이면 족하다. 하나는 젠더에 관한 질문이고, 또 하나는 '이주'라는 민감한 단어가 포함된 질문이다. 그럼 여론을 차지하려는 게릴라 전투에서 당신의 위치가 어디인지 분명해진다.

솔직히 안타까운 일이다. 일단 참호에 들어가면 더 이상 상대편에게 할 말이 없어진다. 중요한 것은 이제 누가 더 자극적인 주장을 펼치는가 하는 것뿐이다. 여기서 선택되는 무기는 훈계조로 상대를 깎아내리고, 비방하고, 조롱하는 행위 따위다. 그때부터 논쟁은 오직 이기는 것이 중요해진 대결이 된다. 더 그럴 듯하고, 더 재치 있고, 더 신랄한 주장을 펼치는 것만이 중요해지는 것이다.

어쩌다 우리는 이 지경에 이르렀을까?

정치적 사안을 놓고 설전을 벌이는 일은 새삼스러운 현상이 아니다. 내가 어렸을 때는 사람들이 미국의 퍼싱2 로켓 설치와 원전에 관해 논쟁을 벌였다. 내 책가방에는 "소련 SS-20 미사일을 지붕에 맞느니 정원에 퍼싱 로켓을 설치하라!" 같은 문구가 적힌 스티커가 붙어 있었다. 다른 아이들은 대개 "원자력? 고맙지만 사양합니다!" 같은 스티커를 달고 다녔다. 그때가 좋았던 점은 추상적인 문제를 두고 싸웠다는 것이다. 적어도 우리 일상과는 멀리 떨어진 곳에서 벌어지는 문제들이었다. 나는 한 번도 퍼싱2 로켓을 본 적이 없었다.

지금은 사정이 다르다. 거친 말투가 동원되는 현상을 '반사회적인' 소셜미디어의 책임으로 돌린다면 이는 사안을 너무 단순화시키는 것이다. 물론 인터넷에서는 누군가를 순식간에 바보로 만들기도 쉽고, 상대방을 직접 보지 않고도 험담을 퍼부을 수도 있다. 하지만 이것만으로는 우리가 들어간 참호의 깊이를 설명해주지 못한다.

우리가 거친 말을 쏟아내며 논쟁하는 까닭은 우리가 서 있는 토대 자체가 지각판처럼 조각나 버렸기 때문이 아닐까. 오늘날 문화투쟁에서 대립하는 양쪽 진영은 서로에게 조금의 합의점도 찾지 못하고 있다. 실제로 이들은 서로 완전히 다른 관점에서 주장을 펼침으로써 논쟁을 할수록 점점 더 서로를 이해하기가 힘들어지게 되었다.

여기서 논쟁의 대상은 근본적이면서 아주 개인적이기도 한 질문이다. 또 결국에는 신학적 질문이기도 하다. 즉, 인간이란 무엇인가? 피조물인가? 아니면 스스로의 창조자인가? 우리는 진리를 발견하는 것일까? 아니면 우리가 진리를 만들어가는 것일까? 포스트모던은 우리에게 진리에 대한 무수히 많은 해석의 가능성을 열어줬지만 동시에 다양한 해석들에 서열을 매기는 것을 아예 불가능하게 만들기도 했다. 모든 관점은 여느 관점과 똑같이 소중해졌다. 이로써 본질적인 문제를 두고 논쟁할 때 더 이상 교집합을 찾지 못하는 불행한 상황이 펼쳐졌다. 더구나 최근에는 아주 민감한 문제들을 두고 논쟁이 벌어지기 때문에 논쟁에 참여한 누구나 곧장 상처를 받게 된다.

한 가지 예를 들어보자. 내가 "아이는 엄마와 아빠가 있는 가정에서 자라는 것이 바람직하다고 생각한다"라는 문장을 쓴다면, 이는 누구에게는 당연한 말이지만 누구에게는 도발적인 발언이 된다. 내 동료 중에도 이런 말을 하는 나를 '편협하다고' 부르는 사람이 있다.

더는 근본적인 문제에 관해 합의할 수 없기에 우리는 서로 멀어져 간다. 하지만 이것이 상대편의 진정성을 인정하지 않는 데 대한 변명이 될 수 있을까? 서로가 멀게 느껴지더라도 굳이 비방할 필요가 있을까? 무엇보다 상대가 나와 다른 입장을 드러내는 것을 내 정체성에 대한 공격으로 받아들일 필요가 있을까? 분노와 적개심을 서슴없이 표출하는 극우 포퓰리즘 운동의 반대편에서는 신경질적인 반응을 넘어 공격적인 태도로 자신과 맞지 않는 것이라면 모조리 입을 다물게 하는 분노형 대중주의 운동이 형성되었다.

우리가 정신을 차리고 참호에서 나오지 않는다면 그 결말은 끔찍할 것이다. 대서양 건너편의 몇 가지 사례를 살펴보자. 미국인들은 여러 면에서 유럽인들보다 뭐든지 좀 더 빠르게 맞이하기 때문이다. 미국을 관찰하면 장차 유럽에서 어떤 일이 벌어질지 가늠할 수 있다.

폭력을 막기 위한 행동에서 발생하는 또 다른 폭력

미국에서 대학 교수들은 강의 시작 전 이른바 '트리거 워닝trigger warnings'의 의무가 있다. 이 개념은 너무 어처구니가 없는 것이어서 차마 옮기기에도 민망할 정도인데, 대략 '불쾌한 내용에 대한 경고' 정도로 풀이할 수 있다. '트리거 워닝'의 취지는 강의실 학생들로 하여금 강의 주제에 불쾌감을 느낄 것 같으면 강의 시작 전 밖으로 나갈 수 있는 기회를 제공한다는 데 있다. 가령 콜럼비아 대학교에서는 오비디우스의 서사시 《변신이야기》가 경고 딱지가 붙은 주제 목록에 포함되기도 했다. 왜 그렇게 되었을까? 벌거벗은 사냥의 여신 디아나를 훔쳐본 악타이온이 사슴으로 변신하면서 여신의 사냥개들한테 갈기갈기 물어뜯기는 장면이 일부 문학도들에게 트라우마를 줄 수 있다는 이유에서였다. 스콧 피츠제럴드Scott Fitzgerald의 《위대한 개츠비》도 그 목록에 올라 있었다. 다름 아닌 여성을 경멸하는 문구들 탓이었다.

조너선 하이트Jonathan Haidt 뉴욕 대학교 스턴경영대학원 교수에 따르면, 미국 대학들은 과보호된 공간으로 변질되었다. 그는 《아틀란틱》에 실려 큰 반향을 불러일으킨 에세이에서 대학생들이 이의를 제기했다는 이유로 취소된 수백 개의 강의목록을 작성한 교육 분야 개인권리재단Foundation for Individual Rights in Education을 인용했다.

이에 따르면 콘돌리자 라이스Condoleeza Rice 전 미 국무장관을 비롯해 국제통화기금 총재를 역임한 크리스틴 라가르드Christine Lagarde 같은 초빙강사의 강의들이 취소되었다. 이들이 전쟁과 경제적 착취에 책임이 있기 때문에 그 견해를 학생들에게 들려주는 것은 부적절하다는 이유에서였다. 하이트에 따르면 미국 대학생들은 지적 도전이 될 만한 내용들로부터 격리되어 가고 있는데, 이는 학생들이 그것들을 불쾌하게 여길지 모른다는 두려움 때문에서다. 이로 인해 시야를 넓히고 지적 도전에 응한다는 학업의 의미도 퇴색되고 있다.

심리학자의 관점에서 하이트는 이 응석받이 만들기 전략이 병적 반응을 촉진하기에 위험하다고 본다. 그는 행동치료를 비교 사례로 언급한다. 예를 들어 불안장애를 치료하는 가장 확실한 방법은 환자를 단계적으로 공포의 대상과 대면시킴으로써 둔감하게 만드는 것이다. 그러나 그 반대로 자신을 흥분시키거나 감정에 상처를 입힌다고 느끼는 사람에게 관심을 주고 무작정 보호해주는 것은 정반대의 결과를 불러일으키게 한다. 상처에 과도한 의미가 부여되기 때문이다. 이는 필연적으로 병적 반응으로 이어진다. '아야' 하고 더 크게 비명을 지를수록, 또 그런 상황에서 더 많은 관심을 받을수록 환자는 상처받는 일에 점점 더 흥미를 가지게 된다.

조던 피터슨은 한 걸음 더 나아가 이렇게 말한다. "상처받지 않기 위해 누군가가 주장을 펼칠 권리를 막아달라고 요구할 수 있는 권리란 존재하지 않는다. 이 같은 권리는 우리 인생에 어울리지 않는다. 살아가며 타인에게 상처받지 않을 수 있는 확실한 방법이 하나 있다. 우리가 더 이상 서로 소통하지 않는 것이다. 내가 뭔가 깊은 뜻이 담긴 말을 하면 분명 어딘가에서 불쾌감을 느끼는 사람이 생길 것이다. 여기서 가능한 논리적 귀결은 침묵이다. 그럼 누구도 상처받을 일이 없다. 하지만 이는 우리가 정신적 혼수상태에 빠진다는 뜻이기도 하다."

나는 '정치적 올바름'에 대한 비방을 볼 때마다 별 흥미를 느끼지 못했다. 제멋대로 하지 못하게 하는 데 대한 반발로 위악을 흉내 내며 거친 말들을 내뱉고, 나와 생각이 다른 이들을 자극하는 일이 해방감을 줄 수는 있겠지만 매우 유치하게 보이는 것도 사실이다. 나는 '정치적 올바름'이 결코 나쁘다고 생각한 적이 없다. 오히려 그것은 우리의 오래된 훌륭한 유산인 분별력과 맥을 같이 하되 유행에 맞게 말의 껍데기만 바꿨을 뿐이라고 여기고 있다.《논어》를 보면 공자 역시 "사람을 아껴야 한다"고 말하지 않았던가.

다만 이와 같은 훌륭한 유산 역시 과하면 위험할 수 있다. '당신의 견해는 내게 상처를 주니 당신의 입을 다물게 하겠소' 식의 사고방식은 곧바로 강압적 태도로 이어지거나 정신착란 증상을 낳게 한다. 논쟁의 기미가 보이는 것은 모조리 싹을 쳐내기 때문이다.

옥스퍼드 크라이스트처치 칼리지 교수인 나이젤 비거Nigel Biggar는 유례없는 인신공격hate campaign의 희생자가 된 유명한 사례다. 그가 《타임스》의 기고문을 통해 식민지화 정책에도 긍정적인 부분이 있었다고 지적하며 몇몇 사례를 언급한 이후, 그는 공개적으로 매장되다시피 했다. 베를린에서는 역사학자 헤어프리트 뮌클러Herfried Münkler가 이른바 '사상검증 경찰들'의 표적이 되면서 훔볼트 대학에 개설된 그의 강의들이 조직적인 방해를 받았고, 인터넷에서는 그의 발언들을 사상 검증단의 정보에 따라 면밀히 조사하는 뮌클러 와치Münklerwatch가 개설되기도 했다. 또 같은 대학의 다른 교수에 대해서는 연방차별금지기관에 이의제기가 접수되는 일도 벌어졌다. 학생자치회에서는 그 교수가 읽게 한 칸트의 저작이 "유럽 중심적이고, 백인 중심적인 관점"으로 쓰였기에 부적절하다고 판단했다.

신경질적인 마녀사냥의 풍조는 이미 대중문화에서 훌륭하게 풍자되고 있다. 예를 들어 〈심슨〉이나 〈패밀리 가이〉 같은 코믹 애니메이션 시리즈물들에서는 《디차이트Die Zeit》의 어떤 사설보다도 더 훌륭하게 이런 경향의 핵심을 풍자하고 있다(특히 〈패밀리 가이〉 시리즈16 제6화가 그렇다. 유튜브에 'Family Guy S16E06-SJW Mob'을 검색한 다음, 브라이언이 어떻게 자신이 잘못 올린 글에 대해 사과하는지를 확인하자).

각종 상을 휩쓴 드라마 〈아메리칸 호러 스토리〉의 시즌7에서는 부유한 레즈비언 의붓엄마가 주인공으로 등장한다. 그는 지난 미국 대통령 선거에서 녹색당 후보인 질 스타인에게 투표했다. 리얼리티방송 스타(트럼프)가 당선될 일은 없다고 확신했기 때문이다. 하지만 도널드 트럼프가 당선되자 그는 자책감에 휩싸이며 무서운 광대가 떠오르는 환각과 함께 정신이상증세를 보인다. 의사는 향정신약을 먹는 것 외에도 SNS를 끊고 일상에 집중하라고 권한다.

어느 날 불안발작에 시달리는 그는 집 초인종을 누른 한 히스패닉계 주민에게 실수로 총을 쏜다. 이어 그가 속한 진보 단체에서는 그를 지목해 인종차별 반대 시위에 나선다. 그 와중에 고급 전기자동차에 앉아 있던 주인공은 "난 인종차별주의자가 아냐! 당신들 편이라고!"라고 외치며 시위대를 향해 돌진하며 그들을 칠 뻔한 일이 벌어진다. 얼마 후 시청자들은 이 모든 사건의 원인이 정신병자의 환각이 아니라 실제 벌어진 현실과 뒤섞여 있음을 알게 된다. 살인 행각을 벌이는 공포의 광대는 실제 존재했으며, 텔레비전과 인터넷의 여론에 고무된 극우적 숭배의 물결이 시 전체를 광기에 빠뜨렸던 것이다.

여기서 놀라운 것은 꾸준히 자기성찰을 보여주는 미국문화의 저력이다. 이 점에서도 우리는 여전히 미국을 따라가지 못하고 있다.

패배시키려고 하지 말고 이기려고 하라

어떻게 하면 우리는 다시 품위 있는 논쟁을 시작할 수 있을까.

우선 급한 대로 기사도의 몇 가지 원칙이 도움이 될 수 있다. 위대한 기사 서사시에 등장하는 영웅들은 전혀 다른 토대, 완전히 다른

Q.

술이나 커피를 마실 때 정치 이슈를 화제로 꺼내도 괜찮을까요?

A.

당신이 정치적으로 중도에 서 있다면 당신의 견해는 주변을 따분하게 만들 뿐이다. 어느 한 쪽으로 쏠린 생각을 가졌다면 당신의 발언은 분위기만 얼어붙게 만들 것이다. 그러니 정치 얘기를 하느니 차라리 입을 다물자.

세상에서 세계관이 형성된 적들과 끊임없이 맞붙었다. 중세 서사시에서 청중들은 '사라센인', '이교도', '무어인' 같은 아주 낯선 이방인들과 자주 마주치게 된다. 그런데 이런 이방인과 조우하는 순간마다 '명예'라는 근사하지만 유행에 뒤떨어진 개념이 등장한다.

오늘날 명예란 말은 자기 자신의 명예와 관련한 상황에서만 언급될 뿐이다. 하지만 명예는 일차적으로 **타인**과 관련이 있는 개념이다. 상대방을 명예롭게 대할 의무야말로 기사도의 기본원칙이다. 기사에게 있어 존중의 대상이 아닌 자와 벌이는 싸움은 합당한 싸움이 아니다. 모든 유명한 서사시를 보면 중동과 같이 낯선 곳에서 온 적들도 고귀한 기사의 자질이 있는 동등한 상대로 존중했다.

고귀한 기사는 적을 존중해야 한다. 그것이야말로 기사 서사시에서 가장 중요한 법칙 중 하나다. 십자군 기사들을 예루살렘에서 몰아내고 '사자심왕' 리처드 1세를 무찌른 살라딘 같은 통치자는 십자군 전쟁의 기록자들에 의해 '고귀한 이교도'의 모범으로 칭송받고 있다. 아코에서 포위전이 벌어질 때 리처드 1세가 앓아눕자 살라딘이 자신의 주치의를 보내준다고 제안하고 또 몸을 식히게끔 헤르몬산의 눈과 함께 복숭아를 보낸 일화 등은 특히 발터 폰 데어 포겔바이데 Walther von der Vogelweide의 작품에서 멋지게 윤색되어 '품격을 지닌 자는 적을 존중한다'는 교훈을 청중들에게 전했다.

물론 대부분의 현실은 이와 달랐을 것이다. 프랑스 국왕 필리페 2세는 동방에서 끔찍한 파괴 행위를 일삼았을 것이 분명하다. 문학 작품에서 미화된 살라딘은 묘사된 것처럼 온화한 성격은 아니었을 것이다. 가령 그는 1187년 하틴Hattin 전투가 끝나고 살아남은 기사단

원을 모두 처형시키고 나머지 포로들을 노예로 팔아넘겼다. 다만 여기서 주목하고자 하는 지점은 기사 이야기가 전하는 핵심 메시지 자체다. 바로 적의 명예를 지켜주지 않으면 스스로도 명예를 갖추지 못한다는 것이다.

오늘날 삶에서 이를 실천할 방법은 없을까?

나는 이따금 전투적인 LGBT(레즈비언, 게이, 양성애자, 트랜스젠더) 활동가와 얼굴을 맞대고 논쟁을 벌일 때가 있다. 고백컨대 그와 같은 상황은 종종 최악의 감정을 불러일으키곤 한다. 나는 그녀 또는 그 또는 X의 말을 철저하게 반박해 꼼짝 못하게 하고 싶어진다. 그런데 이 유혹을 이겨낼 한 가지 비결이 있다. 그녀 또는 그 또는 X 역시 하느님의 피조물로서 그분의 사랑을 받고 있음을 깨닫는 것이다. 그 순간 흥분한 마음도 가라앉고, 멱살을 잡는 대신 존중하는 마음으로 그들을 대할 수 있게 된다.

진실이 늘 눈에 보이는 것은 아니다. 나는 한 사람을 보고 있다. 그가 어떤 모습이고 어떻게 말하며 어떻게 내 신경을 건드리는지를 보고 있다. 그러면서 간과하는 것은 상대가 지닌 존엄이다. 우리는 마음에 들지 않는 상대를 포함해 모두에게서 존엄을 찾을 수 있다.

누군가를 존중한다는 것은 내 주장으로 상대를 누르려고 하지 않는 것, 먼저 상대방을 세상에서 하나밖에 없는 독자적이고 존엄을 갖춘 인간으로 지각하는 것, 설령 원한과 모순과 편견으로 가득 차 있더라도 일단 상대의 말을 잘 듣는 능력을 훈련한다는 것을 뜻한다. 여기에는 타인의 입장에서 생각하는 능력도 포함된다. 그것은 내 생각에 확신이 없을 때에는 논쟁에서 이기려는 생각을 버리고 새로운 것을 경험하고 교훈을 얻겠다는 마음가짐을 갖는 것을 뜻하기도 한다.

설사 그럴 용의가 없더라도, 다시 말해 논쟁이 온갖 수사학적 방법을 동원해 상대를 꺾고자 하는 입씨름의 장이 되더라도 어느 정도의 존중은 뱉어낸 말에서 독을 빼는 구실을 한다. 그런 독을 내뿜을수록 상대는 참호 속으로 더 깊이 숨을 뿐이다.

나는 학창 시절 영국 하원 방청석에 앉아 이런저런 토론을 지켜보기를 즐겨했다. 영국 의회에서는 그들만의 독특한 표현들을 사용했는데, 쓰이는 단어들도 우리와 비교해 훨씬 날카로웠다. 의원들의 태도는 공격적이었고, 종종 상처가 되는 말도 서슴지 않았다. 영국인들은 일찍이 학교의 토론동아리에서부터 조롱과 경멸을 수사학적 무기로 사용하는 법을 배운다. 하지만 상대를 거론할 때 하원 의원들은 원칙적으로 '지극히 존경하는 의원님The Most Honourable'이라는 호칭을 사용한다. 물론 그저 상투적인 표현일지도 모른다. 하지만 이렇게 함으로써 화가 잔뜩 난 상황에서도 '당신을 존중한다!'라는 신호를 보낸다. 하원 의사당에서는 그것이 어떤 결과로 이어지는지를 확인할 수 있다. 서로 물고 뜯고 싸우던 사람들이 나중에 의사당 바에서 함께 진 토닉을 마시는 것을 누구도 의아하게 여기지 않는다. 그곳에는 나름의 스타일이 있다. 우리한테서 발견되는 '저 인간과는 얘기하지 않을래' 식의 속물주의와는 다르다.

우리는 서로를 포기하지 말고 제대로 싸워야 한다!

그렇다고 '신념의 유격대원'의 반대말이 '마냥 너그러운 사람'인 것은 아니다. 나는 후자가 전자보다 더 끔찍하다고 생각한다. 당신은 도마뱀을 닮은 외계인들이 엘리트들을 조종하고 있다는 음모론을 믿는가? 그림자를 드리우는 것들은 모두 온전히 보존되어야 한다는 이유로 농업의 금지를 요구하는가? 미생물을 죽인다는 이유로 항생제를 거부하는가? 결혼과 비슷한 관계 속에서 고양이와 동거하는가? 뭐든지 오케이다. 전혀 문제될 게 없단다. 그에 대해 함부로 판단할 수 없기 때문이란다.

말도 안 되는 소리다. 우리는 싸워야 한다! 격렬하게 논쟁해야 한다. 물론 서로 존중하면서 말이다. 얼마 전 라디오에서 스스로를 '젠더플루이드genderfluid'(남성이나 여성 어느 한 쪽으로 정의하지 않는 사람)라고 부른 청취자와 인터뷰를 하는 것을 들은 적이 있다. 그는 자신이 남성도 여성도 아니고 하루에도 몇 번씩 남성과 여성의 정체성 사이를 오락가락한다고 주장했다. 이어 그가 사뭇 진지한 어조로, 자신이 기분이 별로일 때는 남성이 되고 기분이 좋을 때는 여성이 된다고 말하는 순간, 나는 남성으로서 어딘가 차별당하는 기분이 들었다.

하지만 사회자는 똑똑한 반대 질문을 던지지 않았다. 이제 우리는 논쟁할 능력을 잃어버린 듯하다. 우리가 두 극단 사이만을 오가기 때문이다. 서로 그 어떤 인간적 품위도 인정하지 않거나, 아니면 무관심하게 상대주의를 표방하며 모든 것을 인정하는 식이다.

서구 문화의 장점이라면 서로 대립하는 사고방식을 흡수하면서 여기에 끊임없이 생기를 불어넣는 데 있을 것이다. 일찍이 고대 그리스에서부터 시작된 현상이다. 막힌 깔때기의 밑부분처럼 생긴 펠로폰네소스 반도는 광활한 유라시아 대륙의 끝자락에 자리하고 있다.

북쪽의 대륙으로부터 새로운 문화가 밀려들면서 기존 정착민의 문화와 충돌을 일으켰고, 그 결과 어쩌면 인류 역사상 정신적으로 가장 활기찼을 문화가 탄생했다. 오늘날 우리가 과학, 의학, 철학이라 부르는 것들이 모두 이 같은 계속 이어져 온 충돌에 빚지고 있다.

20세기의 가장 중요한 자유주의 사상가의 하나인 카를 포퍼 경 Sir Karl R. Popper은 아테네에서 비롯된 지적 충돌의 원칙을 유럽 문화의 가장 본질적인 특징으로 여긴다. 포퍼는 이렇게 말한다. "전승되는 가장 오래된 그리스 문학인 《일리아스》와 《오디세이아》는 문화 충돌을 의미심장하게 증언하는 기록물이다. 이런 충돌 현상이야말로 이들 작품의 본래 주제다."

포퍼는 고대 그리스 문화의 전성기가 가진 특징으로 기꺼이 자신들의 관습과 태도에 거리를 두고 비판적으로 판단하는 태도를 꼽는다. 이를 통해 비로소 합리적이고 비판적인 세계관, 자연과학의 발명, 뒤따른 철학의 탄생이 가능해졌다는 것이다. 포퍼에게 고대 그리스 문화는 '그것은 사실일까?', '정말 그럴까?' 같은 끝없는 질문의 향연이었다. 아테네 프닉스 언덕에서는 의견을 발표하는 소리가 끝없이 울려 퍼지며 토론이 이어졌고, 제아무리 터무니없는 소리라도 사람들이 귀를 기울였다.

그런데 포퍼는 훗날 아테네 고유의 정신이 다시 꽃핀 곳으로 예전의 오스트리아를 꼽았다. 고향을 떠난 포퍼는 1차 세계대전과 2차 세계대전 사이에 어떻게 빈의 학문과 문화 분야에서 창조적 정신이 피어날 수 있었는지 질문을 받은 적이 있었는데, 다민족 국가에서 문화가 충돌하는 현상에서 그 이유를 찾은 바 있다.

우리한테 이 같은 일은 두 번 다시 불가능할까? 제각각 떨어져 있는 탓에 서로 논쟁하고 동화될 일이 없는 다수의 하위문화가 존재한다고 해서 이것이 곧 활발한 정신문화를 입증하는 특징이 될 수는 없다. 마찬가지로 모든 것에 억지 합의와 조화라는 소스를 뿌리는 것도 활기찬 문화의 특징이 아니다. 오히려 티격태격 싸워야 한다! 시끄럽게 서로 부딪쳐야 한다! 다만 품위를 지키면서 말이다.

오래전 작고한 나의 멘토 카를 라즐로는 아우슈비츠 생존자, 헝가리인, 유대인, 동성애자, 도락가, 독서광, 미술품 수집가(그는 자코메티, 크리스티안 샤드, 요하네스 그뤼츠케 같은 예술가들을 발견한 이들 중 하나다), 국제예술박람회 아트 바젤Art Basel의 창시자, 윌리엄 버로스, 앨런 긴즈버그, 패트리샤 하이스미스의 친구, LSD를 소지한 일종의 라이히 라니츠키(문학의 대중화를 이끈 독일의 유명 문학평론가) 같은 존재였다. 실제로 LSD를 발견한 알베르트 호프만은 그와 이웃하며 친하게 지내던 관계였다. 카를 라즐로는 밤이 깊어지고 슬슬 지루해질 것 같으면 모임에 온 이들을 향해 "의견을 말해봐요!"라고 외치곤 했고, 다들 열정적으로 논쟁을 벌이는 광경을 보며 다시 기분이 좋아졌다.

나는 일생 최고의 파티를 당시 함부르크에 살던 내 친구 프리드리히 폰 슈툼의 집에서 경험했다. 아우센알스터 호수 근처에 자리한 옥탑 집에서 시 내무장관, 하펜 거리의 극좌파들, 극우 성향의 비스마르크 후작, 지역 유지, 해운사 상속인, 공산주의자, 군터 작스, 도메니카(함부르크에서 가장 유명한 매춘부) 같은 인물들이 서로 바짝 붙어 선 채로 논쟁하고 술 마시며 파티를 즐겼다.

주파수가 맞는 이들끼리 대화를 나누는 것을 특별한 기술이라고

하기는 어려울 것이다. 싫은 상대도 교양 있고 요령 있게 대하는 것이야말로 기술이고 능력이다. 갈등을 통해 비로소 삶은 흥미로워진다. 로마사람들이 말하듯, "세상이 아름다운 것은 모든 게 똑같지 않기 때문이다". 내가 내린 결론은 이것이다. 서로를 더 잘 이해하기 위한 다리를 놓아주기에 갈등이야말로 훌륭한 것이다.

"어째서 삶은 우리가 꿈꾸는 모습을 하지 않는가? 한 편의 시 같은, 평화롭고, 지적이면서 사색적인, 그러면서 모순으로 가득하지만 동시에 각기 다른 의견과 다툼이 제대로 된 토론을 거쳐 피바다가 아닌 한 잔의 적포도주 속으로 해소될 수 있는 그런 삶 말이다."

《샤를리 에브도Charlie Hebdo》 잡지에 연재된 칼럼 〈버나드 삼촌〉의 저자인 경제학자 버나드 마리스Bernard Maris가 2015년 1월 7일 파리에서 일어난 테러로 사망하기 3년 전에 쓴 글이다.

그의 죽음은 나와 생각이 다른 이들을 견디지 못할 때 어떤 결과가 나타날지 우리에게 보내는 경고로 남을 것이다.

논쟁이 없으면 우리는 냉담한 바보가 된다.

확신이 들수록 토론을 피해서는 안 된다. 서로 더 자주 언쟁하자! 단 분별력 있게 요령을 발휘하고 격렬한 토론 중에도 언제나 상대방을 존중해야 한다.

26

나에 대한 긍지는 나에 대해
고민해본 경험에서 나온다

자부심

코끼리는 우리 인간을 보면서 '고 녀석 참 귀여운데' 하고 생각할 것이다. 우리가 작은 토끼를 볼 때처럼 우리를 바라볼지도 모른다. 톰 신부가 내게 재미있는 이야기를 들려준 적이 있다. 코끼리는 자기 몸집이 얼마나 큰지 전혀 모른다는 것이다. 케냐 사람인 신부는 밀림 속 마을에서 자랐기 때문에 그 말도 전혀 터무니없지만은 않을 것이다. 그는 이렇게 설명한다. "녀석의 큰 귀 때문에 제 몸이 얼마나 큰지 볼 수가 없답니다."

물론 톰 신부도 진지하게 그렇다고 믿기보다는 사람들의 사정도 이와 다를 바 없다는 생각에서 그런 비유를 사용했을 것이다. "우리 안에는 상상하기 힘든 능력이 들어 있어요. 대부분은 그 점을 깨닫지 못하지요." 톰 신부에게 그 능력은 초월적인 것에 바탕을 두고 있다.

"하느님의 자녀로서 보살핌을 받고 있기에 세상으로부터 인정을 구할 필요가 없음을 깨달은 사람은 아무 걱정 없이 삶을 살아가지요." 그가 보기에는 무조건 모든 일을 혼자 해내야 한다고 믿으며 고민하고 걱정하고 괴로워하는 것이야말로 우리가 스스로의 위대함을 깨닫지 못하는 원인이 된다.

보살핌을 받는다는 믿음에 이르지 못한다면 어떨까? 그럴 때 어떻게 그 깨달음에 도달하는지 톰 신부도 알려주지는 않았다. 다른 방법으로는 불가능할까? 지금까지 살펴본 것처럼 나는 고귀함의 이념을 기독교 윤리와 떼어내어 생각하기 어렵다. 그럼에도 이 모두와 상관없이 올바른 삶을 살 수는 없는 것일까?

이상한 점은 개인의 경우보다 정치, 사회적 차원에서 그것이 더 훨씬 어렵다는 것이다. 완전하게 도덕적인 국가, 완전하게 정의로운 사회는 유토피아에서나 존재한다. 물론 최소한의 공동 가치와 도덕에 합의하지 않는 사회도 상상하기 힘들기는 마찬가지다. 현대 독일 사회는 기독교와 서양문명이라는 기본 전제에 합의함으로써 별 탈 없이 여기까지 올 수 있었다. 그런데 지금 우리는 그렇게 합의된 것을 깡그리 치우려고 하면서 일종의 '문화약탈'을 자행하고 있다. 몇 년 뒤에는 그 실상이 똑똑히 드러날 것이다.

아이러니하게도 카를 마르크스Karl Marx가《공산당 선언》에서 예언한 바가 그대로 실현되고 있다. 자본주의 스파이로서 부르주아는 "모든 가부장적 관계"를 파괴하고 가족이라는 "심금을 울리는 감상의 베일"을 찢고 "속물적 감상"을 물속에 던져 넣고 "외국인에 대한 야만인들의 증오"를 굴복시키고 만국을 "사해동포주의로 물들게" 한다는 것이 그 예언의 내용이었다.

전통적인 좌파 인사라 할 수 있는 프랑스 철학자 기욤 파올리 Guillaume Paoli는 '변신의 기나긴 밤 – 예술의 젠트리피케이션에 관하여'라는 제목의 책을 통해 스스로 몸담고 있는 좌파 진영에 악취폭탄을 터뜨렸다. 현대 좌파들의 여가 활동이 초개인주의적 성격을 띠면서 사실상 자본주의의 최대 관심사와 맞아 떨어진다고 주장한 것이다. 파올리에 따르면, 포스트모더니즘의 등장으로 우리 문화의 기본 전제가 모두 의심을 받게 되었다. 이제는 모든 것이 허용되면서 그동안 못 보던 온갖 현상들이 나타나기 시작했다. 파올리는 "피어싱을 한 남성 경영자, 사도마조히즘 경향의 여성 투자가, 최첨단 유행을 소비하는 검사장" 등을 예로 들고 있다.

물론 유쾌하고 왠지 해방감을 주는 현상들인 것도 사실이다. 하지만 이런 '프리스타일' 문화의 밑바탕이 되는 가치는 대개가 보수적 세계에서 유래한 것이다. 조금 비약해서 말하자면 성경에서 직접 이어져 내려온 가치라고 할 수 있다. 성경의 초개인주의hyperindividualism는 포스트모더니즘의 초개인주의를 가능케 한 전제가 되었다.

성경의 핵심 주장에 속하지만 이론적으로는 증명하기 힘든 것으로 인간의 존엄이 있다. 독일 헌법도 이 가치에 기초하고 있다. 그런데 성경적 관점에서 보자면 다음과 같이 쉽게 설명된다. '당신은 하느님의 피조물이다. 하느님은 모두를 사랑하신다. 당신은 창조자와 개인적 관계를 맺고 있다. 그러니 이보다 큰 존엄이 또 어디에 있는가.'

어떤 것도 이 같은 존엄을 앗아갈 수 없다. 이러한 존엄은 우리에게 본래의 의미에서 '나'를 부여하고, '개인주의'를 가능케 한다. 세속적 논리만으로 인간의 존엄을 정당화하려고 한다면 곧장 한계에 부딪히게 된다. 우리가 함께 살아가는 데 기본 전제가 되는 '나' 역시 과학적 방법만으로는 증명이 어렵다.

우리는 우리의 존엄을 제대로 이해할 수 있을까?

그런데 비종교적 세상의 관점에서도 부정할 수 없는 사실이 하나 있다. 개개인의 존엄성을 중심에 두지 않는 사회는 타락할 수밖에 없다는 것이다. 20세기에 목격한 것처럼 개개인을 더 큰 목표를 위해 희생시킬 존재로 격하하든, 아니면 21세기처럼 기계로 대체 가능한 존재로 여기든 상관없이 말이다.

그런데 제아무리 정의롭고 평화적이라고 하더라도 국가는 도덕적 기관이 아니다. 국가로부터 도덕을 기대하는 것은 사리에 맞지 않는다. 그러나 사람에게는 충분히 그런 기대를 품을 수 있다. 또 무엇이 인간을 특별하게 만드는지, 무엇이 인간 존엄의 바탕에 있는지 사람들이 깊이 숙고하리라고 가정할 수도 있다.

아리스토텔레스는 인간은 경이로움을 느낄 줄 알아야 한다고 했다. 그에게 경이로움은 모든 철학의 시작이다. 궁극의 진리에 도달하기 전까지는 만족을 못하는 것이 인간의 정신이다. 우리는 궁극의 진리와 만나고 싶어 한다. 그래서 지렁이를 해부하고 화성으로 날아간다. 우리는 세상만사를 속속들이 알고 싶어 한다. 음속장벽을 깨고 싶어 하고, 눈에 보이는 현실을 덮고 있는 유리 뚜껑 밖으로 머리를 내밀고 싶어 한다.

내가 말하고 싶은 것은, 우리가 가진 존엄에 대해 이해하려면 분석한 다음 증명이 가능한 범위를 뛰어넘어야 한다는 것이다. 나는 지금까지 내 주장을 펼칠 때 노래가사를 인용하기를 자제해왔다. 하지만 지금만큼은 어쩔 수 없다. 레너드 코헨의 〈송가Anthem〉에는 체스터턴에게 빌려온 다음과 같은 노랫말이 나온다. "어디에든 틈이 있기 마련이니, 빛은 그곳으로 들어온다There is a crack in everything, that's how the light gets in."

우리가 사는 세상은 일종의 유리 덮개와 같고, 우리는 수치로 측정

Q.

사랑하는 사람의 가족이 저를
싫어하는데도 가족 행사에 꼭
참석해야 할까요?

A.

현대 사회에서는 꼭 그럴 필요가 없다. 하지만 안타깝
게도 결혼을 했다면 선택의 여지가 없다. 결혼이란 사
랑하는 사람뿐만 아니라 그의 가족과도 결합하는 것이
다. 마음에 맞는 사람과 대화를 잘 이어가려면 특별한
기술이 필요 없다. 정말 어려운 일은 싫은 상대를 만나
서도 교양 있고 다정하게 이야기를 나누는 것이다.

할 수 있는 것만을 탐구한다. 체스터턴이 말하고자 한 것은, 그것 말고도 '또 다른 것'이 있으며 유리 덮개에 나 있는 작은 틈새에 주목할 때 바로 그 '또 다른 것'이 눈에 보이기 시작한다는 점이다. 거기서 빛이 들어오기 때문이다.

우리 안에는 어떤 물질적인 것으로도 채워지지 않는 갈망이 들어 있다. 조금이라도 세상을 겪어본 사람이라면 누구나 느껴봤을 것이다. 가장 달콤한 쾌락 뒤에 더 큰 쾌락이 숨어 있고, 또 더 큰 쾌락이 계속해서 기다리고 있다. 그리고 결국에는 그것이 전부가 아님을 알게 된다. 그래서 C. S. 루이스도 우리가 이른바 가장 강렬한 순간을 맞이할 때 삶의 초월적 차원을 느끼게 된다고 말한다. 구약 〈전도서〉의 저자가 말하듯이(1:8) 현세의 일을 즐기다가도 갑자기 눈은 보아도 만족하지 못하고, 귀는 들어도 차지 않게 된다. 이것이 바로 어떤 지상의 것으로도 채워지지 않는, 브루스 스프링스틴이 노래한 굶주린 가슴이다.

C. S. 루이스에게는 심지어 이런 갈망이 하느님의 계심을 증명하는 것이기도 하다. 그에 따르면 어째서 우리가 이 세상 어느 것으로도 채울 수 없는 소망과 갈망을 품고 있는지를 묻는 질문에는 세 가지 대답만이 가능하다. 첫째, 우리는 이 세상에서 잘못된 것을 추구하기 때문에 결코 만족하지를 못한다. 따라서 우리는 시야를 넓혀야 하고, 거기서부터 찾을 수 없는 무언가를 향한 길고도 가망 없는 여정이 시작된다. 둘째, 우리의 갈망을 잠재울 어떤 것도 없다는 처절한 확신 속에서 아예 찾기를 포기하는 것이다. 셋째에 대한 대답은 이렇다. "이런 갈망이 있다면 갈망을 잠재우는 무언가도 있을 것이다."

C. S. 루이스에 따르면 자연계를 통틀어 목적 없는 갈망이란 없다. "아이는 배고픔을 느낀다. 그래서 음식이란 것이 있다. 새끼 오리는 헤엄치고 싶어 한다. 그래서 물이라는 것이 있다. 사람은 성욕을 느낀다. 그래서 육체적 관계란 것이 있다. 그런데 만약 이 세상에서 경험하는 것들로 채워지지 않는 욕구가 내 안에 있다면, 그건 내가 이 세상이 아닌 다른 세상에 맞게 만들어졌기 때문이라는 것이 가장 그럴 듯한 설명일 것이다. 지상의 쾌락으로 그 욕구를 채울 수 없다고 해서 그것이 우주 전체가 가짜라는 증거가 되지는 못한다. 아마도 지상의 쾌락은 처음부터 이 욕구를 채우기 위해 생긴 게 아니라, 다만 이 욕구를 일깨워 주고 진짜 쾌락이 어떤 것인지 암시해 주려고 생긴 것일지도 모른다."

물론 하느님은 인간에 의해 증명될 수 없다. 우리가 '무한'과 같은 개념을 언급할 수는 있지만 측정할 수는 없다는 것과 같은 이유에서라도 불가능하다. 우리는 그 어떤 무한한 것도 알지 못하기 때문이다. 오성은 자신의 범위 밖에 있는 것은 증명할 수 없고, 그래서 신뢰하기 어렵다. 오성을 평가하기 위해 오성을 이용한다면 오성은 법관과 피고인이 동시에 되는 셈이다. C. S. 루이스는 말한다. "잣대가 측정 대상으로부터 독립적이지 못하다면 측정은 아예 불가능하다."

이는 "과학은 사유하지 않는다"라고 말한 하이데거Heidegger의 생각과도 일맥상통한다. 한 대담에서 이 문장이 거론되자 하이데거는 이렇게 말한다. "프라이부르크 강연에서 큰 반향을 불러일으켰던 이 문장의 의미는 이렇다. 과학은 철학의 차원에서 움직이지 않지만, 자신도 모른 채 이 같은 차원에 의존하고 있다. 물리학을 예로 들어보

자. 물리학은 공간과 시간의 영역에서 움직인다. 그것이 무엇인지 과학은 결정할 수 없다. … 가령 나는 물리학적 방법을 통해 무엇이 물리학인지 말할 수 없다. 그에 관해 나는 다만 사유를 통해, 철학하면서 말할 수 있을 뿐이다. '과학은 사유하지 않는다'라는 문장은 비난하는 것이 아니라 사실을 확인한 것뿐이다."

C. S. 루이스에 따르면, "더 큰 세계", 다시 말해 유리 덮개 밖의 세계는 우리 세상에 자신의 존재를 암시하는 단서를 남긴다. 그러면서 그는 궁수의 비유를 든다. 궁수가 자신의 세계에서 우리 세계를 향해 쏜 화살이 우리 가슴을 관통하면서 우리는 다른 더 큰 세계에 주목하게 된다. 바로 말 한 마디, 눈길 하나, 또는 하나의 소리가 찌르는 듯한 희열을 불러일으키는 순간이다. 모든 것이 단지 신경세포의 작용에 불과할까? 그렇다면 번쩍이는 신경세포는 무엇을 의미하고 있을까? 혹은 합리주의자들이 주장하듯 모든 것은 그저 숫자와 공식으로 측정 가능한 성질만을 갖고 있을까? 하이데거에 따르면 기술과학은 "세계의 발견이란 과정에서" 중요한 임무를 띠지만, 우리는 모든 것을 기술적으로 측정 가능한 것으로 단순화시킴으로써 사물의 본래 의미를 놓치고 있다.

인간의 자부심은 무엇인가를 결정하는 데에서 비롯된다

아리스토텔레스에 따르면 철학은 경이로움과 함께 시작된다. 반면 포스트모던철학과 무신론철학은 마지막 철학적 질문 앞에서, 즉 정작 흥미로워지려는 순간에 반항하듯 일을 망친다. 이를테면 우리의 자연 법칙이 어디서 비롯되었는지 묻는 경우가 그렇다. 어째서 우리는 질서정연한 법칙에 따라 움직이는 우주 속에서 살고 있는 것일까? 과학에서는 '어떻게'라는 질문을 던지지만, '왜'라는 질문은 과학적 담론에서 찾아볼 수 없다.

그것이 무슨 대수냐고 말할 수도 있을 것이다. 낱낱이 설명할 수 없는 것들이 존재한다고 무슨 문제가 될 것인가. 그 때문에 굳이 난리 법석을 피워야 할까? 그런 질문을 던지긴 하지만 뚜렷한 결론에 이르지 못하는 이들에 대해서는 어떤가? 신비 같은 것의 존재를 인정한다고 해서 꼭 신앙인이어야 할 필요가 있을까?

철학을 통해 의미를 찾는 길은 누구에게나 열려 있다. 그 과정에서 언젠가는 본질에 바짝 다가선 질문과 마주하게 된다. 그 질문을 무시하거나 바쁜 일상에 빠져 억누를 수는 있어도 질문 자체는 사라지지 않는다. 그럼 언젠가는 자신에 맞는 영성을 형성하거나 어떤 영적 존재를 믿거나 아니면 아예 신앙인이 될 수도 있을 것이다. 따지고 보면 사람들은 언제나 무언가를 믿고 있다. 어쩌면 사람은 무엇이든 믿어야만 하는 존재인지도 모른다. 우리 마음속 깊은 곳에는 이미 신비로운 것을 감지하는 능력이 새겨져 있는지도 모른다. 그리고 이를 통해 비로소 우리가 인간다워지는 것인지도 모른다.

혹자에게 인간이란 우주 속 어딘가 중간 크기의 행성에 사는 고도로 복잡한 유기체, 또 언젠가는 복제할 수 있는 화학적 결합물에 불과할 것이다. 2018년 세상을 떠난 물리학자 스티븐 호킹Stephen Hawking 박사의 말을 들어보자.

"인류는 천억 개의 다른 은하들 가장자리에 있는 지극히 평범한 별 주위를 도는 중간 크기의 행성에 사는 화학물질 이상도 이하도 아니다."

이 같은 생각은 곧 허무주의로 이어진다. 거기서는 어떤 것도 중요하지 않고 모든 것이 허용된다. 이른바 가치중립적인 세계관이란 존재하지 않기 때문이다. 삶에 의미가 있다고 믿든 그렇지 않든 모든 세계관에는 가치체계가 들어 있다. 더 쉽게 말하자면 가치가 없다는 것도 하나의 가치이며 진술이다. 중립적 관점이란 있을 수 없다. 어떤 진술에 바탕을 두지 않는 가치체계란 없는 것이다.

문제는 인간의 삶이 어떤 기본 가정 위에 서 있는가 하는 점이다. 삶이 무의미하며 "더럽고, 잔인하고, 짧다"(흡스)고 가정하는가? 다시 말해 삶은 잔인하고 무자비한 만큼 되도록 자신을 챙기고 자신의 이익을 위해 거짓말하고 속이고 훔치고, 필요한 경우 남을 희생시켜서라도 가급적 모든 쾌락을 누려야 할까?

반대로 사랑과 화합의 기본질서가 존재한다고 가정할 수도 있을 것이다. 다만 아담과 이브의 이야기가 비유로써 보여주듯이, 그런 질서를 흔들 수 있는 것도 우리 인간뿐이다. 이제는 최대한 자발적으로 원래의 그 질서 속으로 돌아가는 일이 중요한 과제로 남았다.

우리는 개인이나 인류로서의 인간 존재 속에 의미가 있다고 믿거나, 아니면 우리가 하는 어떤 일도 멀리 볼 때는 중요하지 않다고 스스로를 세뇌시킬 수도 있을 것이다. 가령 더 이상 그 무엇도 가치가 없고 모든 것이 무의미하게 변하는 까마득한 미래를 머릿속으로 그려보는 것이다. 지금 무슨 일을 하든, 이백만 년 후에는 그것이 어떤 가치가 있을 것이란 말인가?

하지만 이런 태도가 과연 '인간의 품위'에 어울릴까? 혹시 우리의 행동 하나하나가 중요한 의미를 가진 것은 아닐까? 우리는 이 세상에 영향을 끼칠까? 우리가 어떤 행동을 하거나 하지 않았을 때, 그 선택에 따른 결과에는 어떤 차이가 있을까? 우리는 시작과 목표가 있는 길 위에 있는 것일까? 그 여정은 하나의 이야기처럼 펼쳐질까? 아니면 만사가 어찌됐건 상관없는 것일까? 더 늦기 전에 지금 결정을 내려야 한다.

자부심은 자기 자신을 어떻게 정의하느냐의 문제다.

나는 이백만 년 후에는 내가 무슨 일을 했는지 누구도 관심을 가져주지 않는, 무한한 우주 속 어딘가에 있는 유전자 덩어리에 불과할까? 아니면 피조물로서, 하느님의 자녀로서, 가치 있고 쓰임새 있는 존재로서, 그 행동 하나하나가 결코 무의미하지 않는 존재일까? 마태복음(10:29~10:30)에서도 말하듯 우리 가운데 어느 누구도 "아버지께서 허락하시지 않으면" 땅에 떨어지지 않는, 그분이 우리의 "머리카락까지 모두 세어두실" 정도로 귀한 존재일까, 아니면 그저 우연히 생긴 화학적 결합물일까? 자부심에 관해 묻는 순간, 우리는 궁극적인 질문들을 피해갈 수 없다.

27

행복은 구걸할 수 있는 것이 아니니,
다만 감사하라

감사함

독일에서 가장 흉측한 도시를 꼽으라면 단연 도르트문트를 들 수 있을 것이다. 흡사 낡은 종이 상자가 갈래갈래 찢긴 것 같은 모습의 도시는 일정하게 엷은 잿빛으로 온통 뒤덮여 있다. 도르트문트의 거리를 걸으며 옛 동독 지역의 작센이나 튀링겐의 도시들과 비교해보면 그곳들이 실로 번영의 땅이었음을 깨닫게 된다.

그런데 내 친구 포시의 안내를 받아 둘러보다 보니 어느 순간 도시가 갑자기 빛을 발하기 시작했다. 포시 덕분에 우리는 허름한 맥주집들의 무뚝무뚝한 매력에 빠지게 되었다. 베를린 미테 구역과 달리 이곳엔 아직 세계 각국의 음식을 맛볼 수 있는 식당이나 베이글 가게들이 들어오지 않았다. 묄러브뤼케 다리로 우리를 안내한 포시는 그곳이 1920년대 이후로 교통의 요충지였고, 다리 이름은 이런 유형의 다리를 고안한 기술자의 이름에서 유래했다는 이야기를 들려줬다. 그런데 다리의 재료가 된 루르 사암을 소개하며 불쑥 이런 말을 꺼냈다. "잠시 눈을 감고 이곳에 전철 선로 대신 강물이 흐른다고 상상해봐. 그럼 파리에 온 듯한 기분이 들 거야." 포시야말로 퇴비 더미 속에서도 한 송이 꽃을 찾아낼 줄 아는 사람이다.

닥터 루스Dr. Ruth도 마찬가지다. 이제 그에 관한 이야기를 하고자 한다. 걱정 마시라. 여기서 우리의 관심사는 섹스가 아니다. 물론 닥터 루스는 성 문제 상담가로 전 세계에 이름을 날렸지만, 그의 직업은 내가 지금 말하려는 것과는 별 상관이 없다.

그는 1928년 카롤라 루트 지겔Karola Ruth Siegel이라는 이름으로 태어났다. 출생지의 공식 이름은 카를슈타트이지만 마인프랑켄 지방에서는 그곳을 '카르쉬트' 또는 '카르쉬트 암 메'로 부른다. 카롤라는 정통 유대교도였던 이르마와 율리우스 지겔의 무남독녀로, 프랑크푸르트암마인에서 어린 시절을 보낸다. 어머니는 재봉용품 도매상 집의 가정부로 일하다가 훗날 그 집 아들인 율리우스와 결혼했다. 신실한 유대인으로서 의무에 충실했던 율리우스는 하나뿐인 자식인 카롤라에게 토라와 탈무드를 가르쳤고, 딸이 어느 정도 나이가 들자 매주 금요일 유대교당에 데려갔다.

그들은 프랑크푸르트 노르트엔트 지역의 브람스 거리에서 살았다. 그런데 율리우스 지겔은 카롤라를 인근의 유수한 유대인학교인 '필안트로핀' 대신 멀리 떨어진 삼손 라파엘 히르시 학교에 보내야 한다고 주장했다. 필안트로핀과 교육 수준은 비슷했지만 훨씬 엄격한 방식으로 정통파 규율을 따르는 학교였다. 카롤라는 브람스 거리의 집과 '카르쉬트'에 속한 비젠펠트 마을에 있는 조부모의 농장을 오가며 근심 없는 유년 시절을 보냈다. 나이가 들어서도 그는 즐겨 당시를 떠올렸는데, 이 시기는 그에게 있어 어려울 때마다 힘이 되어주는 행복의 원천이었다.

1938년 11월 대대적으로 유대인 박해가 시작되면서 흠잡을 데 없는 평범한 시민이었던 율리우스 지겔은 강제노동수용소로 끌려갔다. "그들은 아무 소란도 피우지 않았어요." 그는 나중에 이렇게 회상했다. "'따라 와'라는 말만 했어요. 할머니는 아버지께 돈을 쥐어주며

'잘 간수하고 있어'라고 말했어요. 트럭에 올라탄 아버지는 몸을 한 번 더 돌리더니 손짓을 하며 웃어 보이셨어요. 그것이 아버지의 마지막 모습이었지요."

수용소에 있으면서도 율리우스 지겔은 자신의 딸이 에비앙 회의 이후 네덜란드, 벨기에, 프랑스, 스위스 등지로 향하는 기차에 자리를 얻도록 애를 썼다. 1938년 12월 카롤라는 스위스로 가는 열차에 몸을 실었다. 1941년까지 그는 어머니와 할머니로부터 편지를 받았지만 이후에는 그마저도 끊겼다. 훗날 그들이 폴란드 우치로 이송되었다는 사실을 알게 되었다. 조부모님은 테레진 강제수용소에서 죽음을 맞았고, 어머니가 사망한 장소는 정확히 알려져 있지 않다.

전쟁이 끝나자 17세 소녀에 불과했던 카롤라 지겔은 혈혈단신으로 당시 영국이 관리하던 팔레스티나 땅으로 이주했다. 그는 앞서 스위스 베른 주의 바르트하임에 있는 고아원에서 시온주의 운동을 접하게 되었다. 훗날 그는 "시온주의자들은 우리의 환심을 사려고 젊은 미남들을 보냈다"고 회고한다. 그는 이스라엘 집단농장인 키부츠에 가입했는데, 그곳 사람들은 독일식 어감이 강한 카롤라 대신 중간 이름인 루트를 호칭으로 사용하길 권했다. 하지만 그는 원래 이름을 버리지 않았고, 미국에서 상담사와 책 저자로서 활동하면서도 루트 뒤에 항상 카롤라의 'K.'를 명기했다.

팔레스티나에 있을 때 그는 민병조직인 시오니스트 지하단체 '하가나Haganah'에 자원하기도 했다. 왜소한 체구에도 불구하고 가입을 허락받은 그는 저격병으로 훈련받았다. 그는 인터뷰에서 당시 경험을 이렇게 설명했다. "나는 전투에 참가한 적은 없었어요. 여자들은 예루살렘의 지붕에서 아래를 감시하는 임무를 맡았거든요. 남자들은 자동차 밑에 숨겨둔 무기가 없는지 검사했지요."

1948년 이스라엘 독립전쟁에서 그는 포탄의 파편에 두 발을 다쳤다. 당시 자신을 치료해준 유대인 의사와 결혼한 그는 1951년 파리로 갔다. 남편이 그곳에서 의과대학을 다니기로 했기 때문이다. 훗날 남편은 이스라엘로 돌아갔지만 그는 파리에 남아 소르본대학에서 심리학을 공부하면서 유치원을 운영했다.

이어 미국으로 이주하면서 세 번째 남편을 만난다. 프레드 웨스트하이머Fred Westheimer와의 결혼생활은 38년간 지속되었다. 그는 컬럼비아 대학에서 교육학을 공부했고, 미국 시민이 되었다. 그리고 헨리 키신저와 더불어 세계에서 가장 유명한 마인프랑켄 출신 인사가 되었다.

그가 대중에 널리 알려진 것은 뉴욕의 라디오 채널인 WYNY-FM에서 성 문제를 다루는 방송을 진행하면서부터였다. 이 방송은 단숨에 유명세를 탔고 얼마 후 NBC 방송국에서도 그녀에게 관심을 보여 결국 '루스 박사 쇼'라는 이름의 라디오 프로그램이 미국 전역에 방송되었다.

그의 성공은 무엇보다도 그만의 위트, 매력, 남다른 기지 등에 힘입은 바가 크다. 이를 통해 그는 지극히 민감하고 은밀한 주제에 관해서도 거리낌 없이 이야기할 수 있었다. 그런데 그도 고백하듯, 라디오에서 들을 때마다 즉시 알아챌 수 있는 마인프랑켄 지방 특유의 강한 억양 덕을 보기도 했다("자꾸만 그 억양이 튀어나오지요. 영어로 말할 때도 마찬가지예요"). 어떤 텔레비전 방송 평론가는 그의 목소리를 두고 "헨리 키신저와 미니 마우스가 반반씩 섞였다"고 평하기도 했다.

그는 적어도 1980년대 말부터는 전국적인 텔레비전 스타로 인정받았다. 당시 미국에서는 루스 박사의 이름을 모르는 사람이 없다시피 했다. 프린스턴 대학과 예일 대학에서 강의했고, 그의 책은 전 세계에서 베스트셀러가 되면서 세계에서 가장 유명한 성 문제 상담가가 되었다. 《플레이보이》는 그를 20세기 미국에서 가장 영향력이 큰 100명 가운데 하나로 선정하기도 했다. 심지어 2013년에는 그의 삶을 다룬 오프브로드웨이 연극 〈비커밍 닥터 루스Becoming Dr. Ruth〉가 무대에 오르기도 했다.

그의 삶을 살펴보면 두 가지가 두드러진다. 이 점에서 그의 회고록(The Doctor is in: Dr. Ruth on Love, Life, and Joie de Vivre)은 꼭 읽어볼 만한 가치가 있다. 하나는 유대교 신앙에 깊이 뿌리박고 있다는 점이다. 비록 규율을 엄격히 따르지는 않았지만 그 믿음에는 변함이 없었다. 다른 하나는 감사함이다. 이 단어야말로 회고록 전체를 관통하는 핵심어다.

삶이 버거울수록 고마운 순간을 찾아라

가장 슬픈 순간에도 그는 자신이 처한 상황에서 감사함을 느낄 만한 것들을 찾아냈다. 프랑크푸르트 역에서 엄마와 할머니와 이별하는 가슴 찢어지는 순간은 일생을 통틀어 가장 슬픈 기억이었을 것이다. 그럼에도 그는 오늘날 이렇게 말한다. "그것은 나의 두 번째 탄생이었다. 부모님은 당시 내게 두 번째 삶을 선물하셨다." 베른 인근의 고아원에서 괄시당한 경험을 떠올리면서도 바로 다음 문장에서는 생명을 구해준 스위스 인들을 언급하며 고마움을 전하고 있다. 그러면서 이렇게 덧붙인다. "한편으로 나는 그들이 받아들이길 원치 않았던 수많은 유대인 아이들을 생각하지 않을 수 없다."

그는 늘 의식적으로 불행한 일과 좋은 일을 나란히 소개하고자 했다. 1948년 이스라엘 독립전쟁에서 크게 다쳐 군인병원에 입원한 시절을 설명한 부분에서는 그를 품에 안고 신선한 공기와 밝은 햇살이 있는 야외로 데려가준 헌신적인 청년에 대한 묘사가 함께 등장한다. 1970년대 초 뉴욕에서 얼마 안 되는 돈을 벌려고 힘들게 일하던 시절을 소개할 때는 이미 아이가 있는 엄마로서 얼마나 힘들고 우울한 경험이었는지를 숨기지 않았지만, 동시에 딸 미리엄을 언급하며 이렇게 말한다. "너무도 사랑스러웠던 그 아이를 위해선 아무리 힘든 일이라도 그럴 만한 가치가 있었다."

그는 삶에서 어떤 상황에 처하더라도 슬픔 옆에 감사함을 갖다 둘 줄 아는 사람이었다. 그에게 감사함과 슬픔은 서로 배척하지 않고 공존할 수 있는 것이었다.

그렇다고 그가 삶의 비참한 면을 감추고 '긍정적 사고'만을 강조하는 철학의 대변자는 결코 아니었다. 다만 누구나 삶에는 밝은 면이 있고, 거기에 주목할 가치가 있다고 말한다. 동시에 불쾌한 감정이나 느낌을 '나쁜 것'으로 낙인찍어 억누르는 것에도 반대한다. 그는 회고록에서 이렇게 말한다. "나는 필요하다면 슬픈 기억들을 저 멀리 밀어낼 수도 있다. 하지만 그 기억들은 늘 어딘가 구석에 웅크리고 있으면서 뜻밖의 순간에 내 앞에 나타나곤 한다. … 당신 삶의 가장 앞에, 또 한가운데에 기쁨이 자리하기를 원한다면 슬픈 감정까지 포함한 나만의 감정을 느껴야 한다. 슬퍼하며 눈물이 흐르도록 놔둬야 한다. 속으로 슬픔을 억누르면 기쁨도 잃게 된다."

나는 프랑크푸르트 도서전에서 그를 인터뷰한 적이 있었다. 당시 그는 이런 이야기를 들려줬다.

"우리 집안에서 유일하게 저만 살아남았지요. 수백만 명의 유대인 아이들이 목숨을 잃었어요. 저는 제 삶을 의미 있는 것으로 만들어야겠다고 생각했어요. 홀로코스트에서 살아남지 못한 수많은 아이들을 생각하면 세상에 어떤 발자국을 남겨야 할 의무감이 들지요. 제 삶의 신조를 알려드릴게요. 살다 보면 끔찍한 일들이 벌어지게 마련이잖아요. 문제가 없는 사람이란 존재하지 않아요. 누구는 심한 병을 앓거나 상실의 경험을 하고, 또 누구는 시어머니와 불화를 겪기도 하지요. 본인 입장에서는 이런 일들이 끔찍하게 느껴질 거예요. 하지만 당신이 해야 할일은 감사할 줄 아는 능력을 훈련하는 겁니다!"

루스 박사는 회고록에서 아주 구체적인 조언을 한다. 비밀은 '행복 서류철'에 숨어 있다. 그 서류철에 연애편지, 아이들이 그린 그림, 사진, 스크랩 물, 그동안 받은 상장 같이 흐뭇함을 주는 것들을 모아 둔다. 그는 누구든지 자기만의 서류철을 가지라고 한다. "나는 울적해질 때면 서류철을 꺼내든 뒤 자리에 앉아 그 안에 든 것들을 읽는다." 그는 기분 좋아지는 법을 누구나 배울 수 있다고 말한다. "삶의 환희Joie de vivre는 강아지처럼 와락 우리 품에 달려들지 않는다. 좀 더 행복해지려면 나름의 노력을 해야 한다.”

그의 삶을 다룬 연극에서 주인공 닥터 루스는 손자들 사진을 가리키며 이렇게 말한다. “히틀러는 내가 살아남기를 원치 않았어요. 그 자는 내가 아이들을 갖기를 원치 않았어요. 하지만 결국에는 히틀러가 졌고 내가 이겼어요. 여러분에게 주어진 하루하루를 최선을 다해 사세요!” 연극 〈비커밍 닥터 루스〉는 단순히 유쾌하게 사는 것을 넘어 삶의 온갖 시련을 거치면서도 유쾌함을 잃지 않는 법을 알려주는 작품이다. 루스 박사의 장점은 늘 고마움을 느낄 만한 일을 찾아낸다는 데 있었다.

루스 박사가 전하는 메시지와 관련한 전문용어가 있다. 바로 ‘긍정심리학’이다. 1950년대 에이브러햄 매슬로Abraham Maslow가 처음 고안한 것으로, 1990년대 마틴 셀리그먼Martin Seligman이 다시 사용하기 시작했다. 두 사람 모두 이 분야의 선구자라 할 수 있다.

특히 셀리그먼은 ‘세 가지 은혜’라는 방법을 주창했다. 그는 노트와 연필을 침대 맡에 두고 잠들기 전 세 가지 감사할 일을 적어보라고 조언한다. 이 방법을 통해 신경망이 새롭게 연결되면서 새로운 사고패턴이 나타나는데, 심지어 이런 변화는 신경학자들에 의해 측정이 가능할 정도다. 우리는 꾸준한 연습으로 더욱 더 행복해지도록 두뇌를 훈련시킬 수 있다. 감사함이야말로 그 길로 가는 지름길이다.

얼핏 단순해 보이지만 이 주장은 구체적인 연구를 통해 밝혀진 결과다. 셀리그먼은 우울증 환자의 경우 그 연습을 매일 밤 10분씩 손으로 적는 방식으로 일주일만 계속해도 측정 가능할 정도의 의미심장한 효과를 보인다는 점을 입증했다. 셀리그먼은 오늘부터 이를 실천하면 6개월 뒤에는 확실히 지금보다 더 행복한 사람이 될 것이라고 주장한다.

여기까지 읽었다면 심리상담실 소파에 누워 있는 듯한 기분이 들 수도 있을 것이다. 김이 모락모락 나는 허브티도 준비되어 있다고 상상해보자. 분위기도 그렇고 하니 우주에 관한 한 마디만 덧붙이겠다.

가장 성스러운 곳을 향하는 가장 속된 기도

오늘날 밀교적 가르침에 따르면 우리는 '우주적 주문'을 통해 아마존 사이트에서처럼 삶에서 원하는 멋진 것들을 주문할 수 있다. '우주적 주문'에서도 감사함은 중요한 구실을 한다. 가령 지극히 평범하게 주차할 자리를 원한다고 할 때, 순수하게 긍정적인 에너지로써 우주를 향해 주차 장소를 주문하면 그 소원이 이루어진다는 것이다. 봉급 인상이나 승진, 꿈의 배우자 등을 바랄 때도 마찬가지다.

이런 이야기를 들으면 사람들은 코웃음을 칠지도 모른다. 하지만 이와 같은 현대적 미신과 관련한 영적 운동들은 실제로 존재한다. 가령 오프라 윈프리가 진행하는 텔레비전 쇼에서 찬사를 받고 서점의 자기계발서 매대에서 스테디셀러가 되는 '기분 좋아지는' 유형의 책들을 떠올려보라. 또한 디팩 초프라Deepak Chopra나 에크하르트 톨레Eckhart Tolle 같은 작가들이 다양한 출처에서 짜 맞춘 현대적 가르침에서도 그 예를 찾아볼 수 있다. 이런 변종들은 이른바 '임파워먼트Empowerment', 즉 일종의 '우리 안의 신'에 대한 믿음으로 귀결되면서 자기 자신, 그리고 물질적 행복이 모든 영적 노력의 궁극적 목표가 된다.

이런 식의 메시지를 전하는 이들도 즐겨 성경 구절을 끌어들인다. 물론 그럴 만한 이유가 있을 때도 있다. 우리는 오프라 윈프리, 초프라, 톨레 같은 이들이 끊임없이 신약의 구절을 읊는 것을 듣는다. 이렇듯 기독교적 요소를 각자의 메시지에 포함시키는 이유는 그들이 근거로 삼을 내용이 바로 거기에 들어 있기 때문이다.

예를 들어 '번영복음prosperity gospel'으로도 불리는 이른바 성공의 신학이란 것이 있다. 이 가르침에 따르면 기독교 윤리는 일종의 현실적인 타협과도 같다. 거기서 하느님은 '이런저런 규율을 지키면 보상을 받을 것이다'라고 말한다. 성공의 신학을 설교하는 이는 가령 하느님이 이스라엘 민족에게 우유와 꿀이 흐르는 땅을 확약한 사실을 인용할 수 있을 것이다. 〈신명기〉 역시 매우 구체적인 약속들로 가득한데, 이스라엘이 하느님의 계명을 지키면 그 대가로 여러 가지 현세의 보상을 받을 것이라고 말한다. 예수 스스로도 이렇게 말하지 않았던가. "그러므로 무엇을 먹을까, 무엇을 마실까, 무엇을 입을까 하고 걱정하지 말아라. 이 모든 것은 모두 이방인들이 구하는 것이요, 너희의 하늘 아버지께서는, 이 모든 것이 너희에게 필요하다는 것을 아신다. 너희는 먼저 하느님의 나라와 하느님의 의를 구하여라. 그리하면 이 모든 것을 너희에게 더하여 주실 것이다."(마태복음 6:31-6:33) 더하여 주신다니! 이것이야말로 삶의 모든 영역에서 풍요를 약속하는 말로 들린다.

그런데 〈신명기〉에 대응되는 중요한 이야기로 〈욥기〉가 있다. 거기서 우리는 현세의 행복이 신앙심이나 경건한 마음과는 상관이 없음을 배운다. 더구나 예수 스스로 이 땅에 있으면서 흔히들 성공이라 불리는 것을 경험하지 못했다. 잠잘 데 없는 노숙자로서 33세의 나이에 가장 치욕적인 방법으로 고문을 받고 처형당한 이가 바로 예수다. 성공의 신학대로라면 예수는 나사렛에서 최고 부자여야 하고, 예루살렘에서 가시관 대신 진짜 왕관을 쓰고 왕위에 올랐어야 했다.

어쩌면 〈신명기〉는 다른 의미로 옳은 것인지도 모른다. 거기서 풍요를 약속할 때는 순수하게 물질적인 것만을 의미하지는 않기 때문이다. 하느님은 실제로 보상을 약속하고 있는 것이 아닐까? 물론 다른 차원에서 말이다. 영국의 헨리 8세 밑에서 재상을 지낸 토머스 모어Thomas More는 왕의 재혼을 인정하기를 거부했고, 양심의 목소리를 따른 결과 지위와 재산을 모두 잃은 채 결국 참수형에 처해졌다. 그런데 보다 높은 관점에서 보자면 그는 성공한 이가 아니었을까? 오늘도 그는 순교한 성인으로 추앙받으며, 런던 템스 강변에는 그의 동상도 세워져 있다. 그의 이름을 딴 교수직과 대학교가 있으며, 그가 쓴 《유토피아》는 전 세계 수많은 출판사에서 발행되어 지금까지도 많은 사람들이 읽고 있다.

기독교 역사상 첫 번째 순교자는 스데반이다. 예루살렘에서는 아직도 매일같이 그를 숭배하는 사람들이 그의 무덤을 참배한다. 그 무덤은 예루살렘의 아랍 서부지구에 있는 프랑스 성서 연구원 에콜 비블리크의 정원에 자리하고 있다. 참고로 그 옆의 스데반 기념교회에서는 460년 축성되어 1187년 살라딘이 파괴한 예전 교회의 바닥을 장식한 모자이크를 볼 수 있다. 그리스인으로 짐작되는 스데반은 빈민구호 활동가로, 말하자면 예루살렘 초기공동체의 테레사 수녀라

할 수 있는데, 열정적이면서도 훌륭한 설교자이자 연설가였다. 그는 곧 유대인들의 미움을 샀고 하느님을 모독한 죄명으로 공의회로 끌려갔다. 전설에 따르면 그가 사형선고를 받을 때 공의회에 앉아 있는 사람들에게 '그의 얼굴이 천사의 얼굴처럼' 비쳐졌다고 한다. 황홀한 얼굴로 열정적으로 설교한 스데반은 끝 무렵에 "하늘이 열려 있는 것을 보았다". 사람들은 그를 돌로 쳤고, 스데반은 죽어가는 순간에도 반대자들을 위해 기도했다.

이들은 우리와는 다르게 고통을 받아들일지 모른다. 그들은 다른 식으로 성공적이고, 다른 잣대로 생각하기 때문이다. 그들이야말로 하느님의 가호를 누리는 사람들이 아닐까.

물론 '언제나 풍족하게 먹게 해줄 것이다'라는 의미에서 그렇다는 것이 아니다. 오히려 〈이사야서〉에서 말한 것과 비슷한 종류의 약속일 것이다. "네가 물 가운데로 건너갈 때에, 내가 너와 함께하고, 네가 강을 건널 때에도 물이 너를 침몰시키지 못할 것이다. 네가 불 속을 걸어가도, 그을리지 않을 것이며, 불꽃이 너를 태우지 못할 것이다."(43:2)

어쩌면 우리 가장 깊은 곳으로부터, 즉 우리의 최고 의사결정 기관으로부터 내려지는 작은 결정들이 각자를 조금씩 변화시키는 것인지도 모른다. C. S. 루이스도, 살아가면서 내리는 수많은 결정들이 우리 가장 깊숙이 자리한 중심을 서서히 바꾼다고 말한다. 그렇게 해서 우리는 조금씩 하느님과, 다른 피조물과, 자기 자신과 조화를 이루는 존재가 되거나, "아니면 하느님, 동료 인간, 자기 자신에 맞서 싸우고 증오하는 자가 된다". 전자는 천국, 평화, 깨달음, 능력을, 후자는 절망,

분노, 무기력, 영원한 외톨이 신세를 뜻한다. 루이스는 이렇게 덧붙인다. "우리 각자는 매 순간 둘 중 어느 하나의 방향을 향해 움직인다."

이번에도 가장 명쾌한 설명을 제시하는 이는 토마스 아퀴나스다. 그는 누구나 떠올려봤을 친숙한 질문을 던진다. 어째서 도덕 따위에는 관심도 없는 이들이 사회에서 윗자리를 차지하는 일이 빈번하게 벌어지고, 법을 잘 따르는 정의로운 사람이 불이익을 당하기도 하는가? 그러면서 아퀴나스는 질문의 방향을 돌려 이렇게 묻는다. 혹시 물질적으로 삶의 불이익을 당한 이들이 오히려 초월적인 것에 접근하기가 더 쉽고, 그래서 유리한 것은 아닐까? 반면 삶에서 원하는 바를 마음껏 누리며 사는 이들이야말로 실제로는 벌을 받고 있는 것이 아닐까?

후자의 경우 물질적 풍요에 만족한 탓에 삶의 영적 차원으로부터 차단되기 십상이다. 게다가 어떤 행복도 완전할 수는 없다. 혹시 좋아하는 록스타처럼 되고 싶은가? 그가 네 차례나 이혼 경력이 있고, 세 차례나 약물중독 재활센터를 다녀온 이력이 있는데도 말인가? 얼마나 많은 불행이 돈더미 아래에 숨어 있는가? 제아무리 돈이 많아도 불행은 조금도 줄어들지 않는다.

매 순간 행복과 불행을 나란히 두라

기독교 신앙은 불의와 고난이 닥치는 순간에도 존재 그 자체는 좋은 것이라는 믿음을 버리지 않는다. 이는 존 크래신스키John Krasinski의 공포영화 〈콰이어트 플레이스〉의 상황과 비슷하다. 외계인이 지구를 침공한 종말적 상황 속에서 부부와 세 자녀로 이루어진 한 가족이 완전한 고요 속에 살고 있다. 조그마한 소리에도 달려드는 괴물들이 이들을 둘러싸고 있기 때문이다. 결국 막내 꼬마가 소리를 내는 바람에 괴물에게 잡아먹히고 가족들은 슬픔에 잠긴다.

이 기이한 공포의 세계에서 가족이 무사할 수 있었던 까닭은 오로지 그들이 숨죽이고 살았기 때문이다. 식기 대신 나뭇잎을 사용하고, 아이들은 헝겊으로 만든 말을 사용해 보드게임을 한다. 아빠는 가족들이 소리 없이 움직일 수 있도록 모래를 뿌려 길을 만든다. 괴물, 즉 악한 존재들의 접근을 막아준 것은 무엇이었을까? 바로 전근대적인, 흡사 수도승처럼 침묵 속에서 이루어진 가정생활, 일, 기도 덕분이었다.

영화에는 성경과 연관되는 상징들이 곳곳에 넘쳐난다. 영화가 진행되면서 관객은 엄마의 임신 사실을 알게 된다. 아기라고? 이는 모두에게 사형선고나 다름없지 않은가? 그렇다면 아이를 낳는 즉시 죽여야 할까? 〈요한계시록〉을 읽어본 관객이라면, 괴물이 호시탐탐 아기를 노리는 장면을 보며 12장에 등장하는 비슷한 구절을 떠올릴 것이다. "그 용은 막 해산하려고 하는 그 여자 앞에 서서, 그 여자가 아기를 낳기만 하면 삼켜 버리려고 노리고 있었습니다."(12:4) 영화는 최악의 상황에서도 아기를 낳기로 결심한 엄마와 아빠에 관한 일종의 성찰이다. 감독은 끔찍한 상황 속에서도 선을 옹호할 의무가 있음을 역설한다.

좋은 삶을 요구할 권리는 없다. 하지만 좋은 삶을 위해 투쟁할 의무는 있다. 미국의 역사가 크리스토퍼 래시Christopher Lasch는 이렇게 말한다. "신에 대한 반항은 세상이 우리가 바라는 것과 다르게 만들어졌다는 사실을 깨달으면서 나오는 자연스러운 반응이다." 그것은 《카라마조프 가의 형제들》에 등장하는 대심문관의 독백을 관통하는 주제이기도 하다.

대심문관은 감옥에 갇힌 예수에게 고통이 있는 세계를 허한 죄를 묻는다. 고통 속에서 사람들은 원하는 바를 이뤄지게 해달라고 기도한다. 이야말로 가장 근원적이고 원초적인 형태의 기도라 할 수 있다. '하늘에 계신 이여, 부디 많은 사냥감을 잡고 농작물이 잘 자라고 좋은 날씨가 계속되게 해주시고, 질병과 고통으로부터 우리를 보호해주십시오.' 이런 마음은 원하든 원치 않든 우리 안에 깊이 자리하고 있다. 하지만 이는 마치 의사를 찾아가 진료를 부탁하면서 의사에게 방법을 지시하려는 것과 비슷하다. 반면 주기도문의 "당신의 뜻이 이루어지소서"는 전혀 다른 방향을 가리킨다.

18세기 개신교단에서 일어난 대각성 운동 당시 유명한 설교자였던 조나단 에드워즈Jonathan Edwards는 '하느님, 부디 내일은 … 해주소서'와 같은 "감사할 준비가 된 자세"를 가장 원초적이지만 동시에 부적절한 종교적 감정이라 불렀다. 이 경우 하느님이 관심을 보일 때에만 감사를 드릴 의무감을 느끼기 때문이다. 하지만 인간이 하느님의 은혜를 요구할 수는 없다. 오히려 만물의 질서를 주관해 선한 결과로 이끄는 것이 하느님의 권한임을 인정해야 한다. 그것이 어떻게 이뤄지는지는 늘 투명하게 드러나지 않는다. 에드워즈의 말을 빌리자면 하느님은 "자신의 의도를 설명하지 않은 채" 그 일을 행하신다.

물론 이러한 하느님의 모습은 미성숙하고 순진한 인간이 만든 아버지 상과는 아무 관련이 없다. 프로이트가 주장했듯 그 같은 이미지는 우리의 무의식적인 의존 욕구에서 비롯된 것이다. 우리의 바람에 부응하리라고 기대할 수 있는 하느님은 하느님이 아니다. 그 분은 인간의 욕구에 따라 짜맞춰진 '먹고 기도하고 사랑하라' 식의 영성의 산물이 아니다. 이 하느님을 믿는 이는 유대인의, 또 기독교인의 삶의 기술에 담긴 역설을 이해한다. 즉 진정한 행복이란 때로는 행복에 대한 권리를 포기하는 데 있다는 것이다. 달리 말하면 행복을 불행과 나란히 두는 것이다. 그럴 줄 아는 사람은 닥터 루스처럼 근심거리로 가득한 삶 속에서도 줄곧 감사함을 느낄 이유를 찾을 것이다.

감사함은 연습할 수 있다.

감사함이야말로 행복의 열쇠다. 우리에게 행복을 요구할 권리란 없다. 대신 감사하는 것은 연습할 수 있다. 퇴비 더미에서도 꽃을 보도록 우리 두뇌를 훈련시킬 수 있다.

권위가 아닌 품위로,
어른으로의 권유

지금은 거의 잊힌 작가 울리히 헤겐도르프Ulrich Hegendorff는 백여 년 전 베를린의 전설적인 월간 문예지《디 바이센 블래터Die weißen Blätter》(프란츠 베르펠, 로베르트 무질, 엘제 라스커 쉴러 같은 표현주의 작가들이 이곳에 글을 발표했다)에 '덕의 명예 회복에 관하여'라는 제목의 글을 기고했다. 거기서 그는 "좋은 것, 즉 선은 경쾌해짐으로써 아름다워진다"라고 적고 있는데, 이보다 더 훌륭하게 이 책의 메시지를 요약하는 말도 없을 것이다.

헤겐도르프의 최대 관심사는 덕이 잔소리 심한 가정교사라는 오명을 씻어주는 데 있었다. 하지만 그의 시도는 썩 성공적이지 못했다. 내 경우는 어떨까? 나는 한 발 더 나아가 아름다움은 억지스럽지 않으며 선은 경쾌하고 매력적임을 증명해보이고 싶었다. 적어도 이는 시도할 만한 가치가 있는 일이었다.

토스트를 만드는 것 이상의 노력이 필요한 일에서는 대개 의도와 결과물 사이에 거리가 생길 수밖에 없다. 그래서 G. K. 체스터튼이 남긴 말은 우리에게 위안이 된다. "어떤 일이 할 만한 가치가 있다면, 그것은 서투르게라도 할 가치가 있다." 정말 중요한 일이라면 해내지 못하더라도 발 벗고 나서야 한다. 우리는 너무 완벽하고자 한다. 최고의 단계를 염두에 둘 필요는 있지만 거기에 도달하는 것만이 능사가 아니다. 그런 까닭에, 이 책의 처음에서 말했듯이 여기서 다룬 덕목도 28가지가 아니라 27가지로 정했다.

그런데 완벽함 자체를 부인하는 사람이야말로 더 위험하다. 플라톤의 가르침처럼 의자나 바퀴 같은 사물의 이데아가 있다면, 선의, 사랑, 신의와 관련해서도 마찬가지다. 이 점을 깨닫지 못한 채 신성한 가치가 사라진 만큼 모든 것이 협상 대상이 될 수 있다고 믿는다면 자신도 모르게 자의적이고 천박해지며 허무주의에 빠지게 된다. 모든 사회적 가치를 상대화시킬 때 결국에는 모든 것이 무로 돌아간다.

포스트모던 좌파는 과거로부터 전해지는 모든 것에 대해 투쟁을 선언하기로 했다. 모든 사회구조와 문화적 정체성이 보이지 않는 거대한 억압의 일부이기에 극복되어야 한다는 이유에서다. 아울러 이들은 인간을 새로이 발명하고 직접 만들어나갈 수 있다고 믿는다.

하지만 이런 생각들도 어느덧 매력을 잃고 말았다. 과거에 형성되었다고 해서 무조건 나쁜 것은 아니다. 리들리 스콧Ridley Scott 감독의 고전 〈블레이드 러너〉에는 죽어가는 안드로이드들이 등장하는 감동적인 장면이 나온다. 마지막 순간에 인간과 유사한 그 로봇들은 그간의 경험과 기억이 영원히 사라진다는 사실에 슬퍼하며 눈물을 흘린다. 이것은 영혼 없는 안드로이드에 관한 이야기다. 하지만 우리 인간에게는 영혼이 있고, 나는 이 점을 믿어 의심치 않는다. 우리는 복제 가능한 기계 같은 유기체가 아니다. 그러니 그런 우리에게서 경험과 기억이 소멸한다는 것은 비극이 아닐 수 없다.

인간으로서 우리가 쌓아가는 기억과 경험, 특히 사랑과 슬픔에 관한 것들은 우리의 정체성을 이룬다. 전통이라 불리는 것은 곧 우리의 집단 기억, 집단 정체성이다. 세대마다 새로운 진리를 만들어낼 수는 없다. 진리는 발견되는 것이다. 물론 우리는 앞을 향해 나아가고, 지난 시간을 슬퍼하는 것은 어리석다. 하지만 세상의 발전에 열광해 과거의 사상과 진리를 **모조리** 폐기한다면 언젠가는 우리도 안드로이드처럼 대체 가능한 존재로 전락하고 말 것이다.

체스터튼에 따르면 진정한 민주주의란 앞선 세대에게도 투표권을 준다는 것을 말한다. 어째서 우리는 늘 앞서 살아간 이들보다 모든 것을 더 잘 알고 있다고 믿는 것일까? 헬무트 크라우서의 소설에 등장하는 현명한 포르노 스타의 말을 다시 음미해보자. "각각의 새로운 세대들은 앞서 이 땅에 살았던 수많은 세대들이 모두 어리석고 야만적이었던 것처럼 군다. 그런데 갈수록 자유분방함이 심해진다면 언젠가는 도를 넘게 되고, 그렇게 되면 왔던 길로 되돌아갈 수밖에 없을 것이다."

모든 잣대가 흔들리는 현실 앞에서 우리는 기본 가치에 대해 다시 생각할 기회를 갖게 되었다. 우리는 포스트모던적 문화혁명이 이렇게 끝없이 계속될 수도 있다는 것을 깨달았다. 그 귀결은 모든 가치와 규범의 해체일 것이다. 물론 이런 상황을 진심으로 바라는 이는 없을 것이다. 플라톤의 가르침대로 완벽한 의자를 상상할 수 있다면, 마찬가지로 성공한 관계, 성공한 사랑도 떠올릴 수 있지 않을까. 우리는 적어도 머릿속에서 모든 것에 대한 순수하고 완전한 상태를 상상할 수 있다. 그렇다면 그런 상태에 다가가고자 노력해야 한다.

물론 언젠가 정확히 그곳에 도달하리라는 기대는 갖지 않는 편이 좋을 것이다. 다만 우리는 그 이상에 대해 고민하는 것만큼은 멈추지 말아야 한다. 그리고 그곳이 어떤 모습을 띠어야 할지 함께 토론해야 한다. 그런 것 따위는 없고 모든 진리는 똑같은 권리를 가진다고 속삭이는 목소리는 무시하자. 중요한 것은 완전함에 이르는 것이 아니라 그 상태를 저 멀리 있는, 다소 거창하게 말하자면 하나의 목적론적 가능성으로 받아들이는 것이다.

만일 이 책이 여기서 제기된 문제들을 **빠짐없이** 해결했다고 해보자. 또 올바른 삶에 관해 말할 수 있는 것들을 속속들이 밝혀냈다고 하자. 그럼 이 책이 출간되기 무섭게 무서운 굉음과 함께 이 세상 책들이 모두 하늘로 사라져버릴 것이다. 절대로 그런 일은 없을 것이다. 진실은 공식과 명제에 의해 깔끔히 정리되어 비닐 포장에 담겨 제공되는 성질의 것이 아니다. 비트겐슈타인도 그의 유명한《윤리학 강연》에서 그 점을 역설한다. 그의 말을 들어보자.

"정말 제대로 윤리학을 다룬 책을 집필할 능력이 있는 누군가가 있다고 가정해 보자. 그러면 그 책은 '쾅' 소리와 함께 이 세상 모든 책을 없애버릴 것이다."

한번 근처 서점에서 아무 책이나 골라 직접 확인해보도록 하자. 아마 짐작건대 … 아니, 그것은 내가 알 바 아니다.

그런데 더 큰 문제가 있다. 설사 우리가 무엇이 선하고, 진실이고, 아름다운 것인지 이해한다 하더라도(도스토예프스키에 따르면 예술을 즐길 때처럼 아주 잠깐이라도 그런 순간이 있다), 또 성공한 삶, '에우다이모니아'가 어떤 것인지 완벽하게 이해하더라도, 우리가 상상하던 모습에는 못 미치게 마련이라는 점이다. 우리는 우리로 남는다. 우리가 지닌 결함과 함께 말이다.

그렇다면 덕에 관한 논의들은 대체 얼마나 현실적일까? 우리는 언제나 적당히 타협하도록 요구하는 세상에서 살고 있지는 않을까? 세상은 모순과 양면성으로 가득한 곳이 아닌가? 단테의 《신곡》에서 배신자로 낙인 찍혀 지옥의 밑바닥에서 고통받는 브루투스가 정작 셰익스피어의 작품에서는 뼛속까지 정직한 모범적인 로마인으로 등장한다. 그의 적수 마르쿠스 안토니우스는 브루투스가 죽은 뒤 이런 말을 남긴다. "그는 모든 이들 가운데 가장 고귀한 분이셨다." 우리는 브루투스가 더 심한 악행, 즉 독재를 막고자 악행을 저질렀다는 사실을 이해해야 하지 않을까? 그는 개인적인 충성심보다 만인의 이익을 우선시했다. 그 대가로 지옥에서 신음 중일까? 개인으로는 정직한 사람이 괴물이 될 수 있을까? 위대한 영웅이 사생활에서는 끔찍한 사람으로 변할 수 있을까?

마틴 루터 킹Martin Luther King을 떠올려보자. 불륜, 문란한 사생활과 같이 세상에 알려진 그의 어두운 면이 세계역사상 가장 위대한 인권운동가 가운데 하나라는 그의 업적에 흠집을 낼 수 있을까? 롬멜

Rommel이 2차 세계대전 당시 자신을 암살하려 한 군인들을 군법대로 즉결재판에 따라 총살하지 않고 전쟁포로인양 관대한 처분을 내렸을 때 그를 덕스럽다고 부를 수 있을까? 어느 하나로 단정 지을 수 없는 복잡하고 분열적인 위인이 존재할까? 악행을 저지르는 덕스러운 사람이나 선행을 펼치는 악덕한 사람도 있을까? 영웅은 언제나 흠 없이 깨끗해야 할까? 거짓된 바탕 위에서 올바른 행위가 가능할까?

현명함, 전통적인 덕목을 지킨다는 어른스러움

이런 문제를 심각하게 고민한 이가 바로 디트리히 본회퍼였다. 당시 루터파 신학자로서 베를린에서 활동하던 본회퍼는 '제국주교' 루트비히 뮐러Ludwig Müller(1933년 히틀러의 지원으로 개신교단의 수장에 올랐다)가 주도한 개신교회의 획일적 통합에 공개적으로 반기를 들면서 나치의 미움을 사게 되었다. 전쟁 발발 직후인 1940년 카나리스Canaris 장군의 히틀러 저항운동에 가담한 본회퍼는 1943년 4월에 체포되어 정확히 2년 후인 1945년 4월 9일, 독일이 이미 오래전 폐허로 변한 시점에 히틀러의 명령에 따라 플로센뷔르크 강제수용소에서 처형되었다. 그가 남긴 시 〈선한 능력으로Von guten Mächten〉는 이제 전 세계적으로 유명해졌다. 이밖에도 그는 수감 중에 많은 글을 남겼는데, 아쉽게도 일부만이 전해지고 있다.

오늘날 우리는 그의 글을 새롭게 읽을 필요가 있다. 체포되기 직전인 1942년에서 이듬해로 넘어갈 즈음 본회퍼는 '10년 후Nach zehn Jahren'라는 제목으로 짧은 에세이를 남긴다. 몇몇 친구들을 염두에 두고 쓴 이 개인적인 경위서는 기와 사이에 숨겨져 가택수색과 폭격을 견디며 살아남았다. 이제 그 일부를 인용하며 이 책을 마무리하고자 한다. 내가 이 책에서 전하고자 했던 것들이 그 안에 고스란히 요약되어 있기 때문이다.

가령 이런 구절을 찾을 수 있다. "악의 거대한 가장무도회가 윤리적 개념들을 모두 뒤죽박죽으로 만들어버렸다." 다만 기독교인인 본회퍼 자신은 악이 빛, 선행, 역사적 필연, 사회 정의 같은 모습으로 나타나는 것에 놀라지 않는다. '전통적인 윤리적 개념세계에서 자란 사람들'이라면 어리둥절할지도 모르겠지만, 성경을 바탕으로 살아가는 자신에게 그것은 '바로 악의 깊은 음흉함을 확인시켜줄 뿐'이다. 즉 "한껏 자유를 누리며 이 세상에서 자신의 입장을 고수하려는 자, 자신의 때 묻지 않은 양심과 명성보다 불가피한 행위를 더 높이 평가하는 자, 생산적인 타협을 위해 비생산적인 원칙을 희생하거나 생산적인 급진주의를 위해 비생산적인 중용의 지혜를 희생하는 사람은 … 더 나쁜 일을 막고자 나쁜 일에 동의하지만, 피하려는 더 나쁜 일이 더 좋은 일일 수도 있음을 깨닫지 못할 것이다. 여기에 비극의 뿌리가 있다".

본회퍼에 따르면 윤리적 문제에 직면했을 때 지금도 흔하게 볼 수 있는 반응, 집에서만 도덕적으로 굴고 여타의 경우는 입을 다물어버리는 식으로 사적 영역으로 도망치는 방법은 가장 위선적인 선택이기도 하다. 댄디즘, 무관심, 도피, 코쿠닝cocooning(누에고치처럼 집에 틀어박혀 있는 현상), 힙스터 문화, 유기농 마트의 채식 코너 같은 것들이 이와 관련이 있다.

본회퍼에게 있어 사적 덕행 안으로 피난한다는 것은 주변의 불의에 눈을 감아버린다는 뜻이다. 그런 사람은 불안에 휩싸여 파멸하거나 '모든 바리새인 중에서도 가장 위선적인 자'가 된다고 본회퍼는 주장한다. 그는 우리가 타협을 요구하는 소리에 굴하지 않은 채 저 바깥세상의 책임을 피하지 않고 **열린 공간에서** 선을 위해 싸워야 할 의무가 있다고 믿는다. "역사상의 성공이 이후의 지속적인 생존에 필요한 토대를 만들어준다는 것은 사실이다. 그러나 돈키호테처럼 새 시대에 맞서 싸우는 것, 또는 자신의 패배를 인정하고 새 시대에 봉사하는 것 가운데 어떤 것이 윤리적으로 더 책임 있는 행위인지는 아직 미지수다."

본회퍼에 따르면 성공한 행위가 윤리적으로 타당한지를 따지지 않는 것은 한 마디로 '몰역사적이고 무책임한' 일이다. "불가피한 패배 앞에서 영웅적인 몰락을 거론하는 것은 엄밀히 말하자면 매우 비영웅적이다. 과감하게 미래를 내다보지 못하게 만들기 때문이다. 궁극적으로 제기할 책임감 있는 물음은, 어떻게 하면 내가 이 난감한 상황에서 영웅처럼 벗어날 수 있는가가 아니라, 어떻게 다가오는 세대가 계속해서 살아나가야 하는가이다."

윈스턴 처칠 역시 다음과 같은 말을 남기며 같은 요구를 한 바 있다. "자, 전 세계의 젊은이들이여. 그 어느 때보다 당신들을 필요로 하고 있습니다. … 한시도 지체할 때가 아닙니다. 삶의 전선에서 당신의 자리를 지키십시오Come on now all you young men, all over the world. You are needed more than ever … You have not an hour to lose. You must take your places in Life's fighting line." 세상은 당신을 필요로 하니 책임을 피하지 말라는 말이다.

본회퍼에 따르면 '사악함보다 훨씬 위험한 선의 적'인 우매함이 만연한 세상에서 빠지기 쉬운 큰 유혹은 인간 멸시다. "우리는 인간 멸시 현상에 휩쓸릴 큰 위험에 처해 있다." 하지만 인간을 멸시하는 자는 결코 상대로부터 어떤 유익한 결과도 얻어낼 수 없다고 본회퍼는 지적한다. 그러면서 이렇게 말한다. "우리가 타인을 멸시하는 지점들은 우리 자신에게도 아주 낯선 것이 아니다. 우리는 우리 자신이 하려는 일보다 더 많은 것을 타인에게 기대할 때가 많다."

그런데 본회퍼는 우매함을 지성의 문제가 아닌 사회 심리학적 문제로 설명한다. "자세히 살펴보면 정치적으로든 종교적으로든 외적인 권력이 세를 넓힐 때마다 대다수가 우매해지는 현상이 나타난다. … 이 과정은 지성과 같이 특정한 재능 자체가 갑자기 떨어지거나 멎는 것이 아니라, 그 커진 세력에 압도된 나머지 사람들이 내적 자립심을 잃는 형태를 띤다." 지금도 이와 똑같은 말을 할 수 있지 않을까?

본회퍼가 볼 때 다행인 점은 그가 '악'이라 부르는 것에는 근본적으로 활력이나 매력이 없다는 사실이다. "단연 놀랍고도 반박할 수 없는 경험 중에 하나는 악이 의외로 빨리 우매하고 목적에 맞지 않는다는 사실이 드러난다는 것이다. 악행이 벌어질 때마다 곧바로 처벌이 뒤따른다는 뜻이 아니라, 현세에서의 자기보존을 위해 신적 계명을 파기할 때 이는 곧 자기보존에 역행하는 결과를 낳는다는 뜻이다."

본회퍼는 이와 같은 경험을 다양하게 해석할 수 있다고 하면서도 이렇게 덧붙인다. "어쨌든 이 경험으로부터 확실해 보이는 결론은 이렇다. 인간의 사회생활에서 스스로 인간 위에 있다고 여기는 모든 것보다도 훨씬 강력한 법칙들이 존재하고, 따라서 이 법칙들을 무시하는 일은 부당할 뿐 아니라 어리석기도 하다는 것이다."

우리가 그것에 이름을 붙이든 그렇지 않든 부동의 법칙과 진리들은 존재한다. 종교를 가진 사람은 그것을 '신앙'이라고 부르고, 혹자는 '더 높은 힘'을 말하거나 아니면 적어도 '영성'이란 개념을 받아들인다. 이밖에 '영원한 원형적 진리들'을 말하는 이들도 있다. 어느 시기든 특정한 사상이 나타나게 마련이고, 심지어 외부에서 유입되거나 전통과는 무관하게 자발적으로 형성될 수 있다는 것도 엄연한 사실이다. 융이 말하듯 원형적 진리들은 개인이 만들어내는 것이 아니라 그런 진리들이 나타난 다음 개인의 의식에 떠오르는 것이다. 그 진리들은 그저 그곳에 있는 것이다.

이제 어째서 아리스토텔레스와 토마스 아퀴나스의 윤리학에서 현명함이 핵심 덕목으로 꼽혔는지 이해가 된다. 근본적이고 타협이 불가능하며 불변하는 윤리적 기본 진리들을 분명히 깨달아야 비로소 덕, 예의, 선행, 좋은 삶 등도 가능해지기 때문이다. 본회퍼는 이렇게 말한다. "삶의 궁극적인 법도와 율례를 철저히 존중하는 것이 자기보존에도 가장 유리하다는 것이 세상사의 이치다."

품격, 소소한 일상에 최선을 다해 산다는 것

전통적인 덕목들의 명예를 회복시키고자 했던 이 책의 시도와 관련해 본회퍼가 남긴 또 다른 구절 하나를 소개하고자 한다. 그는 한편으로는 우리 모두를 아래로, 즉 우매함과 무지로 이끄는 대중사회의 속성을 지적하면서도 동시에 이를 통한 새로운 엘리트의 형성 가능성을 언급한다. 본회퍼는 이런 의미심장한 말을 한다.

"우리는 사회의 모든 계층이 천박해지는 과정 한가운데 서 있으며, 동시에 기존의 모든 사회 계층을 하나로 규합하는 새로운 귀족적 태도가 탄생하는 시간 한가운데에 서 있다."

그러면서 이렇게 덧붙인다. "귀족은 희생하고 용기를 발휘함으로써, 자기 자신과 타인에 대한 의무를 똑똑히 자각함으로써, 그리고 마땅히 존중받아야 할 일에 대해서는 자신을 존중해 달라는 당연한 요구를 함으로써, 또 말할 것도 없이 자신보다 위와 아래에 있는 계층에 대한 존중을 잃지 않음으로써 성립되고 유지된다."

그 다음으로 매우 시의적절한 말이 이어진다. "거기서 시종일관 중요한 것은 매몰된 품격 있는 경험의 회복과 품격에 기반한 질서다. 품격은 모든 형태의 대중화에 맞설 가장 강력한 적이다. 사회적 관점에서 말하자면 품격은 지위 추구를 포기하고, 스타 숭배를 단절하고, 특히 교우관계를 맺을 때 있어 자신보다 위 또는 아래에 있는 이들을 편견 없이 바라볼 줄 아는 태도를 가지며, 사적 생활에서 즐거움을 느낄 뿐만 아니라 공적인 삶에도 참여할 용기를 내는 것을 의미한다. 문화적 관점에서 말하면 품격 있는 경험은 신문과 라디오를 떠나 책으로 돌아가는 것, 서두름으로부터 여유로움과 고요함으로 돌아가는 것, 산만함으로부터 집중으로 돌아가는 것, 감각적 흥분으로부터 차분한 사색으로 돌아가는 것, 거장 숭배로부터 예술로 돌아가는 것, 속물근성으로부터 겸손으로 돌아가는 것, 무절제로부터 절제로 돌아가는 것을 의미한다."

우리 세계에 필요한 것, 즉 새로운 귀족의 본질은 천재도, 냉소자도, 인간 멸시자도 아닌 단순하고 소박한, 솔직한 인간이라고 본회퍼는 말한다. 본회퍼는 다음과 같은 말로 자신의 유언과도 같은 글을 마무리한다.

"나는 하느님께서 모든 것으로부터, 심지어 가장 악한 것으로부터도 선한 것을 이루게 하실 수 있고, 또 이루기를 원하신다고 믿는다. 이를 위해 하나님께서는 만사를 최선의 결과로 이끄는 사람들을 필요로 하신다. … 하느님께서는 시대를 초월한 운명이 아니라 정직한 기도와 책임 있는 행위를 기다리시고 이에 응답하시는 분이라고 나는 믿는다."

그러니 그릇된 결정에 대한 변명은 있을 수 없다. 모호한 태도 뒤에 숨는 것도 비겁하다. 미국의 도덕철학자 마이클 왈저Michael Walzer는 지옥에서조차 사람은 어느 정도 인간적으로 행동할 수 있다고 말한다. 우주비행사 크리스 해드필드Chris Hadfield는 우리가 일을 더 악화시키거나 개선시킬 수 없을 정도로 꽉 막힌 상황은 이 세상에 존재하지 않는다고 말한다. 조던 피터슨은 우리가 절망의 나락에 빠져 있다면 양치질을 하려는 결심만으로도 큰 의미가 있다고 말한다. 엉망진창인 세상 속에서 우리는 절망에 빠질 수도 있지만, 또 어깨를 편 채 똑바로 서서 책임을 떠맡고 주변에서부터 작은 변화를 줄 수도 있다.

모두들 영웅적 정신이라고 하면 거창한 업적을 떠올리지만, 정작 중요한 것은 소소한 일상의 문제들을 피하지 않는 자세다. 일상이야 말로 우리에게 닥친 도전이다. 그리고 배우자와 동료, 자기 자신을 상대할 때처럼 매일매일 행하는 일만큼 중요한 것도 없다. 바로 여기에서 영웅다운 모습을 보여야 한다. 화려한 주목을 받는 극적 순간들이 아닌 이런 일상에서 우리가 어떤 사람인지가 결정된다. 중요한 것은 우리를 둘러싼 소우주, 우리가 직접 영향을 줄 수 있는 주변 세계다.

독일어권 주민의 13퍼센트만이 가깝게 지내는 사람들 가운데 빈곤층이 있다고 답한다. 그 가운데 약물중독자가 있다는 사람들의 비율은 7퍼센트로 낮아지고, 혼자 외롭게 지내는 이들과는 6퍼센트만이, 노숙인들과는 고작 1퍼센트만이 마주할 기회를 가진다. 많은 이들이 자신이 괜찮은 사람임을 증명하고자 색다른 도전거리를 찾고 있다. 하지만 진짜 도전은 우리를 둘러싼 환경 속에, 일상 속에 있다. 기독교인으로서 말하자면, 일상을 받아들이는 행위 그 자체가 영웅이 되기 위해 짊어지고 가야 할 십자가를 뜻할 때가 있다. 모잠비크처럼 굳이 저 먼 세상에 나갈 필요 없이 일상에서 하나하나 조그만 일부터 개선해나가는 것이 중요하다. 거창한 계획일랑 잊어버리고 우선 작은 계획에 집중하자. 스페인의 성인 호세 마리아 에스크리바Jose María Escrivá는 이렇게 말했다. "거창하게 초석을 세우는 데에 관심을 두기보다는 당신이 세운 계획 가운데 하나라도 제대로 마무리하라."

알렉산드르 솔제니친은 "선과 악의 경계가 개개인의 마음속을 관통하고 있다"고 했다. 이는 소련의 강제수용소뿐 아니라 사무실이나 가정에서도 마찬가지다. 사소한 결정 하나하나가 자신의 이상에 다가가거나 멀어지는 것에 영향을 준다. 시민의 용기를 발휘할 때마다,

참된 사랑을 실천할 때마다, 유익한 말을 전할 때마다, 진실을 보일 때마다, 선행을 베풀 때마다 우리는 세상이 좀 더 나은 곳으로 바뀌는 데 기여한다. 거꾸로 잘못된 결정을 내릴 때에는 세상이 뒷걸음질을 치는 데 일조한다. 하루하루를 소소한 영웅적 행위로 가득 채울 수도 있고, 아니면 소홀히 한 일들만 잔뜩 남겨둘 수도 있다. 행동 하나하나를 통해 우리는 세상에 빛 또는 그림자를 선사한다. 솔제니친의 위대한 깨달음은 누구나 세상에 직접 영향을 준다는 것이다.

물론 우리가 늘 빛을 발하기만 하는 것은 아니다. 당연히 누구에게든 밝은 면과 어두운 면이 공존한다. 브루투스, 롬멜, 하이디 클룸 같은 이들조차도 예외가 아니다. 중요한 것은 우리 모두는 언제나 길 위에 있을 뿐이라는 사실이다. 토마스 아퀴나스라면 '도상에 있다In via' 라고 말할 것이다. 그런데 길 위에 있으려면 그 길이 어디로 향하는지 마음속에 그릴 수 있어야 한다. 이런 이유로 포스트모던의 '무엇이든 허용된다everything goes'와 상대주의는 이미 모든 것을 이해했기에 어떤 조언도 필요 없다고 믿는 사람만큼이나 위험하다. 자신이 이미 '선한 인간'이므로 덕에 관해 구구절절 늘어놓을 필요가 없다고 생각하는 사람만큼 구제불능인 경우도 없다.

우리가 범하는 최대 실수는 이미 목적지에 도달했다고 믿는 것인지도 모른다. 이 같은 착각은 아서 왕 전설에서도 반복해 등장하는 모티브다. 그 주인공은 위대하고 숭고한 모험이 기다리고 있다며 말을 몰아 숲속으로 향한다. 드디어 용을 무찌르고 공주를 구할 때가 왔다. 그런데 숲속에서 아름다운 처녀가 나타나 이미 목적을 달성했다고 설득한다. 가련한 기사는 말에서 내려와 여인 곁에서 잠이 들고 두 번

다시 깨어나지 못한다. 덕에 이르는 길은 결코 끝나지 않는다. 그것은 끝없이 계속되는 싸움이다. 거기에 무시무시한 용들이 참전하지 말라는 법도 없다.

1793년 아일랜드 출신 철학자 에드먼드 버크Edmund Burke는 프랑스 왕비 마리 앙투아네트Marie-Antoinette의 죽음과 관련해 이런 글을 남겼다. "이제 기사도의 시대는 끝났고, 승리를 거둔 것은 궤변가, 경제학자, 계산적인 인간이다. 유럽의 영광스러운 시절은 영영 사라져버렸다."

하지만 버크의 생각은 틀렸다. 나 또한 마리 앙투아네트를 숭배하는 이들 가운데 하나다. 단두대로 가는 길에 실수로 형리의 발을 밟자 사과를 건넨 그를 어찌 비통한 마음으로 애도하지 않을 수 있단 말인가. 그럼에도 버크의 판단은 성급했다. 기사도의 이상은 쉽게 사라지지 않는다. 어쩌면 기사도는 전성기로 불리던 시대에서조차 격식과 관습, 문학에서 비롯된 하나의 이상에 불과했을지도 모른다. 하지만 그것은 동시에 끈질긴 생명력을 갖고 거듭 새롭게 부활할 수 있는 이상이기도 하다. 지금 우리가 목격하고 있듯이 말이다.

Ⓐ

• Anderson Carl A. und Granados, José: Zur Liebe berufen – Eine Einführung in die Theologie des Leibes von Johannes Paul II. fe-Medienverlags GmbH, Kißlegg 2014

• Arendt, Hannah: Reflections on Literature and Culture. Stanford University Press, Stanford 2007

• Ariely, Dan: The Honest Truth about Dishonesty – How We Lie to Everyone, Especially Ourselves. Harper Perennial, New York City 2013

• Augustinus: Confessiones. Reclam-Verlag, Stuttgart 2009

Ⓑ

• Balthasar, Hans Urs von: Glaubhaft ist nur Liebe. Johannes Verlag, Einsiedeln 1963

• Barron Robert: To Light a Fire on the Earth. Image Books, New York City 2017

• Baum, Wolfgang: De nobilitas rebus – Entstehung und Struktur der romischen Oberschicht. GRIN Verlag, München 2010

• Beck, Ulrich: Der kosmopolitische Blick oder: Krieg ist Frieden. Suhrkamp Verlag, Frankfurt a.M. 2004

• Beck, Ulrich: Weltbürger aller Länder, vereinigt euch! In: Die Zeit, 16. Juli 1988

• Berman Lea und Bernard, Jeremy: Treating People Well – The Extraordinary Power of Civility. Scribner, New York City 2018

• Berlin, Isaiah: Die Wurzeln der Romantik. Berlin Verlag, Berlin 2004

• Bieri, Peter: Wie wollen wir leben? Deutsche Verlagsgesellschaft, München 2013

• Bloom, Paul: Against Empathy – The Case for Rational Compassion. Bodley Head, London 2016

• Bok, Sissela: Lying – Moral Choice in Public and Private Life. Vintage Books, New York City 1978

• Bonhoeff er, Dietrich: Werke, Band VIII. Gutersloher Verlagshaus, Gutersloh 1998

- Borkenau, Franz: Ende und Anfang – Von den Generationen der Hochkulturen und von der Entstehung des Abendlandes. Ernst Klett Verlag, Stuttgart 1995
- Bumke, Joachim: Der Erec Hartmanns von Aue – Eine Einfuhrung. Walter De Gruyter, Berlin 2006
- Bumke, Joachim: Höfische Kultur – Literatur und Geschichte im hohen Mittelalter. dtv, München 1999
- Bumke, Joachim: Ministerialität und Ritterdichtung – Umrisse der Forschung. C.H.Beck, München 1976
- Byrne, Emma: Swearing is Good for You – The Amazing Science of Bad Language. W. W. Norton & Company, New York City 2018

Ⓒ

- Cervantes Saavedra, Miguel de: Leben und Taten des scharfsinnigen Edlen Don Quixote von La Mancha (nach der Übersetzung von Ludwig Tieck aus den Jahren 1799–1801). Diogenes Verlag, Zürich 1987
- Chang, Emily: Brotopia – Breaking Up the Boy's Club of Silicon Valley. Portfolio, New York City 2018
- Claude, Dietrich: Adel, Kirche und Königtum im Westgotenreich. Jan Th orbecke Verlag, Sigmaringen 1971
- Collodi, Carlo: Pinocchio. Anaconda Verlag, Köln 2011
- Comte-Sponville, Andre: Ermutigung zum unzeitgemäßen Leben – Ein kleines Brevier der Tugenden und Werte. Rowohlt, Reinbek 2010
- Coudenhove-Kalergi, Richard Nicolaus: Adel. Verlag Der Neue Geist, Leipzig 1922
- Crawford, Matthew B.: Die Wiedergewinnung des Wirklichen – Eine Philosophie des Ichs im Zeitalter der Zerstreuung. Ullstein Verlag, Berlin 2016

Ⓓ

- Dauble, Helmut: Die Schuld der liberalen Eliten. In: taz, 14. Februar 2017
- DeMarco, Donald: The Heart of Virtue. Ignatius Press, San Francisco 1996
- DeMarco, Donald: The Many Faces of Virtue. Emmaus Road Publishing, Steubenville 2000
- Döring, Sabine A.: Gut und schön? Die neue Moralismusdebatte am Beispiel Dostoevskijs. Wilhelm Fink Verlag, Paderborn 2014
- Dostojewski, Fjodor: Die Damonen. Anaconda Verlag, Köln 2012

Ⓔ

- Eifl er, Günter (Hrsg.): Ritterliches Tugendsystem. Wissenschaftliche Buchgesellschaft, Darmstadt 1970
- Elias, Norbert: Uber den Prozess der Zivilisation – Soziogenetische und psychogenetische Untersuchungen, Band 1 und 2. Suhrkamp Verlag, Frankfurt a. M. 2010
- Erlinger, Rainer: Moral – Wie man richtig gut lebt. S. Fischer Verlag, Frankfurt a. M. 2011
- Erlinger, Rainer: Höflichkeit – Vom Wert einer wertlosen Tugend. S. Fischer Verlag, Frankfurt a. M. 2016
- Ernst, Viktor: Die Entstehung des niederen Adels. Scientia Verlag, Aalen 1965
- Eschenbach, Wolfram von: Parzival. Anaconda Verlag, Köln 2008

Ⓕ

- Fank-Landkammer, Barbara: Menschen am Rand der Gesellschaft – Eine bevölkerungsrepräsentative Untersuchung von Sinus Sociovision fur den deutschen Caritasverband e.V. In: Neue Caritas 109, Heft 22, Juni 2008
- Felderer, Brigitte und Macho, Thomas: Höflichkeit – Aktualität und Genese von Umgangsformen. Wilhelm Fink Verlag, Paderborn 2002
- Feser, Edward: The Last Superstition – A Refutation of the New Atheism. St. Augustine's Press, South Bend 2009
- Fichte, Jörg O.: Mittelenglische Artusromanzen – Sir Percyvell of Gales, The Awntyrs off Arthure, The Weddynge of Sir Gawain and Dame Ragnell. S. Hirzel Verlag, Stuttgart 2014
- Fleckenstein, Josef: Grundlagen der deutschen Geschichte. Vandenhoeck & Ruprecht, Göttingen 1974
- Fleckenstein, Josef: Rittertum und ritterliche Welt. Siedler Verlag, München 2002
- Florenski, Pawel: Konkrete Metaphysik. Pforte-Verlag, Dornach 2006
- Freud, Sigmund: Das Unbehagen in der Kultur. Reclam-Verlag, Stuttgart 2010
- Friedell, Egon: Kulturgeschichte der Neuzeit – Die Krisis der Europäischen Seele von der Schwarzen Pest bis zum Ersten Weltkrieg. Kindle Edition, 2014

Ⓖ

- Gerhardt, Volker: Der Sinn des Sinns. C.H.Beck, München 2014
- Gerl-Falkovitz, Hanna-Barbara: Nach dem Jahrhundert der Wölfe – Werte im

Aufbruch. Benziger Verlag, Zürich 1992

- Gerl-Falkovitz, Hanna-Barbara: Haltung und Gehaltensein, oder: Vom Wechselspiel zwischen Charakter und Charisma. Vortrag in der Philosophisch-Theologischen Hochschule Benedikt XVI., Heiligenkreuz, 12. Mai 2012
- Girtler, Roland: Die feinen Leute. Böhlau Verlag, Wien 2002
- Graeme Maxton: Die Wachstumslüge – Warum wir alle die Welt nicht länger Politikern und Ökonomen überlassen durfen. Finanz buchverlag, München 2012
- Greiner, Ulrich: Heimatlos. Rowohlt, Reinbek 2017
- Grzimek, Martin: Tristan – Roman um Treue, Liebe und Verrat. Carl Hanser Verlag, München 2011
- Guardini, Romano: Der Herr. Matthias-Grünewald-Verlag, Mainz 1997
- Guardini, Romano: Ethik – Vorlesungen an der Universitat München, Band 1. Grünewald/Schöningh, Mainz/Paderborn 1993
- Guardini, Romano: Religiöse Gestalten in Dostojewskis Werk. Grune wald/ Schoningh, Mainz/Paderborn 1989

Ⓗ

- Hacke, Axel: Über den Anstand in schwierigen Zeiten und die Frage, wie wir miteinander umgehen. Verlag Antje Kunstmann, München 2017
- Haidt, Jonathan: The Coddling of the American Mind. In: Atlantic Magazine, September 2015
- Harrison, Lawrence E. und Huntington, Samuel P.: Streit um Werte. Europa Verlag, Hamburg 2002
- Hawk, Ethan: Regeln fur einen Ritter. Kiepenheuer & Witsch, Köln 2016
- Hegendorff, Ulrich: Zur Rehabilitierung der Tugend. In: Die weißen Blätter, Leipzig, Dezember 1913
- Himmelfarb, Gertrude: Two Enlightenments. In: F. M. L. Thomson: Proceedings of the British Academy, Volume 117 – 2001 Lectures, London 2003
- Huber, Christoph: Gottfried von Straßburg – Tristan und Isolde, eine Einfuhrung. Artemis & Winkler Verlag, Ostfi ldern 1994
- Huizinga, Johan: Kultur- und zeitkritische Schriften. Wilhelm Fink Verlag, Paderborn 2014
- Huizinga, Johan: Herbst des Mittelalters. Alfred Kröner Verlag, Stuttgart 2006
- Huizinga, Johan: Homo Ludens – Vom Ursprung der Kultur im Spiel. Rowohlt, Reinbek 2017

Ⓙ

- Jäger, Lorenz: Autoritat und Familie. In: Die Tagespost, 9. Mai 2018
- Jessen, Jens: Die Liebe zum Vulgären – Im Fernsehen, in der Mode und in der Werbung ist der Prolet zum Star geworden. Was sagt das uber unsere Gesellschaft? In: Die Zeit, 14. März 2013
- Jünger, Ernst: Sämtliche Werke, Band IX. Klett-Cotta, Stuttgart 1999
- Junger, Sebastian: Tribe – On Homecoming and Belonging. Twelve Books, New York City 2016
- Juul, Jesper: Grenzen, Nähe, Respekt. Rowohlt, Reinbek 2009
- Juul, Jesper: Leitwölfe sein – Liebevolle Fuhrung in der Familie. Beltz-Verlag, Weinheim 2016

Ⓚ

- Kaeuper, Richard W.: Medieval Chivalry. Cambridge University Press, Cambridge 2016
- Kaeuper, Richard W.: Holy Warriors – The Religious Ideology of Chivalry. University of Pennsylvania Press, Philadelphia 2014
- Kaeuper, Richard W. und Kennedy, Elspeth: The Book of Chivalry of Geoff roi de Charny – Text, Content and Translation. University of Pennsylvania Press, Philadelphia 1996
- Keen, Maurice: Chivalry. Yale University Press, New Haven 1984
- Kartoschke, Dieter (Hrsg.): Das Rolandslied des Pfaffen Konrad – Mittelhochdt./ Neuhochdt. Reclam-Verlag, Stuttgart 1993
- Kierkegaard, Søren: Der Liebe Tun. Gutersloher Verlagshaus, Gütersloh 2002
- Kierkegaard, Søren: Works of Love. Princeton University Press, Princeton 1995
- Kierkegaard, Søren: Entweder – Oder: Teil I und II. dtv, München 2005
- Konfuzius: Gespräche. Reclam-Verlag, Stuttgart 1982
- Krausser, Thomas: Geschehnisse wahrend der Weltmeisterschaft. Berlin Verlag, München 2018
- Kühn, Dieter (Hrsg.): Die Geschichte der Liebe von Tristan und Isolde. Reclam-Verlag, Stuttgart 1998

Ⓛ

- Lampedusa, Giuseppe Tomasi di: Der Leopard. Piper, München 1984
- Largo, Remo H.: Babyjahre – Entwicklung und Erziehung in den ersten vier

Jahren. Piper, München 2017

- Largo, Remo H.: Kinderjahre – Die Individualitat des Kindes als erzieherische Herausforderung. Piper, München 2000
- Lasch, Christopher: Die blinde Elite – Macht ohne Verantwortung. Hoff mann und Campe, Hamburg 1997
- Lewis, C.S.: The Collected Works. Inspirational Press, New York City 1996
- Linck, Dirck: Desinvolture und Coolness – Uber Ernst Junger, Hipsters und Hans Imhoff , den "Frosch". In: Kultur & Gespenster, Ausgabe 3, Winter 2007
- Lobo, Sasche und Passig, Kathrin: Dinge geregelt kriegen – ohne einen Funken Selbstdisziplin. Rowohlt Berlin, Berlin 2008

Ⓜ
- Malory, Sir Thomas: The Works of Sir Thomas Malory. Oxford University Press, Oxford 1977
- Maceina, Antanas: Der Grossinquisitor – Geschichtsphilosophische Deutung der Legende Dostojewskijs. Kerle Verlag, Stuttgart 1952
- Meilaender, Gilbert: Virtuous Evildoers. In: First Things Magazine, Februar 2018
- Mommsen, Theodor: Romische Geschichte. eClassica, 2015
- MacIntyre, Alasdair: A Short History of Ethics. Routledge, London 1967
- MacIntyre, Alasdair: After Virtue. Bloomsbury Academic, London/New York City 1981
- Mertens, Volker: Der deutsche Artusroman. Reclam-Verlag, Stuttgart 1998
- Mitford, Nancy: Noblesse Oblige. Oxford Language Classic, Oxford University Press, Oxford 2002
- Mosebach, Martin: Die 21 – Eine Reise ins Land der koptischen Martyrer. Rowohlt, Reinbek 2018.

Ⓝ
- Nicolson, Harold: Good Behaviour – Being a Study of Certain Types of Civility. Constable and Constable, London 1955
- Nitobe, Inazo: Bushido – Der Ehrenkodex der Samurai. Anaconda Verlag, Koln 2007

Ⓞ
- Oliveira, Plinio Correa de: Der Adel und die vergleichbaren traditionellen Eliten

in den Ansprachen von Papst Pius XII. an das Patriziat und an den Adel von Rom. TFP, Wien 1993

- Osho: Vedanta – Seven Steps to Samadhi Talks on Akshyu Upanishad. Rebel Publishing House, Glastonbury 2008

Ⓟ

- Pakaluk, Michael: Aristotle's Nicomachean Ethics –An Introduction. Cambridge University Press, Cambridge 2005
- Paoli, Guillaume: Die lange Nacht der Metamorphose – Über die Gentrifi–zierung der Kultur. Matthes & Seitz, Berlin 2017
- Peterson, Jordan B.: 12 Rules for Life – An Antidote to Chaos. Random House of Canada, Toronto 2018
- Pinckaers, Servais O.P.: The Sources of Christian Ethics. T&T Clark, Edinburgh 2001
- Pieper, Josef: Muße und Kult. Kösel-Verlag, München 2010
- Pieper, Josef: Über die Tugenden. Kösel-Verlag, München 2004
- Pieper, Josef: Grundformen sozialer Spielregeln. Herder, Freiburg 1933.
- Pieper, Josef: Vom Sinn der Tapferkeit. Verlag Jakob Hegner, Leipzig 1934
- Pieper, Josef: Über das christliche Menschenbild. Verlag Jakob Hegner, Leipzig 1936
- Pieper, Josef: Traktat uber die Klugheit. Verlag Jakob Hegner, Leipzig 1937
- Pieper, Josef: Zucht und Maß – Über die vierte Kardinaltugend. Verlag Jakob Hegner, Leipzig 1939
- Pieper, Josef: Wahrheit der Dinge – Eine Untersuchung zur Anthropologie des Hochmittelalters. Kösel, München 1947
- Popper, Karl R.: Auf der Suche nach einer besseren Welt – Vortrage und Aufsatze aus dreißig Jahren. Piper, München 1987
- Probst, Maximilian: Verbindlichkeit – Plädoyer für eine unzeitgemaße Tugend. Rowohlt, Reinbek 2016
- Proust, Marcel: Auf der Suche nach der verlorenen Zeit. Suhrkamp Verlag, Berlin 2017
- Pschera, Alexander (Hrsg.): Bunter Staub – Ernst Jünger im Gegenlicht. Matthes & Seitz, Berlin 2008
- Pschera, Alexander: Immer Don Quijote, niemals Sancho Pansa. In: SWR2 Essay, 20. November 2017

Ⓡ

- Reichert, Hermann: Wolfram von Eschenbach – Parzival fur Anfanger. Praesens Verlag, Wien 2016
- Rodder, Andreas: 21.0 – Eine kurze Geschichte der Gegenwart. C.H.Beck, München 2015
- Roupenian, Kristen: Cat Person. In: The New Yorker, 11. Dezember 2017

Ⓢ

- Saake, Irmhild: Immer auf Augenhohe. In: Suddeutsche Zeitung, 5. Juni 2015
- Saint-Pierre, Michel de: Aristokraten. Rowohlt, Reinbek 1964
- Scheff , Leonard und Edmiston, Susan. Die Kuh in der Parklücke. Goldmann Verlag, München 2011
- Seibt, Gustav: Wider die Gleichgültigkeit – Elite im Untergang: Die Manieren des Geistes konnen nie besser sein als die der Gesellschaft. In: Suddeutsche Zeitung, 10. Januar 2004
- Seneca: Handbuch des glucklichen Lebens. Anaconda Verlag, Koln 2011
- Shapiro, Ben: Bullies – How the Left's Culture of Fear and Intimidation Silences Americans. Threshold Editions, New York City 2014

Ⓣ

- Tanquerey, Adolphe: The Spiritual Life. Tan Books, Charlotte 2001
- Thomas von Aquin: Summa theologiae, Bd. 10. Reclam-Verlag, Stuttgart 2001
- Troyes, Chretien: Arthurian Romances. Penguin Classics, London 2004
- Tugwell, Simon O.P.: Ways of Imperfection – An Exploration of Christian Spirituality. Darton, Longman & Todd, London 1984
- Twenge, Jean M.: iGen – Why Today's Super-Connected Kids Are Growing Up Less Rebellious, More Tolerant, Less Happy and Completely Unprepared for Adulthood and What Th at Means for the Rest of Us. Atria Books, New York City 2017

Ⓥ

- Veblen, Thorstein: Theorie der feinen Leute. Kiepenheuer & Witsch, Koln 1997
- Vallotton, Kris und Johnson, Bill: Eine Frage der Ehre. Fontis Media, Ludenscheid 2017
- Völkl, Stefanie: Gotteswahrnehmung in Schönheit und Leid. Herder, Freiburg

Ⓦ

- Walzer, Michael: The Problem of Dirty Hands. Philosophy & Public Affairs 2, Princeton 1973
- Welty, Ute: Sex ist keine Sünde, sondern Obligation – Ruth Westheimer über Sex und jüdische Tradition. In: Deutschlandfunk Kultur, 10. Dezember 2016
- Westheimer, Ruth: Lebe mit Lust und Liebe – Meine Ratschläge für ein erfülltes Leben. Herder, Freiburg 2015
- Widmaier, Benedikt und Steffens, Gerd: Weltbürgertum und Kosmopolitisierung – Interdisziplinäre Perspektiven für die Politische Bildung. Wochenschau Verlag, Frankfurt a.M. 2010
- Winterswyl, Ludwig A.: Ritterlichkeit. Paulus-Verlag, Fribourg 1940
- Wittgenstein, Ludwig: Vortrag über Ethik und andere Schriften. Suhrkamp Verlag, Frankfurt a. M. 1989
- Wojtylas, Karol: Liebe und Verantwortung. Kösel-Verlag, München 1981

격식에 얽매이지 않고 품위를 지키는 27가지 방법

어른이라는 진지한 농담

1판 1쇄 발행 2021년 9월 10일
1판 4쇄 발행 2022년 1월 11일

지은이 알렉산더 폰 쇤부르크
옮긴이 이상희
펴낸이 고병욱

책임편집 허태영 **기획편집** 김경수
마케팅 이일권 김윤성 김도연 김재욱 이애주 오정민
디자인 공희 진미나 백은주 **외서기획** 이슬
제작 김기창 **관리** 주동은 조재언 **총무** 문준기 노재경 송민진

펴낸곳 청림출판(주)
등록 제1989-000026호

본사 06048 서울시 강남구 도산대로 38길 11 청림출판(주)
제2사옥 10881 경기도 파주시 회동길 173 청림아트스페이스
전화 02-546-4341 **팩스** 02-546-8053

홈페이지 www.chungrim.com
이메일 cr2@chungrim.com
페이스북 https://www.facebook.com/chusubat

ISBN 979-11-5540-192-7 03100